我们一起解决问题

弗布克流程设计与工作标准丛书

生产过程管理
流程设计与工作标准

流程设计・执行程序・工作标准・考核指标・执行规范

孙宗虎　编著

人 民 邮 电 出 版 社
北　京

图书在版编目（CIP）数据

生产过程管理流程设计与工作标准 ：流程设计．执行程序．工作标准．考核指标．执行规范 / 孙宗虎编著．-- 北京 ：人民邮电出版社，2020.7
（弗布克流程设计与工作标准丛书）
ISBN 978-7-115-54185-7

Ⅰ．①生… Ⅱ．①孙… Ⅲ．①企业管理－生产管理 Ⅳ．①F273

中国版本图书馆CIP数据核字(2020)第095997号

内容提要

这是一本关于生产过程管理工作者如何干好工作的图书，它始于流程，细说过程，关注全程，附带规程，成于章程，体现了很强的操作性和实务性。

本书在介绍流程与流程图绘制的基础上，详细设计了生产体系与生产组织设计过程、产品研发与工艺技术完善过程、生产准备过程、生产制造过程、智能化与定制化生产过程、质量检验与改进过程、安全生产与环境保护管控过程及生产服务过程 8 大工作事项。

本书主要适合企业中高层管理人员、生产过程管理人员、高等院校相关管理专业师生、培训和管理咨询人员阅读、使用。

◆编　　著　孙宗虎
责任编辑　程珍珍
责任印制　彭志环
◆人民邮电出版社出版发行　　北京市丰台区成寿寺路 11 号
邮编 100164　　电子邮件 315@ptpress.com.cn
网址 https://www.ptpress.com.cn
北京天宇星印刷厂印刷
◆开本：787×1092　1/16
印张：21　　2020 年 7 月第 1 版
字数：250 千字　　2025 年 8 月北京第 18 次印刷

定　价：89.80 元

读者服务热线：（010）81055656　印装质量热线：（010）81055316
反盗版热线：（010）81055315

“弗布克流程设计与工作标准丛书”序

“弗布克流程设计与工作标准丛书”自2007年上市以来受到了广大读者的认可，其间，结合广大读者提出的许多宝贵意见和管理发展现状，我们对这套书进行了改版，在此我们向通过邮件、电话给我们提出意见、指出错误的热心读者深表谢意！

为了满足广大读者细化内容、增强标准的实用性、添加考核指标、提供执行规范、更新业务流程的诉求，我们对本丛书中的15本图书进行了再次修订。

在借鉴前两版的基础上，我们对本丛书进行了全新的设计，务求根据读者的新诉求、管理的新变化、业务的新形态、技术的新发展，以流程化、标准化、绩效化和规范化为中心，直面企业的管理和业务两大类工作，提供工作流程，设计范本，细化包括执行程序、工作标准、考核指标、执行规范在内的整体工作解决方案，以实现向工作要效率、向管理要效能、向结果要价值的目标。

本丛书通过流程、程序、标准、指标和规范，将完成一项工作的所有过程要素“逐一细化，一网打尽”，从而让管理者、业务执行者能够更系统、更规范、更有效地完成工作任务，实现工作目标，倍增工作价值。

工作流程：让执行有导图可看，有路径可鉴。

工作程序：让执行有步骤可依，有重点可抓。

工作标准：让执行有依据可参，有尺度可量。

工作指标：让执行有结果可考，有效益可算。

工作规范：让执行有制度可循，有方案可用。

本丛书的写作始于流程，细说过程，关注全程，附带规程，成于章程。通过流程、过程、全程、规程，最终形成关于各项工作的章程。

始于流程：对每一项工作都绘制了工作流程图，将工作显性化、程序化、阶段化。

细说过程：对每个程序步骤都给出了重点提示，将工作关键化、细节化、重点化。

关注全程：对工作的进展和目标达成全程关注，将工作阶段化、进程化、成果化。

附带规程：对每项工作都附带了相关制度规范，将工作制度化、规范化、方案化。

成于章程：通过对工作的360度解析，最终形成一系列关于工作规则的规范性文书。

在修订图书的过程中，我们也考虑了技术变化对工作的影响，并将新技术对工作方式、工作方法、工作流程的改变，尽力体现在相关的流程、程序、标准、指标和规范的设计中。

本丛书试图通过完美的设计，并兼顾技术发展对工作的影响，为读者提供贴合工作实际的管理内容，以达成“人与事的完美结合”，实现从“如何做”向“如何有效地做”的转变，最终为读者提供一套关于“干工作、干好工作、追求卓越工作”的有效解决方案。

我们希望本丛书能够为您的管理工作减少一些流程设计方面的麻烦，为您提供流程设计方面的帮助，并为您和您的企业在工作规范化方面提供完备的章程。

您的意见对我们下次改版非常重要！再次期待您的宝贵建议！

2020 年 6 月

前言

《生产过程管理流程设计与工作标准：流程设计·执行程序·工作标准·考核指标·执行规范》是“弗布克流程设计与工作标准丛书”中的一本，本书围绕生产全过程管理的流程设计，辅以相应的工作标准，将生产过程管理 8 大事项的执行工作落实到具体的流程上，既解决了“由谁做”“做什么”的问题，也解决了“如何有效地做”“按照什么标准做”的问题。本书提供了一套关于生产过程管理工作者如何干工作、干好工作、追求卓越工作的解决方案。

为了符合当前企业发展的大趋势及精细化管理的需求，本书在之前版本的基础上做了大量修订，具体如下所述。

一、按模块设计，按过程梳理

（1）本书从生产过程管理的体系、组织、研发、工艺、物资、设备、动力、制造、智能化生产、定制化生产、质量检验、安全生产、环境保护、仓储、物流、售后服务等方面对生产过程管理工作进行流程设计。

（2）本书将生产过程管理分为生产体系与生产组织设计过程、产品研发与工艺技术完善过程、生产准备过程、生产制造过程、智能化与定制化生产过程、质量检验与改进过程、安全生产与环境保护管控过程及生产服务过程 8 大工作事项，理顺了各生产过程管理流程的工作内容。

二、细化过程，详述内容

（1）本书按照一定的逻辑顺序，将生产过程管理的 8 大工作事项细分为 29 个子过程，构成了完备的生产过程。

（2）从过程到流程，从流程到过程。对于某一个具体的过程，本书按照细分模块对其进行了详细的讲述和进一步细化，使之成为一个体系，更方便读者“拿来即用”。

三、参照使用，据实而作

本书提供的是一本“参照式”的流程设计范本，随着企业管理水平的不断提高，企业的流程与工作标准也在不断地发生变化，因此读者在应用本书时可参考以下建议。

（1）对于本书中提供的生产管理流程与工作标准，读者可根据所在企业的实际情况加以适当修改或重新设计，使之更加适用于本企业的情况。

（2）读者可参照本书中的流程，将所在企业每个部门内每个岗位的工作流程适当压缩，力求达到流程再造的目的，以提高企业的运营效率。

（3）读者要在实践中不断改进已经形成的工作流程，真正做到因需而变、高效管理、高效工作，最终达成“赢在执行”的目标。

最后，衷心希望本书能给企业在生产过程管理方面推行流程管理提供业务运用层面的借鉴和实务性的解决方案。

再次感谢数以万计的读者对本书的支持与厚爱，没有你们这些“意见领袖”，就不会有对本书的这些改进和修补！

第1章 流程与流程管理

第 6 章 智能化与定制化生产过程

第 7 章 质量检验与改进过程

第1章 流程与流程管理

管理的核心目标是用制度管人，按流程做事。不论是制度设计，还是流程设计，都是每一个企业要开展的工作，而且是每年都要循环开展的工作。

企业在进行流程设计之前，应先对流程的概念有一个清晰的认识，并在此基础上掌握流程图绘制的方法，选好绘制工具，然后着手设计。同时，企业要根据自身的运营情况，及时对流程进行修改、调整和再造。

1.1 流程

1.1.1 流程的定义

关于流程，不同的人有不同的看法。有人认为，流程就是程序，其实，“流程”和“程序”是两个互相关联但绝不等同的概念。“程序”体现出一件工作中若干作业项目哪个在前、哪个在后，即先做什么、后做什么。而在“流程”中，除了体现出先做什么、后做什么之外，还体现出每一项具体任务是由谁来做，即甲项工作由谁负责，乙项工作由谁负责等，从而反映出他们之间的工作关系。

只有通过流程，才能把一件工作的若干作业项目或工作环节，以及责任人之间的相互工作关系清晰地表示出来。

一般情况下，企业流程有以下五大特征：

（1）流程是为达成某一结果所必需的一系列活动；

（2）流程活动是可以被准确重复的过程；

（3）流程活动集合了所需的人员、设备、物料等；

（4）流程活动的投入、产出、品质和成本可以被衡量；

（5）流程活动的目标是为服务对象创造更多的价值。

我们不妨给流程下一个定义：“流程就是为特定的服务对象或特定的市场提供特定的产品或服务所精心设计的一系列活动。”

流程包括六大要素，即输入的资源、活动、活动的相互作用（结构）、输出的结果、服务对象和价值。流程的基本模式如图 1-1 所示。

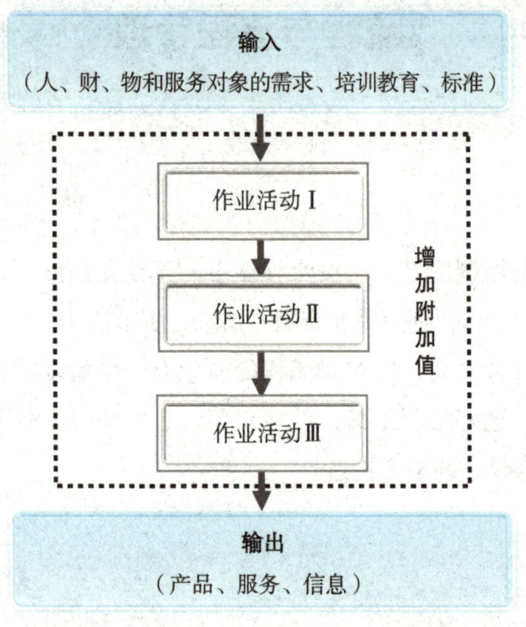

图 1-1　流程的基本模式

1.1.2　流程的分类

企业流程可分为决策流程、管理流程和业务流程三大类，具体内容如表 1-1 所示。

表 1-1　企业流程的分类

序号	类别	定义	特点 / 构成
1	决策流程	◎能确保企业达到战略目标的流程 ◎确定企业的发展方向和战略目标，整合、发展和分配企业资源的过程	◎股东、董事、监事会等组建流程 ◎战略、重大问题及投资流程 ◎企业决策流程的构成如图 1-2 所示
2	管理流程	◎企业开展各种管理活动的相关流程 ◎通过管理活动对企业业务的开展进行监督、控制、协调、服务，间接为企业创造价值	◎上级组织对下级组织的管控流程 ◎资源配置流程（人、财、物以及信息） ◎企业管理流程的构成如图 1-3 所示
3	业务流程	◎直接参与企业经营运作的相关流程 ◎安排完成某项工作的先后顺序，对每一步工作的标准、作业方式等内容做出明确规定，主要解决“如何完成工作”这一问题	◎涉及企业“产、供、销”环节 ◎包括核心流程和支持流程 ◎企业业务流程的构成如图 1-4 所示
备注	从企业经营活动角度来说，企业流程又可分为战略流程、经营流程和支持流程		

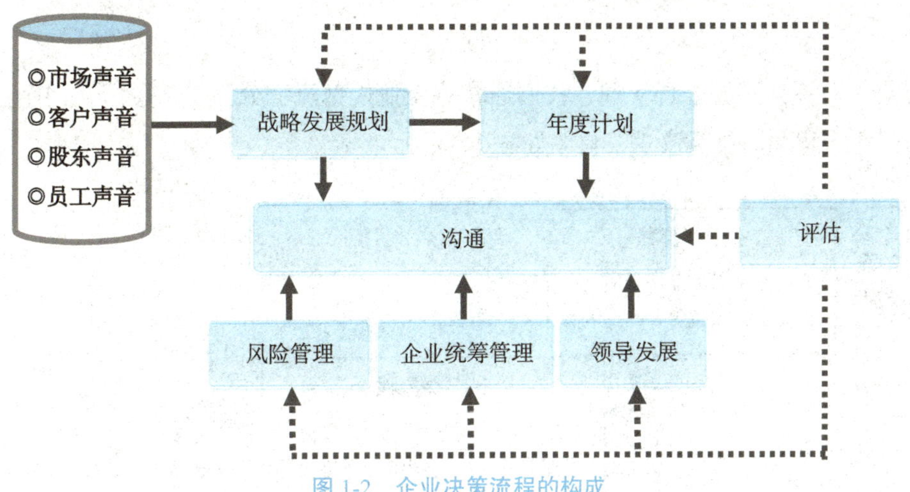

图 1-2　企业决策流程的构成

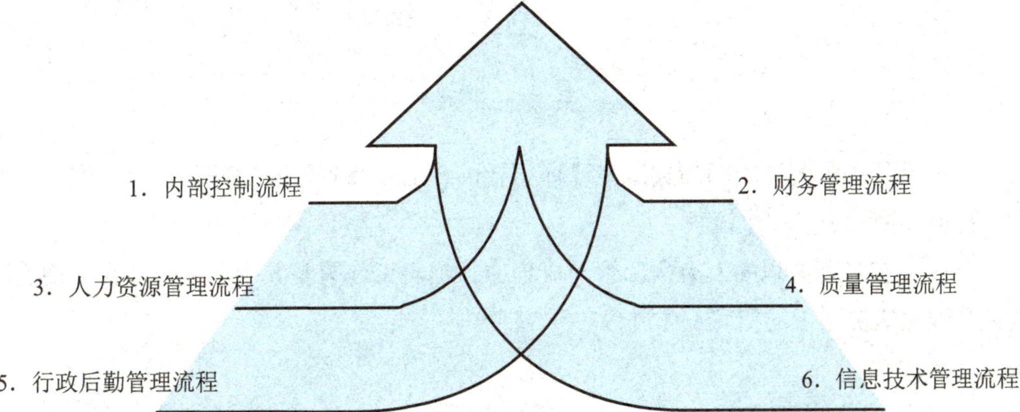

图 1-3　企业管理流程的构成

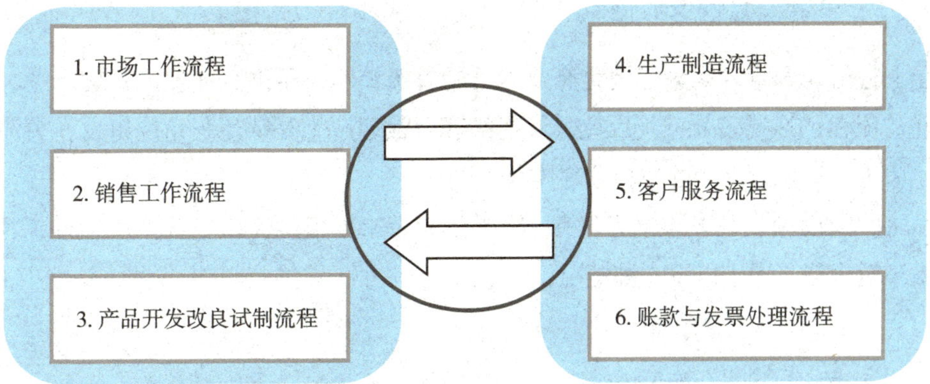

图 1-4　企业业务流程的构成

第1章　流程与流程管理

1.1.3 流程的层级

为便于对各类流程进行管理，我们通常将企业内部流程分为三个层级，即企业级流程、部门级流程和岗位级流程，具体如图 1-5 所示。

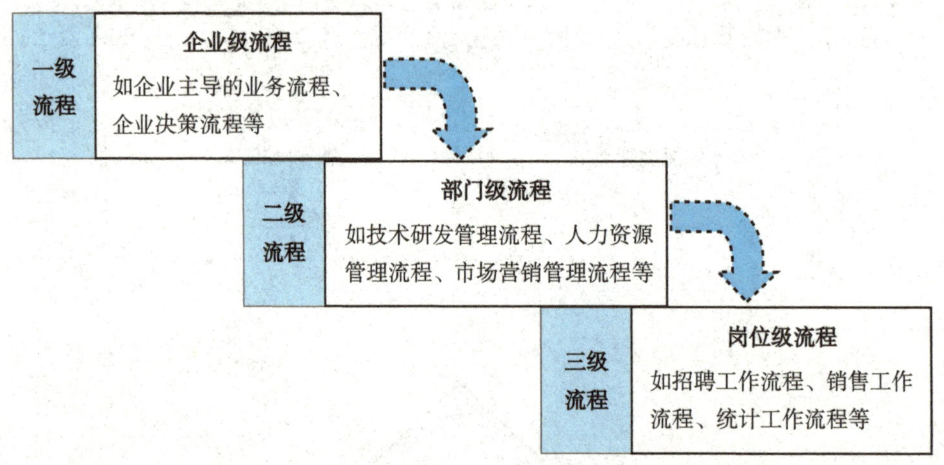

图 1-5 企业内部流程的层级

企业内部各级流程之间的关系是环环相扣的，上一级别流程中的某个节点在下一级别可能就会演化成另一个流程。

例如，在二级流程的人力资源管理流程中，招聘工作只是其中的一个节点，而它又会演化成三级流程中的招聘工作流程。

1.2 流程管理

1.2.1 流程管理的含义分析

企业进行流程管理是为了优化企业内部的各级流程，帮助企业提高管理水平，并通过优化的流程创造更多效益。因此，流程管理可被理解为是从流程角度出发，关注流程能否“为企业实现增值”的一套管理体系。

从客户角度来说，客户愿意付费 / 购买就能带来增值。但从企业角度来说，“增值”可以被理解为但不限于以下六种情况：

（1）效益提升，投资回报率上升；

（2）工作效率提高，业绩提升；

（3）工作质量、产品 / 服务质量提升；

（4）各种浪费减少，经营成本降低；

（5）沟通顺畅，办公氛围和谐、向上；

（6）品牌价值提升，知名度提升。

企业流程管理主要是对企业内部进行革新，解决职能重叠、中间层次多、流程堵塞等问题，使每个流程从头至尾责任界定清晰，职能不重叠、业务不重复，达到缩短流程周期、节约运作成本的目的。

1.2.2 流程管理的目标分析

流程管理是按业务流程标准，在职能管理系统授权下进行的一种横向例行管理，是一种以目标和服务对象为导向的责任人推动式管理。

流程管理的目标分析说明如表 1-2 所示。

表 1-2 流程管理的目标分析说明

项次	分析项	具体描述
1	流程管理的最终目的	◎提升客户满意度，提高企业的市场竞争能力 ◎提升企业绩效
2	流程管理的宗旨	◎通过精细化管理提高管控程度 ◎通过流程优化提高工作效率 ◎通过流程管理提高资源的合理配置程度 ◎快速实现管理复制
3	流程管理的总体目标	管理者依据企业的发展状况制定流程改善的总体目标
4	总体目标分解	在总体目标的指导下，制定每类业务或单位流程的改善目标
5	流程管理的工作标准与要求	◎保证业务流程面向客户，管理流程面向企业目标 ◎流程中的活动都是增值的活动 ◎员工的每一项活动都是实现企业目标的一部分 ◎流程持续改进
6	流程管理在企业发展各阶段的具体目的	企业需要根据自身发展阶段和遇到的具体问题对流程管理有所侧重 ◎梳理：工作顺畅，信息畅通 ◎显化：建立工作准则，便于查阅、了解流程，便于沟通并发现问题，便于复制流程以及对流程进行管理 ◎监控：找到监测点，监控流程绩效 ◎监督：便于上级对工作进行监督 ◎优化：不断改善工作，提升工作效率

1.2.3 流程管理工作的三个层级

总体来说，企业流程管理工作包括三个层级，即流程规范、流程优化和流程再造。各个层级的主要内容及适用情况如表 1-3 所示。

表 1-3　流程管理工作三个层级的主要内容及适用情况

层级划分	主要内容	关键输出	适用时机 / 阶段
第一层级 流程规范	整理企业流程，界定流程各环节的工作内容及相互之间的关系，形成业务的无缝衔接	流程清单 流程体系框架图 各流程图	适合所有企业的正常运营时期
第二层级 流程优化	流程的持续优化过程，持续审视企业的流程，不断完善和强化企业的流程体系	流程诊断表 流程清单（新） 流程体系框架图（新） 各流程图（新）	适合企业任何时期
第三层级 流程再造	重新审视企业的流程和再设计	流程再造分析报告 流程清单（新） 流程体系框架图（新） 各流程图（新）	适合企业变革时期，以适应企业变革阶段治理结构的变化、战略改变、商业模式变化，以及出现的新技术、新工艺、新产品、新市场等情况

需要注意的是，在流程建设管理工作中，企业应遵循“点面结合”的原则，在加强流程管理体系整体建设（面）的同时持续改进具体流程内容（点）。

1.3　流程管理工作的开展

1.3.1　项目启动

为确保流程能够满足企业战略发展的要求，企业需要从全局视角开展流程管理工作，构建企业流程体系框架，找到关键流程，设计出符合企业实际和发展需求的流程与流程体系。

企业可组建流程建设项目小组，启动流程建设项目的工作指引，具体如表 1-4 所示。

表 1-4　启动流程建设项目的工作指引

步骤	步骤细分	具体说明	责任主体	输出
启动流程建设项目	成立项目小组	具体参见表 1-5	流程管理部门	◎项目小组成员名单及职责说明 ◎项目工作计划
	选择规划工具或方法	包括基于岗位职责的建设方法（从下到上）、基于业务模型的建设方法（从下到上）和借助第三方（咨询公司）的流程建设方法等	流程管理部门	◎规划项目操作指引 ◎会议记录 / 纪要
	制订工作计划	明确项目里程碑，确定各项具体工作清单与步骤及其责任主体，可使用甘特图	流程规划项目组	

（续表）

步骤	步骤细分	具体说明	责任主体	输出
启动流程建设项目	发布项目操作指引	包括项目简介、工作计划、成员名单及职责、建设步骤方法、各步骤的详细操作说明、流程图模板、案例、已有流程清单、项目组激励方案等	流程管理部门	◎规划项目操作指引 ◎会议记录 / 纪要
	召开项目启动会	会议重点是项目整体介绍、背景及理念、角色与职责定位、总体计划、项目最终成果及意义等	流程管理部门	
备注	本阶段常用的工具或方法有甘特图、项目管理法等			

流程建设工作需要得到企业领导层的重视与支持，项目小组的组建及成员构成如表 1-5 所示。

表 1-5 流程建设项目小组的组建及成员构成

角色定位	成员构成	主要职责
企业流程管理委员会	由企业高层领导组成，如总经理、各主管副总等，成员人数控制在 3~5 人	◎提供资源支持 ◎任命建设项目经理 ◎审核建设项目计划 ◎参与关键问题决策 ◎参与关键环节的建设及决策
流程建设项目经理	可由流程管理部门经理担任，也可考虑增设项目副总，由相关部门经理担任	◎编制项目计划 ◎监督项目成员完成目标 ◎评估项目成员工作表现
项目助理	可由流程管理部门人员担任	协助项目经理管理项目日常工作，如整理文档等
成员（各部门负责人）	项目成员应具有丰富的工作经验，多为各部门负责人，由其参与部门流程建设工作；也可指派部门人员参与项目小组的工作。各业务部门的流程应统一建设	◎根据项目计划，组织本部门完成相应的流程建设工作 ◎参与本部门流程图和企业全景流程图的绘制，宣贯和应用流程建设成果
成员（流程管理部门的人员）	流程管理部门的工作人员均应参与到项目中来	负责流程建设方法、工具的开发及各部门的相关培训与指导工作

1.3.2 识别流程

在识别流程阶段，企业需要做的是识别本企业有哪些流程，编制流程清单，界定流程之间的界限及为流程命名，帮助企业从流程的视角弄清企业管理现状，为后续的流程建设、每个流程的具体描述提供良好的基础。

由于各部门流程识别、流程清单的梳理对之后的工作至关重要，因此这项工作一般应由各部门领导牵头组织，先整理出部门业务流程主线，明确本部门的关键环节和核心业务，进而确定主要业务流程及流程之间的关系。识别流程阶段的工作指引如表 1-6 所示。

表 1-6 识别流程阶段的工作指引

步骤	步骤细分	具体说明	责任主体	输出
识别流程	流程建设培训	流程管理部门对各部门进行流程建设方面的培训，培训的重点是如何使用各种表格等，具体内容包括项目简介、涉及的概念、目的和产出、职责划分、建设步骤、表格编制、工作计划、答疑等	流程管理部门	◎培训课程 ◎培训计划 ◎部门流程清单 ◎企业流程清单（参见表 1-7）
	各部门流程识别	进行部门内岗位分析、业务线分析；将职责分解，细化到岗位、业务活动，并按活动的先后顺序排列，提炼出流程；界定流程的上下接口、输入输出及责任主体；汇总部门内流程，编制部门流程清单	各部门，包括岗位代表人员、部门负责人	
	编制企业流程清单	流程管理部门汇总各部门流程清单，与各部门充分沟通，删除重复流程，查漏补缺，形成企业流程清单	流程管理部门	
备注	本阶段常用的工具及方法有战略地图、业务单元分析法、部门职能分析法、岗位工作分析法等			

1.3.3 构建流程清单

流程建设项目小组在本阶段的主要任务是与各部门进行沟通、讨论，对企业流程进行分类和分级，构建企业流程框架，输出企业流程清单，具体如表 1-7 所示。

表 1-7 企业流程清单

序号	一级流程	二级流程	三级流程	归口管理部门	流程状态
备注	流程状态的填写说明：1——流程已有且有效；2——流程已有，待梳理；3——无文件，待设计梳理				

1.3.4 评估流程重要程度

本阶段的工作任务是评估企业流程的重要程度，识别出关键流程、核心流程等，将其作为流程设计、运行管理、优化再造工作的重点，以提高企业流程建设工作的效率和效益。

企业的所有活动都是为了提高客户的满意度，实现价值，企业流程重要程度的衡量标准是流程的增值性。一般情况下，直接与客户产生业务关系的流程（如售后服务流程）、与企业核心竞争力相关的流程（如产品质量管理流程）等为企业的重要流程。

表 1-8 为某公司流程建设项目的流程重要程度评估分析表，供读者参考。

表 1-8　某公司流程建设项目的流程重要程度评估分析表

流程名称	与客户相关度（30%）	与整体绩效相关度（30%）	与战略相关度（25%）	流程横向跨度（15%）	评估得分	重要程度等级
×××× 流程	60	60	60	60	60	
用表说明	1. 以"×××× 流程"的评估为基准，其他各流程与之对比 2. 各评估项单项总分为 100 分，各单项评分乘以权重后的"和"为总分 3. 重要程度评估根据最终评分结果，采取强制百分比法，排名前 5% 的为 A 级流程，排名前 5% ~ 20%（包含）的为 B 级流程，排名前 20% ~ 30%（包含）的为 C 级流程，排名前 30% ~ 50%（包含）的为 D 级流程，其他为 E 级流程 4. 评级结果为 A、B、C 级的流程要重点管理					

1.3.5　完善体系框架

完成流程重要程度评估分析后，企业需要在流程清单的基础上进一步完善流程体系框架，标注流程的重要程度等级，具体如表 1-9 所示。

表 1-9　企业流程的重要程度等级

一级流程	二级流程	三级流程	归口管理部门	流程状态
×××× 流程（B 级）	×××× 流程（B 级）	×××× 流程（A 级）		
		×××× 流程（B 级）		
	×××× 流程（C 级）	×××× 流程（C 级）		
		×××× 流程（D 级）		

1.3.6　进行流程设计

企业在进行流程设计时，可遵循以下七个步骤。

第 1 步：界定流程范围

流程设计的第 1 步是界定流程范围，即确定信息的输入和输出。

在这一环节，企业需要回答以下几个问题。

- 有哪些流程业务活动？
- 流程从何处开始、何处终止？
- 流程的输入和输出是什么？
- 输出的成果交给谁（客户）？
- 客户有何要求？

在此，我们以设计“外部招聘管理流程”为例，来说明流程范围界定，具体内容如表 1-10 所示。

表 1-10　外部招聘管理流程范围界定

流程名称	外部招聘管理流程	流程编号	
流程责任部门 / 责任人	人力资源部 / 招聘主管	流程对应客户	各用人部门
本流程业务活动	人力资源部招聘、面试、录用管理工作		
流程开始	招聘需求	流程结束	录用决策、签订劳动合同
流程输入	已批准的招聘计划、临时招聘需求	流程输出	面试评估报告、劳动合同
流程客户要求（目标）	1. 期限内完成招聘任务 2. 人岗匹配		

第 2 步：确定流程活动的主要步骤

流程设计人员在界定完流程范围后，接下来需要进行调查分析，确定本流程活动的主要步骤，操作方法如图 1-6 所示。

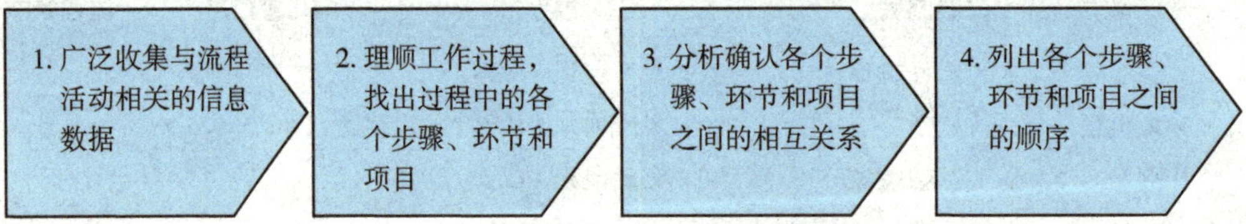

1. 广泛收集与流程活动相关的信息数据 → 2. 理顺工作过程，找出过程中的各个步骤、环节和项目 → 3. 分析确认各个步骤、环节和项目之间的相互关系 → 4. 列出各个步骤、环节和项目之间的顺序

图 1-6　确定流程活动的主要步骤

我们以设计“外部招聘管理流程”为例，其主要步骤（参见表 1-11）包括招聘需求汇总、招聘岗位分析与条件确定、发布招聘信息、简历收取与筛选、面试与评估、做出录用决策、签订劳动合同及试用期管理等。

第 3 步：步骤详细说明

本阶段应针对已确定的流程活动的主要步骤进行分析和描述，需要完成的工作如下：

- 分析每一个步骤的输入、输出（成果）；

- 明确后续步骤的客户要求；
- 确定每一步骤工作/活动的检查、考核、评估指标；
- 确定每一步骤涉及的部门/人员，明确其责任、权限和资源需求；
- 确定本流程的层次及与上下层级之间的关系。

我们仍以设计“外部招聘管理流程”为例，本阶段流程活动的主要步骤及具体描述如表 1-11 所示。

表 1-11 外部招聘管理流程活动的主要步骤及具体描述

<table>
<tr><td>流程名称</td><td colspan="2">外部招聘管理流程</td><td>流程编号</td><td></td></tr>
<tr><td>流程责任部门/责任人</td><td colspan="2">人力资源部/招聘主管</td><td>流程对应客户</td><td>各用人部门</td></tr>
<tr><td>本流程业务活动</td><td colspan="4">人力资源部招聘、面试、录用管理工作</td></tr>
<tr><td>流程开始</td><td colspan="2">招聘需求</td><td>流程结束</td><td>录用决策、签订劳动合同</td></tr>
<tr><td>流程输入</td><td colspan="2">已批准的招聘计划、临时招聘需求</td><td>流程输出</td><td>面试评估报告、劳动合同</td></tr>
<tr><td>流程客户要求（目标）</td><td colspan="4">1. 期限内完成招聘任务
2. 人岗匹配</td></tr>
<tr><td>流程步骤</td><td>步骤描述</td><td colspan="2">重要输入</td><td>重要输出</td></tr>
<tr><td rowspan="2">招聘需求汇总</td><td>人力资源部在经过批准的年度招聘计划指导下，按时进行计划内的人员招聘工作</td><td colspan="2">招聘计划</td><td>—</td></tr>
<tr><td>计划外招聘需由部门提出招聘申请并拟订上岗要求和资格条件，报总经理或相关副总经理审核</td><td colspan="2">岗位说明书</td><td>招聘岗位清单</td></tr>
<tr><td>招聘岗位分析与条件确定</td><td>人力资源部根据当时的市场薪资行情和企业薪资架构体系，初步拟订待招聘的职位等级及基本薪资范围</td><td colspan="2">—</td><td>—</td></tr>
<tr><td>招聘岗位分析与条件确定</td><td>根据待招聘职位的高低，呈交相应的决策层核准，之后正式启动招聘工作
◎部门经理及以上管理职位由总裁核准
◎部门主管及主管以下职位由分管人力资源副总经理核准</td><td colspan="2">—</td><td>—</td></tr>
<tr><td>发布招聘信息</td><td>通过内外部多种渠道发布招聘信息，同时收集人才资料，可经由下列方式进行
◎刊登内部职位空缺公告
◎刊登报纸广告
◎接洽人才中介机构
◎请高校推荐
◎参加人才交流会等</td><td colspan="2">岗位说明书</td><td>招聘广告</td></tr>
</table>

第1章 流程与流程管理

（续表）

简历收取与筛选	人力资源部收到应聘者的各项资料后，先进行初步审核，审阅其学历、经验是否符合企业要求，再将审核通过的应聘者的资料转交用人部门进一步审核，通过书面资料审核淘汰一部分不符合岗位要求的应聘者	应聘简历	面试人员清单
面试与评估	由人力资源部主导，对通过审核的应聘者进行笔试及面试，从人员的基本素质方面进行评估，筛选出符合要求的应聘者	面试清单	面试记录 面试评估表
	在人力资源部的协助下，由相关业务部门的人员对应聘者进行专业技能考核	—	面试评估表
	◎主管级别及以下职位由副总经理进行最终面试 ◎部门经理及以上管理职位由总经理进行最终面试	—	面试评估表
做出录用决策	根据企业高层领导及用人部门的意见，人力资源部告知被录用者其最终职位和薪资金额	—	—
	将其他优秀但未被录用的应聘者的资料存入人才库	—	人才库
	通过面试的应聘者必须参加体检，体检未通过者不予录用	—	体检报告
签订劳动合同	人力资源部发出录用通知单，与被录用者签订劳动合同，并根据招聘/录用管理制度为被录用者办理相关的入职手续	—	劳动合同
试用期管理	执行试用期管理流程	—	—
考核评估方法	招聘任务是否按期完成、招聘人数完成率、招聘计划出错次数、招聘广告出错次数等		

第 4 步：选择流程形式

根据流程的分类、层级、复杂程度，以及流程活动的内部关联性等因素，企业流程主要有四种展现形式，即箭头式流程图、业务流程图、矩阵式流程图和泳道式流程图。

☆ 箭头式流程图

箭头式流程图的特点是直观、一目了然，适用于企业员工都熟悉流程中各项作业概况的情况或流程中各项作业任务较简单的情况。箭头式流程图的示例如图 1-7 所示。

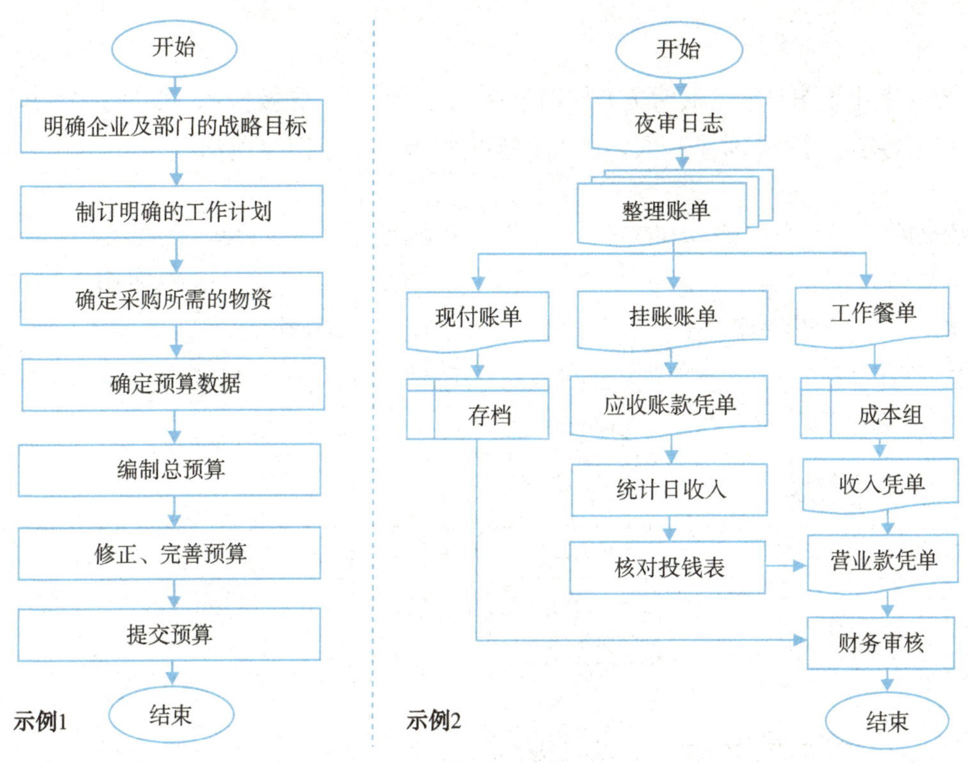

图 1-7　箭头式流程图的示例

企业在设计箭头式流程图时，需要注意以下两个问题。

- 在图中明确执行主体，如果是单一的执行主体，可将执行主体省略。
- 用简洁的语言对流程图中的主要活动进行解释说明，以进一步明确活动要求和指令。

☆ 业务流程图

在业务流程图中，需要明确流程的上下执行主体、活动内容、要求及指令，并将要求和指令用统一的语言表达出来。流程活动的承担者之间必须是平等、互助、尊重、关怀的关系。业务流程图的示例如图 1-8 所示。

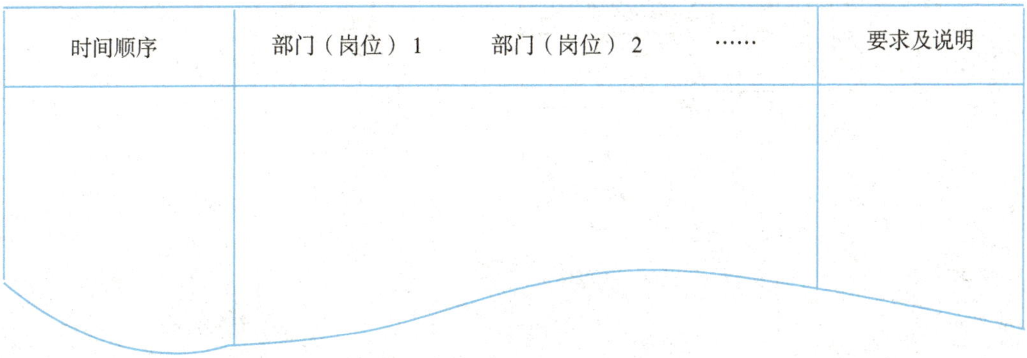

时间顺序	部门（岗位）1　　部门（岗位）2　　……	要求及说明

图 1-8　业务流程图的示例

☆ 矩阵式流程图

矩阵式流程图有纵、横两个方向的坐标，它既解决了先做什么、后做什么的问题，又明确了各项工作的具体责任人。矩阵式流程图的示例如图 1-9 所示。

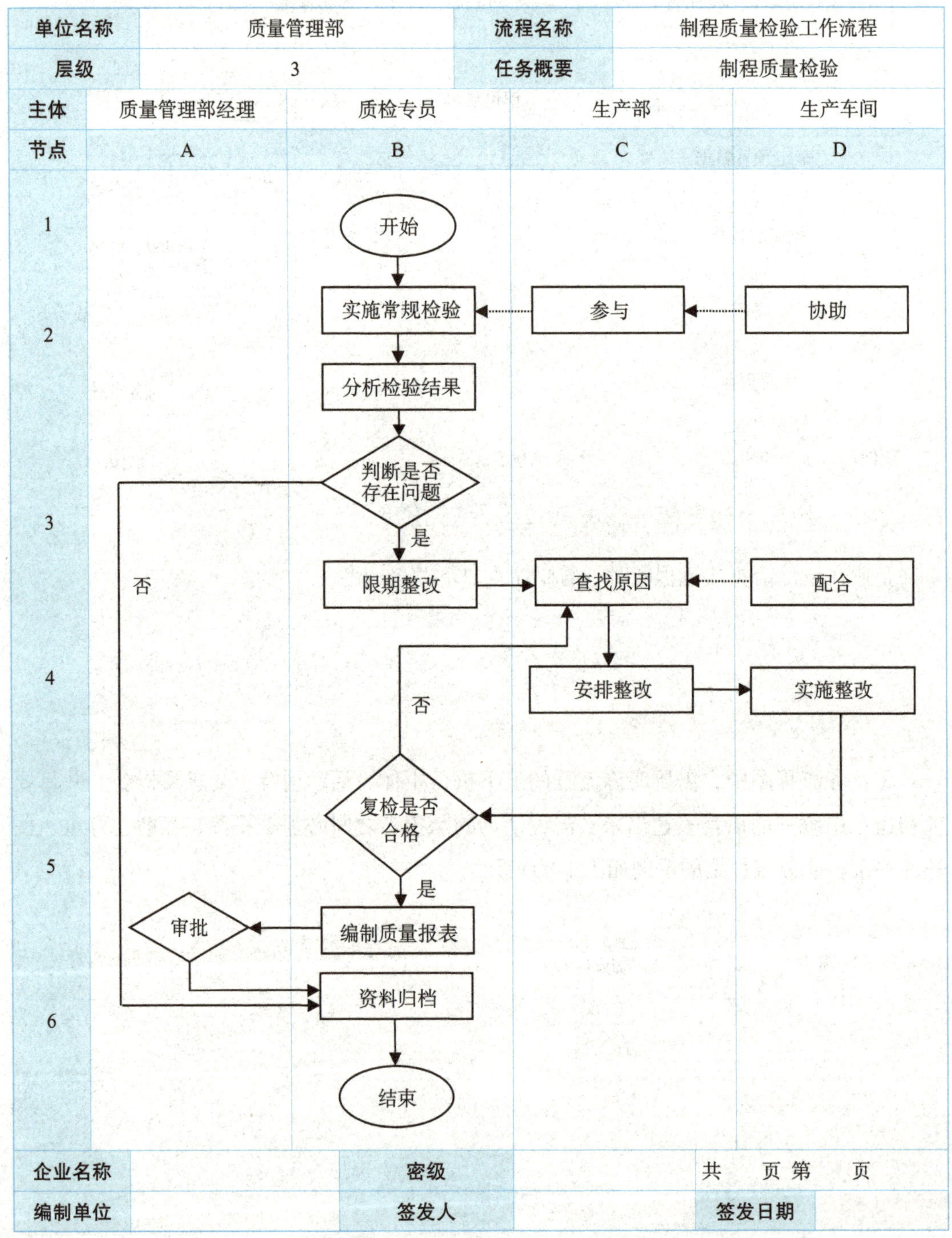

图 1-9　矩阵式流程图的示例

☆ 泳道式流程图

与矩阵式流程图相似，泳道式流程图也是通过纵、横双向坐标来设计流程，纵向为分项工作任务，横向是承担任务的部门、岗位（即执行主体）。

这种流程图样式与其他流程图类似，但在业务流程的执行主体上，主要通过泳道（纵向条）区分执行主体。泳道式流程图的示例如图 1-10 所示。

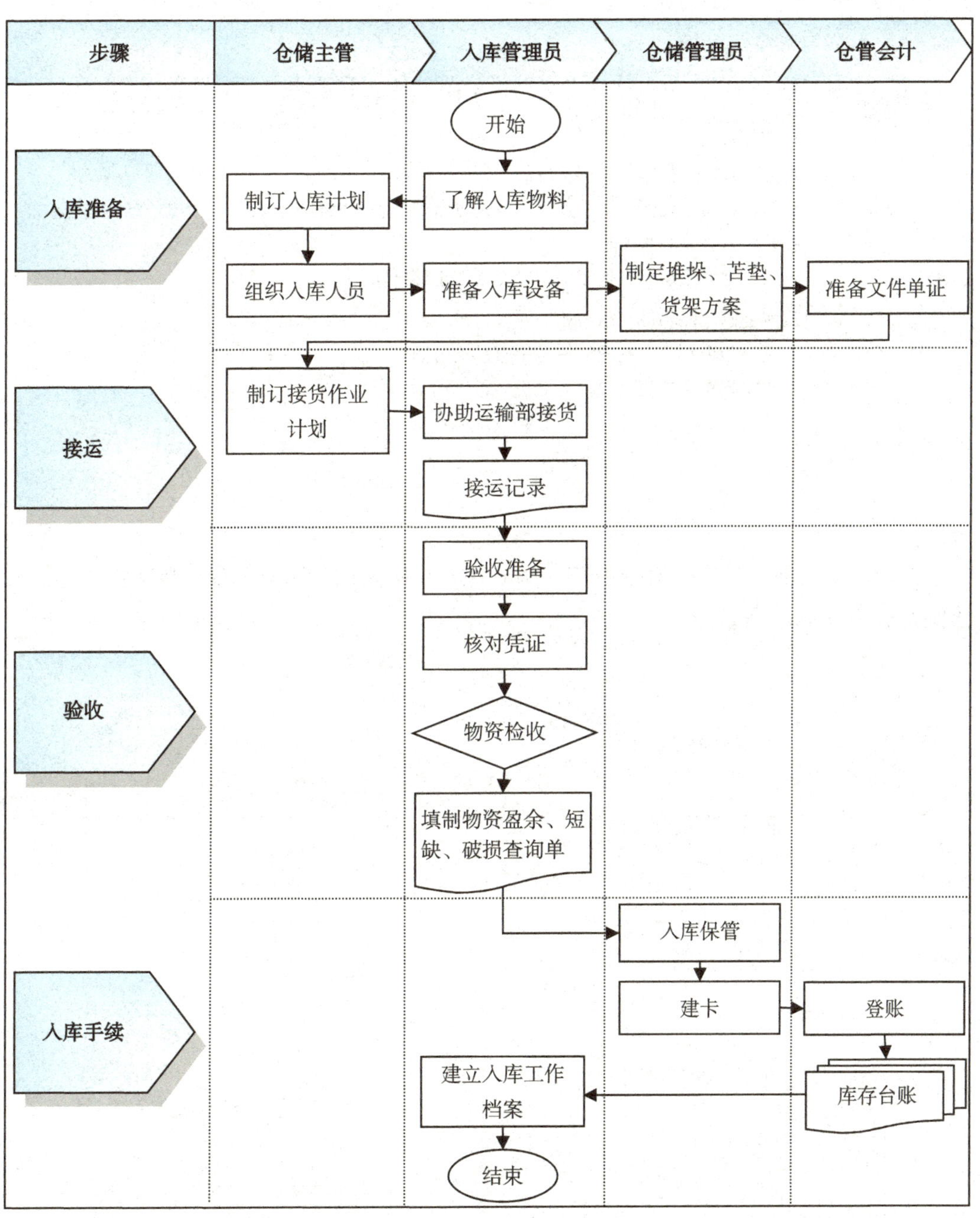

图 1-10　泳道式流程图的示例

第 5 步：绘制流程草图

流程图的绘制是指流程设计人员将流程设计或流程再造的成果以书面形式呈现出来。

☆ 绘制工具的选择

绘制流程图常用的工具有 Word、Visio 等，这两个工具各有各的特点（见表 1-12），流程图设计人员可根据本企业流程设计的要求、个人的使用习惯等自由选择。

表 1-12　常用的流程图绘制工具

工具名称	工具介绍
Word	1. 普及率高 2. 方便发排、打印及流程文件的印制 3. 绘制的图片清晰，文件量小，容易复制到移动存储器中，容易作为电子邮件进行收发 4. 较费时，绘制难度较大 5. 与其他专用绘图软件相比，绘图功能不够全面
Visio	1. 专业的绘图软件，附带相关建模符号 2. 通过拖曳预定义的图形符号很容易组合图表 3. 可根据本单位流程设计需要进行组织的自定义 4. 能绘制一些组织复杂、业务繁杂的流程图

☆ 流程绘制符号

美国国家标准学会（ANSI）规定了流程设计中绘制流程图的标准符号，常用的流程绘制符号如表 1-13 所示。

表 1-13　常用的流程绘制符号

序号	符号名称	符号
1	流程的开始或结束	⬭
2	具体作业任务或工作	▭
3	决策、判断、审批	◇
4	单向流程线	→

（续表）

序号	符号名称	符号
5	双向流程线	
6	两项工作跨越、不相交	
7	两项工作连接	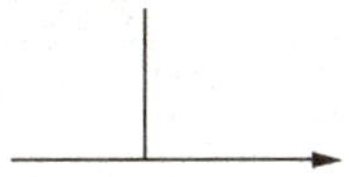
8	作业过程中涉及的文档信息	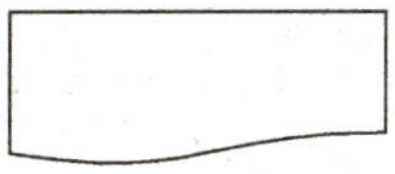
9	作业过程中涉及的多文档信息	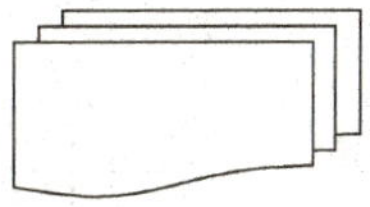
10	与本流程关联的其他流程	
11	信息来源	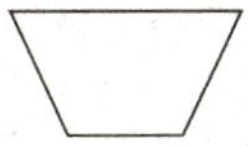
12	信息储存与输出	

实际上，流程绘制的标准符号远不止表 1-13 所列的这些。但是，流程图的绘制越简洁、明了，操作起来就越方便，企业也更容易接受和落实；符号越多，流程图就越复杂，越难以落实到位。所以，一般情况下，企业使用 1~4 项流程绘制的标准符号就基本可以满足绘制流程图的需要了。

☆ 绘制草图

不同的流程展现形式体现了不同层次的流程。例如，一二级流程适合用矩阵式流程图和泳道式流程图呈现，而三级流程中的部分业务流程适合用箭头式流程图和业务流程图呈现。

值得一提的是，流程设计人员在绘制流程图的过程中，需要确定该流程与上下游流程之间的接口，以及与规范流程运行要求相关联的制度之间的关系，并根据实际情况尽量将其在流程图中反映出来，如流程图中可根据流程节点给出相应的制度、表单等。

第 6 步：流程意见反馈

流程图绘制完成后，需要通过意见征询、试运行等方式获得相关意见和建议，发现不足和纰漏，以便对其做出进一步修改和完善，直至最终定稿。

针对初步绘制的流程图，流程设计人员可通过以下三种方式征求各方的意见，具体如图 1-11 所示。

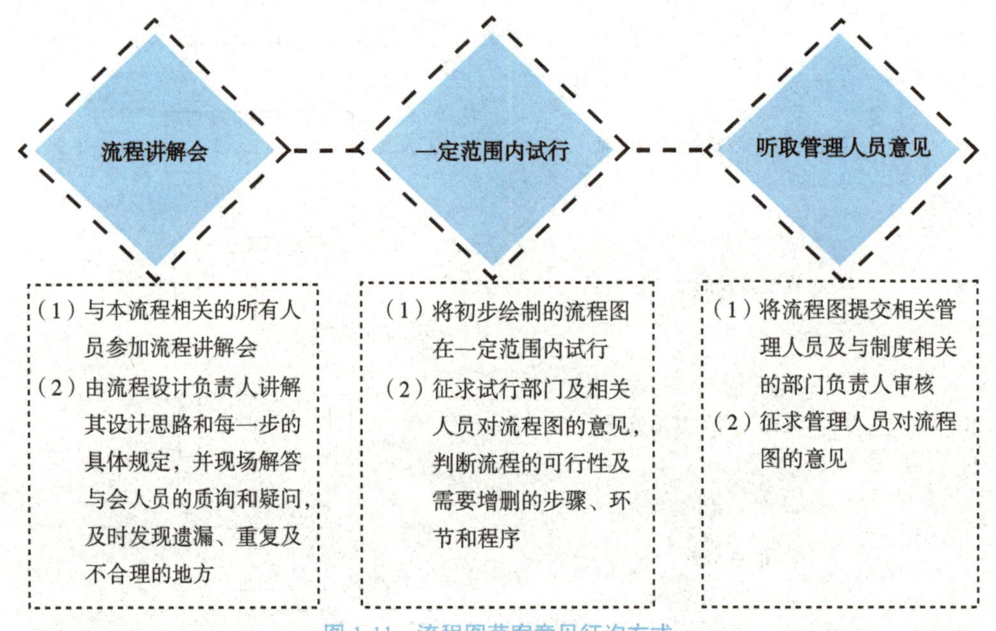

图 1-11　流程图草案意见征询方式

第 7 步：流程调整修正

通过上述方式进行意见征询后，流程设计人员应综合分析意见征询结果，汇总各种修改意见，对流程图进行修改和完善，提交权限主管领导审核后再呈交总经理批准，或在董事会审议通过后公示执行。

☆ 流程定稿要求

老员工能够按流程图做事，新员工能够根据流程图知道怎样做事。

☆ 流程试运行与检查

流程设计人员要监控流程试运行过程，检查并汇总试运行过程中出现的问题，做好检查记录，为问题分析和流程改善做准备。流程实施与检查内容说明如表 1-14 所示。

表 1-14 流程实施与检查内容说明

项次	检查项目	具体检查内容
1	检查流程是否稳定	◎在实施过程中是否出现例外活动 ◎在实施过程中是否出现步骤、时间、权责方面的冲突 ◎是否出现上一部分的步骤成果（输入）不能充分影响下一步骤的活动 ◎是否出现资源（特别是人力资源）与任务不匹配的情况
2	检查程序是否合理	◎适宜性：程序适应内外部环境变化的能力 ◎充分性：程序各过程的展开程度 ◎有效性：达到的结果与所使用的资源之间的关系，确保程序的经济性

☆ 流程简化

流程简化的目标是用最少的资源执行流程，减少资源浪费。流程简化的方法包括取消环节、合并环节、环节调序、简单化环节、自动化环节以及一体化环节等。

流程简化工作的一般操作方法如下：

- 对评估流程进行再评估，确认和削减增加资源耗费的活动；
- 评估各种测量方法，判断其能否提供有用和可控的信息；
- 缩短时间，测试输出数量 / 质量是否相应减少；
- 依据上述变动调整程序简化计划；
- 将程序置于自动运行状态，通过周期性检查发现问题。

1.3.7 发布、实施与检查

1. 流程的确定与发布

流程设计人员将经过实践检验的流程图提交企业领导审核签字后，以适当的方式向全体员工公示，并自公示之日起生效，便于员工遵照执行。

一般情况下，常用的流程公示方式有四种，企业可根据实际情况选择运用，具体做法如表 1-15 所示。

表 1-15 流程公示的四种方式及操作说明

序号	公示方式	操作说明
1	全文公告公示	在企业公共区域将流程图及相关说明全文公告，并将公告现场以拍照、录像等方式记录备案
2	集中学习	召开员工会议或组织员工进行集中学习、培训，并让员工签到确认参与了学习或培训

（续表）

序号	公示方式	操作说明
3	员工阅读并签字确认	将流程及相关说明做成电子或纸质文件交由员工阅读并签字确认。确认方式包括在流程文件的尾页签名、另行制作表格登记、制作单页的“声明”或“保证”
4	作为劳动合同附件	将流程文件作为劳动合同的附件，在劳动合同专项条款中约定“劳动者已经详细阅读，并自愿遵守本企业的各项规定”等内容

企业的经营管理人员或人力资源管理人员，对流程公示工作要细心谨慎，注意以下两大事项。

事项 1：务必让当事人知晓

务必将相关通知、决定等送到当事人手中，而不是“通告一贴，高高挂起”，要确保能够达到公示与告知的目的。

事项 2：注意留存公示的证据

不同的公示方式有不同的证据留存方式。例如，让员工在“签阅确认函”上签字确认，可签“已经阅读、明了，并且承诺遵守”等。

2. 优化流程实施的环境

设计了流程并不意味着企业的运行效率和经济效益必然会有大幅度的提高，更重要的工作是抓好流程管理的落实。

在管理和实施流程的过程中，企业不能忽视对流程实施环境的管理，应该注意以下几点。

● 建立合适的企业文化

企业流程设计或再造一般均以流程为中心、以追求客户满意度的最大化为目标，这就要求企业从传统的职能管理向过程管理转变。

企业在实施流程管理时，需要改变过去的传统观念和习惯做法，建立一种能够适应这种转变的以“积极向上、追求变革、崇尚效率”为特征的企业文化，以使每个流程中的各项活动都能实现最大化增值的目标，为企业经济效益的提高做贡献。

● 提高企业领导对流程管理的认识

提高企业领导，特别是企业高层领导对流程管理的认识是企业发展中的重要问题，是企业提高运营效率和经济效益的重要措施，是企业战胜竞争对手的主要手段，是企业发展战略的重要因素。

只有企业的董事长、总经理、总监等高层领导重视流程管理，才能推动企业的流程再造，实施才能见到效果。

- 加强培训，使企业上下共同提高对流程的认识

在实施流程管理的过程中，企业高、中层管理人员是推动流程管理的骨干，广大员工则是推动流程管理的重要力量。

通过培训，使企业的管理团队与员工提高对流程设计或再造的认识，共同认识到流程的意义，认识到流程再造对企业生存和发展的作用，只有这样推动与实施流程再造，才能达到良好的效果。

此外，通过培训，可以提高员工的自觉性，使员工自觉遵守新的流程。

3. 实现流程的有效落实

企业的流程图绘制完毕、装订成册后，应发给企业各部门，以便员工遵照执行。流程图实际上是企业的一项规章制度，它可以帮助企业建立正常的工作规则和工作秩序。

以下是流程有效落实的四种思路，具体如图 1-12 所示。

注：流程 E 化是指应用现有的 IT 技术，实现企业各项管理和业务流程的电子化。

图 1-12　流程有效落实的四种思路

4. 开展有针对性的流程检查

流程检查的目的是提高企业的效益，保证流程目标的最终实现。

- 控制流程检查的成本投入。流程检查成本投入需要与该流程的产出价值相匹配，否则既浪费资源，又不能创造价值。企业在流程检查工作中要有成本意识，强化“投资回报”的概念。
- 把握好流程检查的度。在设计流程检查方案时，需要确定流程检查的精细度、频次及抽样方法，控制检查成本。流程检查工作要抓住关键流程，抓住流程的关键环节，结合实际情况和流程的运转时间确定流程检查的频次和抽样方式。

5. 流程检查重点的选取

流程检查需要与流程实际执行情况相匹配，合理设置流程关键控制点。

- 对于流程成熟度高（流程绩效表现合理且稳定）、人员能力较强的流程，企业可降低检查投入，也可取消相关的关键控制点。
- 对于流程成熟度较低（流程绩效波动较大）的流程，企业需要加强对该流程的检查力度或新增关键控制点，以稳定流程绩效。

流程检查重点选取的矩阵分析如图 1-13 所示。

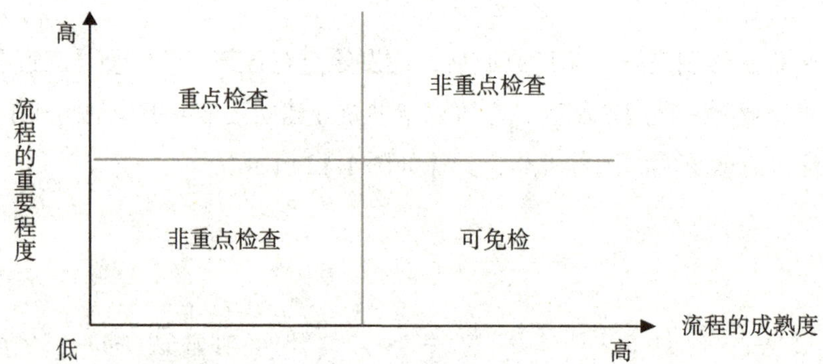

注：流程的重要程度评估请参照本章 1.3.4 所述。

图 1-13　流程检查重点选取的矩阵分析

6. 流程检查工作的实施程序

流程检查工作的实施程序如图 1-14 所示。

7. 流程绩效评估与改进

从本质上看，流程绩效评估是为企业战略与经营服务的，企业需要对某些关键的流程进行绩效评估，将流程绩效作为企业绩效管理的一个重要维度。

- **确定流程的绩效目标**

企业战略目标被分解为部门绩效目标与岗位绩效目标，并被包含在关键流程中，即流程被赋予绩效目标。因此，流程的绩效评估需围绕目标展开，实行目标导向的流程绩效评估。

- **流程绩效评估维度**

企业流程绩效评估的维度及指标如表 1-16 所示。

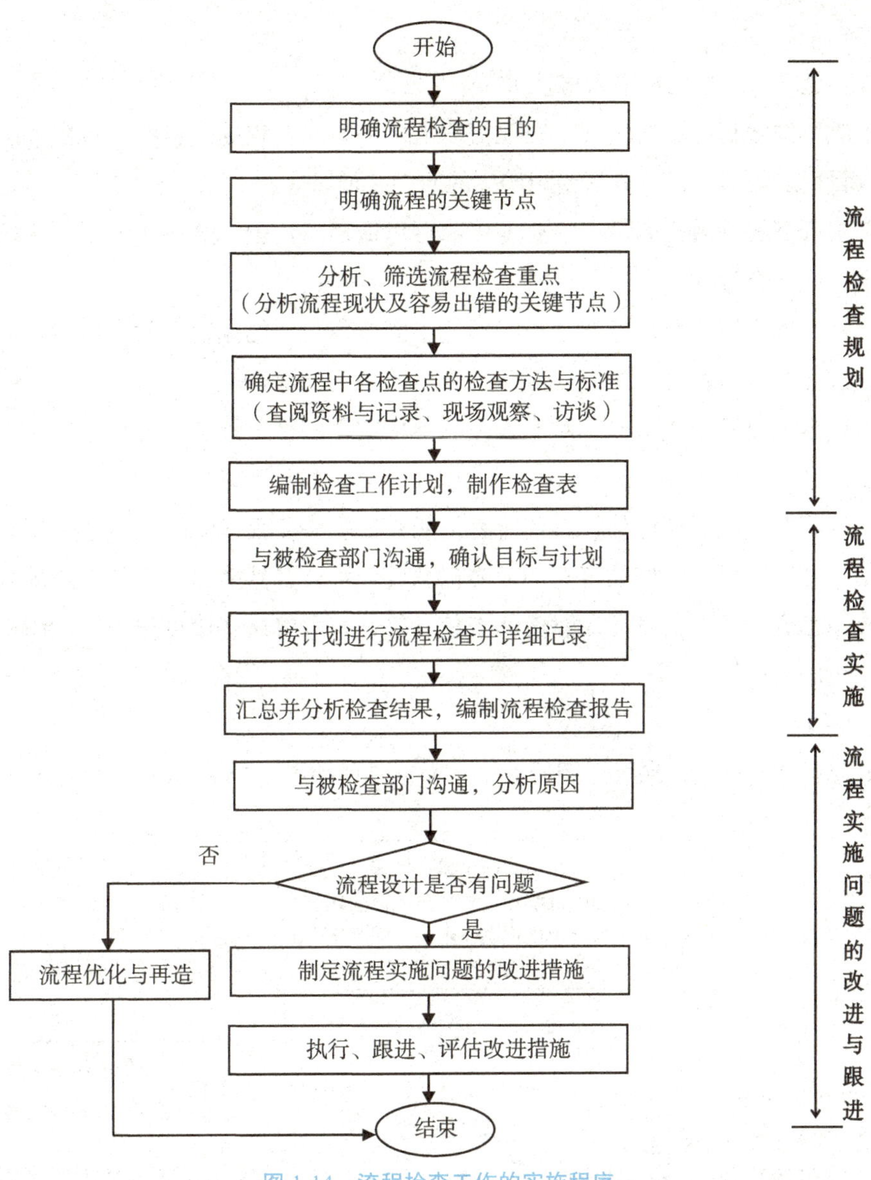

图 1-14　流程检查工作的实施程序

表 1-16　流程绩效评估的维度及指标

评估维度	详细说明	指标举例
效果	◎流程的产出 ◎流程的产出满足客户（包括内部客户和外部客户）需求和期望的程度	产量、产值、计划目标完成率、外部客户满意度、内部客户满意度等
效率	通过效果评估，确认资源节约与浪费的情况	处理时间、投入产出比、增值时间比、质量成本等
弹性	流程应具备调整能力，以便满足客户当前的特殊要求和未来的要求	处理客户特殊要求的时间、被拒绝的特殊要求所占的比例、特殊要求递交上级处理的比例等

- 流程实施绩效评估的标准及方法

流程实施绩效评估的标准及方法如下。

（1）流程绩效目标达成情况。对比流程实际绩效与流程绩效目标，找出实际绩效与流程绩效目标之间的差距，分析差距产生的原因并加以改进。

（2）内部流程绩效排名情况。企业内部可以做横向比较，这适用于不同区域的业务流程竞争、成功经验分享等。

（3）外部同类竞争对比情况。与同行业主要竞争对手的流程绩效进行对比，以了解企业在该方面的市场表现。

（4）流程绩效稳定性情况。对流程绩效评估结果的稳定性进行分析，确认流程是否处于受控状态。

（5）流程客户满意度评估。有些流程（如售后服务流程）的绩效管理需要客户与市场的评估，此时需要一个好的客户沟通与信息管理平台，其能够记录与客户的日常沟通信息、投诉信息、回访信息、满意度调查信息等，并可将这些信息作为客户满意度评估的依据。

- 流程绩效评估结果的运用

企业流程绩效评估结果可运用于五个方面，具体如图 1-15 所示。

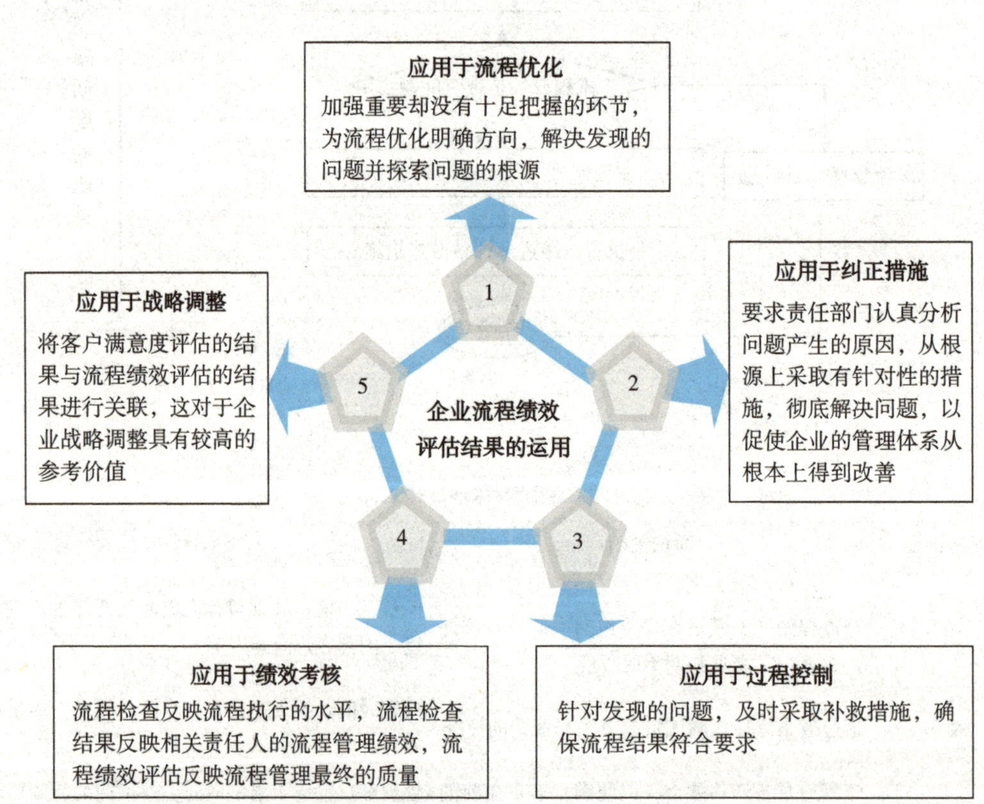

图 1-15　企业流程绩效评估结果的运用

1.4 流程执行章程设计

1.4.1 配套制度设计

制度是规范员工行为的标尺之一，是企业进行规范化、制度化管理的基础。只有不断推进规范化、制度化管理，企业才能逐步发展壮大。

1. 制度设计步骤

企业在设计流程配套制度时，要明确需要解决的问题及要达到的目的，为制度准确定位，开展内外部调研，明确制度规范化的程度，统一制度格式，等等。制度设计的步骤如图 1-16 所示。

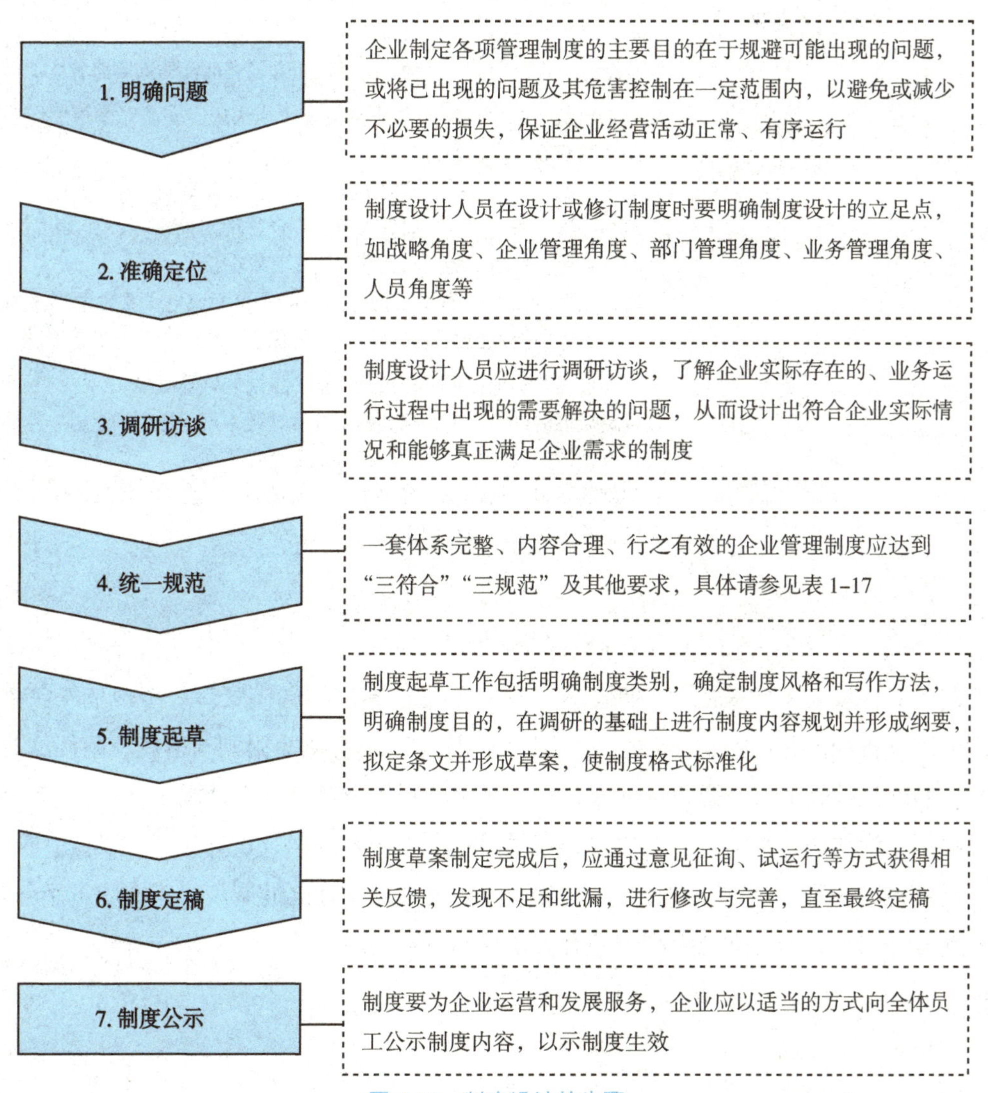

图 1-16 制度设计的步骤

2. 制度设计规范及要求

要想设计一套体系完整、内容合理、行之有效的企业管理制度，制度设计人员必须遵循一定的规范及要求，具体内容如表 1-17 所示。

表 1-17　制度设计规范及要求

<table>
<tr><th>设计规范</th><th colspan="2">具体要求</th></tr>
<tr><td rowspan="3">三符合</td><td colspan="2">符合企业管理者最初设想的状态</td></tr>
<tr><td colspan="2">符合企业管理科学原理</td></tr>
<tr><td colspan="2">符合客观事物发展规律或规则</td></tr>
<tr><td rowspan="3">三规范</td><td>规范
制度制定者</td><td>◎品行好，能做到公正、客观，有较强的文字表达能力和分析能力，熟悉企业各部门的业务及具体工作方法
◎了解国家相关法律法规、社会公序良俗和员工习惯，了解制度的制定、修改、废止等程序及审批权限
◎制度所依资料全面、准确，能反映企业经营活动的真实面貌</td></tr>
<tr><td>规范
制度内容</td><td>◎合法合规，制度内容不能违反国家法律法规，要遵守公德民俗，确保制度有效、内容完善
◎形式美观、格式统一、简明扼要、易操作、无缺漏
◎语言简洁、条例清晰、前后一致、符合逻辑
◎制度可操作性强，能与其他规章制度有效衔接
◎说明制度涉及的各种文本的效力，并用书面或电子文件的形式向员工公示或向员工提供接触标准文本的机会</td></tr>
<tr><td>规范
制度实施过程</td><td>◎明确培训及实施过程、公示及管理、定期修订等内容
◎营造规范的执行环境，减少制度执行过程中可能遇到的阻力
◎规范全体员工的职责、工作行为及工作程序
◎制度的制定、执行与监督应由不同人员完成
◎监督并记录制度执行的情况</td></tr>
</table>

3. 制度框架设计

制度的内容结构常采用“一般规定—具体制度—附则”的模式。一个规范、完整的制度所需具备的内容包括制度名称、总则 / 通则、正文 / 分则、附则与落款、附件这五大部分。制度设计人员应注意每一部分，使所制定的制度内容完备、合规、合法。

根据制度的内容结构，图 1-17 给出了常用的制度内容框架及设计规范，供读者参考。

需要说明的是，对于针对性强、内容单一、业务操作性强的制度，正文中不用分章，可直接分条列出，但总则与附则中的有关条目不可省略。

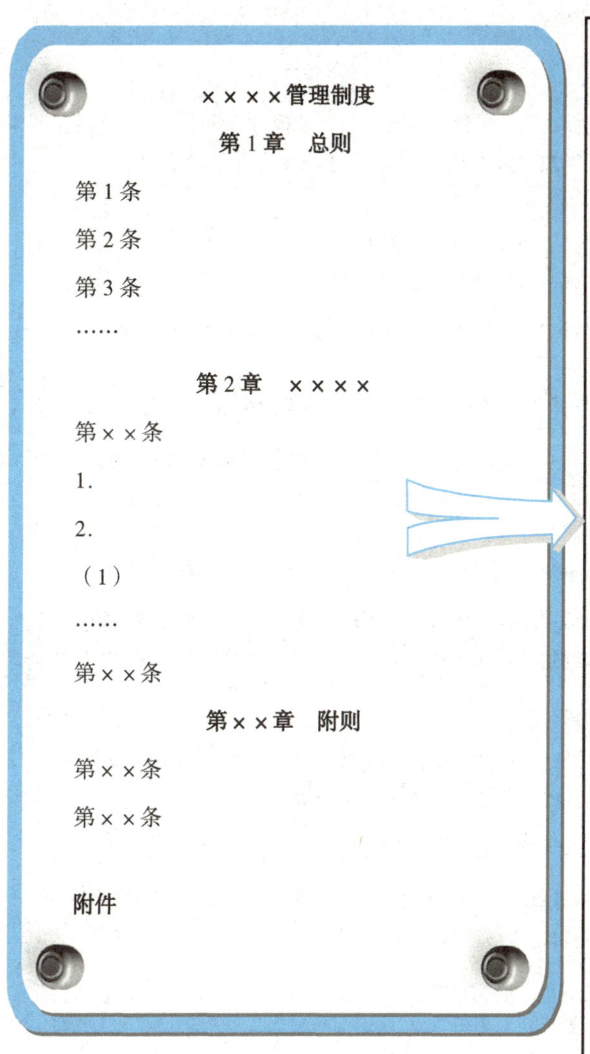

制度名称拟订

◎ 制度名称要清晰、简洁、醒目

◎ 受约单位/个人（可省略）+内容+文种

制度总则设计

◎ 制度总则的内容包括制度目的、依据的法律法规及内部制度文件、适用范围、受约对象或其行为界定、重要术语解释和职责描述等

制度正文设计

◎ 制度的主体部分包括对受约对象或具体事项的详细约束条目

◎ 正文分章、所列条目全面、合乎逻辑，语言表述清晰，没有歧义

◎ 既可以按对人员的行为要求分章分条，也可以按具体事项的流程分章分条

制度附则设计

◎ 说明制度制定、审批、实施要求与日期、修订事项等，保证制度的严肃性

◎ 包括未尽事宜解释，制定、修订、审批单位或人员，以及生效条件、日期等

制度附件设计

◎ 包括制度执行过程中需要用到的表单、附表、文件，以及相关制度和资料等

图 1-17　制度内容框架及设计规范

4. 制度修订

企业在发展过程中，有些制度可能会成为制约其发展的主要因素，因此企业需要不断修订、完善甚至废止这些制度。总之，不断推进制度化管理伴随着企业发展的整个过程。

制度设计人员或修订人员需要根据实际情况，及时修订与企业发展不相适应的规范、规则和程序，以满足企业日常经营及长远发展的需要。配套制度修订时间的选择如表 1-18 所示。

表 1-18 配套制度修订时间的选择

状况类别	修订时间
企业外部	◎国家或地方修订或新颁布相关法律法规，导致企业某些制度或条款不合法、有缺陷或多余等 ◎企业所处的外部环境、市场条件等发生重大变化，影响了企业的日常经营活动
企业内部	◎配套的流程发生了变化 ◎企业定期统一复审制度、机构调整、岗位设置发生变化等 ◎企业各部门或各岗位通过工作实践，认为已有制度存在问题
备注	在上述情况下，如果制度确实不符合企业当前的实际情况，可撤销或合并到其他制度中

制度修订就是在现存相关制度的基础上，对制度的内容进行添加、删减、合并等处理，以及对制度的体系结构进行再设计。制度设计人员可根据图 1-18 所示的流程修订制度。

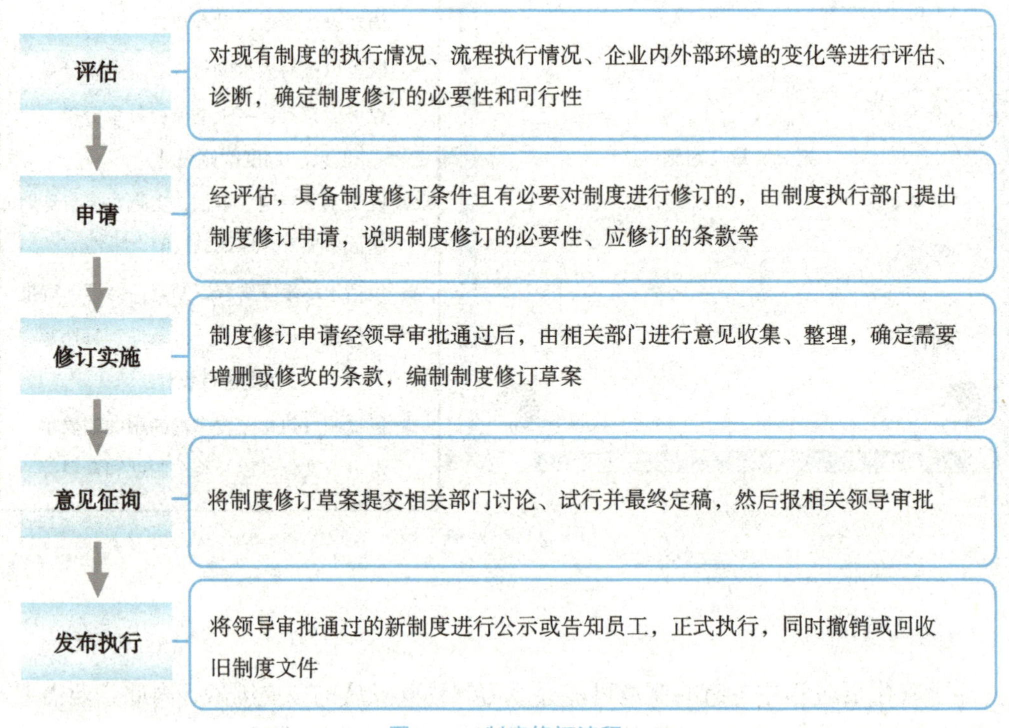

图 1-18 制度修订流程

在制度修订的过程中，制度设计人员要注意以下几点：

- 要适应企业新的机构运行模式与流程管理的要求；
- 要发挥各制度管理部门的主动性和制度执行部门的能动性；
- 要强化各项工作的管理责任要求；
- 要强调各职能部门的管理服务标准；
- 要规范制度的编制格式，为制度的再修订和日后的统稿工作制定标准。

1.4.2 辅助方案设计

方案是指某一项工作或行动的具体计划或针对某一问题制定的规划。撰写工作方案是员工必须完成的一项任务。一份实操性强、思路清晰、富有创新性的方案，不仅有利于方案的实际操作，而且还能获得上级领导的称赞。

1. 方案设计的步骤

方案设计的步骤如图 1-19 所示。

第 1 步　确定方案目标主题

将方案的目标主题确立在一定范围内，力求主题明晰，重点突出

第 2 步　收集相关资料

围绕目标主题收集相关资料

第 3 步　调查外部环境态势

围绕目标主题进行全面的外部环境调查，掌握第一手资料

第 4 步　整理与分析资料

综合调查获得的第一手资料和手中的其他资料，整理出对目标主题有用的信息

第 5 步　提出具体的创意/措施

根据企业的实际需要提出方案策划的创意/措施，并将其具体化

第 6 步　选择、编制可行方案

将符合目标主题的创意细化成具体的执行方案

第 7 步　制定方案实施细则

根据选定的方案，将具体的任务分配到各职能部门，分头实施，并按进度表与预算表进行监控

第 8 步　制定检查、评估办法

对选定的方案制定出详细可行的检查办法、评估标准及成果巩固措施

图 1-19　方案设计的步骤

2. 方案的内容结构

方案一般包括指导思想、主要目标、工作重点、实施步骤、政策措施和具体要求等内容，其结构如图 1-20 所示。

方案内容结构

- **目标和目的**：效益提升、成本降低、管理提升、效率提升、目标达成、问题解决等
- **适用范围**：包括时间范围、人员范围、部门范围等
- **现状分析**：企业内外部环境分析、企业面临的问题分析
- **具体措施**：制订什么计划、采取什么措施，强调解决对策和具体建议是什么，会产生什么效果，需要哪些资源给予支持，资源支持包括财力、人力和物力的支持等
- **实施和管理**：负责人、实施时间、实施步骤、实施成果，实施中需要注意哪些事项
- **考核和评估**：考核和评估的主题、内容、标准和指标、步骤、结果
- **参考附件**：本方案涉及的相关制度、表单、文书等文件

图 1-20　方案的内容结构

1.4.3　附带文书设计

文书是用于记录信息、交流信息和发布信息的一种工具。企业管理文书是指企业为了某种需要，按照一定的体例和要求形成的书面文字材料，包括各类文书、公文、文件等。

1. 企业管理文书分类

企业管理文书分类如表 1-19 所示。

表 1-19　企业管理文书分类

文书分类	具体文书种类
通用类文书	请示、批复、批示、通知、决定等，由企业统一规定编写格式与编号
合同类文书	劳动合同、业务合同等
会务类文书	企业各类会议的开幕词、闭幕词、演讲稿、会议记录、会议纪要、会议报告和会议提案等

（续表）

文书分类	具体文书种类
社交类文书	介绍信、感谢信、慰问信、表扬信、祝贺信和邀请函等
法务类文书	纠纷报告书、申诉书、仲裁申请书、起诉书和答辩书等
事务类文书	计划、总结、建议、报告、倡议、简报、启事、消息、号召书、意向书、企划书、调查报告等
制度规范类文书	制度、守则、规定、办法、细则、方案、手册等
与业务工作相关的文书	各项职能及日常事务相关文书，如内部竞聘公告、招聘广告、营销广告等

2. 文书设计的注意事项

- 遵循企业规定的文书格式、编写要求和编号规范。
- 语言表述规范、完整、准确，避免表达残缺、出现歧义等错误。
- 语言简明精炼、言简意赅，行文流畅，主题明确。

3. 文书设计规范

我们以工作计划为例，对文书的设计规范进行说明。工作计划是对即将开展的工作的设想和安排，如提出任务指标、任务完成时间和实施方法等。工作计划既是明确工作目标、推进工作开展的有效指导，也是对工作进度和工作质量进行考核的依据之一。工作计划的内容结构如图 1-21 所示。

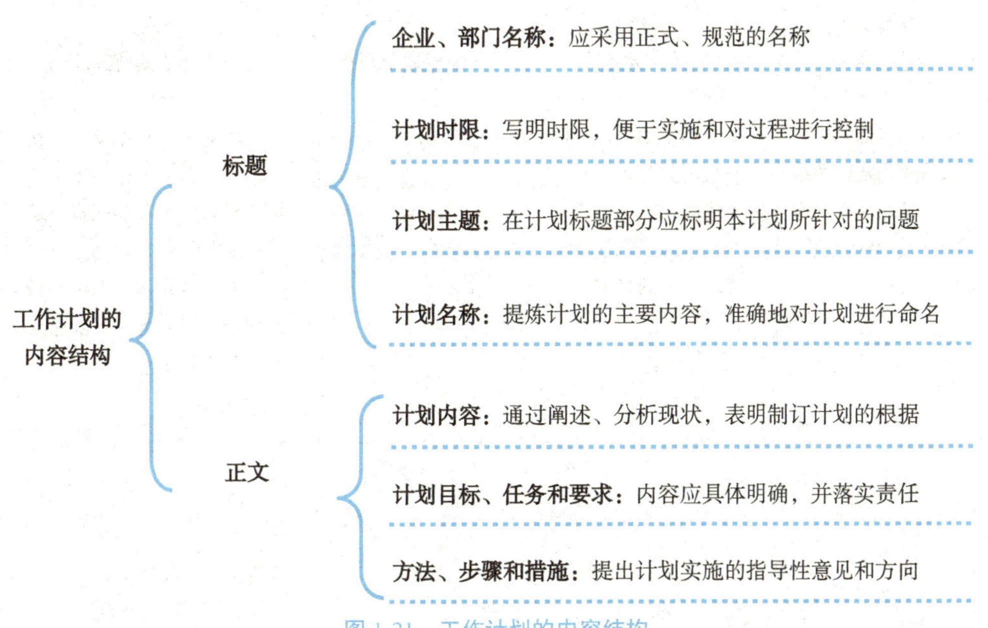

图 1-21　工作计划的内容结构

1.4.4 表单设计

1. 表单种类

表单主要分为文字表单、工具表单和数量表单三种：

- 文字表单就是将文字信息按要求整理成表单，借以说明某一概念或事项等；
- 工具表单是企业员工经常使用的一种表单；
- 数量表单用于呈现数据，以便相关人员进行统计。

2. 表单的编制要求

表单的编制要求如下：

- 表单的内容要与标题相符；
- 表单的内容应言简意赅；
- 表单的格式应简洁明了且前后连贯。

3. 设计表单

设计表单就是将表单的行、列看作一个坐标的横轴、纵轴，将需要表达的内容清晰、简洁、直观地置入坐标中予以展现。

常见的表单绘制工具有 Word、Excel 等，表单设计人员可以根据工作需要进行选择。下面以 Word 为例介绍绘制表单的步骤，具体如图 1-22 所示。

步骤 1 创建表单	步骤 2 输入表单内容	步骤 3 设置表单属性	步骤 4 表单形式的编辑与修饰
运用设定插入法、选择插入法、手绘法、复制法和文本转换法等创建所需的表单	在表单中输入内容时，要使用关键词，这样既能简明扼要地表达主要意思，又能实现表述工整的目的	包括选用表单的样式，设置表单的边框、底纹、列与行的属性、单元格的属性等	包括插入或删除单元格、行、列和表格，改变单元格的行高和列宽，移动、复制行和列，合并、拆分单元格，表格的拆分，表单标题行的重复、对齐和调整，表头的绘制等

图 1-22　绘制表单的步骤

1.5 流程诊断与优化

1.5.1 流程诊断分析

流程优化的前提是对现有流程进行调查和研究，分析流程中存在的问题，即流程诊断。

1. 流程诊断分析工作的步骤

流程诊断分析工作的步骤如表 1-20 所示。

表 1-20 流程诊断分析工作的步骤

步骤	工作内容	采用的方法
1. 流程信息收集	◎收集信息 / 数据，了解企业流程执行现状 ◎找出流程建设、管理中存在的问题 ◎了解企业员工所关心的问题 ◎加强企业员工之间的沟通，让所有员工树立流程管理意识	内部调查、专家访谈、讨论会、外部客户访谈和座谈会等
2. 问题查找与分析	◎清晰地阐述需要解决的问题 ◎将大问题细分成若干小问题，这样更容易解决 ◎分析、探究问题的根源，提出解决方案	NVA/VA 分析法、5Why 分析法、鱼骨图法和逻辑树法等
3. 编制诊断报告	◎根据问题的根源，结合企业的实际情况，编制诊断报告 ◎提出问题解决方案，提供创意，优化 / 再造流程	—

2. 流程诊断分析工作的要求

在流程诊断分析过程中，流程管理人员要重视以下要求，提高诊断工作的科学性、合理性和有效性。

- 不要拘泥于数据，要探究“我试图回答什么问题”。
- 不要在一个问题上绕圈子。
- 开阔视野，避免钻牛角尖。
- 假设也可能被推翻。
- 反复检验观点。
- 细心观察。
- 寻找突破性的观点。

3. 流程诊断分析的方法

企业常用的流程诊断分析方法有 NVA/VA 分析法、5Why 分析法等，具体内容如下。

- NVA/VA 分析法

NVA/VA 分析法是指将构成某一个流程的各项工作任务分为三类，即非增值活动、增值活动和浪费。NVA/VA 分析法的说明如图 1-23 所示。

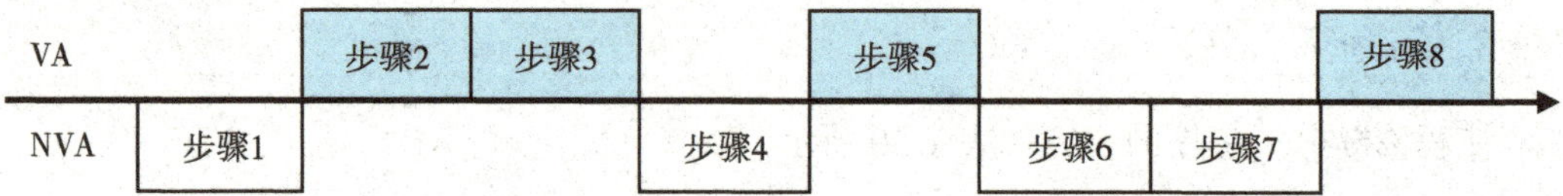

注：了解增值活动（VA）在流程的全部活动中所占的比重，找出需要改进的重点，制定切实可行的改进目标。

◆非增值活动（NVA）指不增加附加值，但却是实现增值不可缺少的活动，是各项增值活动的重要衔接。

◆增值活动（VA）指能提高产品或服务的附加值的活动。

◆浪费（Waste）指既不能增值，也不是必需的活动。

图 1-23　NVA/VA 分析法的说明

- 5Why 分析法

5Why 分析法是指在对某一个流程进行诊断、分析和改进时，需针对其提出以下问题并给出答案。

◆为什么确定这样的工作内容？

◆为什么在这个时间和这个地点做？

◆为什么由这个人来做？

◆为什么采用这种方式做？

◆为什么需要这么长时间？

流程管理人员根据以上五个问题的答案，找出企业流程在实际运行过程中存在的问题，分析问题的根源，从而制定流程优化或再造方案。

1.5.2　流程优化的注意事项

流程优化的注意事项如下：

- 优化那些不能给企业带来利润或者效率、效益较差的流程，或者在日常运行中容易出现问题的流程；
- 优化那些对企业运营非常重要且急需改造的流程；
- 优化流程必须先易后难；
- 经过优化的流程必须和原有流程紧密衔接，确保流程管理的系统性和全面性；
- 经过优化的流程必须具有可操作性和稳定性。

1.5.3 流程优化程序

企业流程优化工作应抓住重点，找出最急迫和最重要的需求点。流程优化的具体程序如图 1-24 所示。

1. 总体规划	◎ 得到企业管理层的支持与委托，设定基本方向，明确战略目标和内部需求 ◎ 确定流程优化目标和范围、项目组成员、项目预算和计划
2. 流程优化项目启动	◎ 召开项目启动大会，进行全体动员，宣传造势 ◎ 开展内部流程优化理念培训
3. 流程描述诊断分析	◎ 通过内外部环境分析及客户满意度调查，了解流程现状 ◎ 描述和分析现有流程，进行问题归集并分析，编制诊断报告
4. 流程优化设计	◎ 设定目标，确认关键流程，明确改进方向，制定流程优化设计方案 ◎ 初步形成配套辅助信息，确定优化方案
5. 配套方案设计	收集与整理配套辅助信息，调整职能方案，设计配套方案
6. 方案实施	制订详细的优化工作计划，组织实施计划，并完善配套方案

图 1-24 流程优化的具体程序

总体来说，流程优化工作包括以下三步：

- 现在何处——流程现状分析；
- 应在何处——流程优化目标；
- 如何到达该处——流程优化方法和途径。

1.5.4 流程优化 ESIA 法

企业流程优化可以从清除（Eliminate）、简化（Simplify）、整合（Integrate）和自动化（Automate）四个方面入手，该方法简称为“ESIA 法”，它可以帮助企业减少流程中的非增值活动和调整流程的核心增值活动。

1. 清除

清除主要指对企业现有流程内的非增值活动予以清除。

企业可通过以下问题判断某一活动环节是属于增值还是非增值。

- 这个环节存在的意义？
- 这个环节的成果是整个流程完成的必要条件吗？
- 这个环节有哪些直接或间接的影响？
- 清除该环节可以解决哪些问题？
- 清除该环节可行吗？

需要明确的是，对于流程而言，超过需要的产出就是一种浪费，因为它占用了流程有限的资源。浪费现象包括但不限于以下几种：

- 过量产出；
- 活动间的等待；
- 不必要的运输；
- 反复的作业；
- 过量的库存（包括流程运行过程中大量文件和信息的淤积）；
- 缺陷、失误；
- 重复的活动，如信息重复录入；
- 活动的重组；
- 不必要的跨部门协调。

2. 简化

简化是指在尽可能清除非必要的非增值环节后，对剩下的活动进一步简化。

简化的方法包括但不限于以下几种。

- 简化表单：消除表单设计上的重复内容，借助相关技术，梳理表单的流转，从而减少工作量和一些不必要的活动环节。
- 简化流程步骤 / 环节：运用 IT 技术，提高员工处理信息的能力，简化流程步骤，整合工作内容，提高流程结构效率。
- 简化沟通。
- 简化物流：如调整任务顺序或增加信息的提供。

3. 整合

整合，即对分解的流程进行整合，以使流程顺畅、连贯，更好地满足客户的需求。

- 活动整合：将活动进行整合，授权一个人完成一系列简单活动，减少活动转交过程中的出错率，缩短工作处理时间。

● 团队整合：合并专家组成团队，形成"个案团队"或"责任团队"，缩短物料、信息和文件传递的距离，改善在同一流程中工作的人与人之间的沟通。

● 供应商（流程的上游）整合：减少企业和供应商之间的一些不必要的业务手续，建立信任和伙伴关系，整合双方流程。

● 客户（流程的下游）整合：面向客户，与客户建立良好的合作关系，整合企业和客户的各种关系。

4. 自动化

● 简单、重复与乏味的工作自动化。

● 数据的采集与传输自动化。减少反复的数据采集，并缩短单次采集的时间。

● 数据的分析自动化。通过分析软件，对数据进行收集、整理与分析，提高信息利用率。

1.6 流程再造

1.6.1 流程再造的核心

企业流程再造也叫作"企业再造"，或简称为"再造"。它是20世纪90年代初期兴起的一种新的管理理念和管理方法，被誉为继"科学管理"和全面质量管理（TQC）之后的"第三次管理革命"。

企业再造概念的创始者迈克尔·哈默（Michael Hammer）和詹姆斯·钱皮（James Champy）在《企业再造——商业革命宣言》（*Reengineering the Corporation: A Manifesto for Business Revolution*）一书中指出，"再造就是对企业的流程、组织结构、文化进行彻底的、急剧的重塑，以达到绩效的飞跃。"

流程再造的核心，不是单纯地对企业的管理与业务流程进行再造，而是将以职能为核心的传统企业改造成以流程为核心的新型企业，这也就是我们所说的企业再造。通过不断地变革与创新（从广义上讲，这里不仅包括流程再造，还包括企业组织的再造和变革），使原来趋向衰落的企业重新焕发生机，并且永远充满朝气和活力。

1.6.2 流程再造的基础

当前，市场竞争越来越激烈，企业要想在激烈的市场竞争中求得生存和发展，且立于不败之地，就必须全面、彻底地了解客户的需求，最大限度地满足客户的需求，并且不断适应外部市场环境的变化。企业进行流程设计与流程再造的目的是使内部管理流程规范化，并对其不断加以改造，只有这样企业才能适应不断变化的市场形势。

通常情况下，现代企业所面临的外部挑战主要来自客户（Customer）、变化（Change）、竞争（Competition）三个方面。由于这三个英文单词的首字母都是C，所以外部挑战又称为“3C”。企业在进行流程设计与流程再造时，切记要把握好“3C”。只有这样，企业所设计或再造的流程才能够适应自身的发展和市场的变化，满足客户的需求。

以上是企业进行流程设计或流程再造时的外部条件。

就企业内部而言，企业中长期发展战略规划是流程设计与流程再造的基础条件。因此，企业应先制定出发展战略，再着手开展流程设计与流程再造工作。

1.6.3 流程再造的程序

企业流程再造的一般程序如表1-21所示。

表1-21 企业流程再造的一般程序

一般程序	具体事项
1. 设定基本方向	（1）得到高层管理者的支持 （2）明确战略目标，确定流程再造的基本方针 （3）分析流程再造的可行性 （4）设定流程再造的出发点
2. 项目准备与启动	（1）成立流程再造小组 （2）设立具体工作目标 （3）宣传流程再造工作 （4）设计与落实相关的培训
3. 流程问题诊断	（1）进行现状分析，包括内外部环境分析、现行流程状态分析等 （2）发现问题
4. 确定再造方案，重设流程	（1）明确流程方案设计与工作重点 （2）确认工作计划目标、时间以及预算计划等 （3）分解责任、任务 （4）明确监督与考核办法 （5）制定具体行动策略
5. 实施流程再造方案	（1）成立实施小组 （2）对参加人员进行培训 （3）发动全员配合 （4）新流程试验性启动、检验 （5）全面开展新流程

（续表）

一般程序	具体事项
6. 流程监测与改善	（1）观察流程运作状况 （2）与预定再造目标进行比较分析 （3）对不足之处进行修正和改善

企业流程评估及流程再造的操作要点如下。

1. 流程评估的操作要点

- 确定企业与上下游互动关系的流程。
- 定义企业核心流程绩效评估的指标。
- 分析企业现有流程运作模式的优势和劣势。
- 确认企业流程现有运作模式。
- 确认企业流程的客户价值点。
- 确认企业流程与组织的关系。
- 确认企业流程的资源及成本。
- 分析决定企业流程再造的优先级别。

2. 流程再造的操作要点

- 了解现有流程及其目标、范围。
- 对比现有流程结构的优势和劣势。
- 分析流程各活动环节的责任归属。
- 确认与流程相匹配的绩效指标。
- 分析流程的瓶颈及再造切入点。
- 确定是否对流程控制点重新设计。
- 确认经重新设计的新流程系统。
- 建立评估体系，对新流程进行监测。

1.6.4 流程再造的技巧

图 1-25 提供了一些流程再造的技巧，供读者参考。

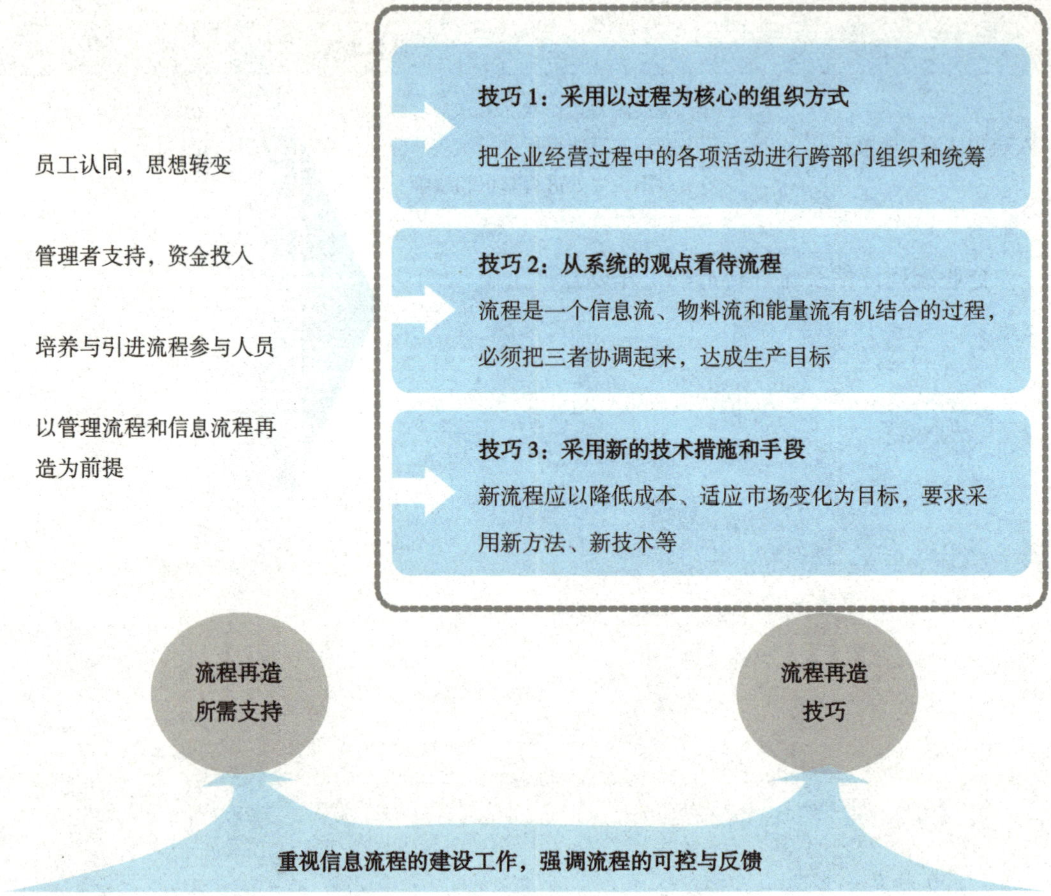

员工认同，思想转变

管理者支持，资金投入

培养与引进流程参与人员

以管理流程和信息流程再造为前提

技巧 1：采用以过程为核心的组织方式

把企业经营过程中的各项活动进行跨部门组织和统筹

技巧 2：从系统的观点看待流程

流程是一个信息流、物料流和能量流有机结合的过程，必须把三者协调起来，达成生产目标

技巧 3：采用新的技术措施和手段

新流程应以降低成本、适应市场变化为目标，要求采用新方法、新技术等

流程再造所需支持

流程再造技巧

重视信息流程的建设工作，强调流程的可控与反馈

图 1-25 流程再造的技巧

第2章 生产体系与生产组织设计过程

2.1 生产战略与生产系统设计管理

2.1.1 生产战略与生产系统设计管理流程设计

2.1.1.1 流程设计的目的

企业设计生产战略与生产系统设计管理流程的目的如下。

（1）加强生产战略决策的科学性、合理性，使其符合企业的发展战略规划。

（2）使生产系统设计人员明确设计的关键事项，以保证生产作业系统设计的质量，并提高生产系统设计的工作效率。

（3）提升生产系统设计的合理性、实用性，使设计出来的生产系统既能满足企业目前产品的生产要求，又能满足企业未来的长远发展需求。

2.1.1.2 流程结构设计

企业一定要在自身发展战略的基础上进行生产战略管理，并按照自身经营战略的规划目标进行生产战略规划。生产战略与生产系统设计管理流程的结构如图 2-1 所示。

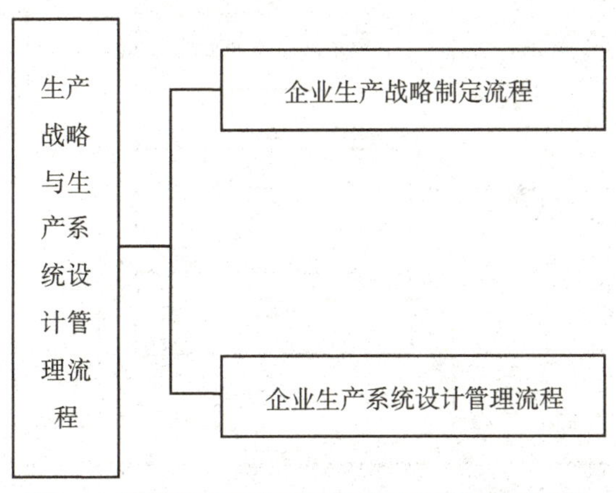

图 2-1　生产战略与生产系统设计管理流程的结构

2.1.2 企业生产战略制定流程设计与工作执行

2.1.2.1 企业生产战略制定流程设计

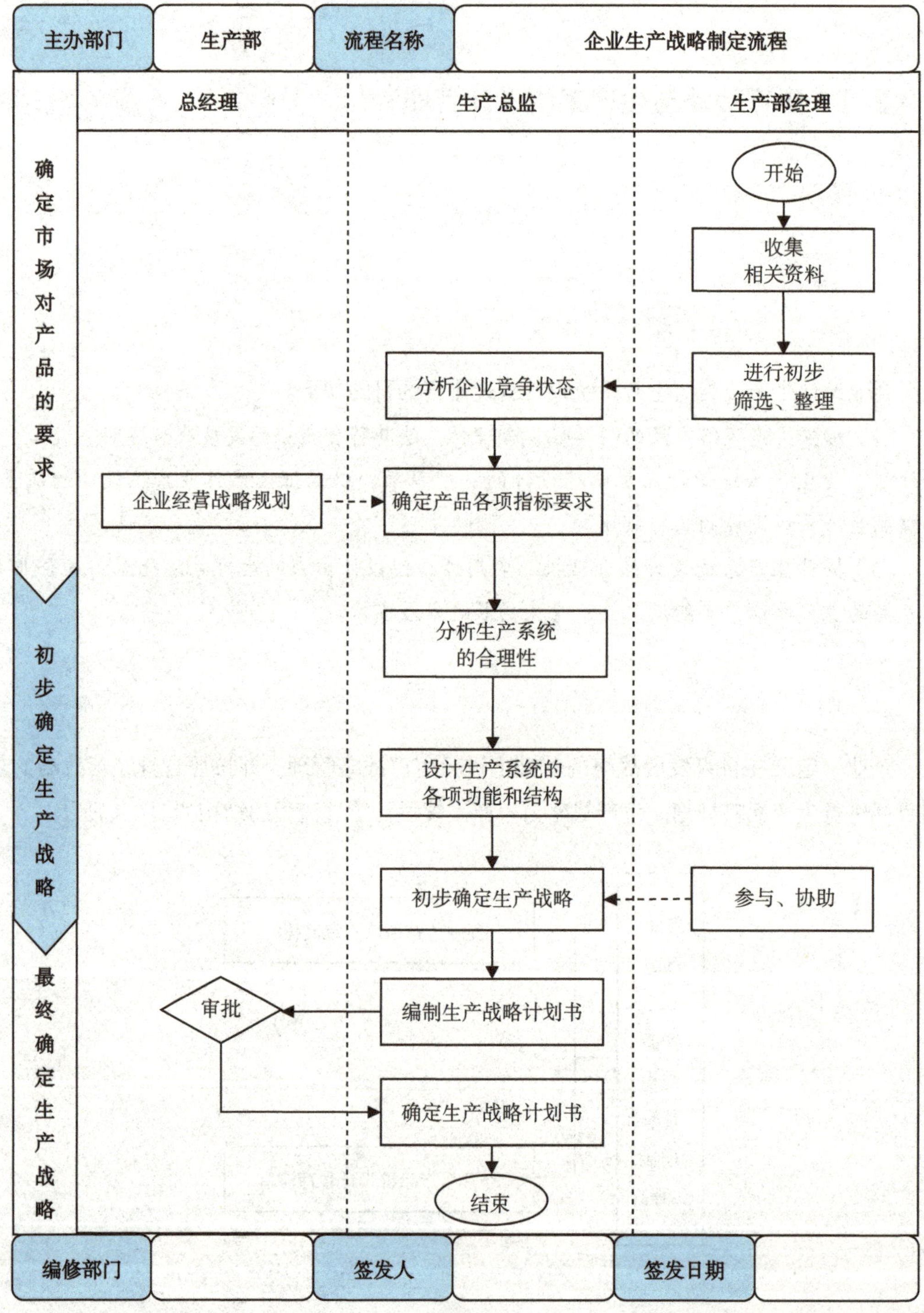

2.1.2.2 企业生产战略制定执行程序、工作标准、考核指标、执行规范

<table>
<tr><th>任务名称</th><th>执行程序、工作标准与考核指标</th></tr>
<tr><td rowspan="6">确定市场对产品的要求</td><td>执行程序</td></tr>
<tr><td>1. 收集相关资料
☆生产部经理收集企业内部、外部及市场上的产品需求、供应方面的相关资料。
☆生产部经理对这些资料进行分类、整理，并将其提交给生产总监。
2. 分析企业竞争状态
☆生产总监根据收集到的资料分析企业的竞争状态。
☆生产总监利用 SWOT 分析法分析企业现有产品的优势、劣势，以及面临的机会、威胁；分析企业现有产品的受众、竞争对手，以及所在行业的整体状况。
3. 确定产品各项指标要求
生产总监根据本企业经营战略规划书，结合产品市场状况确定产品各项指标要求，具体包括生产批量、产品型号、规格、质量、可靠性、多样化等方面。
工作重点
使用 SWOT 分析法时要特别注意其“杠杆效应”，也就是当企业内部优势与外部机会相适应时，企业便可以发挥自身优势撬起外部机会，使企业业绩实现长期的增长。当然，机会具有很强的时效性，甚至转瞬即逝，因此企业负责人必须学会把握时机。</td></tr>
<tr><td>工作标准</td></tr>
<tr><td>☆参照同行业其他优秀企业的企业竞争状态分析报告。
☆通过分析企业的竞争状态、产品指标要求等资料，设定企业的未来战略发展方向。</td></tr>
<tr><td>考核指标</td></tr>
<tr><td>☆资料的时效性：收集到的资料时效性强，不存在过期、无用资料。
☆资料的全面性：收集到的资料能全面说明主题内容。</td></tr>
<tr><td rowspan="4">初步确定生产战略</td><td>执行程序</td></tr>
<tr><td>1. 分析生产系统的合理性
☆生产总监分析企业现有生产系统的合理性，包括工厂规模、厂址、布局、专业化水平、设备技术水平、自动化程度、劳动力技能水平等方面。
☆生产总监要以产品各项指标情况为基础对生产系统的合理性进行分析，并且要放眼未来。
2. 初步确定生产战略
☆生产总监根据现有生产系统与产品指标，合理设计生产系统的各项功能和结构。
☆确定生产系统的各项功能和结构后，生产总监初步确定生产战略，生产部经理要参与并予以协助。生产战略主要包括成本战略、质量战略、时间战略等。
工作重点
初步确定生产战略时，要注意生产战略（包括成本战略、质量战略、时间战略等）的可操作性，战略内容应切实可行。</td></tr>
<tr><td>工作标准</td></tr>
<tr><td>☆参照企业过去类似的生产战略情况。
☆生产系统具有较强的合理性，初步确定的生产战略具有较高的可操作性。</td></tr>
</table>

（续）

<table>
<tr><th>任务名称</th><th>执行程序、工作标准与考核指标</th></tr>
<tr><td rowspan="6">最终确定生产战略</td><td>执行程序</td></tr>
<tr><td>1. 编制生产战略计划书
☆生产总监与生产部经理经商讨确定生产战略后，以生产战略计划书的形式将生产战略形成文本，并报总经理审批。
☆经总经理审批确定的生产战略应体现企业的成本、质量、交货速度、制造柔性和服务五个方面的内容，并与企业经营战略规划相匹配，以有利于推进并实现企业经营战略。
2. 确定生产战略计划书
生产总监根据总经理的审批意见（通过／修改后通过／不通过）修改或完善生产战略计划书，并形成最终稿。
工作重点
生产战略计划书的编制要规范，要严格按照相关要求进行编制，确保内容全面、结构清晰、无重大纰漏。</td></tr>
<tr><td>工作标准</td></tr>
<tr><td>☆参照企业过去的生产战略计划书。
☆生产战略计划书编制规范，具有较高的可操作性。</td></tr>
<tr><td>考核指标</td></tr>
<tr><td>生产战略的科学性：战略内容要明确、清晰并符合企业经营战略规划的目标。</td></tr>
<tr><td colspan="2">执行规范</td></tr>
<tr><td colspan="2">“企业竞争状态分析报告”“企业生产战略计划书”。</td></tr>
</table>

2.1.3 企业生产系统设计管理流程设计与工作执行

2.1.3.1 企业生产系统设计管理流程设计

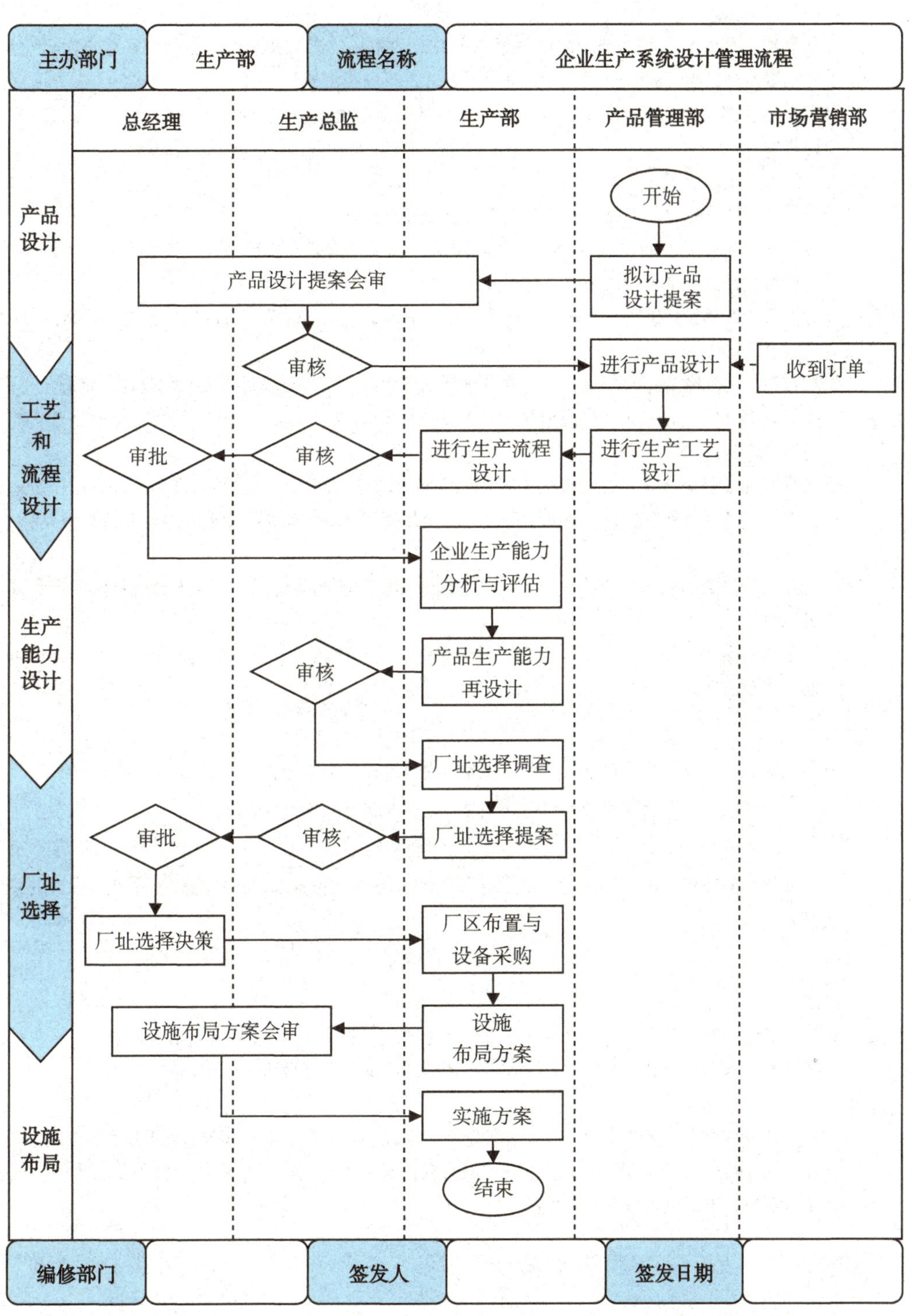

2.1.3.2 企业生产系统设计管理执行程序、工作标准、考核指标、执行规范

<table>
<tr><th>任务名称</th><th>执行程序、工作标准与考核指标</th></tr>
<tr><td rowspan="6">产品设计</td><td>执行程序</td></tr>
<tr><td>1. 拟订产品设计提案
☆产品管理部实施市场调研，广泛收集各种有效的市场信息，并对所获取的市场信息进行分析，在提取对产品设计有价值的市场信息后对其并进行分类汇总。
☆产品管理部在充分把握有价值的市场信息的基础上，根据企业发展目标和现有资源拟订产品设计提案。
2. 产品设计提案会审
☆产品管理部将拟订的产品设计提案提交到企业经营管理层。
☆总经理、生产总监会同各部门主管共同审议产品设计提案，从销售、市场潜力、技术可行性、生产可行性、经济可行性等方面进行分析。
☆对可行的产品设计提案，会审人员可提出自己的改进建议；对不可行的提案，返给提案人员。
3. 进行产品设计
☆对订单型生产制造企业来说，可根据市场营销部收到的客户订单进行定制化设计、定制化生产。市场营销部收到订单时，应及时咨询产品部、生产部或相关权威人士，明确本企业是否有能力为客户定制。
☆产品管理部根据会审通过的提案或客户的定制要求进行产品设计。进行产品设计时，一定要综合考虑产品的可制造性、企业的生产能力、产品带来的经济效益、企业外部环境的影响等。
工作重点
☆产品设计提案的基础是产品的创意，要想形成高质量的产品创意，相关人员就要多到产品现场汲取灵感。
☆在审查产品设计提案时，总经理要注意评估企业的管理能力，因为它是技术可行性、生产可行性的决定因素。</td></tr>
<tr><td>工作标准</td></tr>
<tr><td>☆参照标准：同行业其他企业的产品设计提案模板及提案会审流程。
☆目标标准：通过产品设计找到最有可能成功的产品设计方案。</td></tr>
<tr><td>考核指标</td></tr>
<tr><td>产品设计与市场需求的匹配性：所设计的产品要符合市场需求，并且能为企业带来可观的经济效益。</td></tr>
<tr><td rowspan="2">工艺和流程设计</td><td>执行程序</td></tr>
<tr><td>1. 进行生产工艺设计
☆在产品设计的基础上，产品管理部进行产品生产工艺的设计工作，以便安排生产流程。
☆产品管理部编制产品工艺技术设计方案并在部门内部对其进行研究论证。
2. 进行生产流程设计
☆生产部根据产品工艺技术设计方案进行生产流程设计。生产流程一般包括以下三种。
☆按产品进行的生产流程，即按照生产产品或提供服务的特点和生产要求，组织相应的生产设备、生产资料，形成流水般的连续生产。</td></tr>
</table>

（续）

任务名称	执行程序、工作标准与考核指标
工艺和流程设计	☆按加工路线进行的生产流程，即根据加工工艺的内容及工艺路线的不同，组织相应的生产设备、生产资料进行的生产活动。 ☆按项目进行的生产流程，即根据项目或任务的不同，组织相应的生产设备、生产资料进行的生产活动。 工作重点 产品工艺技术设计方案要严格按照方案编制的要求进行编制，确保内容全面、结构清晰、无重大纰漏。
	工作标准
	☆参照企业过去类似产品的工艺技术设计方案及生产流程设计。 ☆通过设计生产工艺和生产流程，为产品生产打下基础。
	考核指标
	方案文件编写合格率：用来评估方案的编写质量，目标值为____%。其计算公式如下。 $\text{方案文件编写合格率}=\frac{\text{期内编写合格的方案文件数}}{\text{期内编写的方案文件总数}}\times 100\%$
生产能力设计	执行程序
	1. 企业生产能力分析与评估 ☆在进行生产能力设计前，生产部要对本企业的生产能力进行分析、评估，以便对该产品的生产进行合理的设计。 ☆分析、评估企业生产能力时，生产部可运用盈亏平衡分析法、决策树分析法或投资效益分析法等方法。 2. 产品生产能力再设计 ☆生产部对企业的产品生产能力进行设计，确认企业生产某种产品需要何种生产能力、多大的生产能力和何时需要配备这些生产能力等问题。 ☆产品生产工艺要求及企业额定的生产能力制约着产品生产能力的选择，因此在进行生产能力设计时，必须考虑设备的年度产量或加工单位产品的耗时。 工作重点 分析、评估企业生产能力时要考虑企业的生产设备、工作人员、生产工艺等决定因素，进行再设计时，可以从这些方面入手进行及时调整。
	工作标准
	通过生产能力设计，及时调整企业的各种生产设备、人员等，为后续的批量生产做好准备。
	考核指标
	企业生产能力评估的科学性：力求客观、真实，并在此基础上深入分析、研究生产能力的决定因素。
厂址选择	执行程序
	1. 厂址选择调查 ☆企业需要另行建造厂房时，生产部要就厂址的选择提出方案。 ☆在提出方案前，生产部要对厂址进行充分的调查，调查内容包括自然资源因素、经济因素、社会因素和其他因素四大因素。

（续）

任务名称	执行程序、工作标准与考核指标
厂址选择	☆生产部对调查结果进行分析、整理，并拟出厂址选择提案。 2. 厂址选择决策 ☆总经理组织各总监对厂址选择方案进行分析、审查，并在此基础上做出厂址选择决策。 ☆分析、审查厂址选择方案时，可运用盈亏分析法、模糊评价法、线性规划法等方法。 工作重点 选择厂址时，要特别留意与供应商和主要生产资源的接近程度，因为随着时代的发展，经济集群效应愈发明显，它已经成为企业厂址选择的重要因素，企业对此要有足够的认识。
	工作标准
	厂址选择提案理由充分、说服力强，厂址选择决策科学、符合程序。
	考核指标
	厂址选择提案的合理性：提案内容依据充足、数据有效、决策方法科学。
设施布局	执行程序
	1. 厂址布局与设备采购 根据厂址选择决策，结合产品生产能力设计文件，生产部开展厂区布置、设备采购等相关工作。 2. 设施布局方案 ☆生产部确立设施布局的目标，包括运输线路最短、最大灵活性、面积的最有效利用、良好的工作环境、为将来发展创造一定的空间等。 ☆确立确设施布局目标后，生产部制定设施布局方案，并在内部对其进行讨论，然后将其提交高层领导审批。 3. 实施方案 生产部按设施布局方案进行设施设备的布局工作，一般按下列步骤进行：确定设施设备布局的目标；收集相关资料，包括基础资料、生产单位的配置、生产系统图等；确定各组成部门所占用的面积，以保证面积利用最大化；确定各生产单位之间的关系；进行厂区设施设备的布局。 工作重点 设施布局方式通常包括功能布局（将功能相近的设施布置在一起）、流水线布局（按照产品制造程序布局）、固定位置布局等，企业要根据自己的生产特点选择合适的布局方式。
	工作标准
	☆参照同行业其他优秀企业的设施布局情况。 ☆设施的布局科学、合理，符合企业的生产特点。
	考核指标
	设施布局方案的全面性、合理性：方案内容全面、布局目标明确、布局合理，有利于生产流程的运行。
执行规范	
“工艺技术设计方案”“企业生产系统规划设计方案”“企业厂址选择方案”“企业设施布局方案”。	

2.2 生产车间与班组管理

2.2.1 生产车间与班组管理流程设计

2.2.1.1 流程设计的目的

企业进行生产车间与班组管理流程设计的目的如下。

（1）明确车间文化建设的步骤与关键事项，保证车间文化积极向上，从而提升生产质量，提高工作效率。

（2）加强班组任务及培训管理的科学性、合理性和实用性，使其符合企业发展战略规划的要求，提升班组的工作绩效。

2.2.1.2 流程结构设计

企业可采取并列式结构对生产车间与班组管理流程进行设计，将生产车间与班组管理细分为三个事项，并就每个事项设计流程，即车间文化建设流程、班组工作任务制定与分派流程、班组培训流程，具体结构如图 2-2 所示。

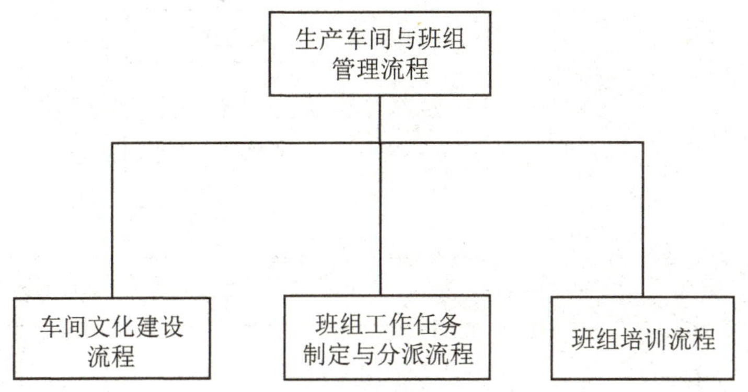

图 2-2 生产车间与班组管理流程结构

2.2.2 车间文化建设流程设计与工作执行

2.2.2.1 车间文化建设流程设计

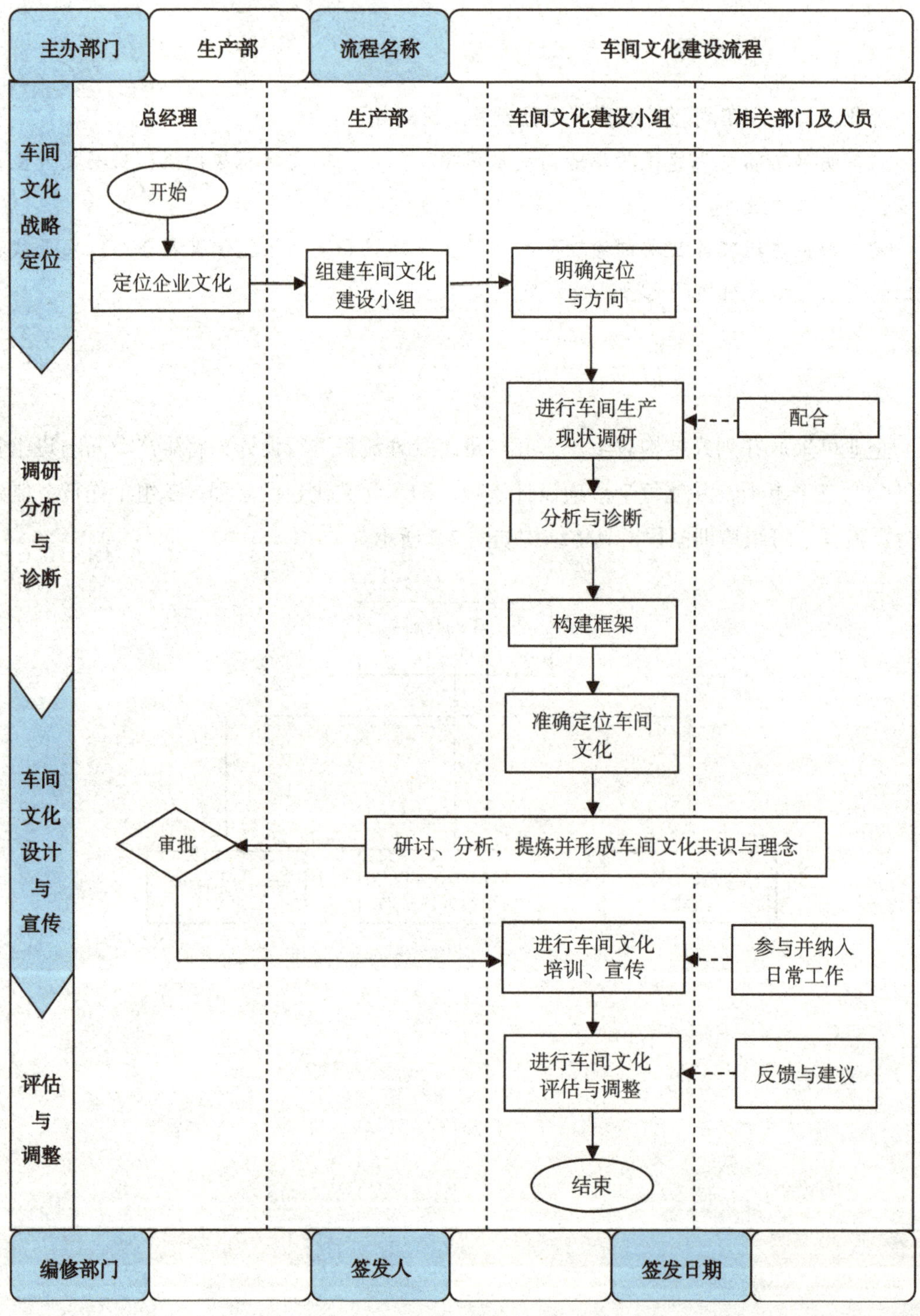

2.2.2.2 车间文化建设执行程序、工作标准、考核指标、执行规范

<table>
<tr><th>任务名称</th><th>执行程序、工作标准与考核指标</th></tr>
<tr><td rowspan="4">车间文化战略定位</td><td>执行程序</td></tr>
<tr><td>1. 定位企业文化
总经理根据企业文化建设的相关标准定位企业文化，包括企业在生产经营实践过程中形成的愿景、使命、价值观、精神、宗旨、经营理念，以及这些理念在员工行为方式、企业经营习惯与企业习俗等方面的体现等。
2. 组建车间文化建设小组
生产部根据总经理对企业文化的定位和企业的文化战略组建车间文化建设小组，由其负责生产车间的文化建设工作。
3. 明确定位与方向
车间文化建设小组根据企业的文化建设战略及相关管理者的指示，明确车间文化建设的定位与方向。
工作重点
☆定位企业文化时要注意参照企业管理者的管理思想，因为企业文化通常是管理者（尤其是企业创始人）个人性格特质与行事风格的折射，管理者的思想、品德、性格、感情、能力等因素会通过企业组织机构对企业文化的内涵施加影响，对企业经营产生重大影响。
☆企业相关部门（通常为人力资源部或企划部）应制定企业文化建设的具体标准以供各部门参考，标准应清晰、简明、具有指导价值。</td></tr>
<tr><td>工作标准</td></tr>
<tr><td>参照企业管理者的管理思想，以及同行业其他优秀企业的车间文化建设资料等。</td></tr>
<tr><td rowspan="4">调研分析与诊断</td><td>执行程序</td></tr>
<tr><td>1. 进行车间生产现状调研
☆车间文化建设小组应深入生产车间进行生产现状调研，了解员工的思想动态，广泛听取车间主管及一线员工的意见和建议，初步提炼车间文化的核心思想，使车间文化理念符合企业实际，对企业的发展起到重要的推动作用。
☆企业各相关部门及人员要予以配合，多提意见。
2. 分析与诊断
在生产现状调研的基础上，车间文化建设小组分析、诊断车间生产的特点及其背后的文化内涵。
3. 构建框架
车间文化建设小组总结之前的各种分析、诊断资料，构建企业车间文化的基本框架，包括车间文化的物质层（车间环境等）、制度层（规章制度、员工行为规范等）及理念层（车间愿景、使命与核心价值观等）等内容。
工作重点
生产过程中如有特殊或异常情况，生产车间相关人员应及时记录，这是车间文化建设素材的来源之一。</td></tr>
<tr><td>工作标准</td></tr>
<tr><td>☆车间文化建设小组构建出车间文化的基本框架。
☆车间生产现状调研细致、深入，车间文化基本框架全面。</td></tr>
</table>

（续）

任务名称	执行程序、工作标准与考核指标
调研分析与诊断	**考核指标** 车间生产现状调研的完成时间：用以衡量文化建设小组的工作效率，通常应在____个工作日内完成。
车间文化设计与宣传	**执行程序** 1. 准确定位车间文化 车间文化建设小组根据整理好的资料准确定位车间文化，并将其总结为具体的文件资料。 2. 研讨、分析，提炼并形成车间文化共识与理念 ☆车间文化建设小组组织生产部及相关部门开会，研讨、分析前期总结出来的车间文化内涵。 ☆相关人员提出意见，经过研讨、分析、提炼，形成车间文化的共识与理念，车间文化建设小组据此总结出具体的车间文化建设纲要，经生产部相关领导审核通过后报总经理审批。 3. 进行车间文化培训、宣传 ☆总经理审批通过后，车间文化建设小组组织相关人员进行车间文化的培训、宣传工作。 ☆车间文化的培训、宣传方法多种多样，包括召开各类例会、编写思想总结、张贴宣传标语等。 工作重点 ☆车间文化建设小组应根据企业的实际生产情况安排具体的车间文化培训、宣传活动。 ☆车间文化建设小组应引导生产车间员工将车间文化融入自己的工作、生活中，从而达到践行车间文化的目的。 **工作标准** ☆参照同行业其他企业的车间文化设计与宣传策略。 ☆通过车间文化设计、宣传活动，有效提升生产车间员工的凝聚力和生产积极性，进而提升企业效益。 **考核指标** ☆车间文化的目标指向性：车间文化要符合企业的总体文化战略，不能“为了文化而文化”，而是要成为企业总体战略的一部分，要有鲜明的目标。 ☆车间文化的动态性：车间文化要随着内外部生产环境的改变而改变。
评估与调整	**执行程序** 进行车间文化评估与调整 车间文化建设小组定期或不定期地调查、评估车间文化培训、宣传活动的效果，查找问题，及时调整车间文化建设工作。 工作重点 车间文化建设小组应及时将相关的车间文化宣传方法、经验记录存档，作为以后工作的参考。 **工作标准** 车间文化建设评估、调整及时，能及时应对各种问题。
执行规范	
“企业文化建设纲要”“车间文化建设纲要”“车间文化建设活动方案”“车间文化建设年度评估报告”“车间文化建设改进方案”。	

2.2.3 班组工作任务制定与分派流程设计与工作执行

2.2.3.1 班组工作任务制定与分派流程设计

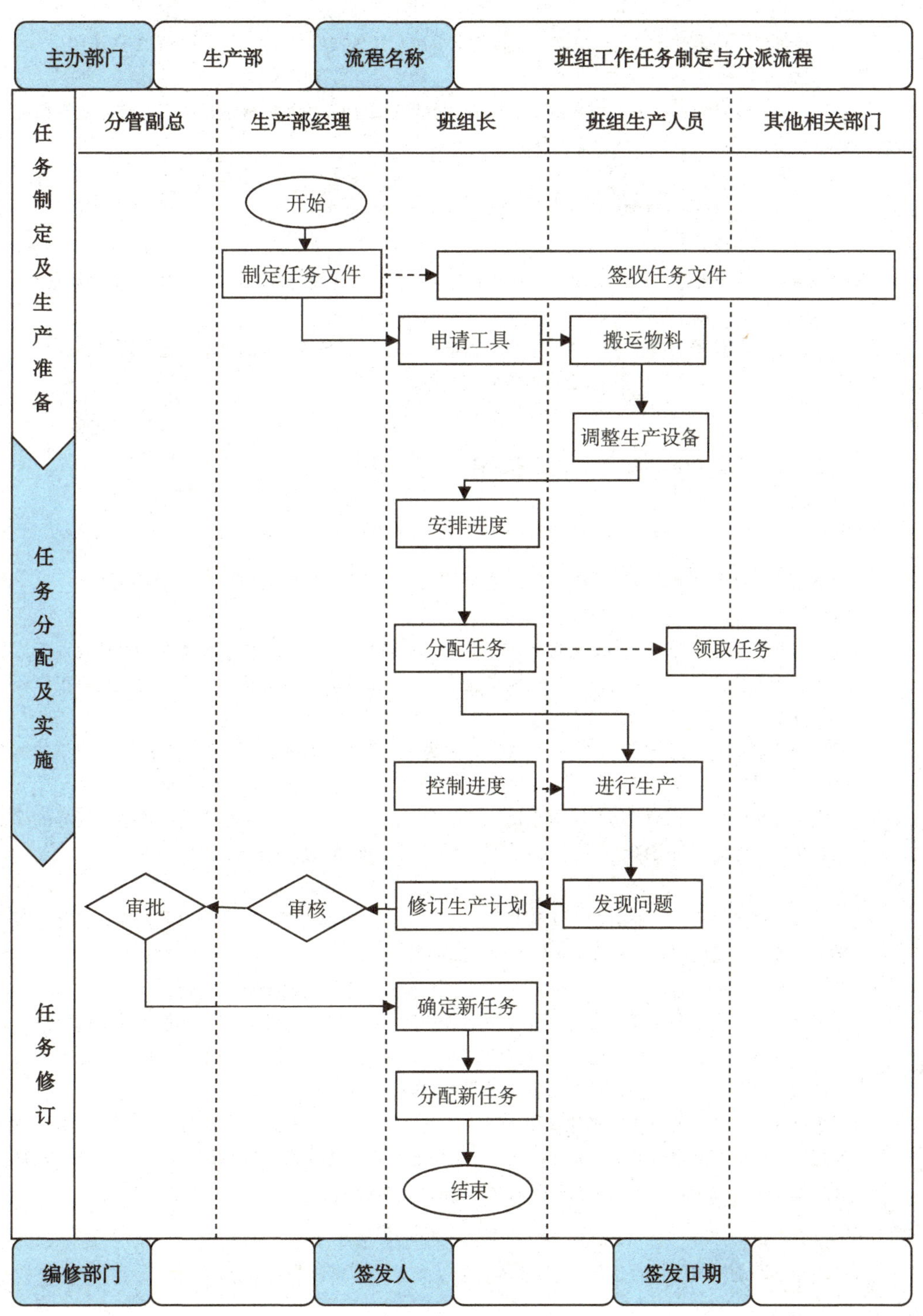

2.2.3.2 班组工作任务制定与分派执行程序、工作标准、考核指标、执行规范

<table>
<tr><th>任务名称</th><th>执行程序、工作标准与考核指标</th></tr>
<tr><td rowspan="4">任务制定及生产准备</td><td>执行程序</td></tr>
<tr><td>1. 制定任务文件
生产部经理根据企业的生产战略、质量要求等制定任务文件，并及时将其下发给各班组。
2. 申请工具
班组长将生产所需装备、材料的明细送交物料管理部门，由物料管理部门在生产正式开始前将装备、日常工具、材料等送至生产地点。
3. 搬运物料
班组生产人员将生产所需材料、工具搬运至工作场所。
4. 调整生产设备
班组生产人员要求生产设备管理人员调整设备，在生产开始前将机器调整到生产所需状态。
工作重点
生产准备工作的关键在于生产任务书，班组长要根据生产任务书的要求进行精心准备，尽量把各类情况都考虑进去，争取一次性将准备工作做好。</td></tr>
<tr><td>工作标准</td></tr>
<tr><td>通过生产准备工作，将生产所需要的工具、物料、设备安置妥当。</td></tr>
<tr><td rowspan="4">任务分配及实施</td><td>执行程序</td></tr>
<tr><td>1. 安排进度
班组长参照企业生产战略及产品上市规划情况，安排车间生产工作整体的顺序和进度。
2. 分配任务
☆班组长根据生产任务书和班组生产人员的具体情况将所要完成的生产任务明确、清晰地传达给当职班组生产人员，告诉班组生产人员这是一项什么工作、需要达到什么程度、具体工作环节是什么。
☆班组长要明确生产任务完成的截止时间，因为一旦不明确截止时间，班组长就不知道该如何安排工作进度，这样不但会影响工作任务的完成效果，也会影响工作效率。
☆在分配生产任务时，班组长可以借助生产任务分配表这一工具，表中需要明确生产任务的细分名称及具体的时间安排，包括任务周期、任务的起始时间和结束时间等。
3. 进行生产
班组生产人员根据任务分配表进行具体的生产工作，班组长要及时进行过程控制，在截止时间结束之前与班组生产人员确认工作任务的完成情况。
工作重点
班组长在分配任务时要注意五点：①明确任务完成的结果，结果表述不能使用抽象的字眼，而应尽可能量化；②分配任务时，应告知班组生产人员完成任务应遵循的基本准则，给出一个可操作的尺度或指导方针，但不需要明确完成任务的每条措施和细节；③明确告知班组生产人员完成任务会对部门或企业整体带来的作用，以激发其更努力地完成任务；④告知班组生产人员企业为完成任务所提供的物资资源、财务资源、人力资源和时间资源等；⑤让班组生产人员对任务负责，并告知其在什么时间、什么地点及以怎样的方式来汇报工作。</td></tr>
<tr><td>工作标准</td></tr>
<tr><td>班组长明确生产任务的要点，确认班组生产人员已经了解任务的内容。</td></tr>
</table>

（续）

<table>
<tr><th>任务名称</th><th>执行程序、工作标准与考核指标</th></tr>
<tr><td rowspan="6">任务修订</td><td>执行程序</td></tr>
<tr><td>1. 修订生产计划
在生产过程中发现问题时，班组生产人员需要对生产计划进行修订，经生产部经理审核、分管副总审批通过后形成新的生产任务。
2. 分配新任务
班组长将新的生产任务安排给相关班组生产人员，并做好生产过程控制工作。
工作重点
修订生产计划时应规范、严谨，按照流程向上逐级申请。</td></tr>
<tr><td>工作标准</td></tr>
<tr><td>通过修订生产计划，及时发现并解决生产过程中的各种问题。</td></tr>
<tr><td>考核指标</td></tr>
<tr><td>☆任务修订的效率：修订生产计划的时间不超过____天。
☆与生产战略的一致性：新的生产计划和任务与企业生产战略相一致。</td></tr>
<tr><td colspan="2">执行规范</td></tr>
<tr><td colspan="2">“生产任务书”“班组生产管理细则”“车间生产过程控制方案”。</td></tr>
</table>

2.2.4 班组培训流程设计与工作执行

2.2.4.1 班组培训流程设计

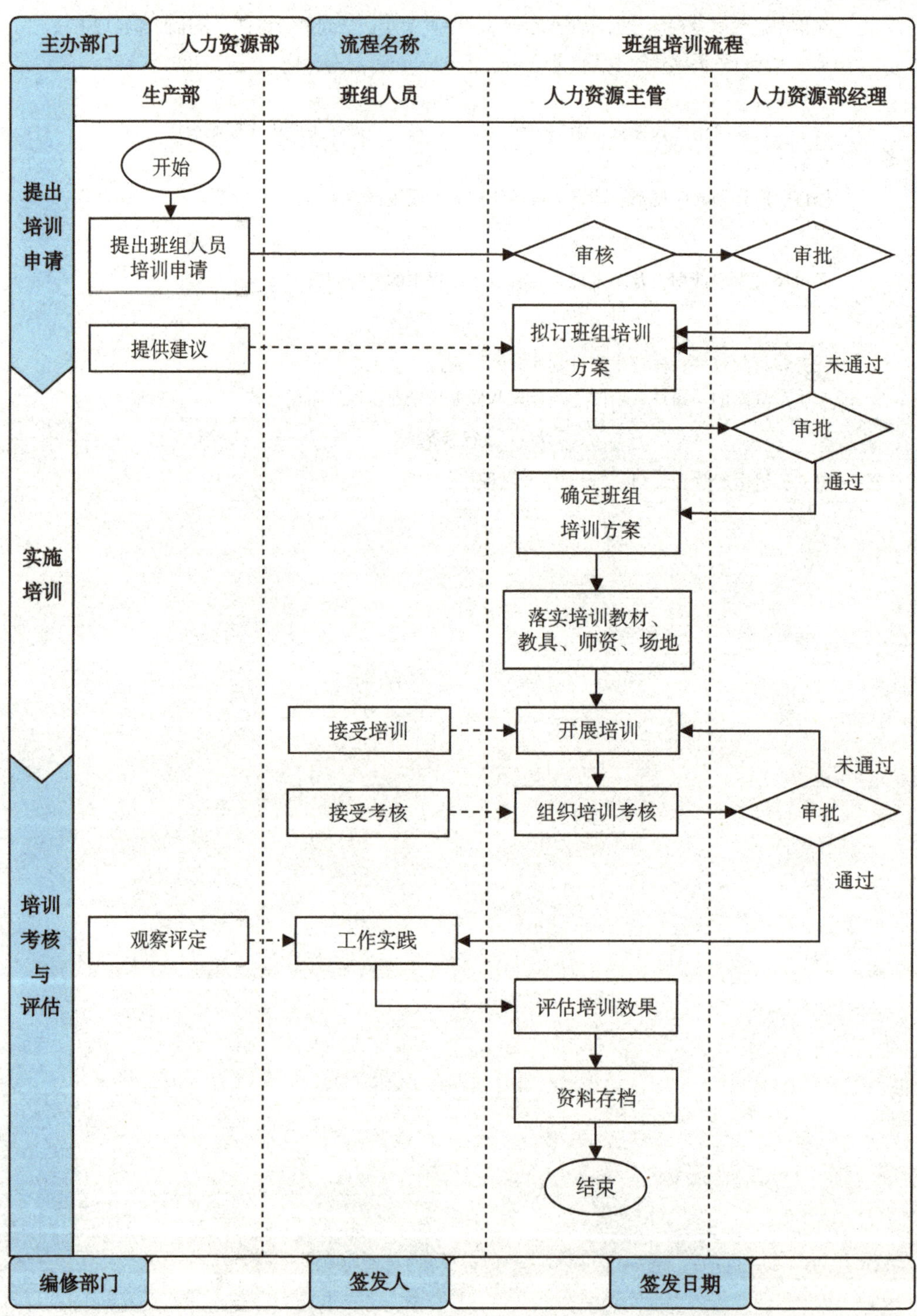

2.2.4.2 班组培训执行程序、工作标准、考核指标、执行规范

<table>
<tr><th>任务名称</th><th>执行程序、工作标准与考核指标</th></tr>
<tr><td rowspan="6">提出培训申请</td><td>执行程序</td></tr>
<tr><td>1. 提出班组人员培训申请
☆生产部对班组人员的素质水平、性格特点、技能掌握水平等进行考察，并依据考察结果向人力资源部提交班组人员培训申请。
☆班组人员培训申请经人力资源主管审核通过后，提交人力资源部经理审批。
2. 拟订班组培训方案
☆人力资源主管根据班组人员培训目标初步拟订班组培训方案，班组培训方案主要包括培训内容、培训方法、培训时间、培训地点等内容。
☆班组培训方案经初步拟订后，需要提交人力资源部经理审批，并由其提出修改或完善意见。在拟订班组培训方案的过程中，生产部相关人员应积极提出建议、意见。
☆人力资源主管根据人力资源部经理、生产部相关人员提出的意见、建议进一步完善班组培训方案。
工作重点
培训申请提出要及时，要符合部门的发展要求，并且培训需求分析应全面、详细。</td></tr>
<tr><td>工作标准</td></tr>
<tr><td>企业之前的班组培训方案。</td></tr>
<tr><td>考核指标</td></tr>
<tr><td>班组培训方案的合理性、可行性：符合班组人员的实际工作需要。</td></tr>
<tr><td rowspan="6">实施培训</td><td>执行程序</td></tr>
<tr><td>1. 落实培训教材、教具、师资、场地
人力资源主管根据班组人员的特点，安排相关人员准备好培训所需要的教材、教具、师资、场地等。
2. 开展培训
☆人力资源主管根据班组培训方案组织实施培训。
☆在培训实施过程中，人力资源部相关人员要做好检查和跟踪工作，并将培训实施情况填写在培训实施跟踪表中。
工作重点
班组培训应着重使班组人员认识到规章制度的公正性和重要性，以便使其日后遵守规章制度，并应注意把握好理论与实践的平衡，避免出现培训内容空缺、重叠的情况。</td></tr>
<tr><td>工作标准</td></tr>
<tr><td>培训过程严格按照相关规范进行，基本达成培训目标。</td></tr>
<tr><td>考核指标</td></tr>
<tr><td>培训实施目标达成率：目标值为____%。其计算公式如下。
$$培训实施目标达成率=\frac{实际达成的培训目标数}{计划达成的培训目标数}\times 100\%$$</td></tr>
</table>

（续）

<table>
<tr><th>任务名称</th><th>执行程序、工作标准与考核指标</th></tr>
<tr><td rowspan="6">培训考核与评估</td><td>执行程序</td></tr>
<tr><td>1. 组织培训考核
☆培训结束后，人力资源主管组织相关人员对受训班组人员进行考核，以便掌握受训班组人员对培训内容的掌握情况，为培训评估提供依据。
☆考核完成后，人力资源主管将考核结果登记在考核评定表上，并将其提交人力资源部经理审批。
☆班组人员通过考核后，生产部为其安排相关的工作任务；未通过考核者，需要重新接受培训。
2. 评估培训效果
☆人力资源主管对受训班组人员进行调查，要求其填写培训效果反馈表。
☆人力资源主管根据受训班组人员填写的培训效果反馈表，对评估结果进行汇总和分析。
☆培训效果评估完成后，人力资源主管编写班组培训效果评估报告，总结此次培训的经验和教训。
工作重点
人力资源主管可以通过集中考试和现场技能操作等方式对班组人员进行考核，并及时改进和完善考核过程中出现的问题。</td></tr>
<tr><td>工作标准</td></tr>
<tr><td>通过培训考核与评估，对班组培训进行评价，同时进一步巩固班组培训的效果。</td></tr>
<tr><td>考核指标</td></tr>
<tr><td>培训考核通过率：目标值为____%。其计算公式如下。
$$培训考核通过率=\frac{培训考核通过的人数}{参加培训的总人数}\times 100\%$$</td></tr>
<tr><td colspan="2">执行规范</td></tr>
<tr><td colspan="2">“班组培训方案”“班组培训效果评估报告”。</td></tr>
</table>

第3章 产品研发与工艺技术完善过程

3.1 产品研发管理

3.1.1 产品研发管理流程设计

3.1.1.1 流程设计的目的

企业进行产品研发管理流程设计的目的如下。

（1）规范新产品研发过程管理，使新产品符合企业总体战略规划的目标。

（2）使新产品具有适用性、适销等经济特征，并且满足客户的期望和市场需求。

（3）使产品设计工作标准化、规范化，最大限度地提高基础模块（零部件）共用率。

（4）使新产品具有行业领先性，提升企业的社会效益。

（5）使产品研发工作符合国家技术政策的相关要求及企业产品结构的调整方向。

3.1.1.2 流程结构设计

企业可采取总分式结构对产品研发管理流程进行设计，即先给出产品研发管理的总流程，然后针对产品研发过程中的关键事件设计子流程，具体结构如图 3-1 所示。

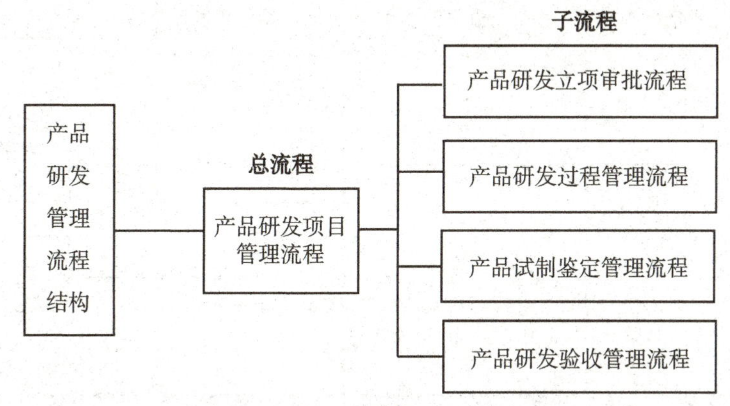

图 3-1 产品研发管理流程结构

3.1.2 产品研发项目管理流程设计与工作执行

3.1.2.1 产品研发项目管理流程设计

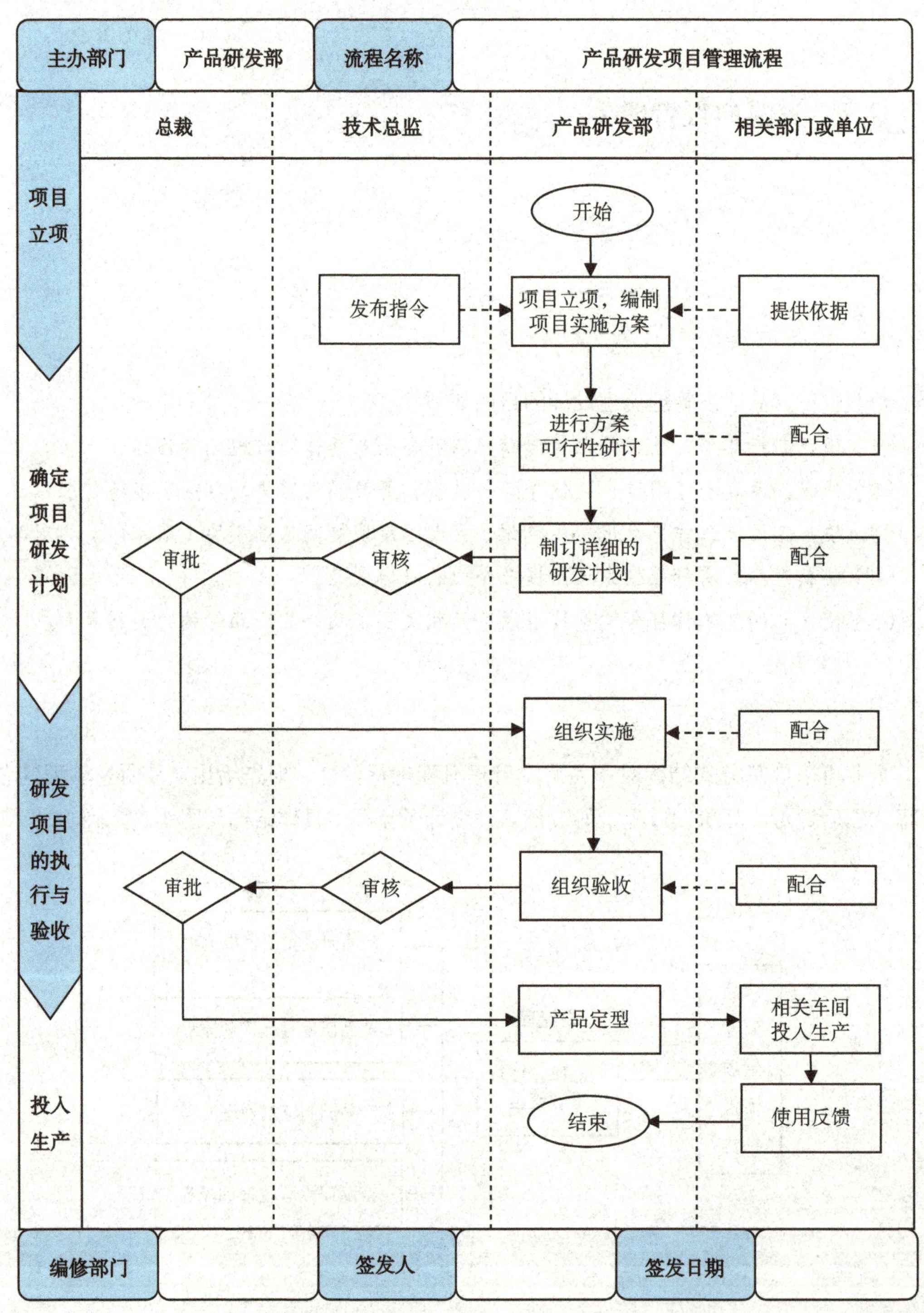

3.1.2.2 产品研发项目管理执行程序、工作标准、考核指标、执行规范

<table>
<tr><th>任务名称</th><th>执行程序、工作标准与考核指标</th></tr>
<tr><td rowspan="4">项目立项</td><td>执行程序</td></tr>
<tr><td>项目立项、编制项目实施方案
☆产品研发部收到技术总监发布的指令，对研发项目立项，并编制项目实施方案。
☆立项的依据为市场部、营销部、生产部等相关部门上报的产品情况。
工作重点
企业应制定项目立项的具体标准以供各相关部门参考，标准应清晰、简明、具有指导价值。</td></tr>
<tr><td>工作标准</td></tr>
<tr><td>工作人员按照项目实施方案操作，以顺利达成研发目标。</td></tr>
<tr><td rowspan="6">确定项目研发计划</td><td>执行程序</td></tr>
<tr><td>1. 进行方案可行性研讨
☆产品研发部组织各相关部门召开会议，认真研究并讨论产品研发的可行性。在此过程中，可请相关部门和生产单位及外部的相关专家参加，由其对产品研发方案提出建议和意见。
☆产品研发部详细记录与会人员的意见，为日后完善方案提供依据。
2. 制订详细的研发计划
☆产品研发部根据可行性研讨会议上的各方意见制订详细的研发计划，并将其报技术总监审核、总裁审批。
☆产品研发部依据总裁、技术总监的意见对研发计划进行修改，确定最终的研发计划。
工作重点
制订研发计划时最好明确研发项目组各成员的责任范围及相应的职权，不得出现权责混乱、推诿扯皮等现象。</td></tr>
<tr><td>工作标准</td></tr>
<tr><td>产品研发部根据领导意见完善并确定最终的研发计划。</td></tr>
<tr><td>考核指标</td></tr>
<tr><td>☆研发计划的目的性：研发计划要符合企业的总体战略。
☆研发计划的动态性：研发计划要随着企业内外环境的改变而改变。
☆研发计划的相关性：许多并行的研发项目并不是相互独立的，而是具有很强的相关性的，一个项目出问题就可能导致整个计划出现问题，因此制订研发计划时必须要考虑该因素。</td></tr>
<tr><td rowspan="2">研发项目的执行与验收</td><td>执行程序</td></tr>
<tr><td>1. 组织实施
产品研发部与各相关部门配合，根据项目研发计划的有关内容实施计划。
2. 组织验收
☆产品研发完成后，由产品研发部组织相关部门领导和专家进行项目验收。
☆验收时要明确研发项目的起点和终点，明确项目的最终成果。
☆验收通过后，产品研发部编写项目验收报告，并将其报技术总监审核、总裁审批。
工作重点
项目验收报告应规范，要严格按照验收报告的编制要求进行编制，内容全面、结构清晰、无重大纰漏，特别是对项目执行过程中的一些教训要进行深刻总结。</td></tr>
</table>

（续）

<table>
<tr><th>任务名称</th><th>执行程序、工作标准与考核指标</th></tr>
<tr><td rowspan="4">研发项目的执行与验收</td><td>工作标准</td></tr>
<tr><td>研发计划顺利、高效执行，达到要求并通过验收。</td></tr>
<tr><td>考核指标</td></tr>
<tr><td>项目目标按计划完成率：用以衡量项目执行的质量。其计算公式如下。
$$项目目标按计划完成率=\frac{实际完成的项目数}{计划完成的项目目标数}\times 100\%$$</td></tr>
<tr><td rowspan="4">投入生产</td><td>执行程序</td></tr>
<tr><td>1. 产品定型
产品验收通过后，产品研发部对产品进行终审，终审通过后定型产品并准备正式生产。
2. 相关车间投入生产
生产部安排相关车间员工学习新产品的生产技术，待员工掌握后，正式生产新产品。
工作重点
即使通过了验收，产品研发部还是要严格按照规定的流程对产品进行终审，一一对照检验标准，争取在正式生产前排除所有问题。</td></tr>
<tr><td>工作标准</td></tr>
<tr><td>新产品正式投产并且符合原来的构思，其经济效应和社会效应都比较明显。</td></tr>
<tr><td colspan="2">执行规范</td></tr>
<tr><td colspan="2">“产品研发可行性报告”“项目实施方案”“项目验收报告”“新产品研发管理制度”。</td></tr>
</table>

3.1.3 产品研发立项审批流程设计与工作执行

3.1.3.1 产品研发立项审批流程设计

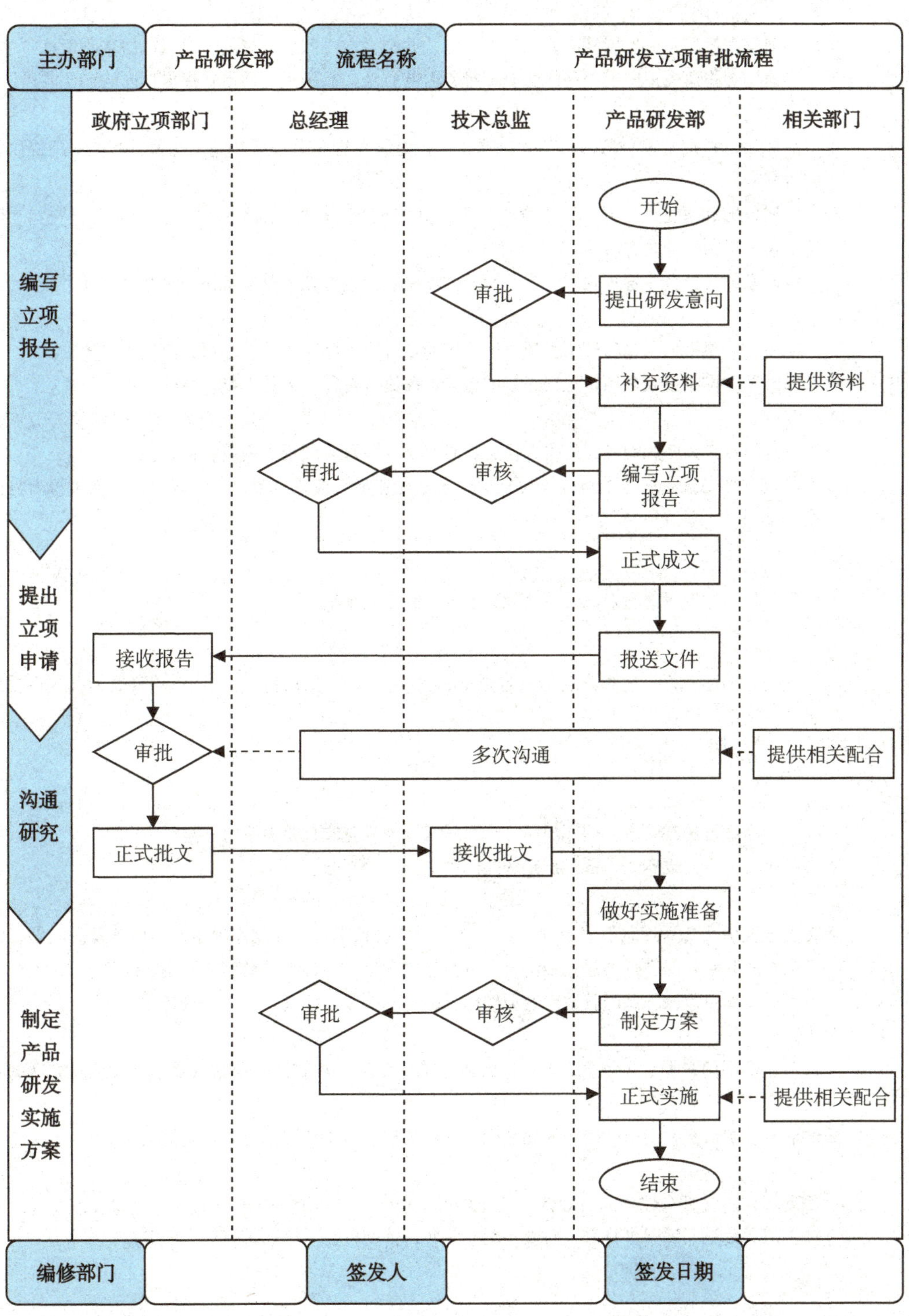

3.1.3.2 产品研发立项审批执行程序、工作标准、考核指标、执行规范

任务名称	执行程序、工作标准与考核指标
编写立项报告	执行程序
	1. 提出研发意向 ☆产品研发部根据企业发展战略提出研发意向，并结合本部门所掌握的材料拟写初步研发意向书。 ☆产品研发部将研发意向书报技术总监审批，由其就新产品研发立项事宜提出自己的意见或建议。 2. 编写立项报告 ☆产品研发部根据技术总监提出的意见或建议，对研发意向书进行补充、完善，相关部门提供相关资料。 ☆产品研发部编写正式的产品研发立项报告，具体包括可行性论证依据、产品市场分析资料、经济效益分析结果等内容。 ☆产品研发部按照企业管理权限将产品研发立项报告分别报技术总监审核、总经理审批。 3. 正式成文 ☆产品研发立项报告经总经理审批通过后，产品经理落实相关意见或建议，使其正式成文。 ☆产品经理安排相关人员做好立项报告的检查、印刷或打印、装订工作，并盖上企业印章。 工作重点 ☆研发意向要紧扣企业的经营战略，但更要着眼于实际竞争环境和消费者偏好。 ☆产品研发部要按企业相关规范编写立项报告，立项报告应重点突出、内容全面、结构清晰且无重大纰漏。
	工作标准
	参照新科技的发展情况及同行业其他企业的产品变动情况。
	考核指标
	立项报告的准确性：立项报告的内容全面、完整，论据充分且报告中应用的数据无误或将误差控制在一定范围内。
提出立项申请	执行程序
	1. 报送文件 ☆在将立项报告送交政府立项部门前，产品研发部应检查文件材料是否齐全。 ☆产品研发部应在政府立项部门指定的时间内送交立项报告。 2. 审批 ☆在受理立项报告后，政府立项部门会对立项报告进行审批，并就立项报告中所涉及的问题，多次联系产品研发部进行产品立项沟通，以消除立项报告中存在的疑问或不明确因素。 ☆产品研发部组织相关部门就政府立项部门反映的问题进行协商，达成一致意见。 3. 正式批文 ☆政府立项部门根据立项报告及与产品经理的沟通结果，正式同意项目立项并下发项目立项的正式批文。 ☆产品研发部负责在规定的时间内到政府立项部门领取关于项目立项的正式批文。 工作重点 研发项目通常具有较高的时效性，因此项目立项申请要争取一次性通过，产品研发部要对政府立项部门的政策、规划进行深入研究，精心准备申请文件，必要时可请业内专家进行指导。

（续）

<table>
<tr><th>任务名称</th><th>执行程序、工作标准与考核指标</th></tr>
<tr><td rowspan="4">提出立项申请</td><td>工作标准</td></tr>
<tr><td>企业过去的立项申请程序及注意事项。</td></tr>
<tr><td>考核指标</td></tr>
<tr><td>☆立项文件的全面性、合规性：立项文件符合国家及行业相关法规，按照政府立项部门的要求将立项文件准备齐全。
☆立项文件送达及时率：确保达到____%。</td></tr>
<tr><td rowspan="6">制定产品研发实施方案</td><td>执行程序</td></tr>
<tr><td>1. 制定方案
☆产品研发部在收到政府立项部门下发的正式批文后，按照批文组织讨论，并进行项目实施的准备工作，包括准备相关资料、确定项目成员、成立研发项目组等。
☆产品研发部负责编制研发项目实施方案，并按管理权限将其分别报技术总监审核、总经理审批。
2. 正式实施
☆在审核、审批研发项目实施方案时，技术总监与总经理着重审查方案内容是否全面、符合实际，如项目的范围、进度、资源、沟通等计划是否明确，项目风险的预估与应对是否有明确的方案等。
☆研发项目实施方案经总经理审批通过后，产品经理即可在相关部门的配合下，组织研发项目组实施产品研发工作。
工作重点
☆研发项目实施方案应具有可操作性，要立足于实际，便于后期的实施和操作。
☆执行研发项目实施方案时要注意方案中的一些关键场景、步骤，不管最终结果如何，必须按照规范设计好这些场景、步骤。</td></tr>
<tr><td>工作标准</td></tr>
<tr><td>☆参照企业过去研发项目的实施方案资料。
☆研发项目实施方案具有较高的可操作性，对一些预期出现的问题有相应的应对策略，项目执行顺利。</td></tr>
<tr><td>考核指标</td></tr>
<tr><td>☆研发项目实施方案内容的完整性、可行性：方案中所有决策事项都有论据支撑，以确保方案切实可行。
☆研发项目实施方案编制的及时性：在收到政府立项部门下达的批文后____天内拟订出正式的实施方案，并保证方案的质量。</td></tr>
<tr><td colspan="2">执行规范</td></tr>
<tr><td colspan="2">“产品研发意向书”“研发项目立项管理制度”“产品研发立项报告”“企业印鉴管理办法”“产品研发立项报告”“研发项目实施方案”。</td></tr>
</table>

3.1.4 产品研发过程管理流程设计与工作执行

3.1.4.1 产品研发过程管理流程设计

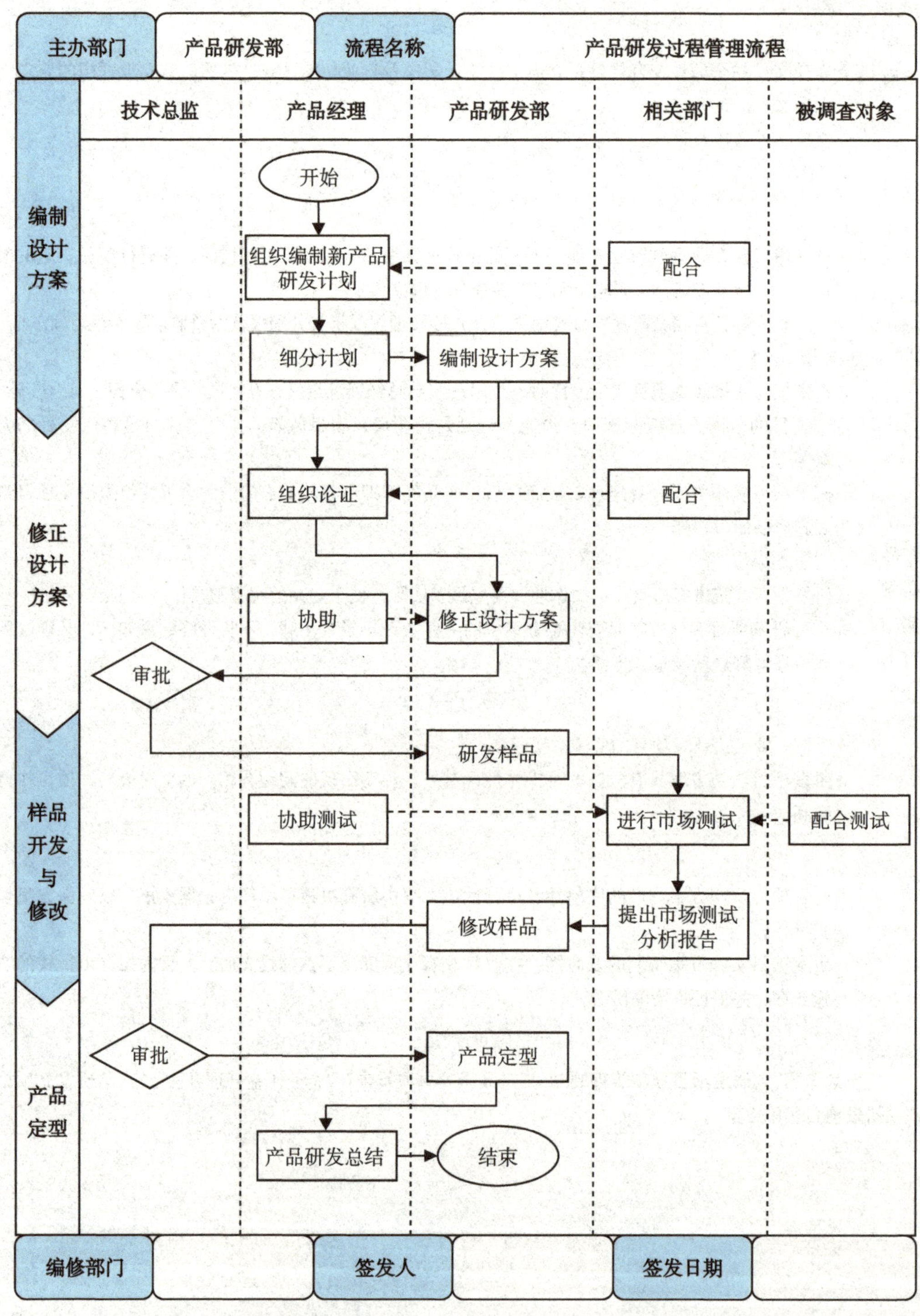

3.1.4.2 产品研发过程管理执行程序、工作标准、考核指标、执行规范

<table>
<tr><th>任务名称</th><th>执行程序、工作标准与考核指标</th></tr>
<tr><td rowspan="6">编制设计方案</td><td>执行程序</td></tr>
<tr><td>1. 组织编制新产品研发计划
产品经理组织相关部门编制新产品研发计划。
2. 编制设计方案
产品研发部依据新产品研发计划编制具体的新产品设计方案。
工作重点
新产品设计方案应具有较强的可操作性，方案的内容应切实可行。</td></tr>
<tr><td>工作标准</td></tr>
<tr><td>☆参照企业过去年度的新产品研发计划与新产品设计方案资料。
☆通过编制新产品设计方案制定出从创意到产品的完整路线图，规范后续各个阶段的研发工作。</td></tr>
<tr><td>考核指标</td></tr>
<tr><td>☆新产品设计方案的完整性：新产品设计方案论据充足、内容完整。
☆新产品设计方案的准确率：新产品设计方案中的数据真实、准确，内容合理、无错误。</td></tr>
<tr><td rowspan="6">修正设计方案</td><td>执行程序</td></tr>
<tr><td>1. 组织论证
☆针对产品研发部编制的新产品设计方案，产品经理组织相关部门进行可行性论证，参与论证的部门包括产品研发部、财务部、生产部、营销部、采购部等。
☆产品研发部根据论证意见对新产品设计方案进行修正。
2. 审批
☆修正后的新产品设计方案提请技术总监审批。
☆技术总监可会同相关高层管理人员着重从方案的技术可行性、经济可行性、风险大小等方面对修正后的新产品设计方案进行审批。
工作重点
☆可行性论证过程必不可少并且十分重要，产品经理应主动征求相关人员的意见，以不断完善设计方案。
☆在方案论证过程中，产品经理要把握好节奏，对各类意见进行总结、归纳，提炼出最有价值的意见，这是产品经理的核心素质的体现。</td></tr>
<tr><td>工作标准</td></tr>
<tr><td>方案论证过程高效、富有建设性，产品研发部根据论证过程中的意见及时对新产品设计方案进行修正。</td></tr>
<tr><td>考核指标</td></tr>
<tr><td>☆方案论证组织的及时性：产品经理应及时组织进行方案的论证工作。
☆方案论证内容的全面性：论证内容要涵盖各个核心要素，包括技术可行性论证、经济可行性论证、项目风险预估等。</td></tr>
</table>

（续）

任务名称	执行程序、工作标准与考核指标
样品开发与修改	**执行程序** 1. 研发样品 产品设计方案经审批通过后，产品研发部组织相关部门进行样品试制工作，形成初步的产品标准和样本。 2. 进行市场预测 ☆对于研发的样品，市场营销部应根据总经理的安排和相关指标规定进行市场预测，并对目标消费者展开调查，以判断产品的性能指标。 ☆市场营销部对市场测试反馈情况进行归纳、总结，并形成市场测试分析报告。 3. 修改样品 产品研发部根据市场测试反馈信息修改样品，以完善产品设计。 工作重点 市场预测工作应符合企业相关规范，总经理对市场预测工作要事先做出规划，通常包括预测的模型及相关倾向性（如尽量保守、尽量客观等）等。 **工作标准** 通过市场调查活动不断完善样品。 **考核指标** ☆研发样品与研发计划、设计方案的相符性：确保样品符合研发计划、设计方案的要求，将误差控制在合理范围内。 ☆目标消费者对样品的满意度：满意度评分应在____分以上，基本能满足消费者的各种需求。
产品定型	**执行程序** 1. 产品定型 ☆产品研发部将经过修改的样品报技术总监进行再次审批，听取技术总监的意见。 ☆产品研发部根据技术总监的意见对样品进行调整，并做好产品投产的准备工作。 2. 产品研发总结 产品经理对新产品研发过程进行综合分析，形成新产品研发总结报告，以便为未来的产品研发工作提供参考。 工作重点 新产品研发总结报告应规范，要按照报告编制的要求进行编制，内容全面、结构清晰、无重大纰漏，同时要对研发过程中的注意事项和经验进行总结，以利于以后借鉴。 **工作标准** 经反复修改定型后的产品符合各项相关要求。 **考核指标** ☆产品性能的稳定性：确保拟投产的产品性能稳定。 ☆新产品研发总结报告提交及时率：应达到____%。 ☆产品投产时标准文件的质量：产品投产时标准文件齐全、无误。
执行规范	
“产品研发管理制度”“新产品设计方案”“新产品研发试制鉴定操作办法”“市场测试分析报告”“新产品研发总结报告”。	

3.1.5 产品试制鉴定管理流程设计与工作执行

3.1.5.1 产品试制鉴定管理流程设计

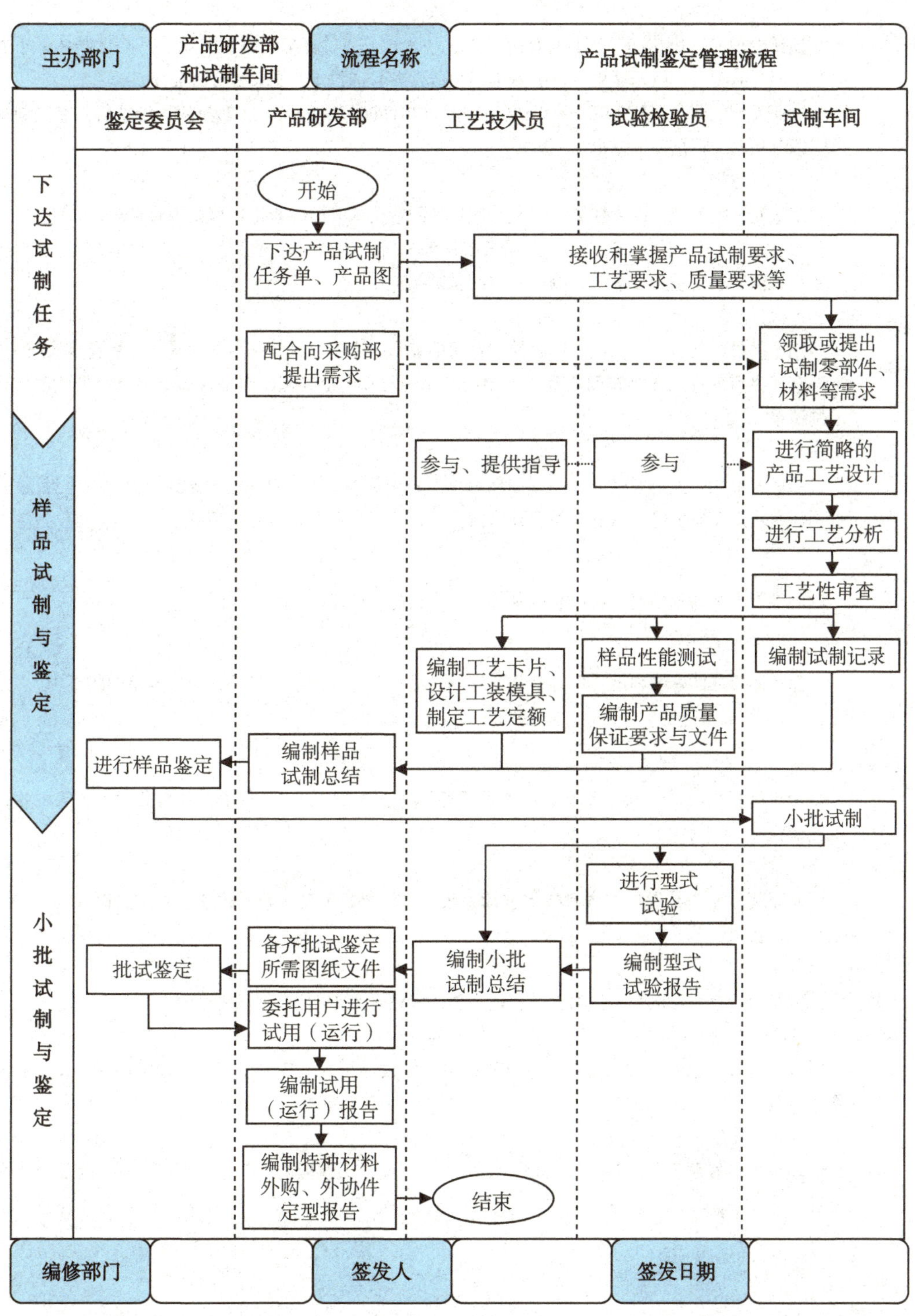

3.1.5.2 产品试制鉴定管理执行程序、工作标准、考核指标、执行规范

<table>
<tr><th>任务名称</th><th>执行程序、工作标准与考核指标</th></tr>
<tr><td rowspan="6">下达试制任务</td><td>执行程序</td></tr>
<tr><td>1. 下达产品试制任务单、产品图
☆产品研发部向试制车间、质量管理部、工艺技术部等下达产品试制任务单。产品试制任务单中要注明产品型号、结构区别号、配置主要总成件型号的技术状态及进度等要求。
☆产品研发部收集产品试制零部件图纸与产品试制件配置明细表，经部门领导批准后，交试制车间以备领料或提出采购需求。
2. 接收和掌握产品试制要求、工艺要求、质量要求等
☆试制车间在收到产品试制任务单、产品试制件配置明细表后，着重掌握试制要求。
☆质量管理部、工艺技术部在收到产品试制任务单后，组织试验检验员、工艺技术员学习、掌握产品试制要求、质量要求等，以便全力配合试制工作。
3. 领取或提出试制零部件、材料等需求
☆试制车间材料员负责根据产品试制件配置明细表到仓库领取材料、零部件等所需物资。
☆若仓库没有库存，试制车间应及时反馈给产品研发部，由其配合向采购部提出新产品试制件采购清单。
工作重点
产品研发部相关人员要做好产品试制任务单的各种解释工作，对一些关键要求要进行重点说明，必要时组织产品研发部、试制车间召开联席会议，务必在一开始就将事情做正确。</td></tr>
<tr><td>工作标准</td></tr>
<tr><td>试制参与人员通过学习掌握产品试制任务单中的各项要求。</td></tr>
<tr><td>考核指标</td></tr>
<tr><td>产品试制要求的掌握程度：所有参与试制的人员都要透彻地理解产品试制任务单中的要求。</td></tr>
<tr><td rowspan="2">样品试制与鉴定</td><td>执行程序</td></tr>
<tr><td>1. 进行简略的产品工艺设计
试制车间根据产品试制任务单，安排、运用厂房、设备、测试条件等，并据此设计简略的生产工艺流程。
2. 进行工艺分析
试制车间根据产品设计方案和技术设计方案，进行材料改制、元件改装、复杂自制件加工等多项工艺分析。
3. 编制试制记录
试制车间所有参与试制工作的人员应按照质量保证计划编制试制记录。
4. 样品性能测试
质量管理部试验检验员负责对样品试制的各个阶段进行安全性测试、产品经济性能测试等品质指标测试。
5. 编制产品质量保证要求与文件
试验检验员按照产品质量保证计划，加强质量管理和信息反馈，并编制新产品质量保证要求和文件。</td></tr>
</table>

（续）

<table>
<tr><th>任务名称</th><th>执行程序、工作标准与考核指标</th></tr>
<tr><td rowspan="5">样品试制与鉴定</td><td>6. 编制工艺卡片、设计工装模具、制定工艺定额
☆工艺技术员负责编制试用工艺卡片，包括工艺过程卡片（路线卡）、关键工序卡片（工序卡）、装配工艺过程卡（装配卡）、特殊工艺守则卡等。
☆工艺技术员根据产品试制需求设计工装模具，并制定试制所需材料的工艺定额和加工工时定额。
7. 编制样品试制总结
☆产品研发部负责根据试制车间提供的试制记录、质量管理部提供的质量保证要求与文件、工艺技术部提供的工艺文件，编制样品试制总结，以供样品试制鉴定时使用。
☆样品试制总结中要附上各种反映技术内容的原始记录。
8. 进行样品鉴定
☆产品研发部按照鉴定大纲备齐样品图样及设计文件，并将其连同样品试制总结交鉴定委员会进行鉴定。
☆进行样品试制鉴定时着重审查样品试制的结果，设计结构和图样的合理性、工艺性，以及特种材料解决的可能性等，确定能否投入小批试制，明确样品应改进的事项。
工作重点
☆需要注意的是，在样品试制总结中，要着重总结样品图样和设计文件的验证情况，以及在装配和调试过程中所反映出的关于产品结构、产品工艺、产品性能方面的问题及其解决过程。
☆新产品质量保证要求和文件的编制要符合企业的相关规范，即按照相关的模板和要求进行编制。</td></tr>
<tr><td>工作标准</td></tr>
<tr><td>企业之前的样品试制与鉴定过程中的各种文件资料。</td></tr>
<tr><td>考核指标</td></tr>
<tr><td>☆样品试制工作按计划完成率：各阶段工作____%按计划完成。
☆样品试制总结的编写质量：与鉴定大纲的要求相比，未达标项目不得超过____项。</td></tr>
<tr><td rowspan="2">小批试制与鉴定</td><td>执行程序</td></tr>
<tr><td>1. 小批试制
经鉴定委员会确定产品可以投入小批试制后，试制车间即可开展小批试制工作。其程序与样式试制程序相似。
2. 进行型式试验
☆质量管理部对小批试制出来的产品进行型式试验，具体包括安全性测试、产品经济性能测试等。
☆型式试验的试验项目、试验方法、产品技术条件、试验程序、试验步骤和记录表格等按照试制鉴定大纲的规定确定。
3. 批试鉴定
☆工艺技术部根据试制车间提供的小批试制记录、型式试验报告编制小批试制总结，以供小批试制鉴定时使用。
☆产品研发部按照鉴定大纲的要求备齐样品图样及产品设计文件，并将其连同小批试制总结交鉴定委员会进行鉴定。
☆进行小批试制鉴定时，应着重审查产品的可靠性，生产工艺、工装与产品测试设备，各种技术资料的完备与可靠程度，以及资源供应，外购、外协件定型情况等，确定产品能否投入批量生产。</td></tr>
</table>

（续）

任务名称	执行程序、工作标准与考核指标
小批试制与鉴定	4. 委托用户进行试用（运行） ☆在市场部的协助下，产品研发部委托用户在实际工作过程中试用（运行）产品，以从市场需求的角度寻求产品的改进方向。 ☆产品研发部根据技术条件确定试用（运行）试验项目和方法，并按照鉴定大纲编制试验程序、步骤和记录表格。 5. 编制试用（运行）报告 产品研发部根据用户反馈的试用（运行）感受、建议等编制试用（运行）报告。 6. 编制特种材料外购、外协件定型报告 产品研发部根据产品试制过程所需要的材料、零部件等，编制特种材料及外购、外协件定型报告。 工作重点 ☆在型式试验过程中，应注意比较、分析型式试验与样品试制的结果是否有差异，若有差异，应呈报产品研发部、试制车间等会商解决。 ☆试运行报告的编制应规范，按照报告编制的要求进行，内容全面、结构清晰、无重大纰漏。
	工作标准
	通过小批量试制、型式检验、鉴定、试用等环节查漏补缺，为产品的大批量生产做好准备。
	考核指标
	☆型式试验报告编制质量：与鉴定大纲的相关要求相比，型式试验报告内容齐全，未达标的项目不得超过____项。 ☆小批试制总结编写质量：与鉴定大纲的相关要求相比，未达标的项目不得超过____项。
执行规范	
“产品试制与鉴定管理办法”“产品性能测试报告”“样品试制总结”“样品试制鉴定报告”“型式试验报告”“小批试制总结”“小批试制鉴定报告”“试用（运行）报告”“特种材料外购、外协件定型报告”。	

3.1.6 产品研发验收管理流程设计与工作执行

3.1.6.1 产品研发验收管理流程设计

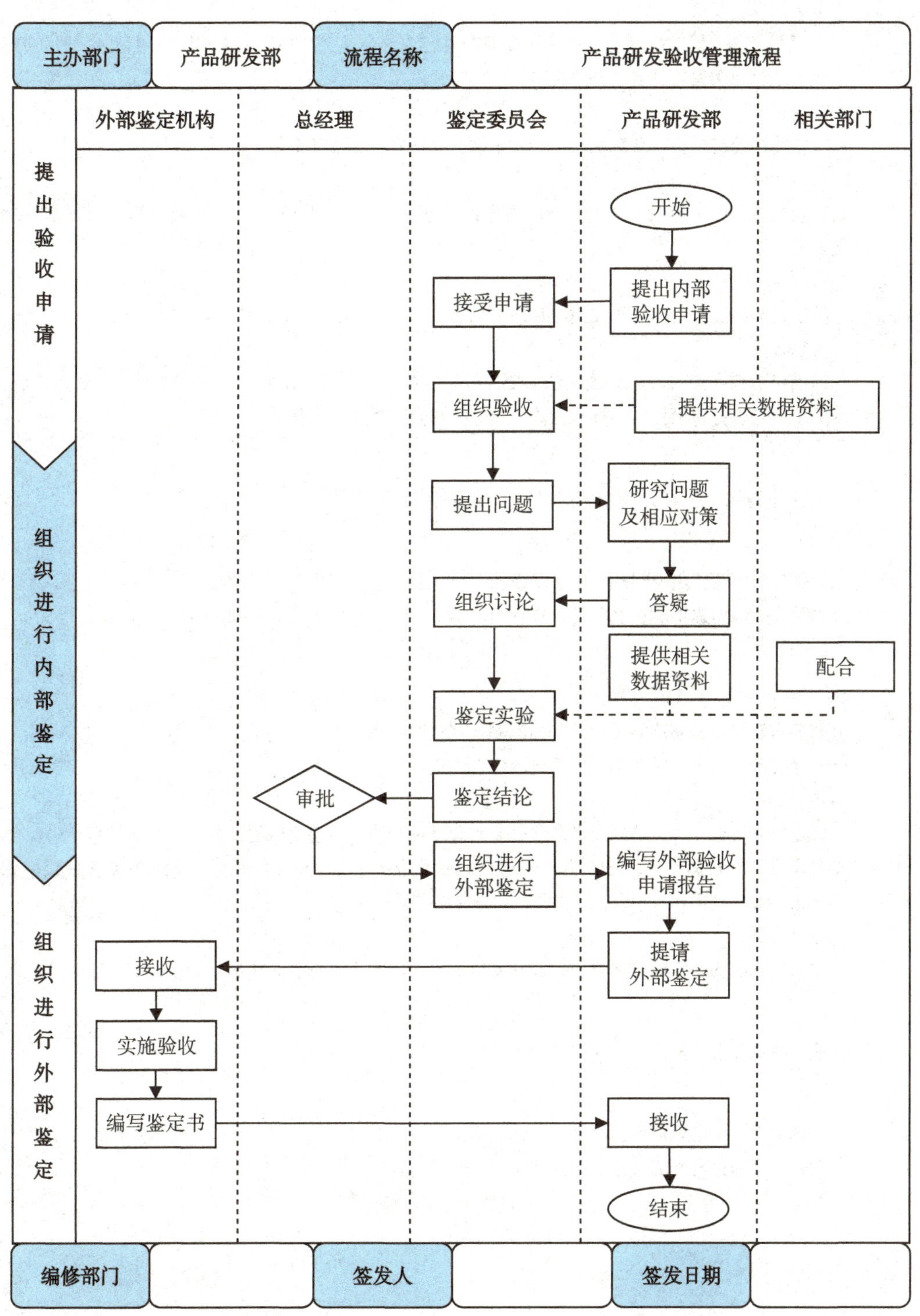

3.1.6.2 产品研发验收管理执行程序、工作标准、考核指标、执行规范

<table>
<tr><th>任务名称</th><th>执行程序与工作标准与考核指标</th></tr>
<tr><td rowspan="6">提出验收申请</td><td>执行程序</td></tr>
<tr><td>1. 提出内部验收申请
完成新产品的研发设计后，产品研发部向鉴定委员会提交产品研发内部验收申请，同时将新产品研发过程的相关资料也一并送交。
2. 接受申请
鉴定委员会接受新产品研发内部验收申请，并做好验收准备工作。
3. 组织验收
鉴定委员会组织相关人员对新产品研发设计进行验收，产品研发部及相关部门向其提供相关数据资料。
4. 提出问题
鉴定委员会针对新产品研发提出具体的问题。
工作重点
产品研发部在提出内部验收申请前要做好周密的准备，审查研发设计是否符合相关法律、法规的要求，是否符合项目质量标准，验收鉴定资料是否规范、全面。</td></tr>
<tr><td>工作标准</td></tr>
<tr><td>企业过去类似项目的验收申请程序、标准及相关资料。</td></tr>
<tr><td>考核指标</td></tr>
<tr><td>☆内部验收申请提出及时性：应于研发项目结束后____个工作日内提出申请。
☆内部验收申请提出准备充分性：在提出申请前，产品研发部应做好相关准备工作。</td></tr>
<tr><td rowspan="6">组织进行内部鉴定</td><td>执行程序</td></tr>
<tr><td>1. 组织讨论
☆产品研发部根据鉴定委员会提出的问题，在相关部门的配合下寻求解决对策。
☆鉴定委员会就产品研发部的回答进行内部讨论。
2. 鉴定试验
☆鉴定委员会根据讨论结果及产品研发验收程序进行新产品鉴定试验工作，产品研发部予以配合。
☆鉴定委员会根据产品研发部提供的资料，参考新产品鉴定试验结果做出新产品研发鉴定结论，并报总经理审批。
工作重点
注意控制内部鉴定的各项费用，通常鉴定成本占研发成本总额的比例不能超过30%。</td></tr>
<tr><td>工作标准</td></tr>
<tr><td>通过内部鉴定，评估新产品研发的过程、成本控制情况等。</td></tr>
<tr><td>考核指标</td></tr>
<tr><td>☆内部鉴定结论的客观性：内部鉴定结论必须公正、客观。
☆内部鉴定结论与外部鉴定结论的相符率：确保达到____%</td></tr>
</table>

（续）

任务名称	执行程序与工作标准与考核指标
组织进行外部鉴定	执行程序 1. 编写外部验收申请报告 ☆内部鉴定结论经总经理审批通过后，鉴定委员会组织进行外部鉴定，联系外部鉴定机构。 ☆在鉴定委员会的指导下，产品研发部根据内部验收的意见编写外部验收申请报告。 2. 实施验收 ☆外部鉴定机构按照相关程序，正式受理企业的鉴定申请。 ☆外部鉴定机构在企业产品研发部、鉴定委员会的配合下实施验收。 3. 编写鉴定书 外部鉴定机构根据验收结果编写新产品研发验收鉴定书，并将其送至企业产品研发部。 工作重点 产品研发部及相关工作人员要精心准备，确保外部鉴定验收一次性通过，顺利获得新产品研发验收鉴定书。 工作标准 通过外鉴定评估新产品研发的质量等情况，为后续工作做好准备。 考核指标 ☆外部鉴定申请及时性：在内部鉴定结束后____天内进行外部鉴定。 ☆外部鉴定申请准备充分性：产品研发部相关人员准备充分，确保一次性通过外部鉴定。
执行规范	
“新产品研发验收管理制度”“新产品研发验收鉴定结论”“新产品研发验收鉴定书”。	

3.2 工艺技术完善

3.2.1 工艺技术完善流程设计

3.2.1.1 流程设计的目的

企业对工艺技术完善流程进行设计的目的如下。

（1）规范产品生产技术、工艺流程、工艺装备的设计工作，做好工艺技术准备工作，确保生产工艺流程的标准化程度、工艺装备的通用化程度处于行业前列。

（2）规范工艺文件的发放、保管、执行等工作，加强对工艺文件的培训与检查，确保生产操作人员完全理解生产工艺要求，并严格执行工艺纪律。

（3）规范技术交流、生产工艺技术引进及技术成果转化，逐步提升企业的技术水平。

3.2.1.2 流程结构设计

企业应针对工艺技术完善事项的顺序设计工艺技术完善流程，同时在各个流程下设计执行程序、工作标准、考核指标和执行规范，以保障流程的有效实施。工艺技术完善流程结构如图 3-2 所示。

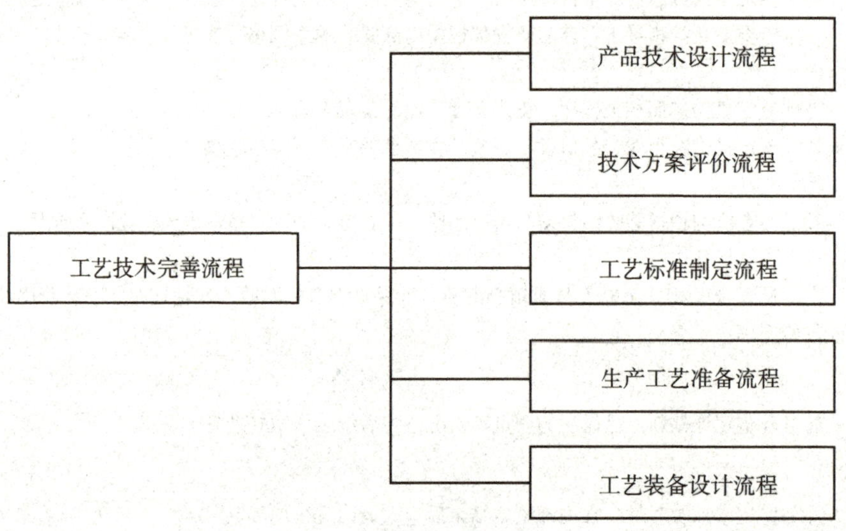

图 3-2 工艺技术完善流程结构

3.2.2 产品技术设计流程设计与工作执行

3.2.2.1 产品技术设计流程设计

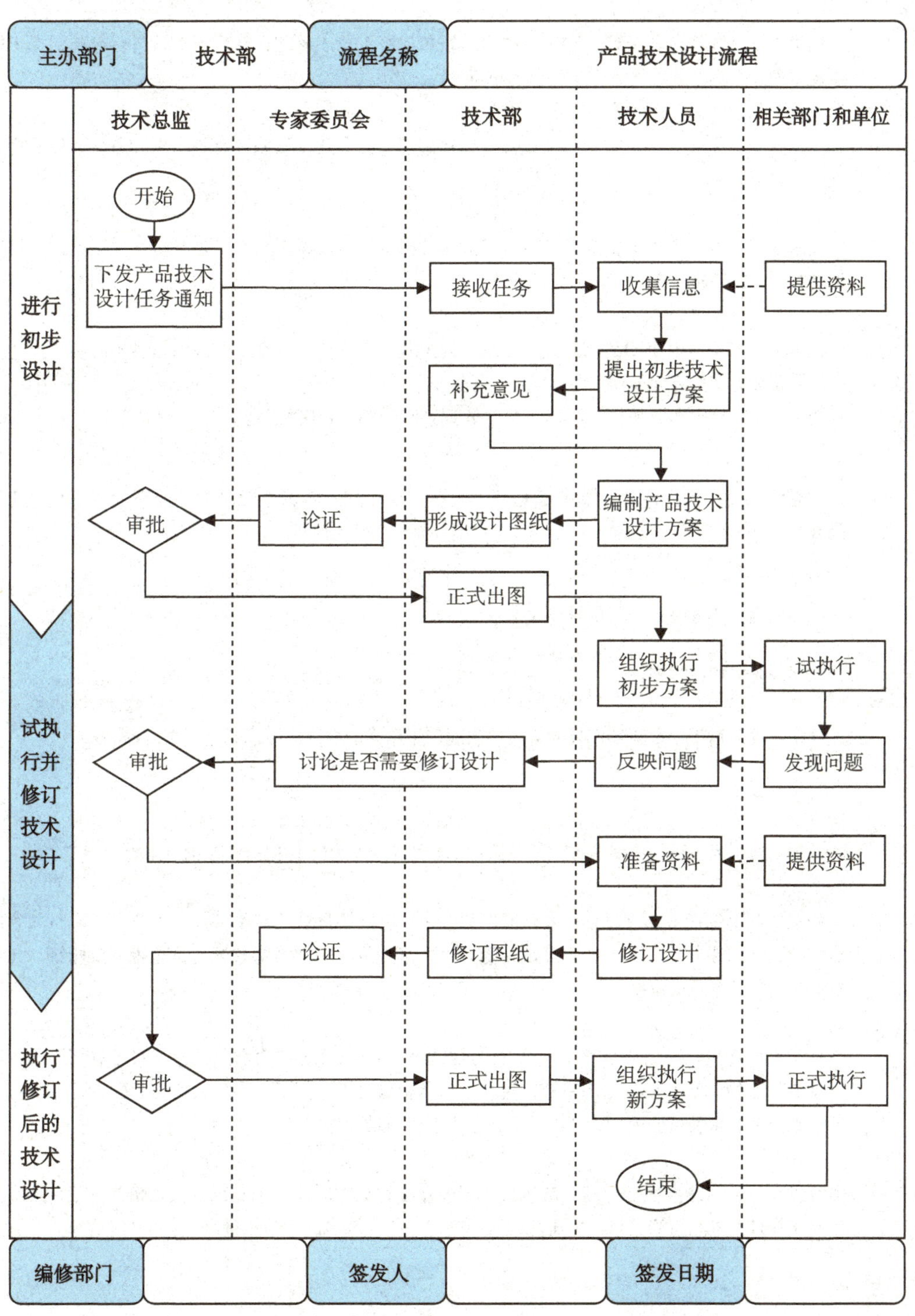

3.2.2.1 产品技术设计执行程序、工作标准、考核指标、执行规范

<table>
<tr><th>任务名称</th><th>执行程序、工作标准与考核指标</th></tr>
<tr><td rowspan="6">进行初步设计</td><td>执行程序</td></tr>
<tr><td>1. 提出初步技术设计方案
技术人员首先对各相关部门和单位提供的资料进行汇总、整理，然后再对其进行分析，提出初步技术设计方案，最后将其上交技术部审批。
2. 编制产品技术设计方案
技术人员根据技术部对初步技术设计方案提出的意见和建议编制产品技术设计方案，然后将其上交技术部。
3. 正式出图
技术部根据技术人员上交的设计方案形成设计图纸，然后将其上交专家委员会进行论证，最后提交技术总监审批，审批通过后正式出图。
工作重点
☆技术人员必须对收集到的信息进行鉴别，确定其真实性和合理性，避免因信息不准确导致初步技术设计方案的方向错误。
☆产品技术设计方案必须切实可行，不得违反企业技术设计相关规定。</td></tr>
<tr><td>工作标准</td></tr>
<tr><td>产品技术设计方案包括产品性能相关参数和重要指标、零部件明细表、批量生产组织方式等内容。</td></tr>
<tr><td>考核指标</td></tr>
<tr><td>☆方案编制完成准时率。其计算公式如下。
$方案编制完成准时率=\frac{实际编制周期}{计划编制周期}\times 100\%$
☆技术方案差错率：审查期内技术方案中出现严重错误的次数应控制在____次之内。</td></tr>
<tr><td rowspan="2">试执行并修订技术设计</td><td>执行程序</td></tr>
<tr><td>1. 组织执行初步方案
首先由技术人员根据技术部提供的正式出图组织相关生产单位执行初步的技术设计方案。
2. 反映问题
相关生产单位在试执行过程中发现问题后，及时将问题反馈给技术人员，由技术人员对问题进行汇总，并向领导和专家委员会反映，随后由专家委员会与技术部共同讨论是否需要修订，如需修订，则报技术总监审批。
3. 修订设计
技术人员首先根据相关生产单位提供的试执行资料和其他相关资料进行技术设计修订工作，然后将修订后的方案上报技术部审核，由技术部负责修订设计图纸，最后将修订后的设计方案和设计图纸交由专家委员会进行论证，并上报技术总监审批。
工作重点
专家委员会与技术部必须结合试执行过程中发生的实际问题及企业技术设计相关规定，正确判断技术设计方案是否需要修订，避免因判断失误而影响技术设计的执行。</td></tr>
</table>

（续）

任务名称	执行程序、工作标准与考核指标
试执行并修订技术设计	工作标准
	修订后的技术设计方案在执行过程中没有出现问题。
	考核指标
	技术问题反映及时性：在规定的时间内及时反映技术问题，目标值为____%。
执行修订后的技术设计	执行程序
	组织执行新方案 修订后的技术设计方案经技术总监审批通过后，首先由技术部组织出台正式的设计图纸，然后由技术人员组织生产单位执行新技术设计方案。 工作重点 企业应加强对新技术设计方案执行过程的监督。
	工作标准
	新技术设计方案得到全面、正确的落实。
执行规范	
“技术设计相关规定”“技术设计方案”“技术设计图纸”“新技术设计方案与图纸”。	

3.2.3 技术方案评价流程设计与工作执行

3.2.3.1 技术方案评价流程设计

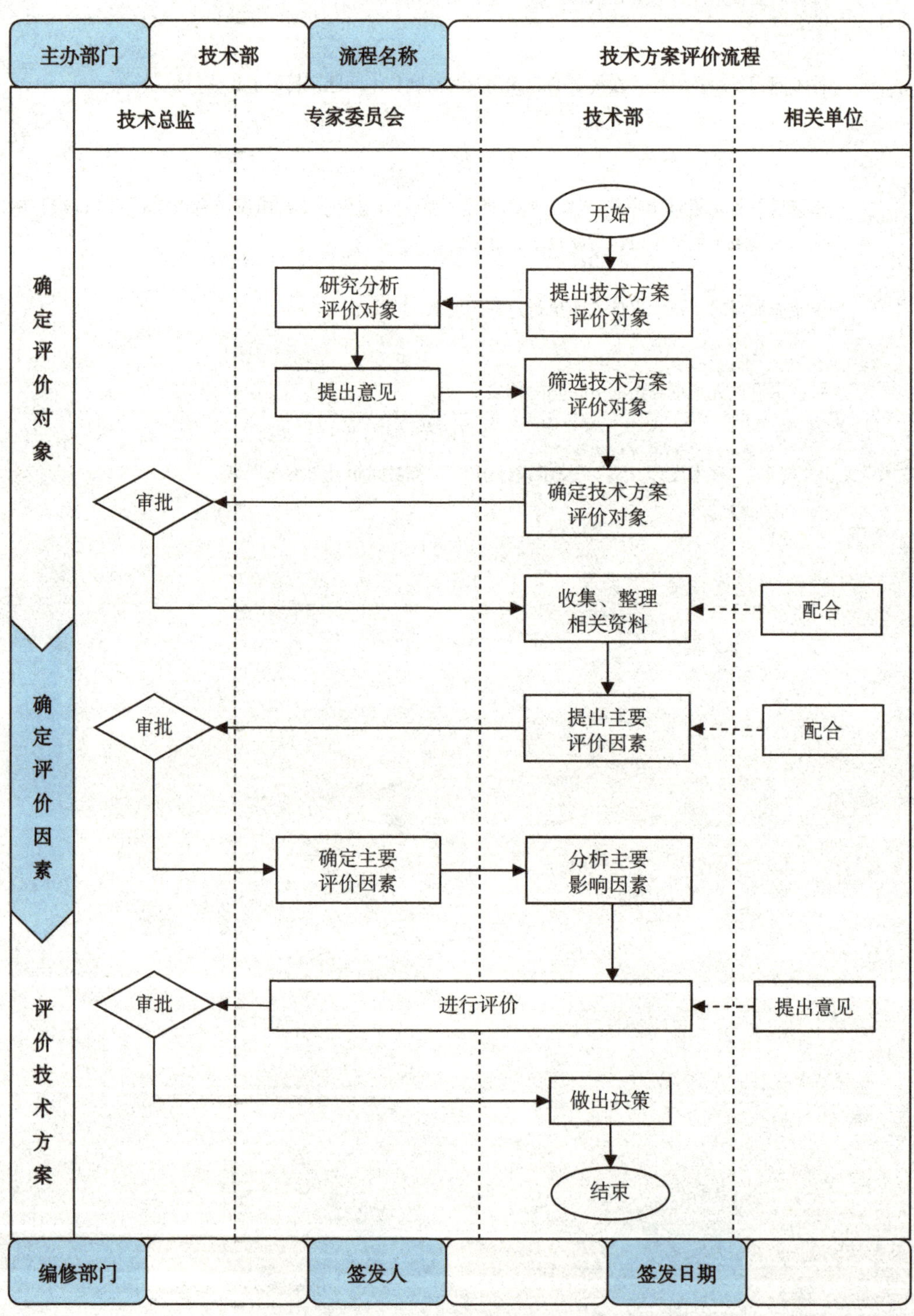

3.2.3.2 技术方案评价执行程序、工作标准、考核指标、执行规范

<table>
<tr><th>任务名称</th><th>执行程序与工作标准与考核指标</th></tr>
<tr><td rowspan="6">确定评价对象</td><td>执行程序</td></tr>
<tr><td>1. 提出技术方案评价对象
首先由技术部相关人员向专家委员会提出技术方案评价对象，然后由专家委员会对评价对象的评级必要性进行分析、研究，并说明自己的意见和建议。
2. 确定技术方案评价对象
技术部相关人员根据专家委员会的意见筛选并确定技术方案评价对象，随后将确定后的技术方案评价对象报技术总监审批。
工作重点
技术方案评价对象的确定须准确、及时，严格按照选择依据执行，避免因掺杂个人主观色彩而导致评价对象选择错误。</td></tr>
<tr><td>工作标准</td></tr>
<tr><td>技术方案评价对象的选择依据包括技术方案的重要性、使用的广泛性、技术方案实际的执行情况、是否是全新的技术方案等。</td></tr>
<tr><td>考核指标</td></tr>
<tr><td>技术方案评价对象确定准确率：目标值为____%。</td></tr>
<tr><td rowspan="6">确定评价因素</td><td>执行程序</td></tr>
<tr><td>1. 收集、整理相关资料
技术部相关人员在相关职能部门和生产单位的配合下收集、整理技术方案评价因素的相关资料。
2. 确定主要评价因素
技术部相关人员在相关职能部门和生产单位的配合下提出技术方案评价的主要因素，并将其上报技术总监进行审批，随后由专家委员会对技术方案评价因素进行确认。
工作重点
技术部相关人员必须对收集到的资料进行审核和鉴别，确定其真实性和合理性，避免因资料不准确而导致技术方案评价因素确定错误。</td></tr>
<tr><td>工作标准</td></tr>
<tr><td>收集到的资料要尽可能全面，主要包括技术方案的工艺指标可行性、劳动耗费、材料及电力的耗费、技术方案的经济收益等信息。</td></tr>
<tr><td>考核指标</td></tr>
<tr><td>☆技术方案评价资料提供及时率：在规定的时间内提交技术方案评价资料，目标值为____%。
☆技术方案评价因素准确率：目标值为____%。
☆技术方案评价因素的全面性：全面考虑技术方案的特征，尽可能多地选择相关评价因素，以全面评价技术方案。</td></tr>
</table>

（续）

<table>
<tr><th>任务名称</th><th>执行程序与工作标准与考核指标</th></tr>
<tr><td rowspan="4">评价技术方案</td><td>执行程序</td></tr>
<tr><td>1. 进行评价
技术部与专家委员会正式对技术方案进行评价，相关部门和生产单位负责在评价过程中提出意见，然后再将技术方案评价上报技术总监审批。
2. 做出决策
技术部相关人员根据技术方案评价结果对技术方案的执行做出相应的决策。
工作重点
对技术方案进行评价前应先制定评价标准，避免因出现个人主观评价而影响评价结果的公平性。</td></tr>
<tr><td>工作标准</td></tr>
<tr><td>☆确保技术方案评价结果公平、公正、客观。
☆技术方案评价主要包括所采用的技术水平的先进性、技术方案的经济性、选用材料的适用性等内容。</td></tr>
<tr><td colspan="2">执行规范</td></tr>
<tr><td colspan="2">“技术方案评价对象申请表”“技术方案评价对象确定通知”“技术方案评价操作标准”“技术方案评价登记表”“技术改进方案”。</td></tr>
</table>

3.2.4 工艺标准制定流程设计与工作执行

3.2.4.1 工艺标准制定流程设计

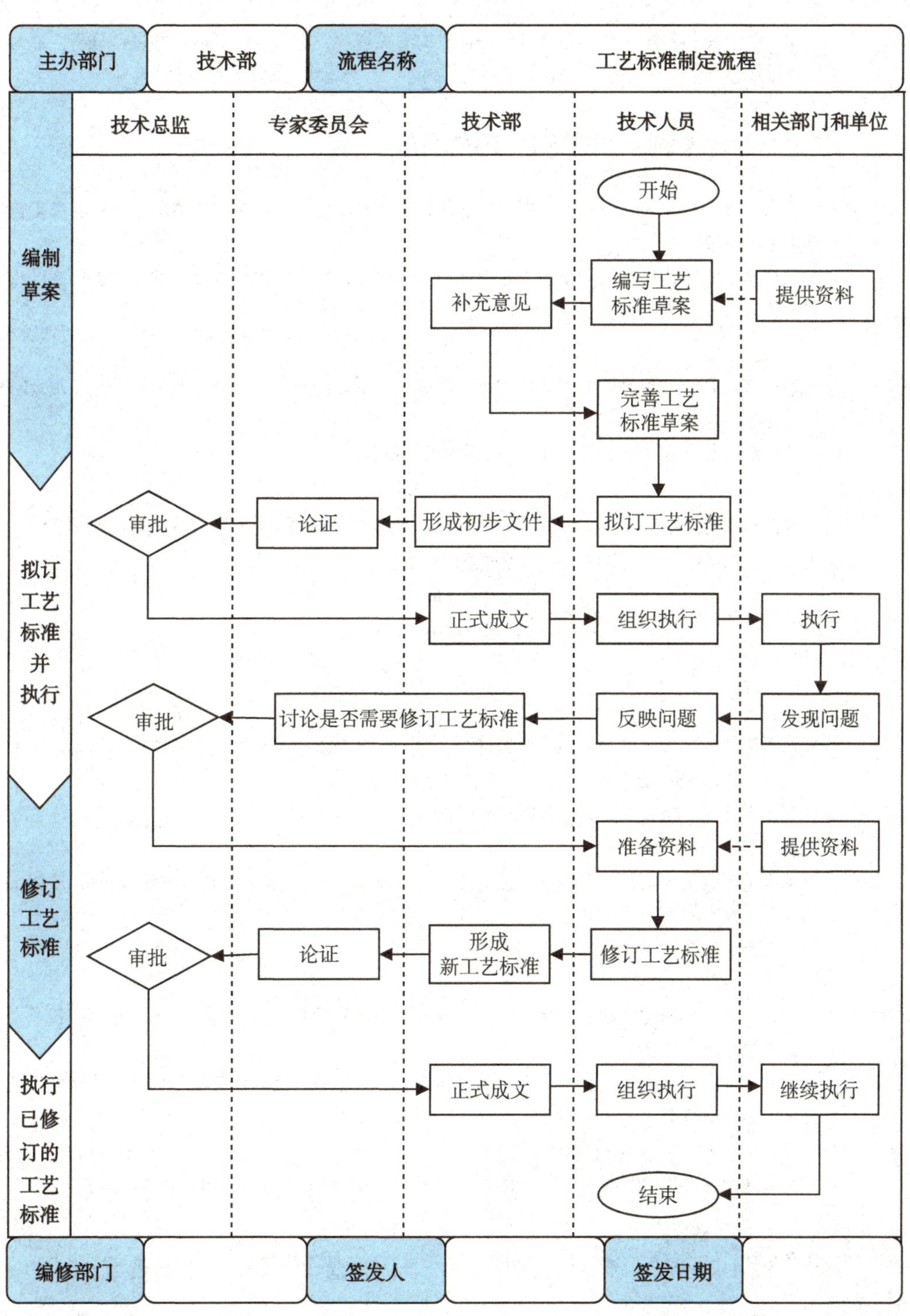

3.2.4.2 工艺标准制定执行程序、工作标准、考核指标、执行规范

任务名称	执行程序、工作标准与考核指标
编制草案	**执行程序**
	1. 编写工艺标准草案 技术人员收集相关职能部门和生产单位提供的有关资料，并对收集到的资料进行分析，编写工艺标准草案。 2. 完善工艺标准草案 技术人员根据领导的指导意见完善工艺标准草案。 工作重点 ☆加强对收集到的资料的审核和鉴别，确定其真实性和合理性，避免因资料不准确而导致工艺标准草案不合理。 ☆工艺标准草案的编写应以企业的工艺管理制度为依据，避免因出现与企业的工艺管理制度相违背的情况而导致最终制定的工艺标准与企业工艺目标脱节。
	工作标准
	☆工艺标准草案的内容包括产品的结构工艺性要求、零部件的要求标准、精度要求、加工方式要求等。 ☆工艺标准草案的编写应以企业的工艺管理制度为依据。
	考核指标
	☆工艺标准草案编写及时率：在规定的时间内完成工艺标准草案的编写，目标值为____%。 ☆工艺标准草案编写完成准时率。其计算公式如下。 $\text{工艺标准草案编写完成准时率}=\frac{\text{实际编写周期}}{\text{计划编写周期}}\times 100\%$
拟订工艺标准并执行	**执行程序**
	1. 拟订工艺标准 ☆技术人员根据完善的工艺标准草案拟订工艺标准，并上报技术部形成初步文件，然后由专家委员会对工艺标准进行讨论证，最后上交技术总监审批。 ☆经审批通过后，技术部将工艺标准正式成文。 2. 组织执行 ☆技术人员负责组织执行工艺标准，并将工艺标准发放到相应的部门负责人处，监督其按照工艺标准进行技术的开发及使用。 ☆相关生产单位按照下发的工艺标准执行。 3. 反映问题 ☆发现技术工艺方面的问题后，相关生产单位及时登记问题并向技术人员汇报，然后由技术人员汇总问题并向领导反映。 ☆技术部与专家委员会接到技术人员反映的问题后，讨论是否需要修订工艺标准，若需修订工艺标准，则上报技术总监审批。 工作重点 工艺标准的修订务必根据问题产生的次数、规模、影响程度、原因进行，严禁经验主义。
	工作标准
	工艺设计、生产过程严格按照工艺标准的规定进行且无重大纰漏。

（续）

任务名称	执行程序、工作标准与考核指标
修订工艺标准	**执行程序** 修订工艺标准 ☆技术人员根据讨论结果和相关部门提供的意见准备相关资料，然后根据所准备的资料修订工艺标准，并将修订后的工艺标准上报技术部形成新的工艺标准，最后由专家委员会对新工艺标准进行讨论和论证，并上交技术总监审批。 ☆经审批通过后，技术部将新工艺标准正式成文。 工作重点 技术人员必须及时修订工艺标准，以确保问题及时得到解决，尽可能降低时间成本和人工成本。
	工作标准
	企业必须严格按照编写规定编写新工艺标准，内容全面、无重大纰漏。
	考核指标
	工艺标准修订的及时率：在规定的时间内完成工艺标准的修订工作，目标值为____%。
执行已修订的工艺标准	**执行程序** 组织执行 ☆新技术工艺标准经审批通过后，技术部正式下发文件，然后由技术人员根据技术部下发的新工艺标准文件组织执行。 ☆相关生产单位执行新技术工艺标准。 工作重点 技术人员应贯彻执行新技术工艺标准。
	工作标准
	新技术标准得到全面落实。
执行规范	
“工艺管理制度”“工艺标准草案”“工艺标准执行办法”“工艺标准修订报告”“工艺标准草案”“新工艺标准”。	

3.2.5 生产工艺准备流程设计与工作执行

3.2.5.1 生产工艺准备流程设计

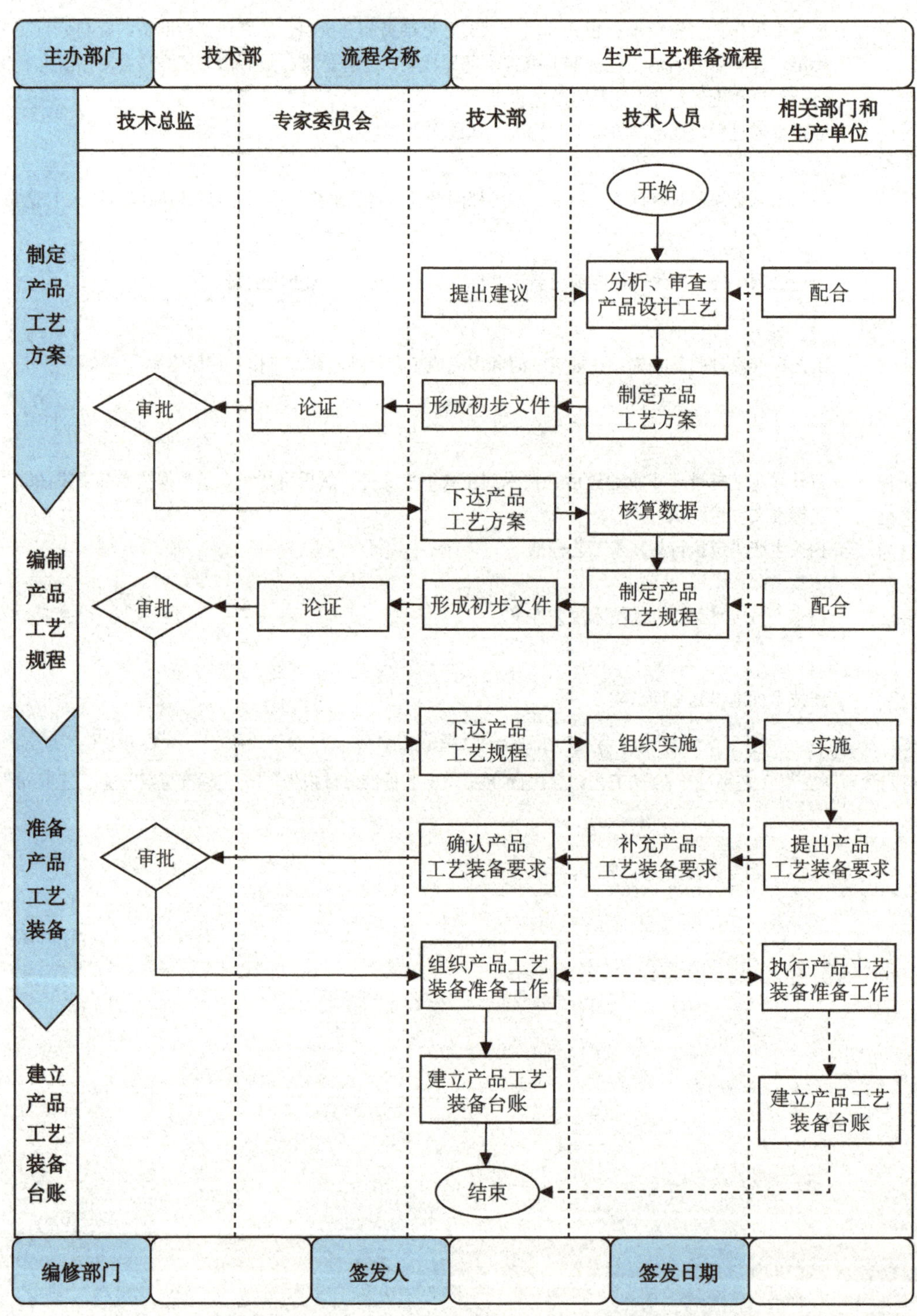

3.2.5.2 生产工艺准备执行程序、工作标准、考核指标、执行规范

<table>
<tr><th>任务名称</th><th>执行程序、工作标准与考核指标</th></tr>
<tr><td rowspan="6">制定产品工艺方案</td><td>执行程序</td></tr>
<tr><td>1. 分析、审查产品设计工艺
技术人员根据技术部提出的建议对产品设计工艺的合理性进行分析、审查，相关部门和生产单位予以配合。
2. 制定产品工艺方案
☆技术人员根据产品设计工艺分析结果制定产品工艺方案，并将其上报技术部形成初步文件。
☆专家委员会对产品工艺方案进行论证，并将其上交技术总监审批。
工作重点
☆产品设计工艺审查过程需严格按照审查流程进行，避免因遗落审查项目而导致审查结果不可靠。
☆产品设计工艺审查完成后，技术人员务必及时进行反馈，并给产品设计人员充分的反应时间。</td></tr>
<tr><td>工作标准</td></tr>
<tr><td>☆产品设计工艺审查主要是查其结构、功能、质量、安全、成本控制方面是否合理等。
☆产品工艺方案包括在试制和生产过程中所要达到的质量指标（如尺寸精度、外观要求、材质性能、使用寿命等）、明确的工艺路线、试制和生产所需要的劳动量、应达到的材料利用率，以及各类工艺的总原则等。
☆产品设计工艺的审查应在____个工作日内完成。</td></tr>
<tr><td>考核指标</td></tr>
<tr><td>产品工艺方案编制及时率：在规定的时间内完成产品工艺方案的编制工作，目标值为____%。</td></tr>
<tr><td rowspan="6">编制产品工艺规程</td><td>执行程序</td></tr>
<tr><td>1. 核算数据
技术部下达正式的产品工艺方案，然后由技术人员对工艺装备套数和产品专用零件的种类等数据进行核算。
2. 制定产品工艺规程
技术人员根据核算结果编制产品的工艺规程，并将其上报技术部形成初步文件，然后由专家委员会对工艺规程进行论证，最后将论证后的工艺规程上报技术总监审批。
工作重点
产品工艺规程必须具有规范性和可操作性，确保操作人员对各道工序的具体加工内容、切削用量、工时定额的理解准确无误，尽可能减少操作人员在实际执行过程中所遇到的程序性困难。</td></tr>
<tr><td>工作标准</td></tr>
<tr><td>☆产品工艺规程的制定工作应在____个工作日内完成。
☆产品工艺规程的内容包括零件加工的工艺路线，各道工序的具体加工内容、切削用量、工时定额及所采用的设备和工艺装备。</td></tr>
<tr><td>考核指标</td></tr>
<tr><td>☆数据核算的准确率：力争达到____%以上，确保所需要的工艺装备套数、零件数等数据准确无误。
☆产品工艺规程制定的及时性：在规定的时间内完成产品工艺规程的制定工作，目标值为____%。</td></tr>
</table>

（续）

<table>
<tr><th>任务名称</th><th>执行程序、工作标准与考核指标</th></tr>
<tr><td rowspan="6">准备产品工艺装备</td><td>执行程序</td></tr>
<tr><td>1. 组织实施
技术部正式下达产品工艺规程，并由技术人员组织相关生产单位按相关要求实施。
2. 补充产品工艺装备要求
相关生产单位在实施过程中提出产品工艺装备要求，由技术人员对装备要求进行确认补充，并上报技术部进行确认，最后上报技术总监进行审批。
3. 组织产品工艺装备准备工作
☆产品工艺装备要求经审批通过后，技术部组织进行产品工艺装备的准备工作。
☆相关生产单位具体负责产品工艺装备的准备工作，相关职能部门给予配合。
工作重点
产品工艺装备要求要注意全面性，以便为产品工艺装备的准备工作提供相应的准确参数，避免因出现遗漏而影响产品工艺装备设计工作的开展。</td></tr>
<tr><td>工作标准</td></tr>
<tr><td>产品工艺装备准备及时、全面、无差错。</td></tr>
<tr><td>考核指标</td></tr>
<tr><td>产品工艺装备要求相关资料收集的及时率：保持在____%以上。</td></tr>
<tr><td rowspan="4">建立产品工艺装备台账</td><td>执行程序</td></tr>
<tr><td>建立产品工艺装备台账
产品工艺装备准备完成后，技术部与相关生产单位共同建立产品工艺装备台账。
工作重点
☆产品工艺装备台账一定要如实填写，严禁弄虚作假，防止产品工艺装备散落和遗失时无据可查。
☆产品工艺装备台账须安排专人管理，以防止遗失。</td></tr>
<tr><td>工作标准</td></tr>
<tr><td>物物有账，账实相符。</td></tr>
<tr><td colspan="2">执行规范</td></tr>
<tr><td colspan="2">“技术工艺管理规定”“工艺设计图纸和方案”“产品工艺规程”“产品工艺方案”“新技术设计方案与图纸”“产品工艺装备要求”“工艺装备审批单”。</td></tr>
</table>

3.2.6　工艺装备设计流程设计与工作执行

3.2.6.1　工艺装备设计流程设计

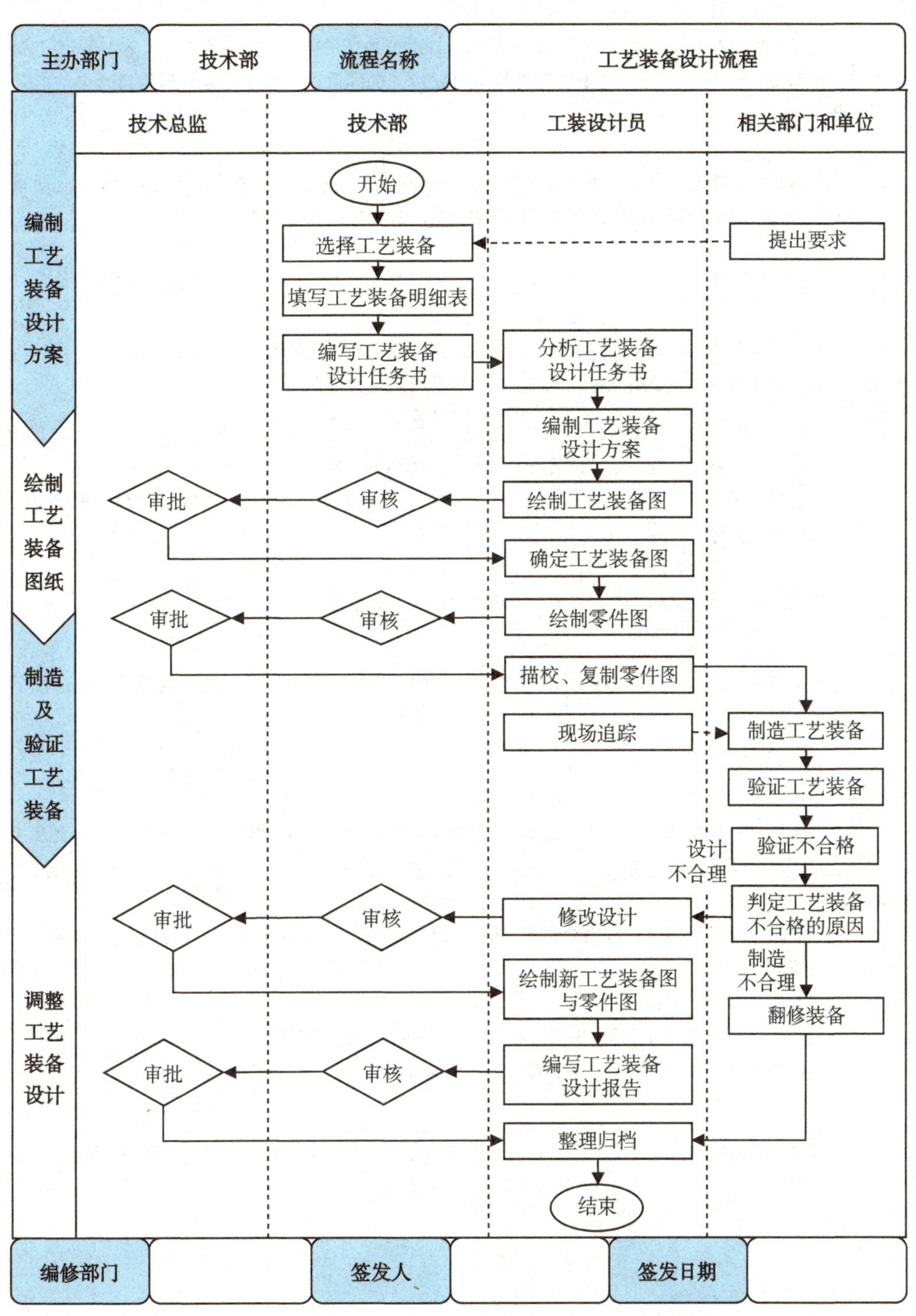

第3章　产品研发与工艺技术完善过程

3.2.6.2 工艺装备设计执行程序、工作标准、考核指标、执行规范

任务名称	执行程序、工作标准与考核指标
编制工艺装备设计方案	**执行程序** 1. 选择工艺装备 技术部根据相关生产单位的工艺装备需求，针对产品结构特点、精度要求、工艺工序分类情况、生产计划、组织形式与工艺条件等进行调研分析，然后根据工艺装备选择原则选择合适的工艺装备。 2. 分析工艺装备设计任务书 技术部负责填写工艺装备明细表，编写工艺装备设计任务书，工装设计员负责分析工艺装备设计任务书，明确任务目标、工艺设备的性能要求、各项考核指标、成本预算等。 3. 编制工艺装备设计方案 工装设计员根据工艺装备设计任务书、工艺规程等相关资料编制工艺装备设计方案。 工作重点 ☆工艺装备的选择务必在规定的时间内完成，确保不耽误工艺装备设计方案的编制。 ☆工艺装备设计方案的编制应以工艺装备设计执行规范为依据。 **工作标准** ☆工艺装备的选择标准包括工艺装备的高效性、通用性、典型性等。 ☆工艺装备设计方案的内容包括工艺装备结构示意图，主要原件，关于刚度、强度、精度及受力的分析计算等。 ☆工艺装备设计方案的编制应在____个工作日内完成。 ☆工艺装备设计方案的编制以工艺装备设计执行规范为依据。 **考核指标** 工艺装备设计方案编制及时率：在规定的时间内完成工艺装备设计方案的编制工作，目标值为____%。
绘制工艺装备图纸	**执行程序** 1. 绘制工艺装备图 工装设计员根据工艺装备设计方案绘制工艺装备图，然后由技术部对工艺装备设计方案及工艺装备图进行审核，审核通过后，上交技术总监审批，正式确定工艺装备图。 2. 绘制零件图 工装设计员根据零件明细表绘制零件图，并注明各部分的主要尺寸、公差配合、技术要求、运动位置等。 工作重点 ☆工艺装备图务必精确，确保图纸所示的产品尺寸、结构、比例准确无误。 ☆零件图种类须全面，以避免因所需材料不齐全而影响工艺装备设计的进程。 **工作标准** 零件图的绘制须达到正确、统一、完整、清晰及结构工艺性的要求，并符合设备原则。

（续）

<table>
<tr><th>任务名称</th><th>执行程序、工作标准与考核指标</th></tr>
<tr><td rowspan="4">制造及验证工艺装备</td><td>执行程序</td></tr>
<tr><td>1. 描校、复制零件图
工装设计员首先对工艺装备图与零件图进行描绘、校对，然后根据图纸使用需求量进行复制，最后发放给相应的生产部门。
2. 制造工艺装备
生产部门根据工艺装备图与零件图进行生产制造。
3. 验证工艺装备
☆工艺装备使用单位对装备进行验证，验证的同时生产人员严格按照工艺文件、工艺规程要求进行试生产。
☆若验证合格，则由验证人员填写工艺装备验证书，并在工艺装备图上加盖“验证合格”标记，以便进行管理；若验证不合格，验证人员也需填写工艺装备验证书，经会签后进行返修，并注明“翻修后验证”或“返修后不验证”字样。</td></tr>
<tr><td>工作标准</td></tr>
<tr><td>工艺装备一般在工艺工序中使用 1~3 次，产品零部件一般验证 1~5 件，以判断是否合格。</td></tr>
<tr><td rowspan="4">调整工艺装备设计</td><td>执行程序</td></tr>
<tr><td>1. 判定工艺装备不合格的原因
☆工艺装备使用单位对工艺装备不合格的原因进行判定，如设计不合理或制造不合理。
☆若是制造不合理，生产部根据工艺装备验证书中的意见对工艺装备进行翻修或复制。
☆若是设计不合理，工装设计员按照工装验证书中的修改内容和要求修改设计，并上报技术部审核、技术总监审批。
2. 绘制新工艺装备图与零件图
工装设计员根据技术总监的审批意见及修改方案进行底图的修改，然后将新工艺装备图与零件图发放给相关部门，并组织其执行。
3. 编写工艺装备设计报告
工装设计员首先根据工艺装备设计过程编写工艺装备设计报告，然后将其上报技术部审核、技术总监审批，最后对工艺装备设计文件、工装设计报告进行编号、归档管理。
工作重点
对工艺装备不合格的原因的判定须准确，避免因判定失误导致工艺装备设计的调整方向错误。</td></tr>
<tr><td>工作标准</td></tr>
<tr><td>工艺装备设计报告的具体内容包括工艺装备设计方案、实际执行过程、工艺装备设计方案修改部分、投入成本分析计算、工作人员考核情况等。</td></tr>
<tr><td colspan="2">执行规范</td></tr>
<tr><td colspan="2">“工艺装备设计任务书”“产品工艺规程”“工艺装备明细表”“工艺装备设计方案”“工艺装备结构示意图”“工艺装备图”“零件明细表”“工艺零件图”“工艺装备验证登记表”“工艺装备验证书”“工艺装备设计修改方案”“工艺装备设计修改图纸”“工艺装备设计报告”。</td></tr>
</table>

第4章 生产准备过程

4.1 生产物资控制

4.1.1 生产物资控制流程设计

4.1.1.1 流程设计的目的

生产物资控制就是对生产所用物料、物资进行管理，对生产物资控制流程进行设计的目的如图 4-1 所示。

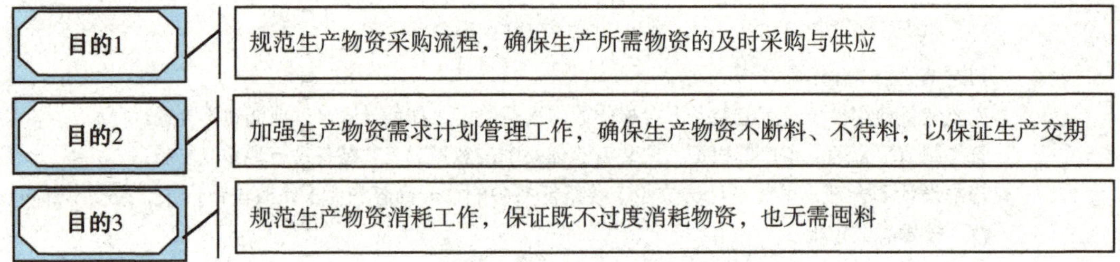

图 4-1 生产物资控制流程设计的目的

4.1.1.2 流程结构设计

企业流程设计人员可采用“供需—采购—消耗”的结构设计生产物资控制流程。生产物资控制流程结构如图 4-2 所示。

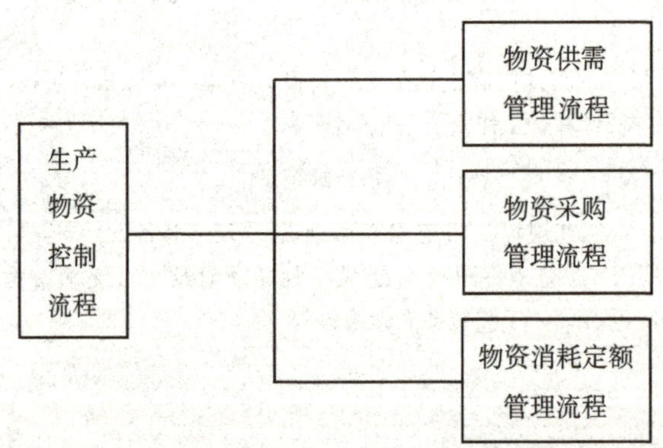

图 4-2 生产物资控制流程结构

4.1.2 物资供需管理流程设计与工作执行

4.1.2.1 物资供需管理流程设计

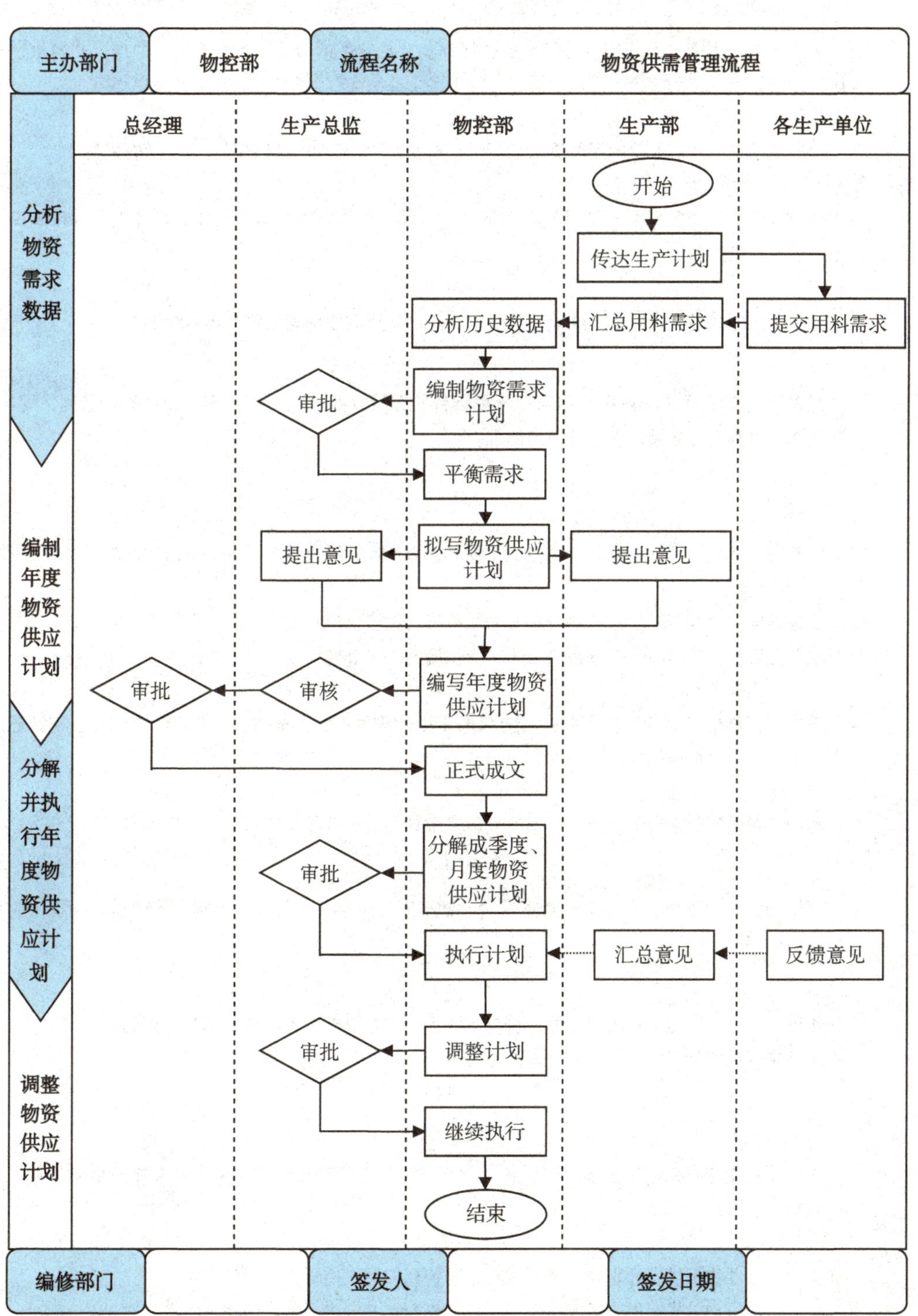

4.1.2.2 物资供需管理执行程序、工作标准、考核指标、执行规范

<table>
<tr><th>任务名称</th><th>执行程序、工作标准与考核指标</th></tr>
<tr><td rowspan="4">分析物资需求数据</td><td>执行程序</td></tr>
<tr><td>1. 提交用料要求
各生产单位根据生产部传达的年度生产任务及自身的生产情况计算生产用料数据，并向生产部提交用料需求。
2. 分析历史数据
物控部整理生产部汇总的用料需求数据，分析企业生产历史用料情况，并对两者进行比对。
3. 编制物资需求计划
物控部参照历史数据分析结果及生产部本年度的用料需求情况编制物资需求计划，并将其提交生产总监审批。
工作重点
物控部按照满足客户需求、降低生产成本、均衡生产的原则编制物资需求计划。</td></tr>
<tr><td>工作标准</td></tr>
<tr><td>根据物资需求计划及物料库存确定所需物料的数量，并按照一定标准（如种类、名称、规格、数量等）对其进行分类，说明其详细内容。</td></tr>
<tr><td rowspan="6">编制年度物资供应计划</td><td>执行程序</td></tr>
<tr><td>1. 平衡需求
物资需求计划经审批通过后，物控部按照年度生产计划综合平衡各生产单位的用料需求。
2. 拟写物资供应计划
☆物控部根据物资需求计划和综合平衡的结果拟写物资供应计划。
☆生产总监和生产部向物控部提出关于物资供应的意见和建议。
3. 编写年度物资供应计划
物控部根据生产总监、生产部提出的意见和建议编写年度物资供应计划，经生产总监审核通过后，将其报总经理审批。
工作重点
物控部对生产部提交的各生产单位的用料需求计划进行分析、研究，并进行综合平衡。</td></tr>
<tr><td>工作标准</td></tr>
<tr><td>年度物资供应计划主要包括物资需求量、初期库存量和末期储存量、物资采购量、物资供应计划的组织实施。</td></tr>
<tr><td>考核指标</td></tr>
<tr><td>☆年度物资供应计划编制的规范性：符合采购计划编制要求，各项内容完整、正确、无重大错漏。
☆年度物资供应计划的可行性：物资供应合理、可行、满足生产需要。</td></tr>
<tr><td rowspan="2">分解并执行年度物资供应计划</td><td>执行程序</td></tr>
<tr><td>1. 分解成季度、月度物资供应计划
年度物资供应计划经审批通过后，物控部将年度供应计划分解成季度、月度物资供应计划，并将其提交生产总监审批。
2. 执行计划
☆季度、月度物资供应计划经审批通过后，物控部按照供应计划执行物资供应工作。
☆各生产单位记录物资供应情况对生产工作的影响，并向生产部反馈相关信息和意见。</td></tr>
</table>

（续）

任务名称	执行程序、工作标准与考核指标
分解并执行年度物资供应计划	工作重点 分解年度物资供应计划时应有方法、有依据。
	工作标准
	年度物资供应计划分解合理且具有可行性，确保季度、月度物资供应计划能够满足季度、月度生产需要。
调整物资供应计划	执行程序
	1. 调整计划 物控部根据生产部提供的物资供应计划反馈意见调整物资供应计划，解决现有物资供应计划存在的问题，并将调整后的物资供应计划提交生产总监审批。 2. 继续执行 调整后的物资供应计划经审批通过后，物控部根据审批意见继续执行物资供应工作。 工作重点 物资供应计划的调整应及时。
	工作标准
	调整物资供应计划时应以企业的相关制度、生产计划和物资供应状况为依据。
执行规范	
“物资需求计划”“企业计划管理制度”。	

4.1.3 物资采购管理流程设计与工作执行

4.1.3.1 物资采购管理流程设计

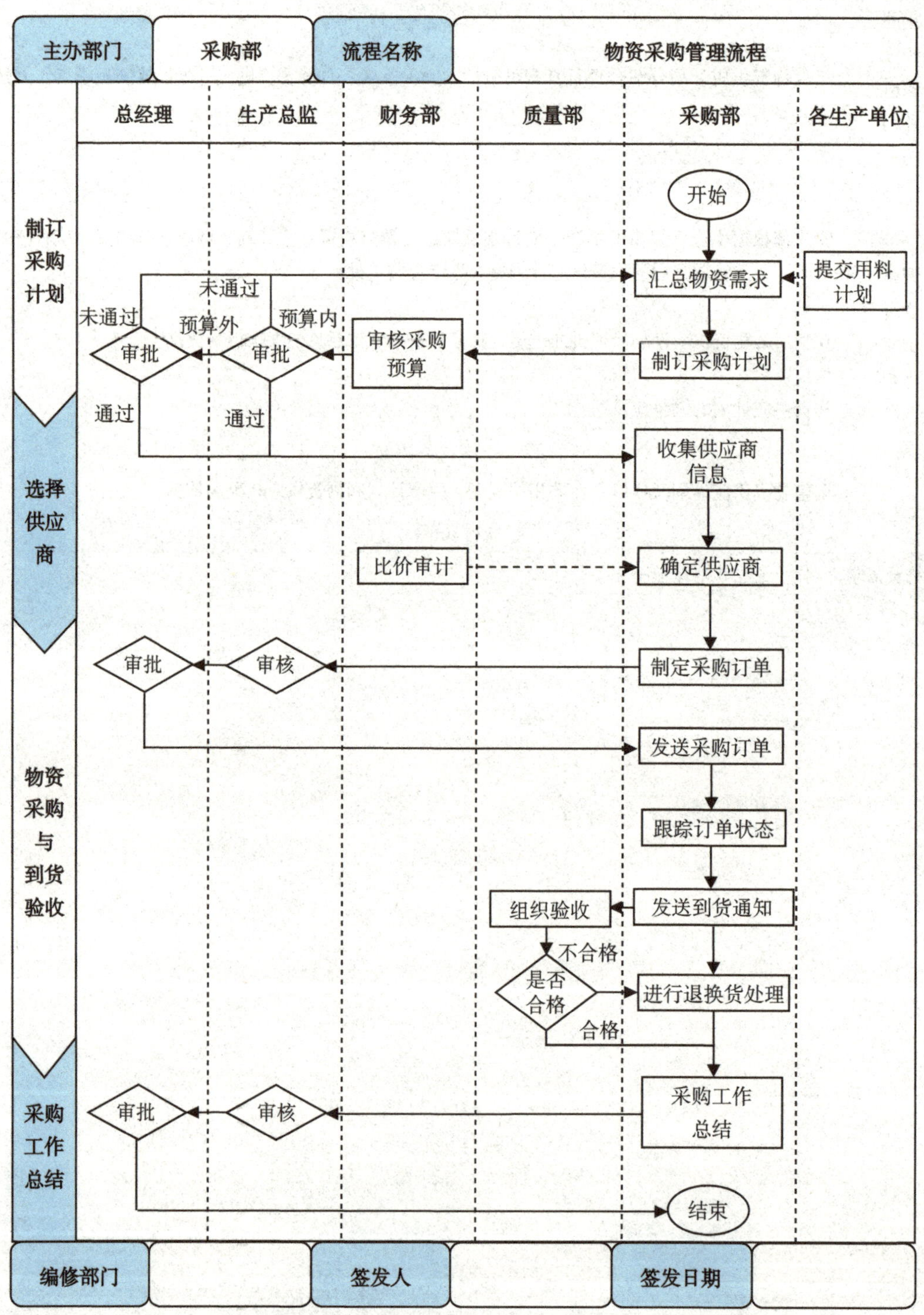

4.1.3.2 物资采购管理执行程序、工作标准、考核指标、执行规范

任务名称	执行程序、工作标准与考核指标
制订采购计划	执行程序
	1. 汇总物资需求 ☆各生产单位根据自身的生产计划和任务要求计算物资需求，并向采购部提交用料计划。 ☆采购部汇总各生产单位提交的用料计划，整理总体物资需求数据。 2. 制订采购计划 采购部根据物资需求情况制订采购计划，并提交财务部审核预算情况。 3. 审核采购预算 ☆财务部审核采购计划的预算，随后按预算情况报生产总监、总经理审批：属于预算内的采购报生产总监审批；属于预算外的采购报总经理审批。 ☆若采购计划经审批不通过，则退回采购部进行调整、修改。 工作重点 提供物资需求时应注意品种、把控数量、严格遵守质量要求。
	工作标准
	采购部相关人员根据物资需求、库存数量、采购数据等相关资料制订采购计划。
	考核指标
	☆物资需求计算的准确率：目标值为____%。 ☆采购计划制订的规范性：按相关要求制订采购计划，各项内容完整，无重大错漏。
选择供应商	执行程序
	1. 收集供应商信息 采购计划经审批通过后，采购部查找企业现有的供应商信息数据库，同时收集市场上优质供应商的信息。 2. 确定供应商 ☆采购部从企业现有和市场两大渠道中挑选供应商，经过多方面的综合评审后确定供应商。 ☆财务部审计专员配合采购部对各供应商进行比价评审，挑选优质供应商。 工作重点 若是新的物资需求，采购部还应做市场调研。
	工作标准
	评审过程应符合采购评审规章制度，做到公开、公正、公平。
物资采购与到货验收	执行程序
	1. 制定采购订单 确定供应商后，采购部根据采购计划制定采购订单，并将其提交生产总监审核、总经理审批。 2. 跟踪订单状态 采购部采购人员定期跟踪采购订单的执行状态，掌握供应商的物资生产进度，解决订单的异常情况。 3. 发送到货通知 供应商按照采购合同的要求交送物资，采购部整理物资到货情况，并向质量部发送到货通知。 4. 组织验收 质量部根据采购计划中的质量要求组织相关人员对到货物资进行质量验收。

（续）

<table>
<tr><th>任务名称</th><th>执行程序、工作标准与考核指标</th></tr>
<tr><td rowspan="3">物资采购与到货验收</td><td>5. 进行退换货处理
对质量验收不合格的到货物资，采购部按采购合同的规定联系供应商进行退换货处理。
工作重点
物资到达时，采购部采购人员应办理相应的验收手续，配合质量管理人员对采购的物资进行验收。</td></tr>
<tr><td>工作标准</td></tr>
<tr><td>根据所需采购的物资的品名、规格、价格、数量等制定采购订单。</td></tr>
<tr><td rowspan="4">采购工作总结</td><td>执行程序</td></tr>
<tr><td>采购工作总结
物资验收入库工作完成后，采购部对物资采购工作进行总结，编写采购工作总结报告，并将其提交生产总监审核、总经理审批。
工作重点
对供应商的违约行为，采购部应按物资采购合同中的相关规定追究其违约责任，并及时采取补救措施。</td></tr>
<tr><td>工作标准</td></tr>
<tr><td>采购部根据实际情况进行采购总结，总结中应有提炼、有反思。</td></tr>
<tr><th colspan="2">执行规范</th></tr>
<tr><td colspan="2">“生产用物资计划表”“物资需求汇总表”。</td></tr>
</table>

4.1.4 物资消耗定额管理流程设计与工作执行

4.1.4.1 物资消耗定额管理流程设计

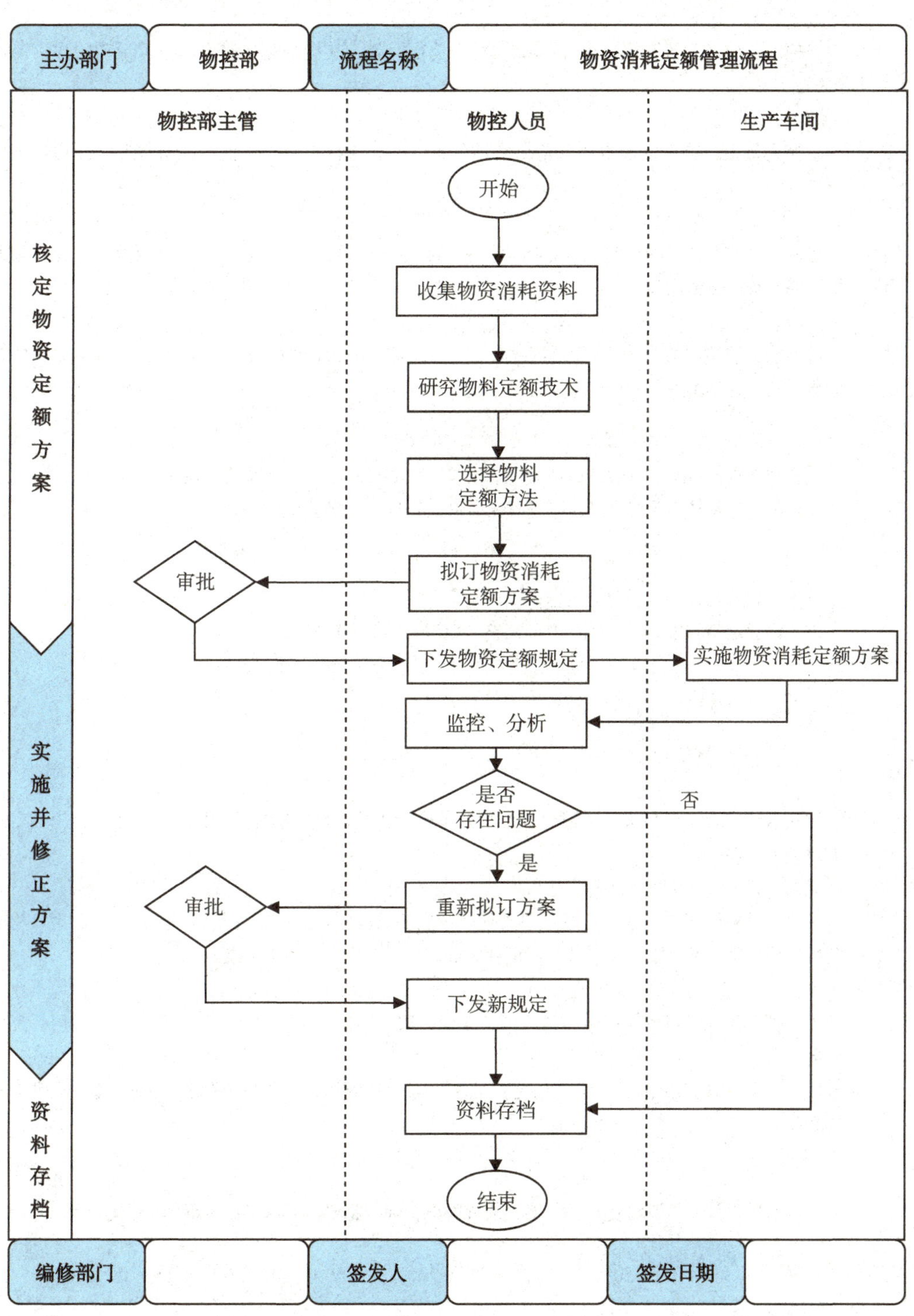

4.1.4.2 物资消耗定额管理执行程序、工作标准、考核指标、执行规范

任务名称	执行程序、工作标准与考核指标
核定物资定额方案	执行程序
	1. 收集物资消耗资料 物控人员收集生产车间日常工作中的物资消耗资料，掌握企业当前生产经营活动的物资消耗数据。 2. 选择物料定额方法 物控人员根据物料定额方法分析研究结果，以及企业特点和实际生产经营情况选择物料定额方法。 3. 拟订物资消耗定额方案 物控人员按照选定的物料定额方法计算确定各生产车间的物资消耗定额，拟订物资消耗定额方案，并将其提交物控部主管审批。 工作重点 对不能直接控制的物耗，要加强管理，明确相关责任人的责任，以保证物资消耗定额方案的有效执行。
	工作标准
	☆物资消耗资料科学、有效，数据全面、准确，能够反映出企业当前的物耗水平。 ☆物料消耗定额技术主要包括技术计算法、属实查定法、经验统计法。
	考核指标
	☆方案拟订及时率：目标值为____%。 ☆物资消耗定额方案的规范性：内容完整、合理、无重大错漏。
实施并修正方案	执行程序
	1. 实施物资消耗定额方案 生产车间按照相关规定实施物资消耗定额方案。 2. 监控、分析 物控人员监督生产车间的物资消耗定额方案执行情况，收集相关生产数据，分析物资消耗定额方案的科学性与合理性。 3. 重新拟订方案 在物资消耗定额方案的执行过程中发现问题或缺陷后，物控人员研究解决措施，重新拟订物资消耗定额方案，并将重新拟订的物资消耗定额方案提交物控部主管审批。 工作重点 ☆生产部在签发领料单时应遵循物资消耗定额方案，即根据当日生产计划领用符合物资消耗定额的物资。 ☆生产车间必须严格执行物资消耗定额方案，以为物资消耗定额方案执行效果的考核提供准确数据。
	工作标准
	确保重新拟订的物资消耗定额方案较前方案更合理、物资消耗水平更接近理论工艺水平。

（续）

任务名称	执行程序、工作标准与考核指标
资料存档	执行程序
	资料存档 物控人员整理物资消耗定额管理过程中的文件和资料，并对重要材料进行归档保存，以备查询。 工作重点 资料存档过程中需注意资料的保密性。
	工作标准
	资料存档时需设置台账，确保资料清晰、可查。
执行规范	
“物资消耗数据”“物资消耗定额方案”。	

4.2 生产设备管理

4.2.1 生产设备管理流程设计

4.2.1.1 流程设计的目的

企业进行生产设备管理流程设计的目的如下。

（1）规范生产设备和工具的管理工作，使生产设备保持良好的技术状态。

（2）规范生产设备的使用管理工作，保证生产设备安全、高效运行，最大化地发挥生产设备的效能。

（3）规范生产设备的维护、保养、维修工作，确保生产设备正常运行，维护并改善生产设备的工作性能，延长其使用寿命。

（4）规范生产设备的更新、改造、报废等工作，提高企业的生产效率和技术工艺，提升企业在行业内的技术领先地位。

4.2.1.2 流程结构设计

企业流程设计人员可采取总分式结构对生产设备管理流程进行设计，即先给出生产设备管理的总流程，然后针对设备管理过程中的单独事件一一设计流程，其具体结构如图 4-3 所示。

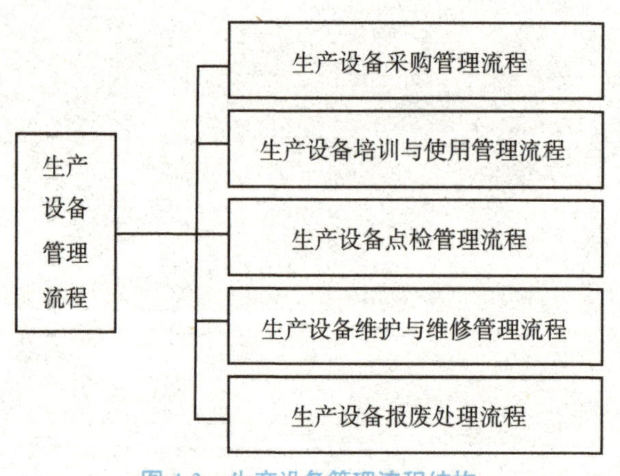

图 4-3 生产设备管理流程结构

4.2.2 生产设备采购管理流程设计与工作执行

4.2.2.1 生产设备采购管理流程设计

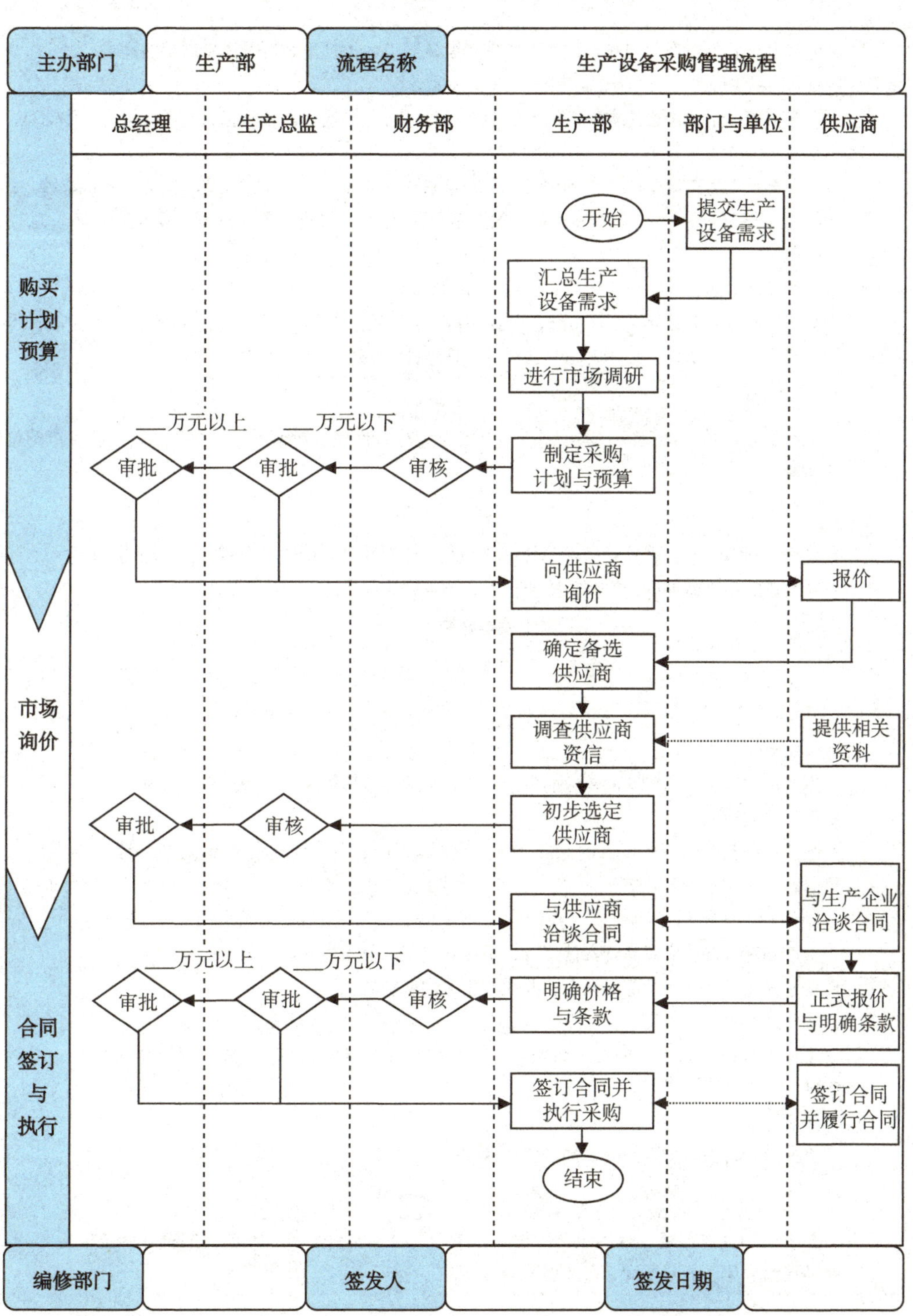

第4章 生产准备过程

4.2.2.2 生产设备采购管理执行程序、工作标准、考核指标、执行规范

<table>
<tr><th>任务名称</th><th>执行程序、工作标准与考核指标</th></tr>
<tr><td rowspan="6">购买计划预算</td><td>执行程序</td></tr>
<tr><td>1. 汇总生产设备需求
生产部汇总各生产部门和单位提交的生产设备需求，整理出企业总体生产设备需求。
2. 进行市场调研
生产部根据生产设备需求对市场上的生产设备进行市场调研，收集相关生产设备的具体信息。
3. 制定采购计划与预算
☆生产部根据生产设备需求市场调研结果制定采购计划和费用预算，并将其提交财务部审核。
☆经财务部审核通过后，按预算审批的规定将采购计划和费用预算分别提交生产总监、总经理审批。
工作重点
生产部对生产设备需求进行分析，确认需要采购的生产设备，包括生产设备的技术性能、可靠性、安全性、维修性、使用寿命、能耗、环保性能、灵活性等各方面的情况。</td></tr>
<tr><td>工作标准</td></tr>
<tr><td>生产部制订的生产设备采购计划应包括设备型号、价格、数量、付款方式，以及设备拟到位的日期等内容。</td></tr>
<tr><td>考核指标</td></tr>
<tr><td>☆采购计划编制的合理性：确保销售计划、生产计划具有可行性，并能够预见问题。
☆采购成本预算差异率：目标值为非负。其计算公式如下。
$$采购成本预算差异率=1-\frac{实际采购成本费用}{预算采购成本费用}\times 100\%$$</td></tr>
<tr><td rowspan="4">市场询价</td><td>执行程序</td></tr>
<tr><td>1. 向供应商询价
生产部向市场各个渠道的供应商展开询价，了解企业所需生产设备的行业价格。
2. 确定备选供应商
生产部根据各供应商提供的价格，综合考虑其生产能力、管理能力等多方面因素，确定备选供应商。
3. 调查供应商资信
☆生产部对备选供应商展开资信调查，了解其资质、信用情况。
☆备选供应商配合生产部的调查，并提供相关的资料和证明。
4. 初步选定供应商
生产部根据对备选供应商的调查、评估结果初步选定供应商，并提交生产总监审核、总经理审批。
工作重点
生产部对备选供应商展开详细的资信调查。</td></tr>
<tr><td>工作标准</td></tr>
<tr><td>明确市场询价渠道，具体包括各种采购指南、行业协会、行业或政府的统计调查报告和刊物、新闻传播媒体、公开征询、行业展览会等。</td></tr>
</table>

（续）

<table>
<tr><th>任务名称</th><th>执行程序、工作标准与考核指标</th></tr>
<tr><td rowspan="6">合同签订与执行</td><td>执行程序</td></tr>
<tr><td>1. 与供应商洽谈合同
生产部就企业的生产设备需求与选定的供应商洽谈合同。
2. 明确价格与条款
☆生产部与供应商进行沟通，明确正式报价和具体的合同条款，并将双方协商一致的报价提交财务部审核。
☆财务部审核正式报价后，按规定的金额权限分别提交生产总监、总经理审批。
3. 签订合同并执行采购
☆合同条款经审批通过后，生产部代表企业与供应商签订合同。
☆签订合同后，生产部按规定执行采购。
工作重点
生产部对供应商的合同执行情况进行检查、监督。</td></tr>
<tr><td>工作标准</td></tr>
<tr><td>生产部与供应商明确合同条款，如采购价格、运输方式、时限等。</td></tr>
<tr><td>考核指标</td></tr>
<tr><td>采购订单按时完成率：目标值为____%。</td></tr>
<tr><td colspan="2">执行规范</td></tr>
<tr><td colspan="2">“生产设备采购管理制度”“生产设备报告”。</td></tr>
</table>

4.2.3 生产设备培训与使用管理流程设计与工作执行

4.2.3.1 生产设备培训与使用管理流程设计

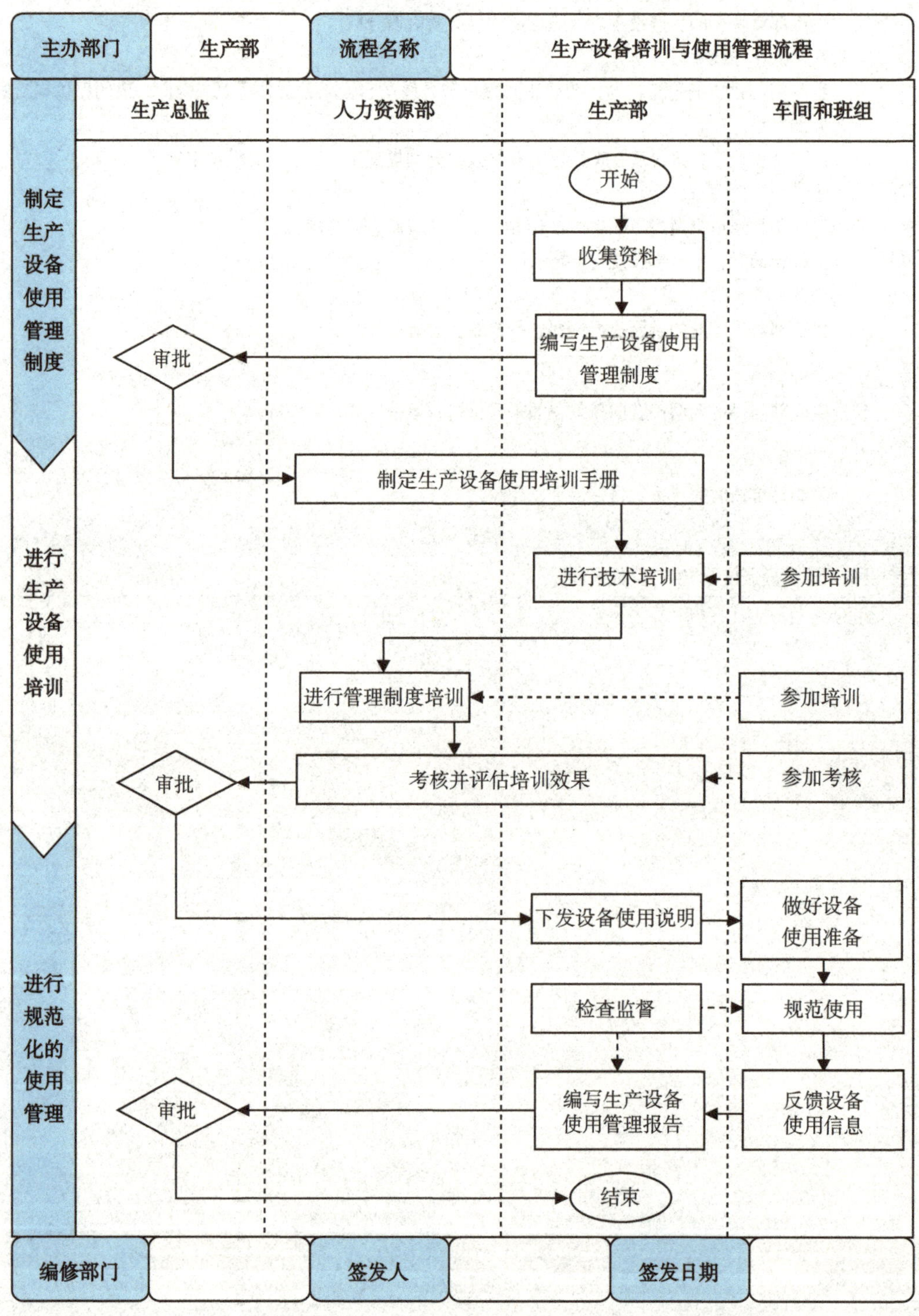

4.2.3.2 生产设备培训与使用管理执行程序、工作标准、考核指标、执行规范

<table>
<tr><th>任务名称</th><th>执行程序、工作标准与考核指标</th></tr>
<tr><td rowspan="6">制定生产设备使用管理制度</td><td>执行程序</td></tr>
<tr><td>1. 收集资料
生产部收集、整理生产设备的使用资料和数据，研究分析生产设备的使用方法。
2. 编写生产设备使用管理制度
生产部根据企业生产设备管理要求及实际生产情况编写生产设备使用管理制度，并将其提交生产总监审批。
工作重点
生产部全面收集行业内其他企业的生产设备使用经验，综合分析并找出最优的设备使用方式。</td></tr>
<tr><td>工作标准</td></tr>
<tr><td>在生产设备使用管理制度编写完成后的 ____ 个工作日内将其提交审批。</td></tr>
<tr><td>考核指标</td></tr>
<tr><td>生产设备使用管理制度首次审批通过率。其计算公式如下。
$$生产设备使用管理制度首次审批通过率=\frac{首次审批通过的方案数}{审批方案总数}\times 100\%$$</td></tr>
<tr><td rowspan="6">进行生产设备使用培训</td><td>执行程序</td></tr>
<tr><td>1. 制定生产设备使用培训手册
生产部联合人力资源部共同协商生产设备的使用要求和管理要求，并制定生产设备使用培训手册。
2. 进行技术培训
☆生产部针对设备的使用技术要求对车间和班组的相关人员进行技术培训。
☆车间和班组的相关人员参加技术培训并完成学习任务。
3. 进行管理制度培训
☆人力资源部根据生产设备使用管理制度对车间和班组的基层管理人员进行管理制度培训。
☆车间和班组的基层管理人员参加管理制度培训。
4. 考核并评估培训效果
☆生产部与人力资源部对生产设备培训的效果进行考核、评估，并编制培训结果报告，随后将其提交生产总监审批。
☆车间和班组人员参加技术和管理制度培训考核。
工作重点
生产设备使用培训手册必须由生产部和人力资源部共同讨论编写，以确保设备使用培训的正确和安全。</td></tr>
<tr><td>工作标准</td></tr>
<tr><td>☆生产设备使用培训手册应包括技术指导培训和制度管理培训两个方面的内容。
☆参加培训的车间和班组人员的考核通过率在 ____% 以上。</td></tr>
<tr><td>考核指标</td></tr>
<tr><td>☆生产设备使用培训手册完备率。
$$生产设备使用培训手册完备率=\frac{培训手册包含的培训项目数}{培训项目总数}\times 100\%$$</td></tr>
</table>

第4章 生产准备过程

（续）

<table>
<tr><th>任务名称</th><th>执行程序、工作标准与考核指标</th></tr>
<tr><td>进行生产设备使用培训</td><td>☆培训考核合格率。
$$培训考核合格率=\frac{考核合格的人数}{培训员工总数}\times 100\%$$</td></tr>
<tr><td rowspan="6">进行规范化的使用管理</td><td>执行程序</td></tr>
<tr><td>1. 做好设备使用准备
车间和班组按照设备使用说明对生产设备做正式开机使用前的测试和预热，了解设备的硬件和软件情况。
2. 规范使用
☆车间和班组根据设备使用培训相关内容和设备使用说明规范化地使用生产设备，执行生产任务。
☆生产部对车间和班组的生产设备使用情况进行指导、监督和检查。
3. 编写生产设备使用管理报告
生产部整理车间和班组反馈的生产设备使用情况，并据此编写生产设备使用管理报告，随后将其提交生产总监审批。
工作重点
车间和班组务必严格按照生产设备使用说明进行规范化的生产，遇到问题时及时向生产部求助。</td></tr>
<tr><td>工作标准</td></tr>
<tr><td>☆车间和班组的日常生产操作的规范化程度在____%以上。
☆在生产设备使用管理报告编写完成后的____天内将其提交审批。</td></tr>
<tr><td>考核指标</td></tr>
<tr><td>☆生产设备管理使用报告首次审批合格率。
$$生产设备管理使用报告首次审批合格率=\frac{首次审批通过的报告数}{审批报告总数}\times 100\%$$
☆规范化生产操作合格率。
$$规范化生产操作合格率=\frac{合格的生产操作数}{生产操作总数}\times 100\%$$</td></tr>
<tr><td colspan="2">执行规范</td></tr>
<tr><td colspan="2">“生产设备使用管理制度”“生产设备使用培训手册”“企业规范化生产规定”“生产设备使用管理报告”。</td></tr>
</table>

4.2.4 生产设备点检管理流程设计与工作执行

4.2.4.1 生产设备点检管理流程设计

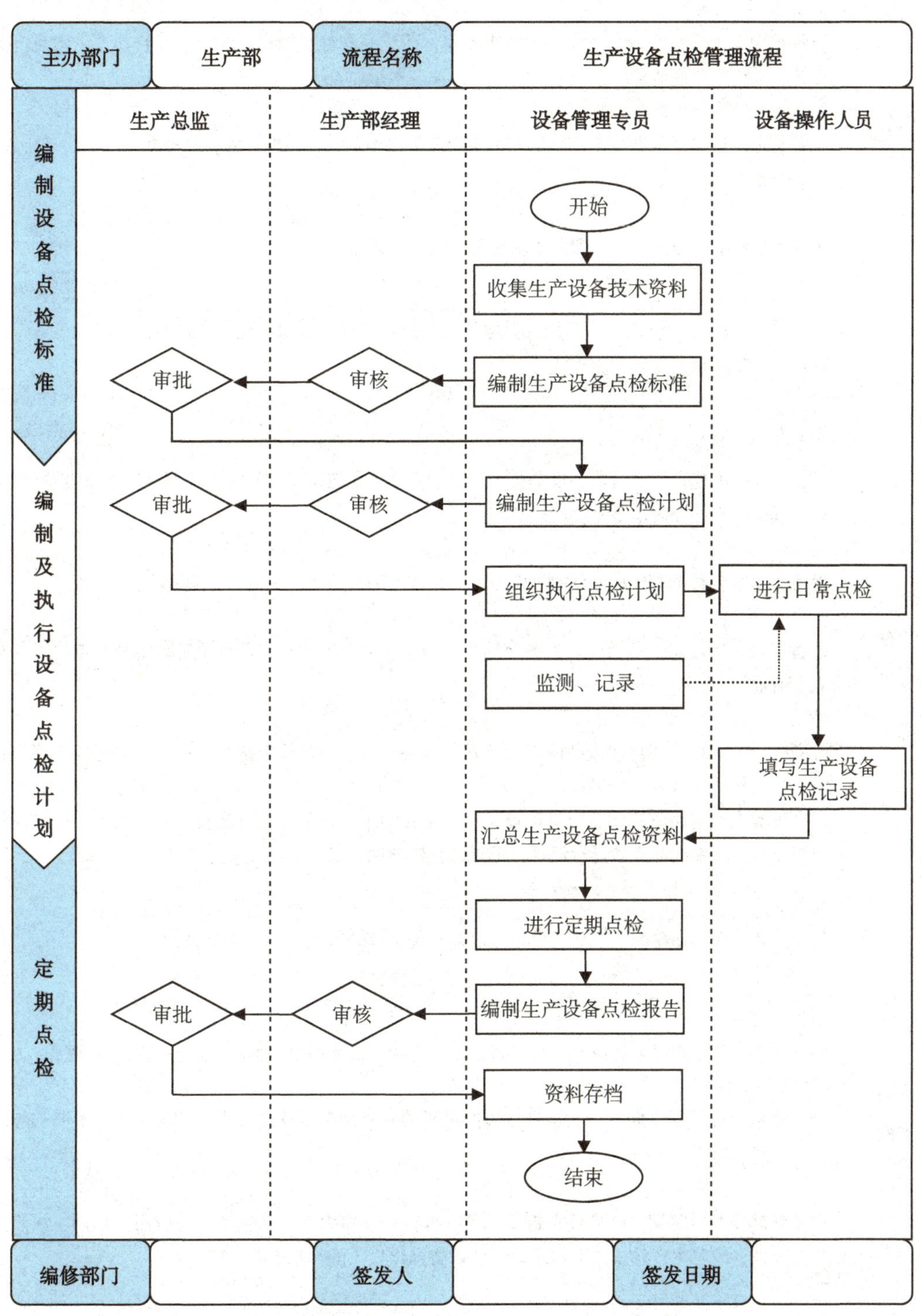

4.2.4.2 生产设备点检管理执行程序、工作标准、考核指标、执行规范

<table>
<tr><th>任务名称</th><th>执行程序、工作标准与考核指标</th></tr>
<tr><td rowspan="4">编制设备点检标准</td><td>执行程序</td></tr>
<tr><td>1. 收集生产设备技术资料
设备管理专员收集企业生产设备的技术资料，研究并掌握生产设备的历史运行状态、常见问题及其解决措施等关键信息。
2. 编制生产设备点检标准
设备管理专员根据生产设备资料研究结果编制生产设备点检标准，并将其提交生产部经理审核、生产总监审批。
工作重点
确保点检标准内容无缺失，即所要求的内容均一一俱全。</td></tr>
<tr><td>工作标准</td></tr>
<tr><td>生产设备点检标准包括点检部位、点检项目、点检内容、点检周期、点检方法、点检工具、日常点检与定期点检的人员分工等内容。</td></tr>
<tr><td rowspan="4">编制及执行设备点检计划</td><td>执行程序</td></tr>
<tr><td>1. 编制生产设备点检计划
设备点检标准经审批通过后，设备管理专员根据企业生产设备实际情况编制生产设备点检计划，并将其提交生产部经理审核、生产总监审批。
2. 监测、记录
设备管理专员对设备操作人员的日常点检工作进行随机监测，并记录监测情况。
3. 汇总生产设备点检资料
设备管理专员汇总设备操作人员提交的日常点检数据资料，经整理分析后确定日常点检工作是否真实有效。
工作重点
☆设备操作人员应按照生产设备的点检要求、点检计划及点检标准按时、高质量地完成生产设备的点检工作，并认真做好记录。
☆设备管理专员应不定时地检查生产设备，对重要的生产设备应进行重复点检，确保生产设备的平稳运行，并在巡视完后进行记录。记录内容应准确，以真实反应检查情况。</td></tr>
<tr><td>工作标准</td></tr>
<tr><td>日常点检工作包括点检、修理、调整、清扫、排水等项目。</td></tr>
<tr><td rowspan="2">定期点检</td><td>执行程序</td></tr>
<tr><td>1. 进行定期点检
设备管理专员定期对生产设备进行点检，以掌握生产设备的运行情况，发现潜在的问题和威胁。
2. 编制生产设备点检报告
设备管理专员根据定期点检和日常点检的情况编制生产设备点检报告，并将其提交生产部经理审核、生产总监审批。
工作重点
设备管理专员应定期对生产设备进行点检，具体的点检内容包括生产设备费用的掌握、故障的分析与处理、改善生产设备故障的研讨、与设备操作人员的沟通等。</td></tr>
</table>

（续）

任务名称	执行程序、工作标准与考核指标
定期点检	工作标准 ☆以点检工作开展效果、生产设备运行故障率、设备操作人员满意度评分等指标为评价标准。 ☆设备管理专员编制生产设备点检报告，包括日常点检和定期点检实际执行情况、需改进的问题和方案、点检人员考核情况等内容。
执行规范	
“生产设备点检标准”“生产设备点检计划书”	

4.2.5 生产设备维护与维修管理流程设计与工作执行

4.2.5.1 生产设备维护与维修管理流程设计

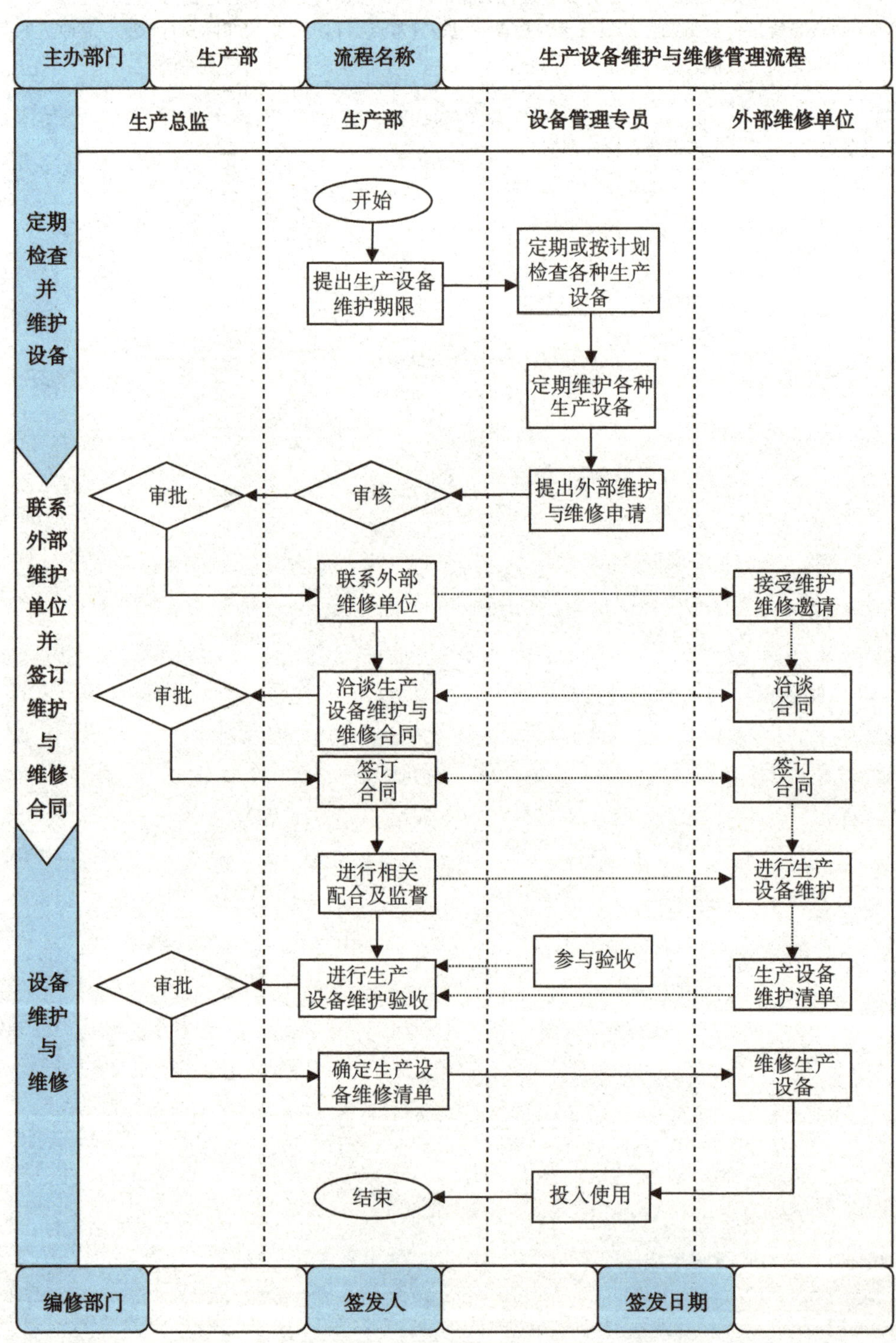

4.2.5.2 生产设备维护与维修管理执行程序、工作标准、考核指标、执行规范

<table>
<tr><th>任务名称</th><th>执行程序、工作标准与考核指标</th></tr>
<tr><td rowspan="6">定期检查并维护设备</td><td>执行程序</td></tr>
<tr><td>1. 定期或按计划检查各种生产设备
设备管理专员根据生产部确定的设备维护期限要求定期或按计划对企业各类生产设备进行检查。
2. 定期维护各种生产设备
检查完生产设备后，设备管理专员按照生产设备维护期限的相关规定定期对企业各类生产设备进行维护。
工作重点
设备管理专员定期对各种生产设备进行维护，为生产设备上油或更换零部件，按日常维护保养、一级维护保养、二级维护保养三个标准开展维护保养工作。</td></tr>
<tr><td>工作标准</td></tr>
<tr><td>日常保养，即每天在机器运转前、运转时、运转后都应该确保其无异状；二级保养，原则上以三个月为一个周期，操作要点包括指定部件的彻底清洗、油路的疏通、保持设备的完整等；二级保养，原则上以半年为一个周期，操作要点包括对部分装置进行分解、检修、更换，以及检查、调整电气线路等</td></tr>
<tr><td>考核指标</td></tr>
<tr><td>生产设备故障停机率：应控制在____%以内。</td></tr>
<tr><td rowspan="4">联系外部维护单位并签订维护维修合同</td><td>执行程序</td></tr>
<tr><td>1. 提出外部维护与维修申请
对于不能自行维护的生产设备，设备管理专员提出外部维护与维修申请，由生产部审核、生产总监审批。
2. 联系外部维修单位
☆生产部研究并了解外部维护与维修的市场情况，联系资信良好的外部维修单位。
☆外部维修单位接受企业的维护与维修业务邀请。
3. 洽谈生产设备维护与维修合同
生产部与外部维修单位洽谈合同，就企业生产设备维护与维修项目的实际情况进行协商谈判，达成一致意见后拟订合同条款，并将其提交生产总监审批。
4. 签订合同
生产设备维护与维修合同条款经审批通过后，生产部形成正式合同并代表企业与外部维修单位签订合同。
工作重点
生产部联系外部维修单位，选择资信情况良好的外部维修单位。</td></tr>
<tr><td>工作标准</td></tr>
<tr><td>生产部与相关外部维修单位正式签订生产设备维护合同，具体包括维护要求、维护费用、付款方式、维护周期、人力安排、维护考核指标、违约条款等内容。</td></tr>
</table>

（续）

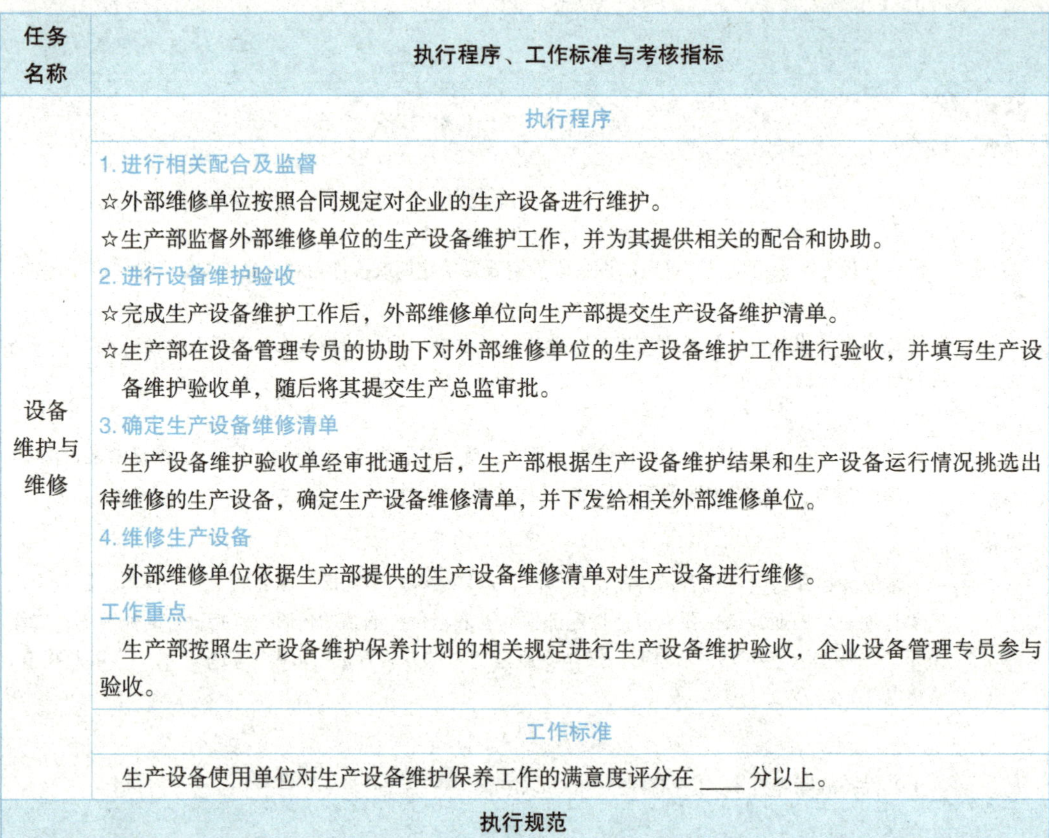

任务名称	执行程序、工作标准与考核指标
设备维护与维修	执行程序
	1. 进行相关配合及监督 ☆外部维修单位按照合同规定对企业的生产设备进行维护。 ☆生产部监督外部维修单位的生产设备维护工作，并为其提供相关的配合和协助。 2. 进行设备维护验收 ☆完成生产设备维护工作后，外部维修单位向生产部提交生产设备维护清单。 ☆生产部在设备管理专员的协助下对外部维修单位的生产设备维护工作进行验收，并填写生产设备维护验收单，随后将其提交生产总监审批。 3. 确定生产设备维修清单 生产设备维护验收单经审批通过后，生产部根据生产设备维护结果和生产设备运行情况挑选出待维修的生产设备，确定生产设备维修清单，并下发给相关外部维修单位。 4. 维修生产设备 外部维修单位依据生产部提供的生产设备维修清单对生产设备进行维修。 工作重点 生产部按照生产设备维护保养计划的相关规定进行生产设备维护验收，企业设备管理专员参与验收。
	工作标准
	生产设备使用单位对生产设备维护保养工作的满意度评分在____分以上。
执行规范	
“生产设备维护情况登记表”“外部维修单位评估报告”。	

4.2.6 生产设备报废处理流程设计与工作执行

4.2.6.1 生产设备报废处理流程设计

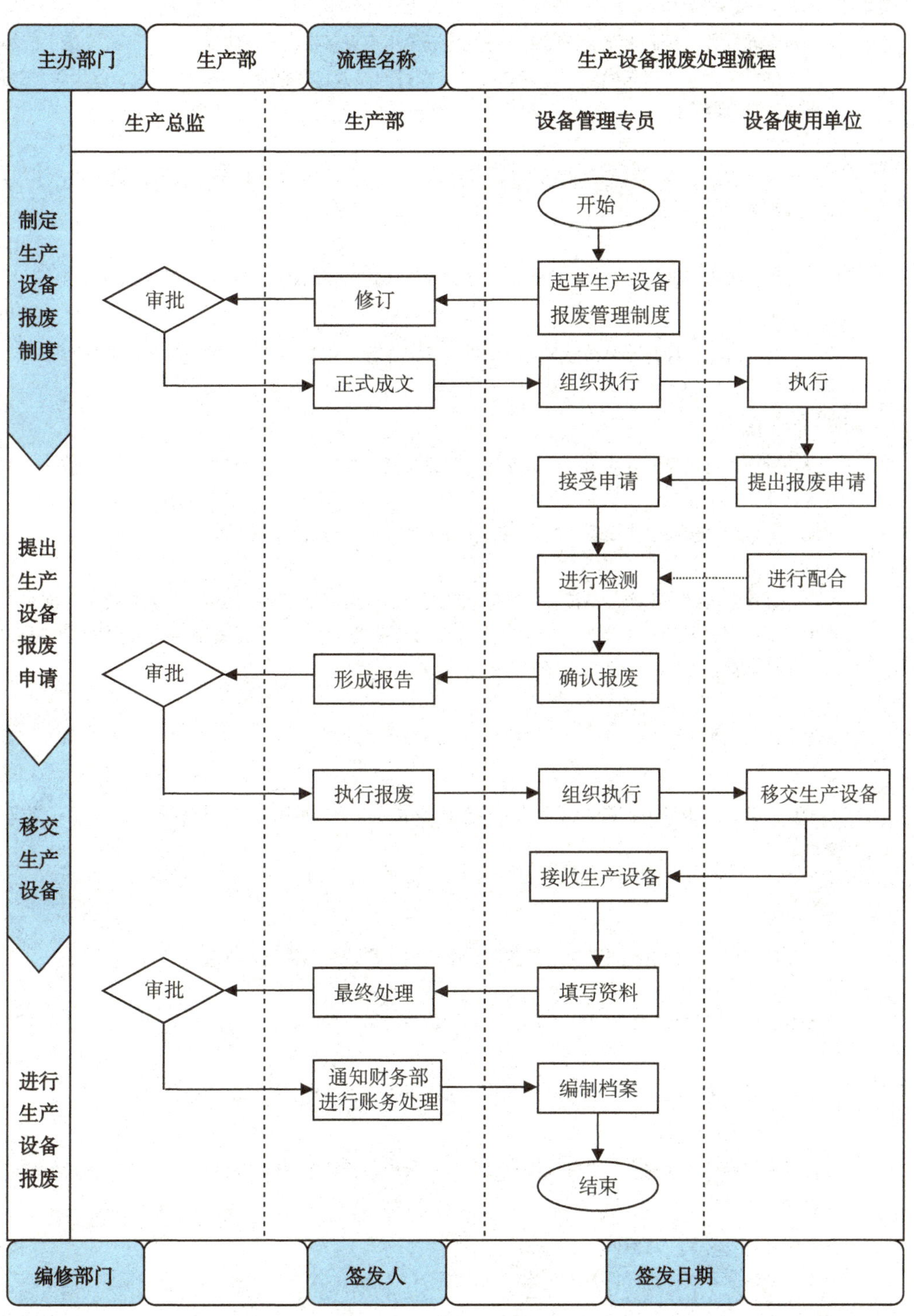

4.2.6.2 生产设备报废处理执行程序、工作标准、考核指标、执行规范

任务名称	执行程序、工作标准与考核指标
制定生产设备报废制度	**执行程序** 1. 起草生产设备报废管理制度 ☆设备管理专员根据企业设备管理制度的规定起草生产设备报废管理制度，并将其提交给生产部。 ☆生产部对生产设备报废管理制度进行补充、修订和完善，并将修订后的生产设备报废管理制度提交生产总监审批。 2. 组织执行 生产设备报废管理制度经审批通过后，设备管理专员组织设备使用单位执行正式的生产设备报废管理制度。 工作重点 生产设备报废管理制度的制定应规范，符合设备管理制度的相关要求，无重大纰漏。 **工作标准** 生产设备报废管理制度包括报废条件、报废处理流程、相关负责人、报废处理办法等内容。
提出生产设备报废申请	**执行程序** 1. 接受申请 设备管理专员接受设备使用单位提交的生产设备报废申请，经汇总整理后进行初步审核。 2. 进行检测 设备管理专员按照生产设备报废申请对相关生产设备进行检测。 3. 确认报废 ☆设备管理专员确认生产设备符合报废标准和要求后，整理报废确认明细并将其提交生产部。 ☆生产部根据设备管理专员提交的生产设备报废确认明细编写生产设备报废报告，并将其提交生产总监审批。 工作重点 生产部在编写生产设备报废报告时应全面陈述报废的理由。 **工作标准** 生产设备报废报告由生产总监审批；对于重要生产设备的报废申请，按权限由总经理或董事会审批。
移交生产设备	**执行程序** 1. 移交生产设备 设备使用单位根据生产设备报废报告将待报废的生产设备移交设备管理专员。 2. 接收生产设备 设备管理专员接收待报废的生产设备，并在移交清单上签字确认。 工作重点 设备管理专员接收生产设备时应仔细检查生产设备是否匹配，确认后在移交清单上签字。 **工作标准** 设备使用单位在接到生产设备报废报告的____天内移交待报废的生产设备。 **考核指标** ☆手续办理及时率：目标值为____%。 ☆手续办理完备率：目标值为____%。

（续）

<table>
<tr><th>任务名称</th><th>执行程序、工作标准与考核指标</th></tr>
<tr><td rowspan="4">进行生产设备报废</td><td>执行程序</td></tr>
<tr><td>1. 最终处理
生产部对待报废的生产设备进行最终处理，并将生产设备报废处理结果提交生产总监审批。
2. 通知财务部进行账务处理
生产设备报废完成后，生产部通知财务部处理相关生产设备的账目。
3. 编制档案
设备管理专员根据生产设备报废情况编制生产设备管理档案。
工作重点
生产部组织相关人员对待报废的生产设备进行拍卖、转移、销毁等处理。</td></tr>
<tr><td>工作标准</td></tr>
<tr><td>生产总监应对生产设备报废处理结果进行严格的审批。</td></tr>
<tr><td colspan="2">执行规范</td></tr>
<tr><td colspan="2">“生产设备管理制度”“生产设备报废管理制度”。</td></tr>
</table>

4.3 生产动力系统管理

4.3.1 生产动力系统管理流程设计

4.3.1.1 流程设计的目的

企业进行生产动力系统管理流程设计的目的如下。

（1）规范生产动力能源的使用，确保生产工作的正常和稳定开展。

（2）紧跟时代的进步，进一步实现节能减排，在节约生产成本的同时实现绿色环保。

4.3.1.2 流程结构设计

企业流程管理人员可采取总分式结构设计生产动力系统管理流程，即先给出生产动力系统管理的总流程，然后针对生产动力管理过程中的单独事件一一设计流程，具体如图 4-4 所示。

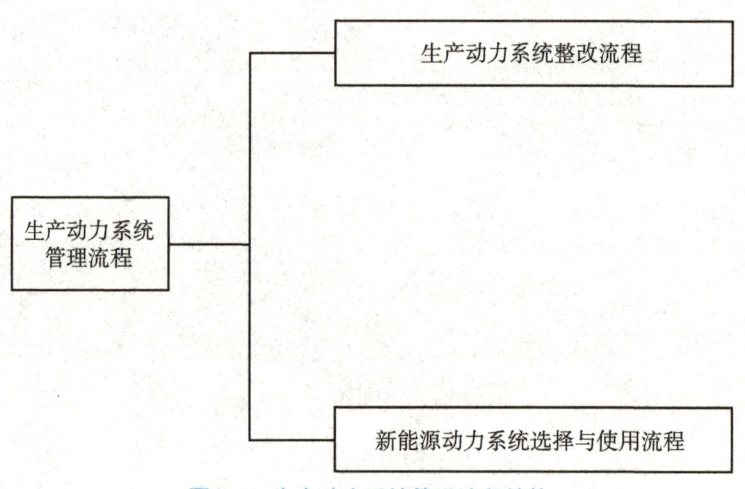

图 4-4 生产动力系统管理流程结构

4.3.2 生产动力系统整改流程设计与工作执行

4.3.2.1 生产动力系统整改流程设计

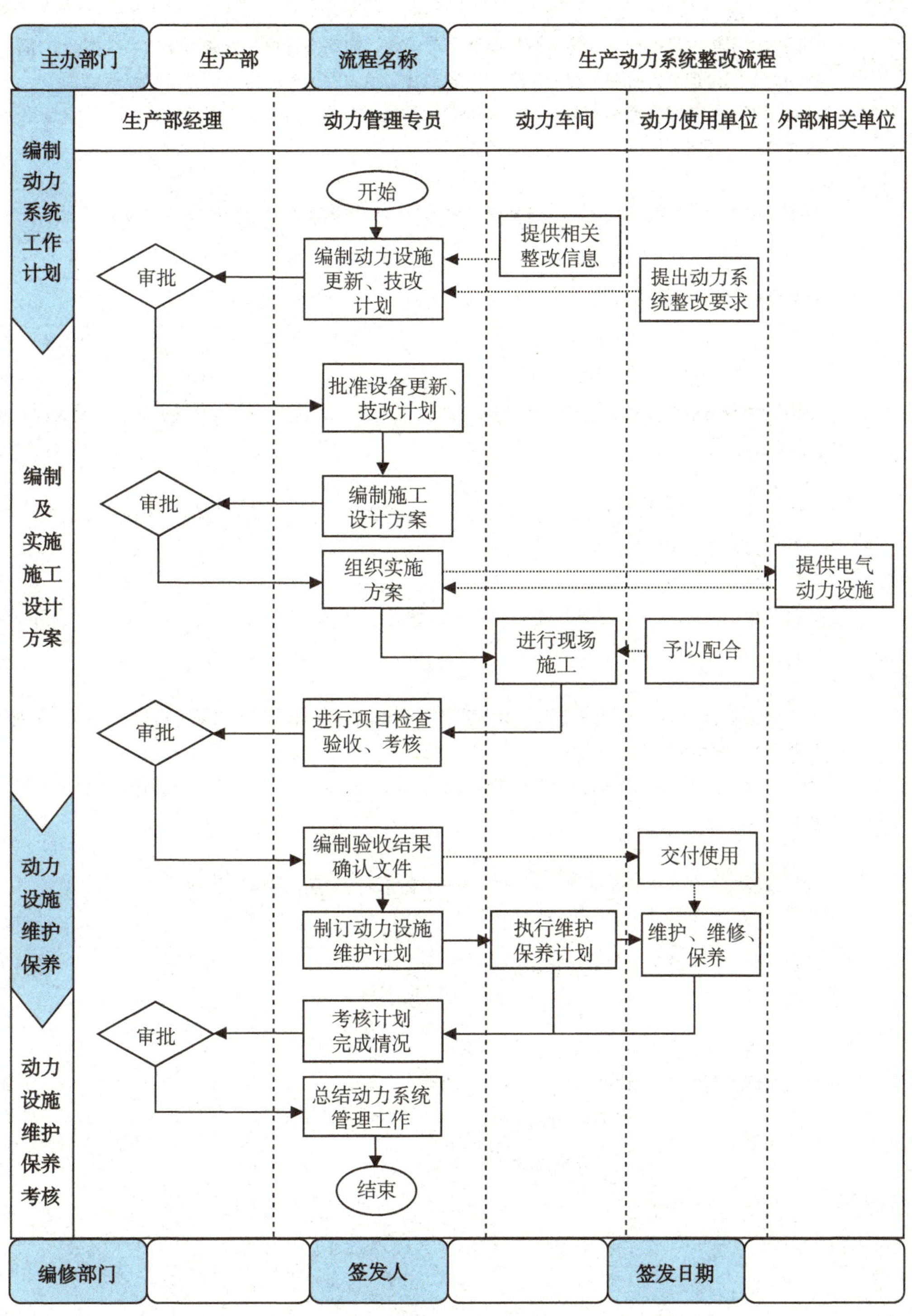

4.3.2.2 企业生产动力系统整改执行程序、工作标准、考核指标、执行规范

任务名称	执行程序、工作标准与考核指标
编制动力系统工作计划	**执行程序** 编制动力设施更新、技改计划 ☆各动力使用单位根据动力系统运行情况和生产计划，向动力管理专员提出动力系统整改要求。 ☆各动力车间整理动力管理过程中出现的问题，并向动力管理专员提供动力系统整改信息。 ☆动力管理专员依据各动力相关单位提供的信息和资料及本年度的生产计划，编制动力设施更新、技改计划，并将其提交生产部经理审批。 工作重点 各动力使用单位依据动力系统运行情况，提出动力设施更新、增容、检修、技改等工作计划。 **工作标准** 收集到的信息和资料应真实、合理、有效。
编制及实施施工设计方案	**执行程序** 1. 编制施工设计方案 动力管理专员根据审批通过的动力设施更新、技改计划编制施工设计方案，并将其提交生产部经理审批。 2. 组织实施方案 ☆施工设计方案经审批通过后，动力管理专员按照方案组织进行动力系统的更新和技改工作。 ☆外部相关单位提供相应的电气动力设施。 3. 进行现场施工 动力车间按照施工设计方案对动力系统进行更新和改进，安装新的动力设施，优化现有动力系统。 4. 进行项目检查验收、考核 ☆动力设施更新和改进工作完成后，动力管理专员对动力车间的工作成果进行检查验收，并对其质量水平进行考核。 ☆动力管理专员根据项目检查验收和考核的结果编制动力设施更新、技改考核报告，并将其提交生产部经理审批。 工作重点 动力系统施工现场所涉及的单位应积极配合和支持动力设施的更新、改进工作。 **工作标准** 严格按照施工设计方案对动力系统进行更新和改进。 **考核指标** ☆工作推进按计划完成率：目标值为____%。 ☆已安装设备利用率：目标值为____%。其计算公式如下。 $已安装设备利用率=\frac{实际使用设备数}{已安装设备数}\times 100\%$

（续）

<table>
<tr><th>任务名称</th><th>执行程序、工作标准与考核指标</th></tr>
<tr><td rowspan="4">动力设施维护保养</td><td>执行程序</td></tr>
<tr><td>1. 制订动力设施维护计划
动力设施更新项目验收完成后，动力管理专员根据验收情况制订动力设施维护计划，并将其下发到各动力车间和动力使用单位执行。
2. 执行维护保养计划
动力车间依据动力设施维护计划检修动力设施，协助各动力使用单位进行重点动力设施的维护和检修工作。
3. 维护、维修、保养
在日常生产过程中，各动力使用单位根据动力设施维护计划对动力设施进行维护、维修、保养。
工作重点
动力管理专员需要在十分了解动力设施的基础上制订动力设施维护计划。</td></tr>
<tr><td>工作标准</td></tr>
<tr><td>动力管理专员依据新增动力设施的技术质量特性制订动力设施维护计划。</td></tr>
<tr><td rowspan="4">动力设施维护保养考核</td><td>执行程序</td></tr>
<tr><td>1. 考核计划完成情况
动力管理专员调查、整理各动力使用单位和动力车间的动力设施维护计划完成情况，对其动力设施维护工作进行考核并编写考核报告，随后将考核报告提交生产部经理审批。
2. 总结动力系统管理工作
动力管理专员收集、汇总动力系统管理工作的内容和数据资料，并根据维护计划的考核情况总结动力系统管理工作，优化、改进自身工作。
工作重点
总结应全面、深刻且有相应的改进措施。</td></tr>
<tr><td>工作标准</td></tr>
<tr><td>考核时指标准确，总结时有理有据。</td></tr>
<tr><td colspan="2">执行规范</td></tr>
<tr><td colspan="2">“动力系统运行总结”“动力管理总体计划”。</td></tr>
</table>

4.3.3 新能源动力系统选择与使用流程设计与工作执行

4.3.3.1 新能源动力系统选择与使用流程设计

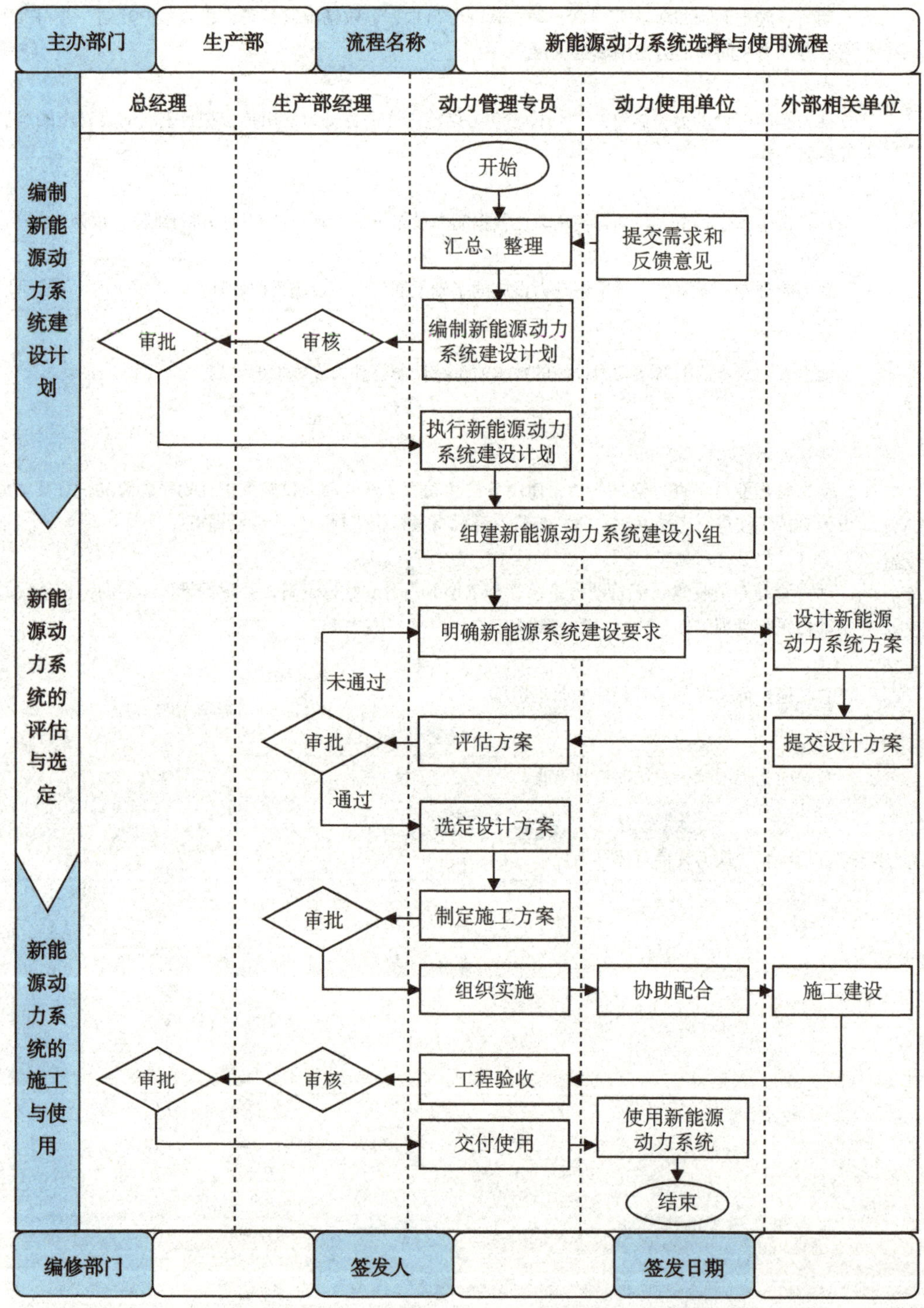

4.3.3.2 新能源动力系统选择与使用执行程序、工作标准、考核指标、执行规范

<table>
<tr><th>任务名称</th><th>执行程序、工作标准与考核指标</th></tr>
<tr><td rowspan="4">编制新能源动力系统建设计划</td><td>执行程序</td></tr>
<tr><td>1. 汇总、整理
☆动力使用单位向动力管理专员提交新能源动力需求和动力系统反馈意见。
☆动力管理专员汇总、整理各动力使用单位提交的需求和反馈意见。
2. 编制新能源动力系统建设计划
动力管理专员根据企业生产计划的要求和动力使用单位的意见编制新能源动力系统建设计划，并将其提交生产部经理审核、总经理审批。
工作重点
新能源动力系统建设计划应符合生产战略的相关规划，并全面考虑企业生产动力的衔接和转换成本。</td></tr>
<tr><td>工作标准</td></tr>
<tr><td>新能源动力系统建设计划编制完成后，在____天内提交审核。</td></tr>
<tr><td rowspan="4">新能源动力系统的评估与选定</td><td>执行程序</td></tr>
<tr><td>1. 明确新能源动力系统建设要求
动力管理专员组织动力使用单位相关人员组建新能源动力系统建设小组。新能源动力系统建设小组根据企业生产工作要求和动力使用单位的需求，明确新能源动力系统的建设要求和建设标准。
2. 设计新能源动力系统方案
外部相关单位研究分析企业传达的新能源动力系统建设要求，并在此基础上设计新能源动力系统方案。
3. 评估方案
☆动力管理专员对外部相关单位提交的新能源动力系统方案进行评估，并编写评估报告，随后将其提交生产部经理审批。
☆若评估报告未通过审批，动力管理专员要求外部相关单位重新设计新能源动力系统方案，对新方案进行评估后再次提交生产部经理审批。
4. 选定设计方案
新方案通过审批后，动力管理专员根据审批意见与外部相关单位沟通，选定设计方案。
工作重点
☆新能源动力系统建设要求务必与企业实际情况一致，确保对生产工作产生推动作用。
☆动力管理专员应与外部相关单位详细沟通企业新能源动力系统建设要求，保证新能源系统设计方案切实可行。</td></tr>
<tr><td>工作标准</td></tr>
<tr><td>☆新能源动力系统设计方案执行效果显著、成本合适、切实可行。
☆新能源动力系统设计方案评估考核工作的项目准确率在____%以上。</td></tr>
</table>

（续）

<table>
<tr><th>任务名称</th><th>执行程序、工作标准与考核指标</th></tr>
<tr><td rowspan="9">新能源动力系统的施工与使用</td><td>考核指标</td></tr>
<tr><td>设计方案评估准确率。
$$\text{设计方案评估准确率}=\frac{\text{评估准确的设计方案}}{\text{设计方案评估总数}}\times 100\%$$</td></tr>
<tr><td>执行程序</td></tr>
<tr><td>1. 制定施工方案
动力管理专员根据选定的新能源动力系统设计方案制定施工方案，并将其提交生产部经理审批。
2. 施工建设
外部相关单位接收施工方案，并按照施工方案的要求开展新能源动力系统建设工作。
3. 工程验收
动力管理专员验收建设完成的新能源动力系统，并编制工程验收报告，随后将其提交生产部经理审核、总经理审批。
4. 交付使用
新能源动力系统验收完成后，动力管理专员正式通知各动力使用单位，交付其生产使用。
工作重点
动力管理专员应多次验收新能源动力系统，并参考内部专业人员的意见，确保新能源动力系统建设的质量。</td></tr>
<tr><td>工作标准</td></tr>
<tr><td>☆工程验收工作严谨、认真、客观、公正。
☆新能源动力系统在工程验收结束后 ____ 天内交付使用。</td></tr>
<tr><td>考核指标</td></tr>
<tr><td>工程验收及时率。
$$\text{工程验收及时率}=\frac{\text{工程验收及时的项目数}}{\text{工程验收项目总数}}\times 100\%$$</td></tr>
<tr><td></td></tr>
<tr><th colspan="2">执行规范</th></tr>
<tr><td colspan="2">“新能源动力系统建设计划”“企业生产战略规划”“新能源动力系统设计方案”“新能源动力系统建设施工方案”。</td></tr>
</table>

第5章 生产制造过程

5.1 生产目标与生产计划管理

5.1.1 生产目标与生产计划管理流程设计

5.1.1.1 流程设计的目的

生产目标与生产计划管理就是调动一切可用资源，快速、准确、高质量、低成本地完成生产任务，即解决“生产什么”“生产多少”“什么时间生产”等一系列问题。企业进行生产目标与生产计划管理流程设计的主要目的如下。

（1）规范企业产能设计过程，使产能设计结果与企业实际生产能力尽可能相符，确保实现均衡生产。

（2）加强生产计划控制工作，跟踪各生产车间的生产作业计划完成情况，随时掌握生产进度状况并及时对生产作业计划做出调整。

5.1.1.2 流程结构设计

企业可采取总分式结构对生产目标与生产计划管理流程进行设计，即在企业生产目标管理流程的基础上设计生产计划管理流程，然后针对生产计划管理的具体事项分别设计相应的子流程，其具体结构如图 5-1 所示。

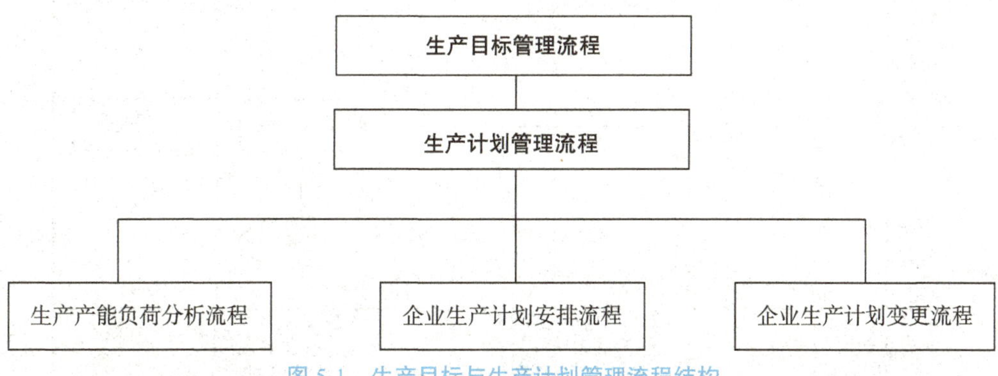

图 5-1 生产目标与生产计划管理流程结构

5.1.2 生产目标管理流程设计与工作执行

5.1.2.1 生产目标管理流程设计

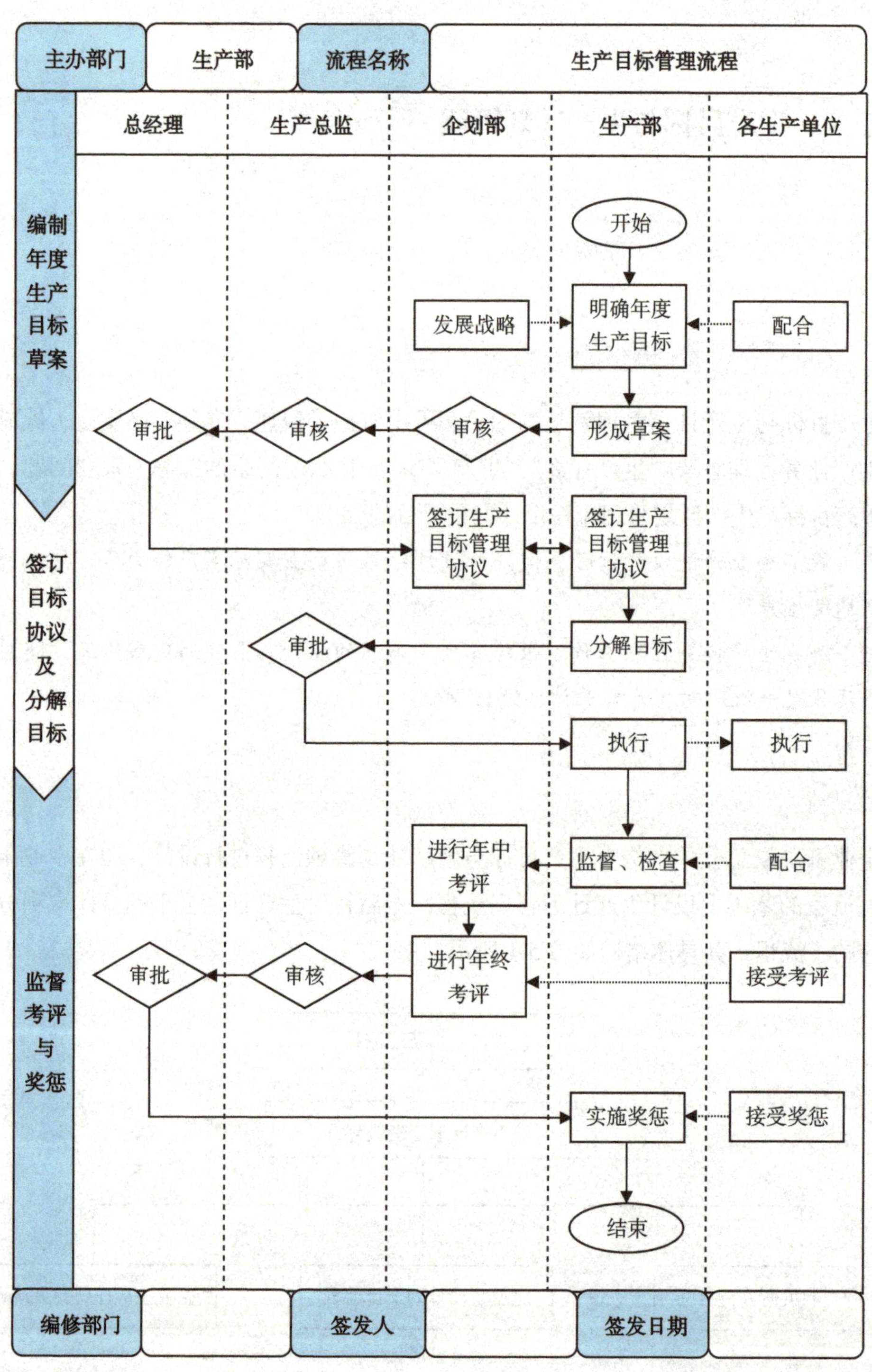

5.1.2.2 生产目标管理执行程序、工作标准、考核指标、执行规范

<table>
<tr><th>任务名称</th><th>执行程序、工作标准与考核指标</th></tr>
<tr><td rowspan="4">编制年度生产目标草案</td><td>执行程序</td></tr>
<tr><td>1. 明确年度生产目标
☆生产部根据企业中长期发展战略和年度生产经营目标，明确企业年度生产目标。
☆各生产单位提供相应的数据，配合生产部确定年度生产目标。
2. 形成草案
生产部根据年度生产目标编制年度生产目标草案，经企划部、生产总监审核通过后，报总经理审批。
工作重点
各生产单位配合生产部编制年度生产目标。</td></tr>
<tr><td>工作标准</td></tr>
<tr><td>年度生产目标编制规范，符合企业的年度经营目标和实际生产能力，生产目标切实可行。</td></tr>
<tr><td rowspan="4">签订目标协议及分解目标</td><td>执行程序</td></tr>
<tr><td>1. 签订生产目标管理协议
年度生产目标经审批通过后，总经理组织生产部与企划部就正式的年度生产目标签订目标管理协议。
2. 分解目标
生产部将企业年度生产目标逐层分解为各生产单位的月度、季度生产目标，并将其提交生产总监审批。
工作重点
年度生产目标草案经总经理审批通过后，生产部按照审批意见对其进行补充完善。</td></tr>
<tr><td>工作标准</td></tr>
<tr><td>目标分解规范、合理、可行，符合实际情况。</td></tr>
<tr><td rowspan="2">监督考评与奖惩</td><td>执行程序</td></tr>
<tr><td>1. 监督、检查
☆在生产目标的执行过程中，生产部对各生产单位的生产工作进行监督、检查，各生产单位接受并配合生产部的监督、检查工作。
☆企划部对生产计划的执行情况进行年中考评。
2. 进行年终考评
企划部在年终时根据年度生产计划对各生产单位的生产目标完成情况进行考评，并编写年终考评报告，随后将其提交生产总监审核、总经理审批。
3. 实施奖惩
生产部根据年终考评报告和年初的目标协议，对相应的生产单位实施奖惩。
工作重点
生产部对各生产单位的生产目标执行情况进行定期、不定期的检查。</td></tr>
</table>

（续）

任务名称	执行程序、工作标准与考核指标
监督考评与奖惩	工作标准
	☆在检查过程中及时发现影响生产目标进度的问题并妥善解决。 ☆明确检查规范，以不影响正常的生产活动，及时发现问题并予以解决。
	考核指标
	☆监督检查及时率：目标值为____%。 ☆年终考核的公平性、规范化：考评标准一致，考评过程公开，考评结果公正、有实有据。
执行规范	
“中长期发展战略”“年度经营目标”“年度生产目标草案”。	

5.1.3 生产计划管理流程设计与工作执行

5.1.3.1 生产计划管理流程设计

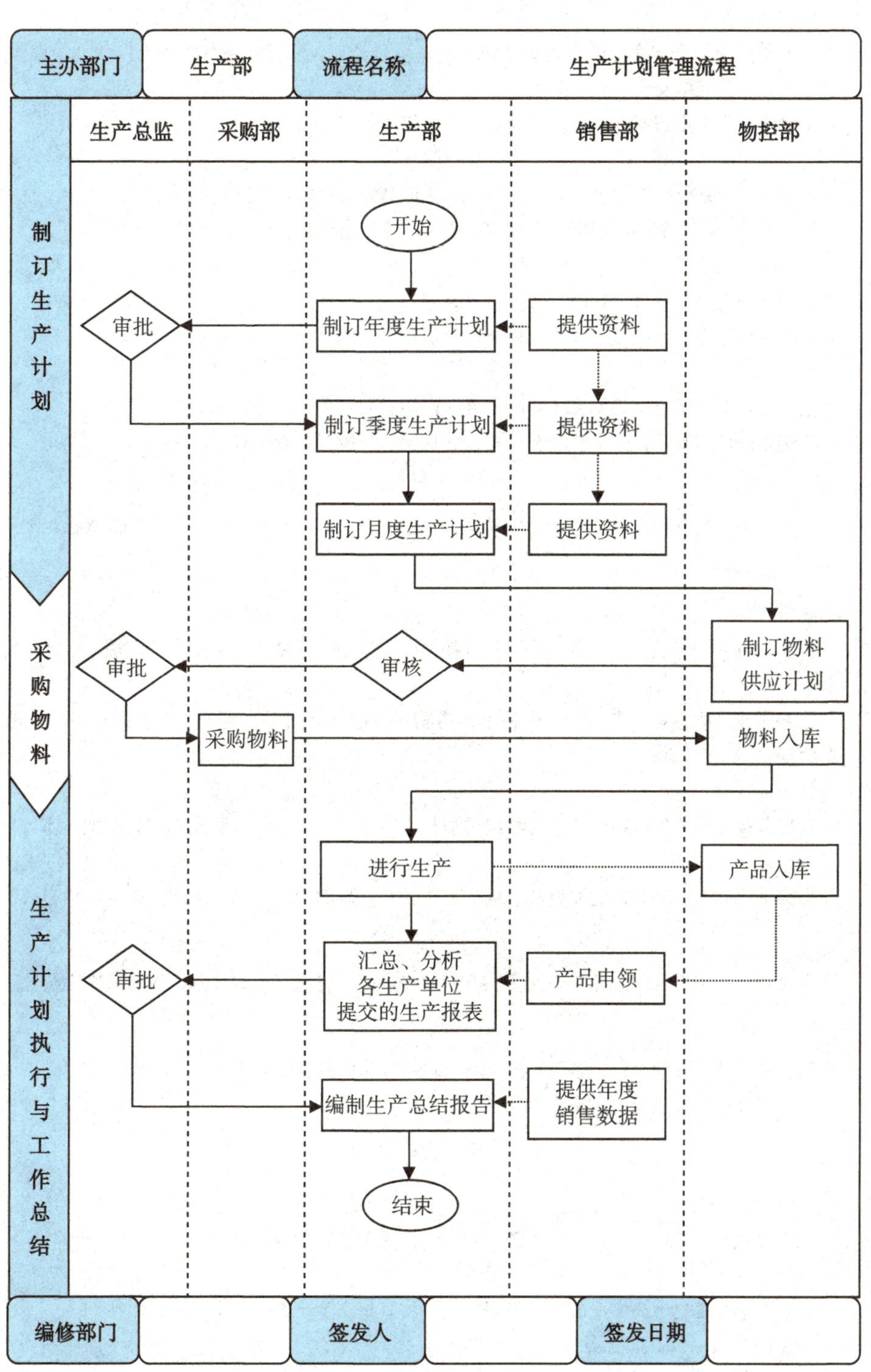

5.1.3.2 生产计划管理执行程序、工作标准、考核指标、执行规范

任务名称	执行程序、工作标准与考核指标
制订生产计划	**执行程序**
	1. 制订年度生产计划 ☆生产部组织召开年度生产计划会，根据企业发展计划、经营计划及年度销售计划制订年度生产计划，并将其提交生产总监审批。 ☆销售部配合生产部制订年度生产计划，提供年度销售计划资料。 2. 制订季度生产计划 ☆年度生产计划经审批通过后，生产部根据季度销售计划制订季度生产计划。 ☆销售部配合生产部制订季度生产计划，提供季度销售计划资料。 3. 制订月度生产计划 ☆生产部根据月度销售计划制订月度生产计划。 ☆销售部配合生产部制订月度生产计划，提供月度销售计划资料。 工作重点 ☆生产部依据年度营销计划和企业的资源、产能等制订各类生产计划。 ☆各类生产计划与设备维护、质量、安全、环保、资源等计划同时下达。
	工作标准
	各类生产计划合理，力求达到产销平衡，各生产单位产量平衡，品种齐全、符合客户需求。
采购物料	**执行程序**
	1. 制订物料供应计划 物控部根据生产部提供的生产计划制订物料供应计划，并将其提交生产部审核、生产总监审批。 2. 采购物料 物料供应计划经审批通过后，采购部根据物料供应计划制定物料采购方案，并按照采购方案采购物料。 3. 物料入库 物控部接收采购到的物料，并对物料的质量、数量等进行验收，验收合格后办理入库。 工作重点 物控部依据生产部下达的原材料、标准件、外协件采购加工计划，组织实施生产物料采购工作。
	工作标准
	仓库管理员按照物料入库管理制度和仓库操作规范，将物料入库并办理物料入库手续。
	考核指标
	☆物料供应计划准确率：力争达到____%，确保符合物料消耗定额、库存计划。 ☆物料供应计划单提交及时率：确保达到____%。
生产计划执行与工作总结	**执行程序**
	1. 进行生产 生产部执行生产任务，并根据生产计划进程及相关规定领取物料。 2. 汇总、分析各生产单位提交的生产报表 ☆各生产单位根据生产情况编制生产报表，并将其提交生产部。

（续）

任务名称	执行程序、工作标准与考核指标
生产计划执行与工作总结	☆生产部汇总、整理各生产单位提交的生产报表，经研究分析后编制综合生产报表，随后将其提交生产总监审批。 3. 编制生产总结报告 ☆销售部向生产部提供年度销售数据，协助生产部进行年度生产总结。 ☆生产部根据综合生产报表总结年度生产计划执行情况，并根据年度销售计划提出生产工作的优化改进建议，编制生产总结报告。 工作重点 生产部按季度、月度召开生产调度会议，对生产过程中出现的问题进行解决，使各生产单位严格按计划进行生产。
	工作标准
	统计报表内容全面、真实，能清晰反映生产情况。
执行规范	
“用料计划单”“物料需求计划”“物料供应计划”。	

5.1.4 生产产能负荷分析流程设计与工作执行

5.1.4.1 生产产能负荷分析流程设计

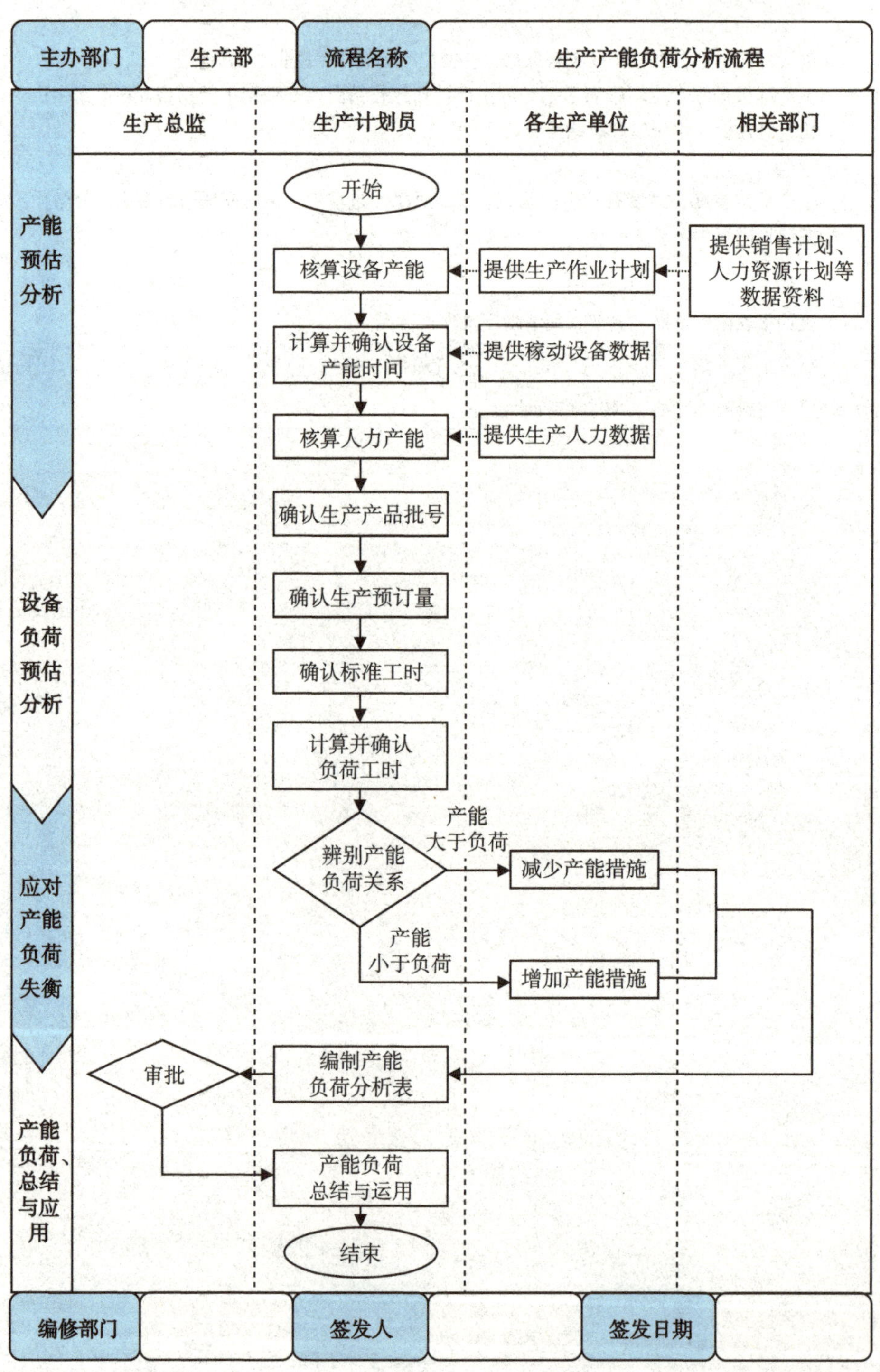

5.1.4.2 生产产能负荷分析执行程序、工作标准、考核指标、执行规范

<table>
<tr><th>任务名称</th><th>执行程序与工作标准与考核指标</th></tr>
<tr><td rowspan="4">产能预估分析</td><td>执行程序</td></tr>
<tr><td>1. 核算设备产能
☆生产计划员对生产所需要的设备进行整理、分类，核算出各类设备的生产产能。
☆各生产单位向生产计划员提供生产作业计划，相关部门为设备产能核算工作提供必要的数据资料。
2. 计算并确认设备产能时间
☆生产计划员根据相关设备数据计算并确认设备产能时间。
☆各生产单位向生产计划员提供相关设备数据。
3. 核算人力产能
☆生产计划员根据生产车间提供的生产人力数据和工作安排核算人力产能。
☆各生产单位向生产计划员提供生产人力方面的数据。
工作重点
由掌握专业技能的员工核算产能预估分析的整个过程。</td></tr>
<tr><td>工作标准</td></tr>
<tr><td>☆设备产能时间计算标准：设备产能时间 = 每日正常上班时间 × 每日班次 × 可稼动天数 × 稼动设备数。在该公式中，稼动设备数由设备部提供。
☆人力产能时间计算标准：人力产能时间 = 每日正常上班时间 × 每日班次 × 可稼动天数 × 每班人数。</td></tr>
<tr><td rowspan="4">设备负荷预估分析</td><td>执行程序</td></tr>
<tr><td>1. 确认生产预订量
生产计划员整理、分析订货记录，对生产订单的项目进行分类，合并符合规定的订单，并根据整理后的订单确定生产预订量。
2. 确认标准工时
生产计划员根据各生产单位提供的相关资料确定各项生产工作的标准工时。
3. 计算并确认负荷工时
生产计划员根据确定的生产预订量和标准工时计算并确认生产工作的负荷工时。
工作重点
生产计划员应对各生产单位提供的相关资料进行反复核准。</td></tr>
<tr><td>工作标准</td></tr>
<tr><td>负荷工时计算标准：负荷工时 = 生产预订量 × 标准工时。</td></tr>
<tr><td rowspan="2">应对产能负荷失衡</td><td>执行程序</td></tr>
<tr><td>1. 辨别产能负荷关系
生产计划员分析产能负荷关系，辨别产能大于负荷和产能小于负荷两种可能的实际生产情况。
2. 减少产能措施
若产能大于负荷，各生产单位通过调整人力、设备、班次等措施减少生产产能。
3. 增加产能措施
若产能小于负荷，各生产单位通过增加设备、劳动人数，修改班次等措施增加产能，以满足生产订单的要求。</td></tr>
</table>

（续）

<table>
<tr><th>任务名称</th><th>执行程序与工作标准与考核指标</th></tr>
<tr><td rowspan="3">应对产能负荷失衡</td><td>工作重点
☆如果产能大于负荷，各生产单位可以做出给员工放假、安排富余人力或设备支持其他工作中心、安排富余人员参加培训及保养设备等决策；必要时，可将设备变卖、转移，或裁减、辞退人员。
☆如果产能小于负荷，各生产单位可以做出安排工人加班、向其他工作中心请求设备、人力支援等决策。</td></tr>
<tr><td>工作标准</td></tr>
<tr><td>产能负荷失衡应对措施有效，既能有效解决当前的失衡局面，又能充分应对将来的市场变化。</td></tr>
<tr><td rowspan="6">产能负荷总结与运用</td><td>执行程序</td></tr>
<tr><td>1. 编制产能负荷分析表
生产计划员根据实际的产能负荷关系和调整情况编制产能负荷分析表，并将其提交生产总监审批。
2. 产能负荷总结与运用
产能负荷分析表经审批通过后，生产计划员根据生产总监的审批意见和产能负荷情况总结生产产能负荷管理工作，吸取经验并将其运用到改进和完善工作中。
工作重点
编制产能负荷分析表的步骤：编织产能与负荷管制表、确定工作中心、确定评估期、形成产能负荷分析表。</td></tr>
<tr><td>工作标准</td></tr>
<tr><td>☆产能负荷分析表的内容主要包括工作中心的名称与编号、分析评估区间、产能状况、负荷状况、分析结论与对策。
☆如果产能负荷分析表的分析结果显示生产计划需要进行较大改变，则改动生产计划。</td></tr>
<tr><td>考核指标</td></tr>
<tr><td>☆产能负荷分析表编制差错率：控制在____%以内。
☆产能负荷分析表编写规范性：内容完整、清晰，分析有理有据，见解精准。</td></tr>
<tr><td colspan="2">执行规范</td></tr>
<tr><td colspan="2">“销售计划”“人力资源计划”。</td></tr>
</table>

5.1.5 企业生产计划安排流程设计与工作执行

5.1.5.1 企业生产计划安排流程设计

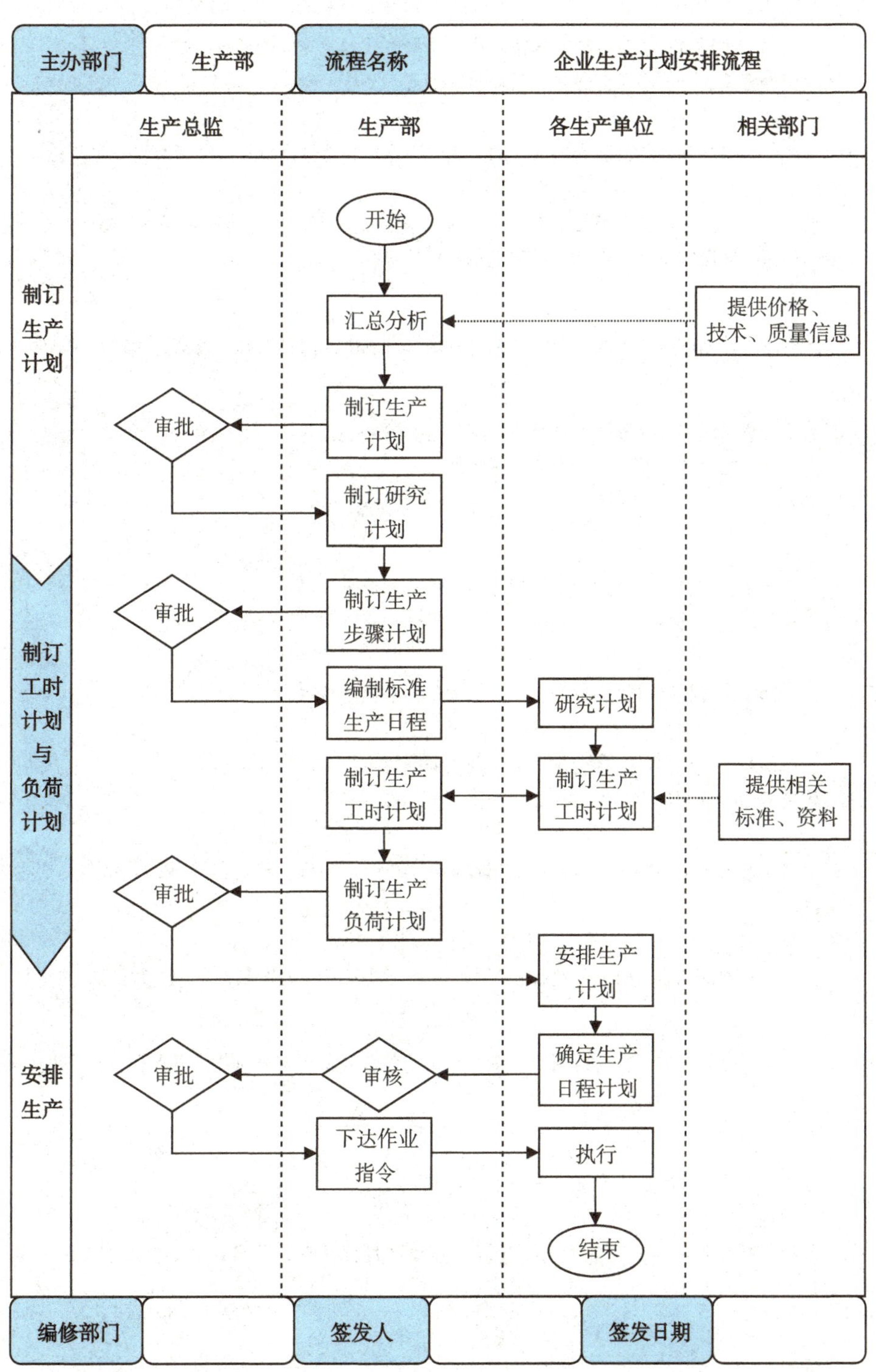

5.1.5.2 企业生产计划安排执行程序、工作标准、考核指标、执行规范

<table>
<tr><th>任务名称</th><th>执行程序、工作标准与考核指标</th></tr>
<tr><td rowspan="6">制订生产计划</td><td>执行程序</td></tr>
<tr><td>1. 汇总分析
☆相关部门收集市场和行业中的价格、产品质量、技术等方面的信息，并将其提供给生产部。
☆生产部汇总、分析和研究相关部门提供的信息。
2. 制订生产计划
生产部依据对市场和行业相关信息的分析研究制订企业生产计划，并将其提交生产总监审批。
工作重点
技术部随时关注行业最新技术信息，将其反馈至生产部；质量部关注行业产品质量标准，将改变的质量标准反馈至生产部；生产部汇总各种信息。</td></tr>
<tr><td>工作标准</td></tr>
<tr><td>企业生产计划的编写规范、合理，符合计划管理制度，内容准确、完整、清晰，没有重大遗漏。</td></tr>
<tr><td>考核指标</td></tr>
<tr><td>☆汇总分析及时率、准确率：目标值分别为____%和____%。
☆汇总分析规范化：分析结论准确、有价值。</td></tr>
<tr><td rowspan="4">制订工时计划与负荷计划</td><td>执行程序</td></tr>
<tr><td>1. 制订生产步骤计划
☆各生产单位制订本单位的生产步骤计划并将其提交生产部。
☆生产部汇总管理各生产单位提交的生产步骤计划并将其提交生产总监审批。
2. 编制标准生产日程
生产部根据各生产单位制定的生产日程编制标准生产日程。
3. 制订生产工时计划
☆生产部和各生产单位根据企业生产计划共同制订生产工时计划。
☆相关部门配合制订生产工时计划，提供相关标准、资料。
4. 制订生产负荷计划
生产部根据确认的生产日程、工时计划和生产计划制订生产负荷计划，并将其提交生产总监审批。
工作重点
在对一系列计划进行研究的基础上，生产部与各生产单位共同制订生产工时计划。</td></tr>
<tr><td>工作标准</td></tr>
<tr><td>生产工时计划、生产负荷计划应与企业额定工时、额定产能相吻合，不影响企业的生产进度。</td></tr>
<tr><td rowspan="2">安排生产</td><td>执行程序</td></tr>
<tr><td>1. 安排生产计划
各生产单位根据实际生产能力安排生产计划。
2. 确定生产日程计划
各生产单位根据生产计划的安排情况确定生产日程计划，并将其提交生产部审核、生产总监审批。</td></tr>
</table>

（续）

任务名称	执行程序、工作标准与考核指标
安排生产	3. 下达作业指令 生产日程计划经审批通过后，生产部根据审批意见和生产日程计划向生产单位下达作业指令。 工作重点 安排生产计划时应考虑全面，注意细节把控。
	工作标准
	生产日程计划的编制规范、合理，计划安排周密、妥当，具有较强的可操作性。
执行规范	
“企业年度生产目标管理责任书”“生产计划”。	

5.1.6　企业生产计划变更流程设计与工作执行

5.1.6.1　企业生产计划变更流程设计

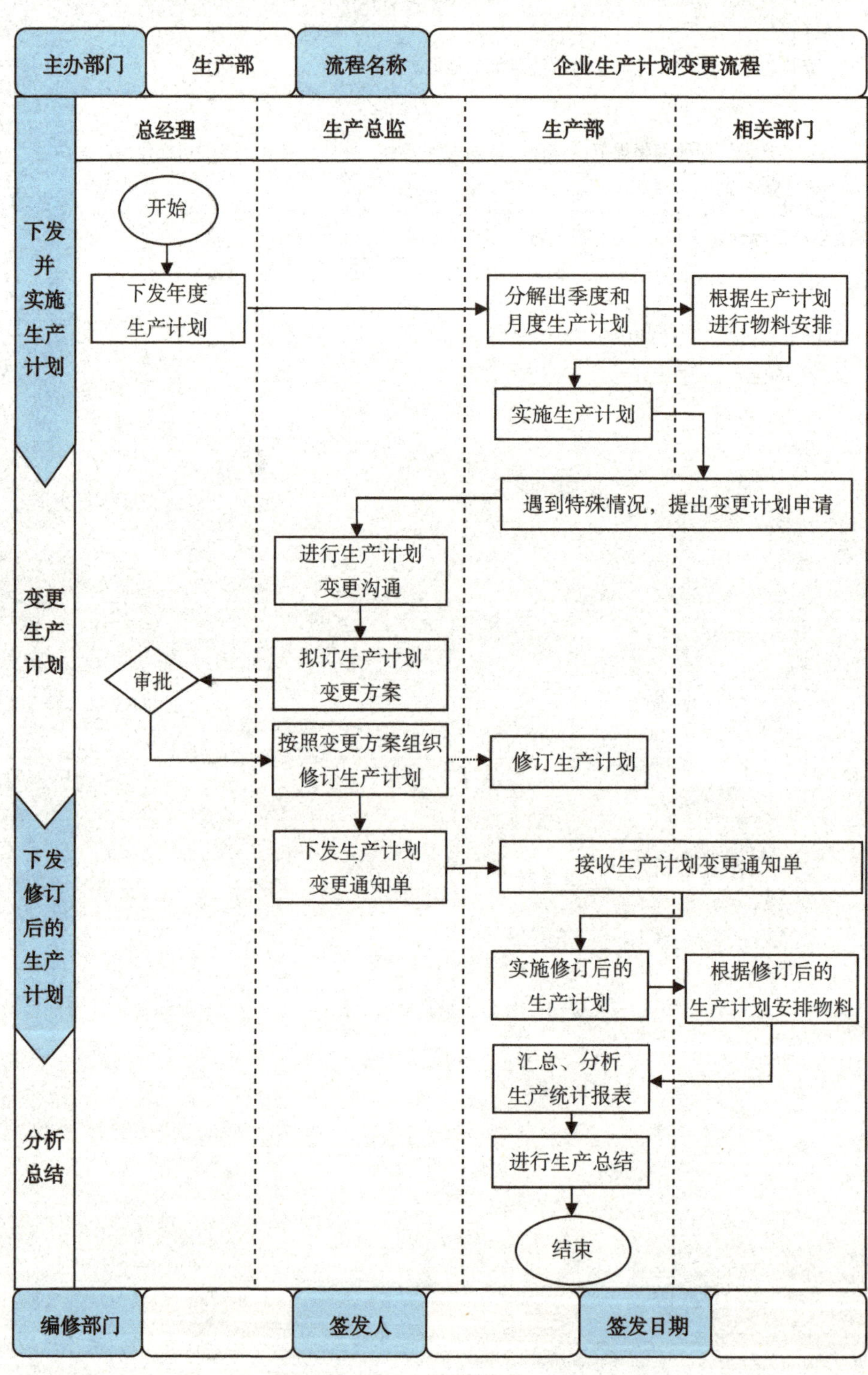

5.1.6.2 企业生产计划变更执行程序、工作标准、考核指标、执行规范

任务名称	执行程序、工作标准与考核指标
下发并实施生产计划	**执行程序** 1. 下发年度生产计划 总经理将年度生产计划整理成正式文书，并向生产部下发年度生产计划。 2. 分解出季度和月度生产计划 生产部根据接收到的年度生产计划，为各生产单位分解出季度、月度生产计划。 3. 根据生产计划进行物料安排 物控部等相关部门根据生产计划制订物料供应计划，并组织安排生产物料的供应。 工作重点 生产部按照季度销售计划将年度生产计划分解为各生产单位的季度生产计划。 **工作标准** 分解生产计划时按品种、规格、数量分解生产任务。
变更生产计划	**执行程序** 1. 进行生产计划变更沟通 生产总监就生产计划变更申请与生产部、各生产单位进行沟通，并根据实际情况确定变更生产计划的必要和变更要求。 2. 拟订生产计划变更方案 生产总监根据生产计划变更沟通的结果拟订生产计划变更方案，并将其提交总经理审批。 3. 按照变更方案组织修订生产计划 ☆生产计划变更方案经审批通过后，生产总监按照变更方案组织修订生产计划。 ☆生产部根据修订后的生产计划修订各生产单位和部门的生产计划。 工作重点 若生产计划变更范围较大，生产部应召集研发部、采购部、质量部、仓储部、销售部进行协商。 **工作标准** 生产计划变更原因分为客户追加或减少订单、客户要求取消订单、客户订单交期变更、物料短缺导致的变更、技术问题导致的变更、品质问题导致的变更、客户有其他要求导致的变更、其他问题导致的变更等。
下发修订后的生产计划	**执行程序** 1. 下发生产计划变更通知单 生产计划修订完成后，生产总监向生产部和各生产单位下发生产计划变更通知单。 2. 实施修订后的生产计划 生产部根据生产计划变更通知单实施修订后的生产计划。 3. 根据修订后的生产计划安排物料 物控部等相关部门根据修订后的生产计划重新制订物料需求和供应计划，安排物料供应工作。 工作重点 ☆若修订后生产计划与原有的生产计划有较大差别，生产部应在生产计划变更通知单后面附上相关说明文件。 ☆在接到生产计划变更通知单后，生产部需立即对各生产单位的工作做出调整，以确保生产计划顺利执行。

（续）

<table>
<tr><th>任务名称</th><th>执行程序、工作标准与考核指标</th></tr>
<tr><td rowspan="2">下发修订后的生产计划</td><td>工作标准</td></tr>
<tr><td>生产计划变更通知单包括生产计划变更的原因、生产计划变更影响到的相关部门的生产任务、原生产计划的生产日程安排状况、变更后的生产计划排程状况、需要相关部门注意配合的事项等内容。</td></tr>
<tr><td rowspan="6">分析总结</td><td>执行程序</td></tr>
<tr><td>1. 汇总、分析生产统计报表
生产部汇总、分析各生产单位提交的生产统计报表，了解各生产单位的实际生产情况。
2. 进行生产总结
生产部回顾生产计划变更管理工作的过程，总结生产工作情况，编制生产总结报告并归档保存。
工作重点
生产部汇总各生产单位提交的生产统计报表并加以分析。</td></tr>
<tr><td>工作标准</td></tr>
<tr><td>生产统计报表规范，分析认真、见解精辟；生产总结规范，总结内容完整、清晰、深刻、具有指导意义。</td></tr>
<tr><td>考核指标</td></tr>
<tr><td>☆汇总生产统计报表差错率：控制在____%以内。
☆汇总生产统计报表及时率：目标值为____%。</td></tr>
<tr><td colspan="2">执行规范</td></tr>
<tr><td colspan="2">“生产计划管理制度”“销售计划”。</td></tr>
</table>

5.2 生产工时测定与生产任务安排管理

5.2.1 生产工时测定与生产任务安排管理流程设计

5.2.1.1 流程设计的目的

企业进行生产工时测定与生产任务安排管理流程设计的目的如下。

（1）在生产目标的指引下，调动一切人力、物力和财力，对生产任务进行精准的确定和安排。

（2）对生产过程中的进度、工时、成本和浪费现象予以控制，确保生产过程中的投入最小化。

（3）对生产过程中的调度、控制事宜进行总结，以便对生产作业系统的运营进行改进。

5.2.1.2 流程结构设计

企业可根据生产任务设计生产工时测定与生产任务安排管理流程，其具体结构如图5-2所示。

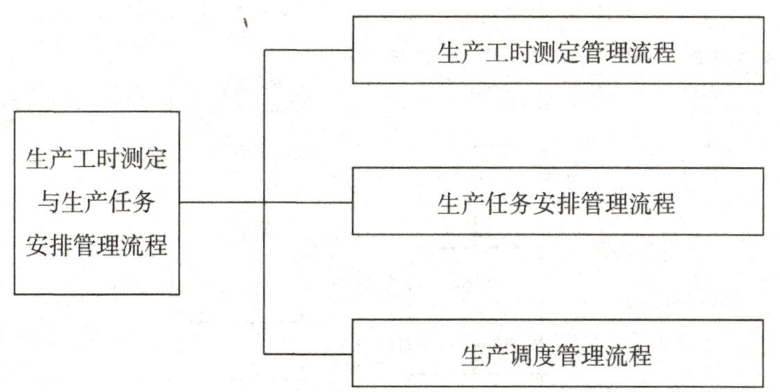

图 5-2 生产工时测定与生产任务安排管理流程结构

5.2.2 生产工时测定管理流程设计与工作执行

5.2.2.1 生产工时测定管理流程设计

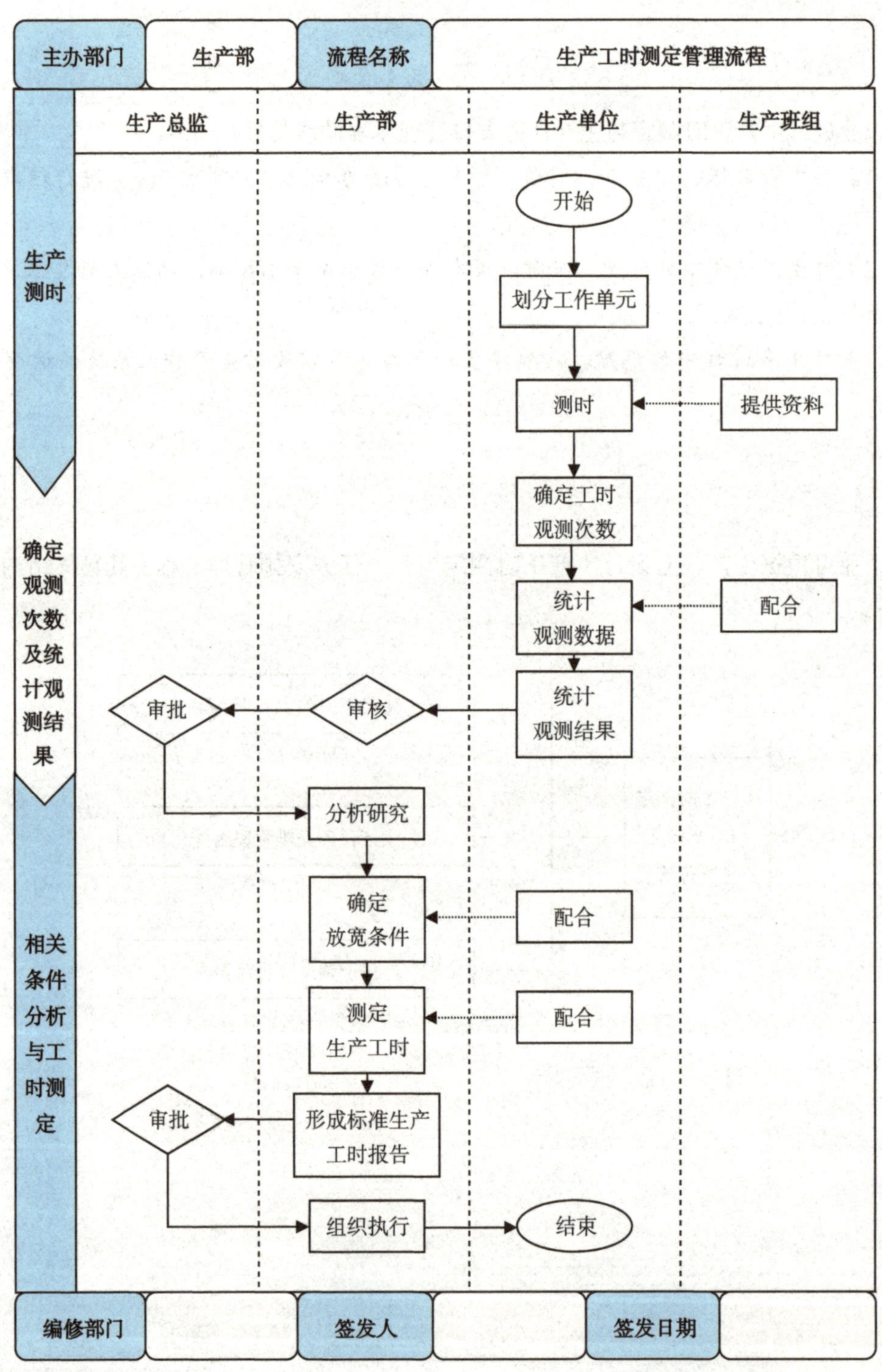

5.2.2.2 生产工时测定管理执行程序、工作标准、考核指标、执行规范

<table>
<tr><th>任务名称</th><th>执行程序、工作标准与考核指标</th></tr>
<tr><td rowspan="4">生产测时</td><td>执行程序</td></tr>
<tr><td>1. 划分工作单元
生产单位根据自身生产工作的特点和实际划分待测定工时的工作单元。
2. 测时
☆各生产班组提供待测定工时单元的资料和信息。
☆生产单位参考、分析生产班组提供的资料，进行实地工时测定。
工作重点
生产部及时汇总、审核各生产单位划分的待测定工时的工作单元。</td></tr>
<tr><td>工作标准</td></tr>
<tr><td>实地测时及时，观测错误率相对较低。</td></tr>
<tr><td rowspan="4">确定观测次数及统计观测结果</td><td>执行程序</td></tr>
<tr><td>1. 确定工时观测次数
生产单位根据自身生产领域的特点和实际情况确定工时观测次数。
2. 统计观测数据
☆生产单位进行工时测定观测，整理、统计生产工时观测数据。
☆各生产班组配合生产单位的工时观测工作。
3. 统计观测结果
工时观测结束后，生产单位将统计后的观测结果提交生产部审核、生产总监审批。
工作重点
各生产单位需要进行细致的观测统计。</td></tr>
<tr><td>工作标准</td></tr>
<tr><td>统计及时、数据真实、信息全面，无弄虚作假现象。</td></tr>
<tr><td rowspan="6">相关条件分析与工时测定</td><td>执行程序</td></tr>
<tr><td>1. 确定放宽条件
生产部根据生产单位工时观测分析结果，确定并提出工时测定需要放宽的条件。
2. 测定生产工时
☆生产部综合各方面的条件、因素，并通过详细的运算测定生产工时。
☆各生产单位配合生产部的生产工时测定工作。
3. 形成标准生产工时报告
生产部通过综合分析、运算得出标准工时后，形成标准生产工时报告并将其提交生产总监审批。
工作重点
生产单位对生产部的分析研究及放宽条件的提出给予积极配合。</td></tr>
<tr><td>工作标准</td></tr>
<tr><td>生产部通过运算得出合理的、标准的生产工时。</td></tr>
<tr><td>考核指标</td></tr>
<tr><td>☆标准生产工时运算差错率：控制在____%以内。
☆实地测时及时率：确保达到____%。</td></tr>
<tr><th colspan="2">执行规范</th></tr>
<tr><td colspan="2">“生产计划”“生产任务单”“生产过程数据统计表”。</td></tr>
</table>

5.2.3 生产任务安排管理流程设计与工作执行

5.2.3.1 生产任务安排管理流程设计

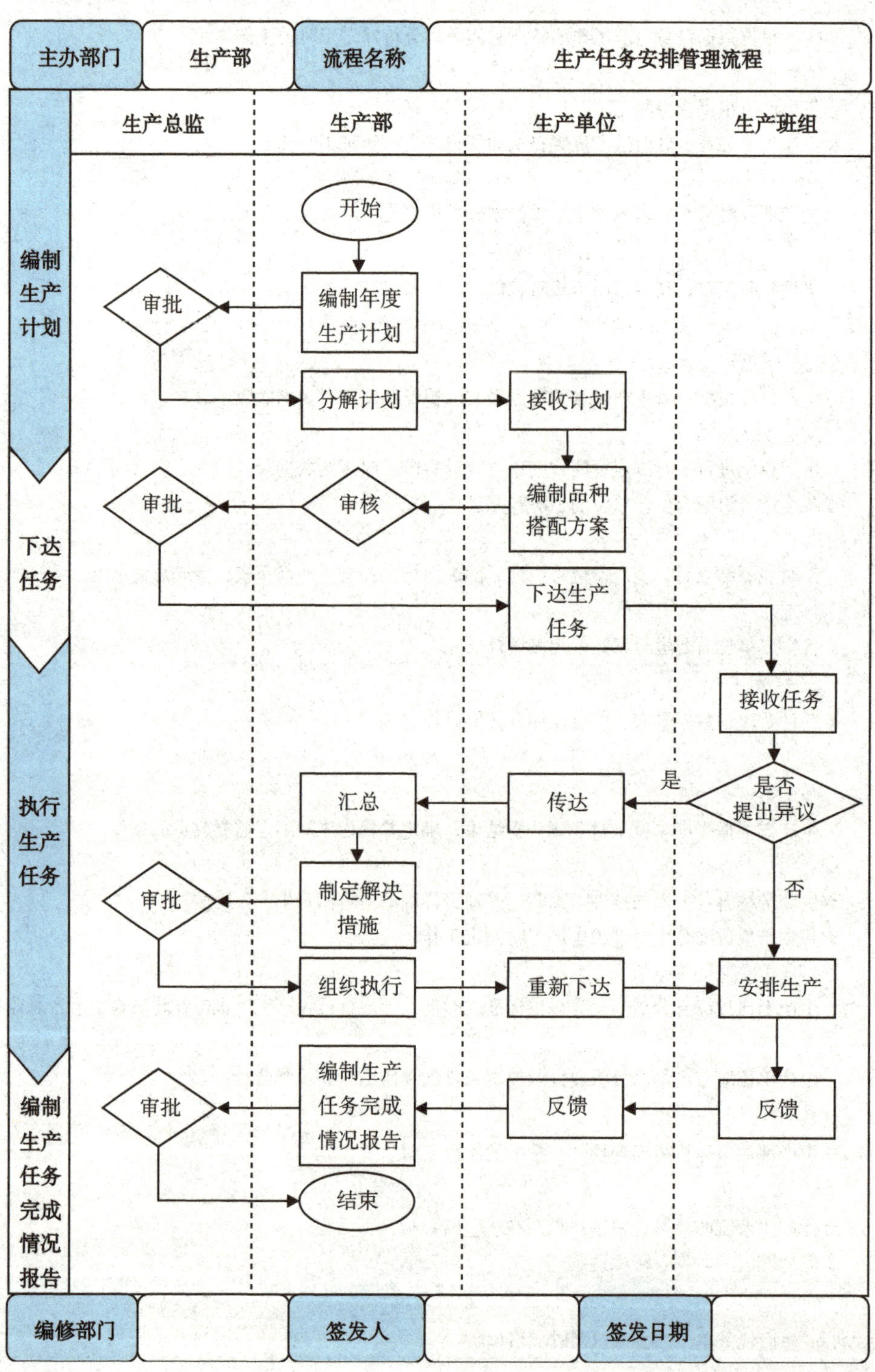

5.2.3.2 生产任务安排管理执行程序、工作标准、考核指标、执行规范

<table>
<tr><th>任务名称</th><th>执行程序、工作标准与考核指标</th></tr>
<tr><td rowspan="4">编制生产计划</td><td>执行程序</td></tr>
<tr><td>1. 编制年度生产计划
生产部根据企业发展战略和生产经营计划编制年度生产计划，并将其提交生产总监审批。
2. 分解计划
年度生产计划经审批通过后，生产部根据审批意见将年度生产计划分解为季度、月度生产计划并下发至各生产单位。
工作重点
生产部将年度生产计划分解为各生产单位的季度、月度生产计划，各生产单位接收季度、月度生产计划。</td></tr>
<tr><td>工作标准</td></tr>
<tr><td>生产计划规范、可行，产销平衡，符合企业的生产能力。</td></tr>
<tr><td rowspan="6">下达任务</td><td>执行程序</td></tr>
<tr><td>1. 编制品种搭配方案
各生产单位根据生产计划和不同的分工编制品种搭配方案，并将其提交生产部审核、生产总监审批。
2. 下达生产任务
品种搭配方案经审批通过后，生产单位根据生产计划和品种搭配方案向各生产班组下达生产任务。
工作重点
各生产单位在接到生产部下达的生产计划后，根据各自的分工编制品种搭配方案。</td></tr>
<tr><td>工作标准</td></tr>
<tr><td>品种搭配方案合理，利于生产和销售。</td></tr>
<tr><td>考核指标</td></tr>
<tr><td>☆品种搭配方案提交及时率：目标值为____%。
☆品种搭配方案修订次数：控制在____次以内。</td></tr>
<tr><td rowspan="4">执行生产任务</td><td>执行程序</td></tr>
<tr><td>1. 是否提出异议
各生产班组研究、分析接收到的生产任务，并根据自身的实际生产能力确定是否对生产任务提出异议。
2. 制定解决措施
生产部根据各生产单位提交的生产任务异议制定相应的解决措施，并将其提交生产总监审批。
3. 安排生产
☆生产任务异议解决措施经审批通过后，各生产班组根据重新下达的生产任务安排自身的生产工作。
☆各生产班组若对原生产任务无异议，则按照原生产任务组织安排自身的生产工作。
工作重点
生产部制定相关措施，及时调节生产任务安排中的矛盾。</td></tr>
<tr><td>工作标准</td></tr>
<tr><td>在接到生产任务后，各生产班组根据自身的生产能力认真研究并安排生产工作。</td></tr>
</table>

（续）

任务名称	执行程序、工作标准与考核指标
编制生产任务完成情况报告	执行程序
	编制生产任务完成情况报告 生产部根据各生产单位收集、整理的生产班组的生产工作记录信息，编制生产任务完成情况报告，并将其提交生产总监审批。 工作重点 生产部定期根据生产任务完成情况编写生产任务完成情况报告。
	工作标准
	生产任务完成情况报告规范，汇报、编写及时，内容全面、真实。
执行规范	
"年度经营目标""长期发展战略""技术工艺方案""品种搭配方案"。	

5.2.4 生产调度管理流程设计与工作执行

5.2.4.1 生产调度管理流程设计

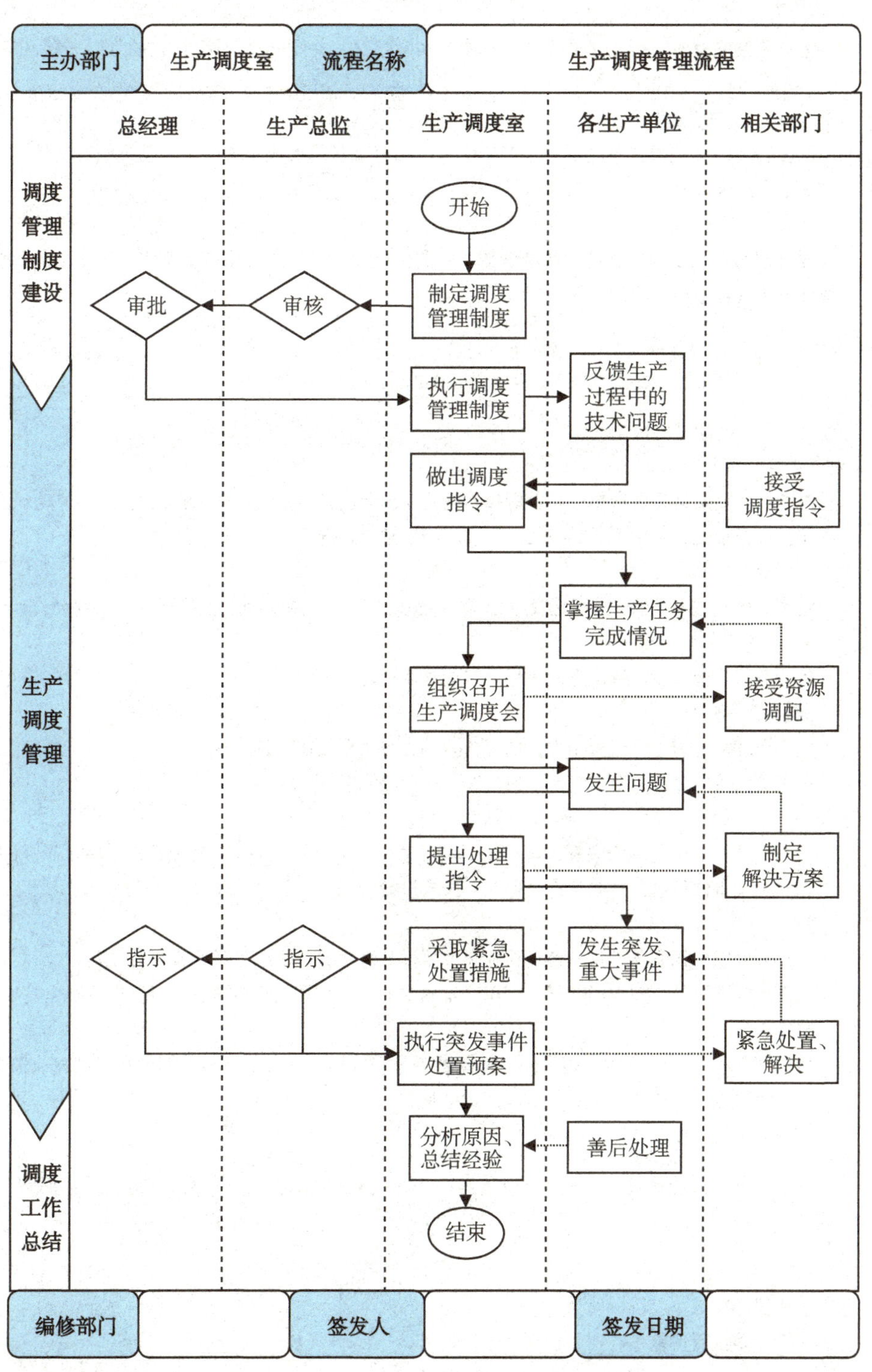

5.2.4.2 生产调度管理执行程序、工作标准、考核指标、执行规范

<table>
<tr><th>任务名称</th><th>执行程序、工作标准与考核指标</th></tr>
<tr><td rowspan="4">调度管理制度建设</td><td>执行程序</td></tr>
<tr><td>1. 制定调度管理制度
生产调度室分析、研究企业生产过程中的实际情况，并据此制定调度管理制度，随后将其提交生产总监审核、总经理审批。
2. 执行调度管理制度
调度管理制度经审批通过后，生产调度室根据审批意见形成正式的调度管理制度文件，并执行调度管理制度。
工作重点
确定调度管理制度在企业生产经营活动中的地位与作用，明确生产调度室和调度员的职权，以便统一协调各生产单位的工作。</td></tr>
<tr><td>工作标准</td></tr>
<tr><td>调度管理制度需结合企业实际、有条理、有规划、切实可行。</td></tr>
<tr><td rowspan="6">生产调度管理</td><td>执行程序</td></tr>
<tr><td>1. 做出调度指令
☆生产调度室根据各生产单位反馈的技术问题做出调度指令，责成相关部门解决。
☆相关部门接受调度指令，并及时反馈技术问题解决情况。
2. 组织召开生产调度会
☆生产调度室通过多种途径掌握各生产单位的生产进度，并定期组织召开生产调度会，确保均衡生产。
☆各相关部门配合生产调度室的工作，接受资源调配。
3. 提出处理指令
☆生产调度室针对生产过程中发生的设备、动力等问题提出处理指令。
☆相关部门接收处理指令并制定解决方案，以解决问题。
4. 采取紧急处置措施
针对生产过程中出现的突发事件，生产调度室采取紧急处置措施，控制事态，降低企业的损失，调查、整理事件经过，并向生产总监和总经理进行汇报。
5. 执行突发事件处置预案
☆生产调度室依据领导的指示意见执行突发事件处理预案，妥善处理突发事件。
☆突发事件涉及的相关部门依据生产调度室提出的预案在现场进行紧急处置，以解决突发事件。
工作重点
强调调度工作的严肃性，相关部门按调度指令完成相关任务后，应向调度室反馈完成情况，生产调度室根据其完成情况决定是否取消调度指令。</td></tr>
<tr><td>工作标准</td></tr>
<tr><td>确保技术人员能快速、正确、精准地解决相关技术问题，并且在处理后较长时间内不出现类似问题。</td></tr>
<tr><td>考核指标</td></tr>
<tr><td>☆生产任务完成率：目标值为____%。
☆生产计划执行偏差率：控制在____%以内。</td></tr>
</table>

（续）

任务名称	执行程序、工作标准与考核指标
调度工作总结	执行程序
	分析原因、总结经验 生产调度室总结调度工作，分析事件和问题发生的原因，总结工作经验，提出改进措施，完善调度管理工作。 工作重点 多方面、全方位地分析问题发生的原因，总结工作经验。
	工作标准
	在调度管理工作完成后____天内完成分析及总结工作。
执行规范	
“生产调度管理制度”“生产管理制度”“各产品线的工艺技术规程”。	

5.3 生产现场与生产进度管理

5.3.1 生产现场与生产进度管理流程设计

5.3.1.1 流程设计的目的

企业进行生产现场与生产进度管理流程设计的目的如下。

（1）及时传递生产信息，明确阶段性的生产目标，展示生产任务完成情况。

（2）对生产过程中的工时、成本、延迟现象予以控制，确保生产过程的精益化。

（3）对生产过程中出现的问题，要及时查明原因并进行有针对性的解决，确保生产活动顺利进行。

5.3.1.2 流程结构设计

在设计生产现场与生产进度管理流程时，流程设计人员应对其各个子流程设置执行程序、工作重点、工作标准与考核指标，以保障流程的有效实施。其具体结构如图 5-3 所示。

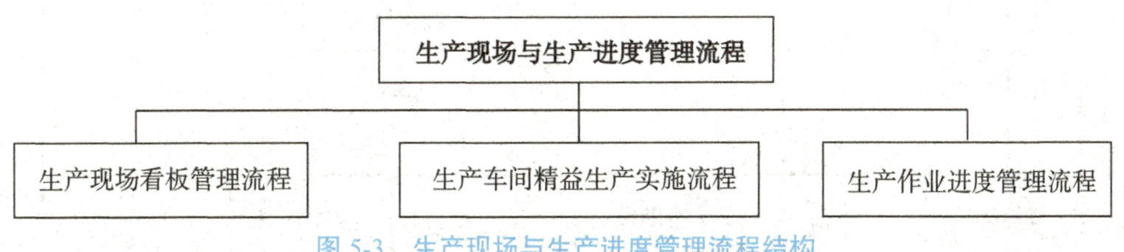

图 5-3 生产现场与生产进度管理流程结构

5.3.2 生产现场看板管理流程设计与工作执行

5.3.2.1 生产现场看板管理流程设计

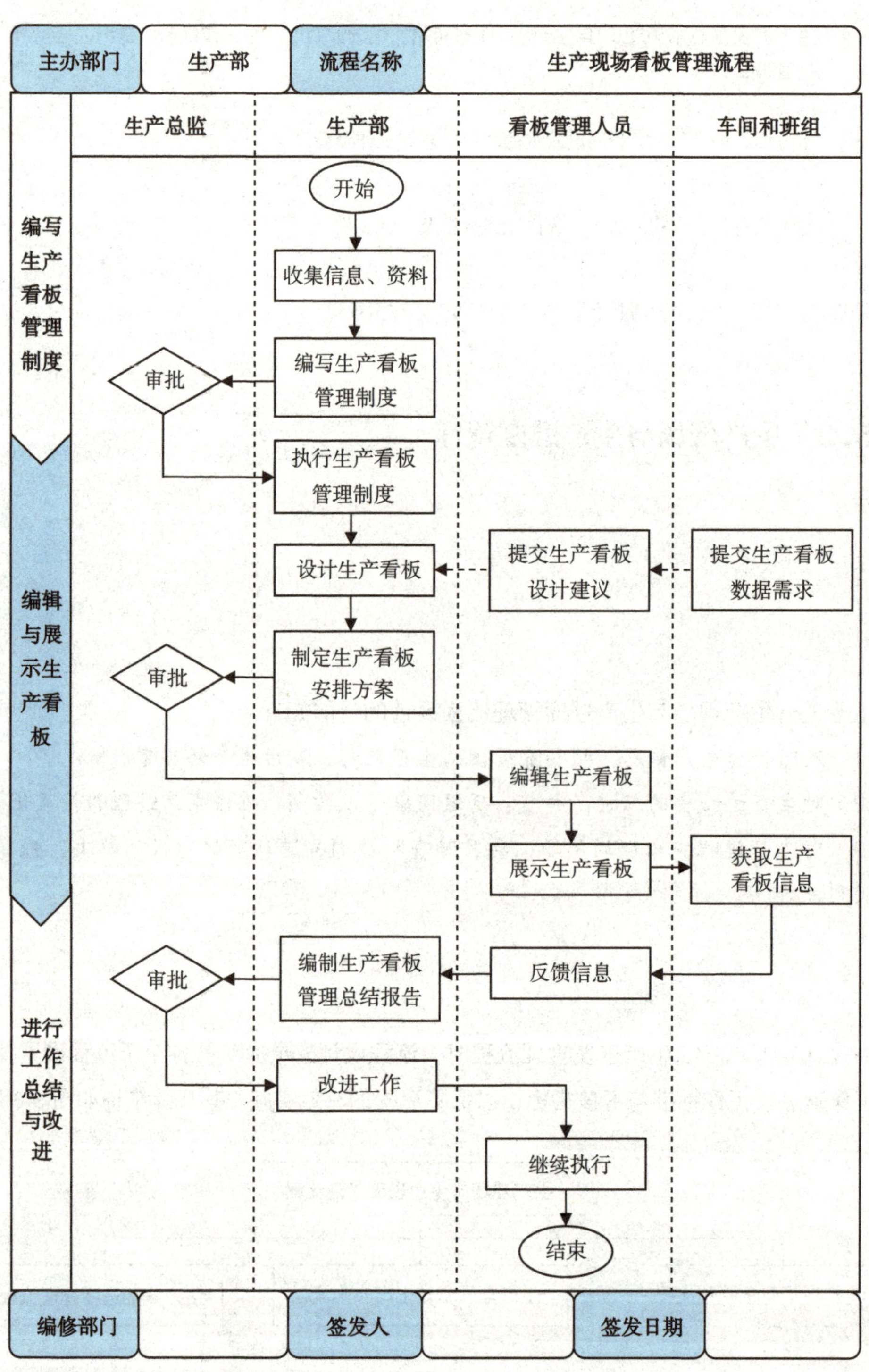

5.3.2.2 生产现场看板管理执行程序、工作标准、考核指标、执行规范

任务名称	执行程序、工作标准与考核指标
编写生产看板管理制度	**执行程序** 1. 收集信息、资料 生产部收集日常生产过程中的相关信息和资料，调查各生产单位的信息需求。 2. 编写生产看板管理制度 生产部根据掌握的信息和资料及企业生产实际情况编写生产看板管理制度，并将其提交生产总监审批。 工作重点 生产部在收集信息、资料时应全面了解各生产单位的实际工作需要，确保生产看板制度高效、实用。 **工作标准** 生产看板管理制度在____天内编写完成并提交审批。 **考核指标** 生产看板管理制度首次审批通过率。 $生产看板管理制度首次审批通过率=\frac{生产看板管理制度首次审批通过的次数}{生产看板管理制度审批总次数}\times 100\%$
编辑与展示生产看板	**执行程序** 1. 设计生产看板 ☆生产部按照生产看板管理制度的要求设计生产看板的形式和内容。 ☆车间和班组提交生产看板数据项目需求，看板管理人员提交生产看板设计建议。 2. 制定生产看板安排方案 设计完生产看板后，生产部根据企业生产计划的执行进度制定生产看板安排方案，并将其提交生产总监审批。 3. 展示生产看板 完成生产看板的编辑后，看板管理人员按照看板安排方案的规定在指定时间内向车间和班组展示生产看板。 工作重点 生产看板安排方案应与生产计划相一致，确保按时完成生产任务。 **工作标准** ☆生产看板内容编辑精准、无误。 ☆生产看板展示工作在当期工作开始前____小时完成。 **考核指标** ☆生产看板安排方案首次审批通过率。 $生产看板安排方案首次审批通过率=\frac{首次审批通过的方案数}{审批方案总数}\times 100\%$ ☆生产看板展示及时率。 $生产看板展示及时率=\frac{及时展示生产看板的次数}{生产看板展示总次数}\times 100\%$

（续）

<table>
<tr><th>任务名称</th><th>执行程序、工作标准与考核指标</th></tr>
<tr><td rowspan="6">进行工作总结与改进</td><td>执行程序</td></tr>
<tr><td>1. 编制生产看板管理总结报告
生产部根据车间和班组反馈的相关意见编制生产看板管理总结报告，并将其提交生产总监审批。
2. 改进工作
生产部学习生产总监对生产看板管理总结报告的审批意见，回顾生产看板管理全过程，吸取经验教训，改进、完善生产看板管理工作。
工作重点
生产看板总结报告要客观真实地反应车间和班组对生产看板的意见，确保改进工作有据可依。</td></tr>
<tr><td>工作标准</td></tr>
<tr><td>生产看板管理总结报告在____天内提交审批。</td></tr>
<tr><td>考核指标</td></tr>
<tr><td>生产看板管理总结报告首次审批通过率。
$$生产看板管理总结报告首次审批通过率=\frac{首次审批通过的报告数}{审批报告总数}\times 100\%$$</td></tr>
<tr><td colspan="2">执行规范</td></tr>
<tr><td colspan="2">“生产看板管理制度”“生产看板安排方案”“生产看板管理总结报告”“企业生产现场管理制度”。</td></tr>
</table>

5.3.3 生产车间精益生产实施流程设计与工作执行

5.3.3.1 生产车间精益生产实施流程设计

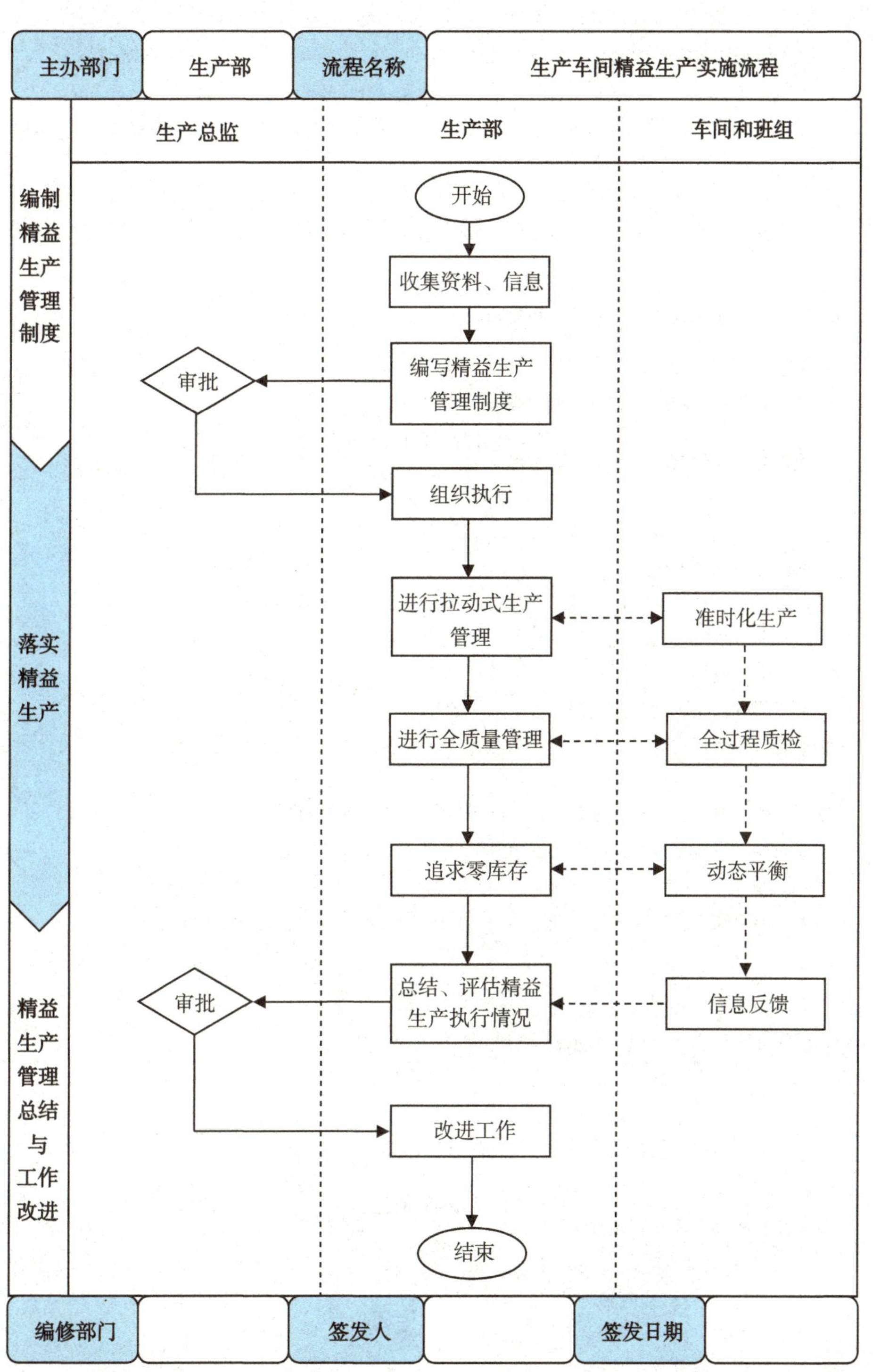

5.3.3.2 生产车间精益生产实施执行程序、工作标准、考核指标、执行规范

<table>
<tr><th>任务名称</th><th>执行程序、工作标准与考核指标</th></tr>
<tr><td rowspan="6">编制精益生产管理制度</td><td>执行程序</td></tr>
<tr><td>1. 收集资料、信息
生产部研究国内外优秀企业的精益化生产案例，收集精益生产的相关信息和资料。
2. 编写精益生产管理制度
生产部将精益生产的要求和特点与企业实际生产情况相结合，并据此编写精益生产管理制度，随后将其提交生产总监审批。
工作重点
精益生产管理制度必须实现本土化，确保精益化生产管理与企业的实际生产情况相匹配。</td></tr>
<tr><td>工作标准</td></tr>
<tr><td>精益生产管理制度在____天内提交审批。</td></tr>
<tr><td>考核指标</td></tr>
<tr><td>精益生产管理制度首次审批通过率。
$$精益生产管理制度首次审批通过率=\frac{首次审批通过的制度数}{审批制度总数}\times 100\%$$</td></tr>
<tr><td rowspan="6">落实精益生产</td><td>执行程序</td></tr>
<tr><td>1. 进行拉动式生产管理
☆生产部根据拉动式生产的特点制定生产单位和工序衔接管理规定。
☆车间和班组执行拉动式生产，按规定完成生产任务。
2. 进行全质量管理
☆生产部对企业的生产过程进行全质量管理。
☆车间和班组在各生产工序中进行质量自检，并接受生产部的全质量管理。
3. 追求零库存
☆生产部以零库存为目标安排、调度各车间和班组的生产任务。
☆车间和班组按照规定进行生产，在生产工序中实现动态平衡。
工作重点
生产部应准确把握零库存追求，保证零库存是实现精益生产的最关键因素。</td></tr>
<tr><td>工作标准</td></tr>
<tr><td>☆生产工序之间的衔接时间小于____个单位时间。
☆车间和班组生产工序的质量检测合格率在____%以上。</td></tr>
<tr><td>考核指标</td></tr>
<tr><td>☆生产工序衔接时间合格率。$生产工序衔接时间合格率=\frac{衔接及时的工序数}{工序总数}\times 100\%$
☆库存积压率。$库存积压率=\frac{未及时流转的库存量}{库存总量}\times 100\%$</td></tr>
</table>

（续）

<table>
<tr><th>任务名称</th><th>执行程序、工作标准与考核指标</th></tr>
<tr><td rowspan="6">精益生产管理总结与工作改进</td><td>执行程序</td></tr>
<tr><td>1. 总结、评估精益生产执行情况
生产部根据车间和班组的反馈信息评估精益生产的执行情况，考核精益生产的效果并编制精益生产总结报告，随后将其提交生产总监审批。
2. 改进工作
精益生产总结报告经审批通过后，生产部根据审批意见改进生产管理问题，完善精益生产执行过程。
工作重点
生产部在评估精益生产执行效果时应客观、公正、准确地反映精益生产的问题和成果。</td></tr>
<tr><td>工作标准</td></tr>
<tr><td>精益生产总结报告在____天内提交审批。</td></tr>
<tr><td>考核指标</td></tr>
<tr><td>总结报告首次审批通过率。总结报告首次审批通过率 = $\frac{\text{首次审批通过的报告数}}{\text{审批报告总数}} \times 100\%$</td></tr>
<tr><td colspan="2">执行规范</td></tr>
<tr><td colspan="2">“精益生产管理制度”“企业生产管理规定”“精益生产总结报告”“精益生产执行规范”。</td></tr>
</table>

5.3.4 生产作业进度管理流程设计与工作执行

5.3.4.1 生产作业进度管理流程设计

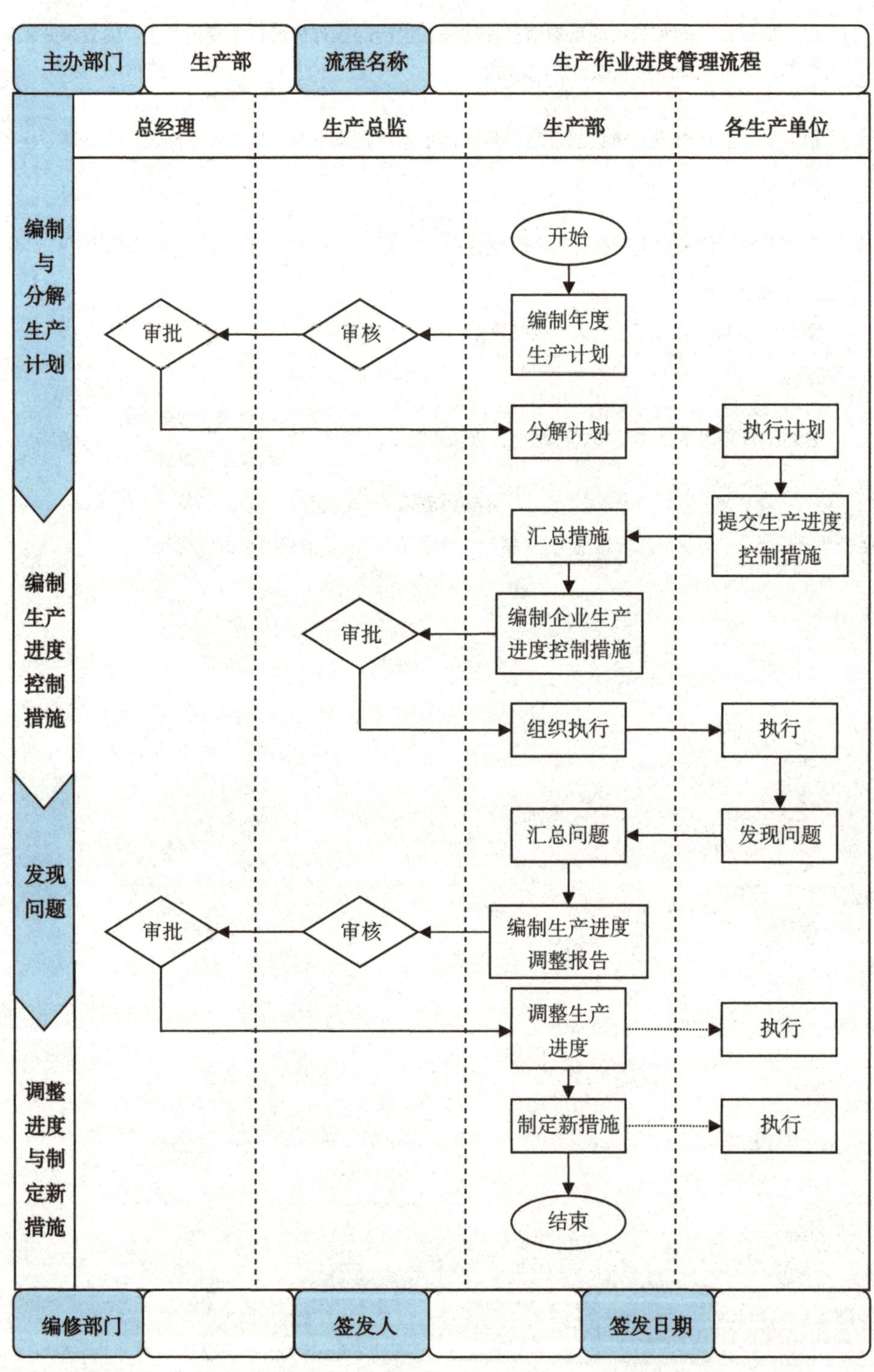

5.3.4.2 生产作业进度管理执行程序、工作标准、考核指标、执行规范

<table>
<tr><th>任务名称</th><th>执行程序、工作标准与考核指标</th></tr>
<tr><td rowspan="4">编制与分解生产计划</td><td>执行程序</td></tr>
<tr><td>1. 编制年度生产计划
生产部根据企业发展战略和生产经营计划编制年度生产计划，并将其提交生产总监审核、总经理审批。
2. 分解计划
年度生产计划经审批通过后，生产部根据审批意见将年度生产计划分解为各生产单位的季度、月度生产计划。
工作重点
生产部在分解生产计划时需要考虑历年各部门的生产情况及其生产能力等 。</td></tr>
<tr><td>工作标准</td></tr>
<tr><td>生产计划规范、可行，确保产销平衡、符合企业的生产能力。</td></tr>
<tr><td rowspan="4">编制生产进度控制措施</td><td>执行程序</td></tr>
<tr><td>1. 汇总措施
生产部收集、汇总各生产单位提交的生产进度控制措施，并对其进行整理分析。
2. 编制企业生产进度控制措施
生产部根据对各生产单位提交的生产进度控制措施的汇总、整理情况编制企业生产进度控制措施，并将其提交生产总监审批。
工作重点
生产部组织各生产单位执行生产进度控制措施。</td></tr>
<tr><td>工作标准</td></tr>
<tr><td>生产进度控制措施合理、可行。</td></tr>
<tr><td rowspan="6">发现问题</td><td>执行程序</td></tr>
<tr><td>1. 汇总问题
生产部汇总各生产单位提交的影响生产进度的各类问题，并调查分析问题的实际情况。
2. 编制生产进度调整报告
生产部根据问题分析研究结果编制生产进度调整报告，并将其提交生产总监审核、总经理审批。
工作重点
生产部根据生产进度调整报告提出是否应当调整生产进度。</td></tr>
<tr><td>工作标准</td></tr>
<tr><td>汇总问题规范，问题归类清晰、简洁易懂，无遗漏信息。</td></tr>
<tr><td>考核指标</td></tr>
<tr><td>☆汇总问题及时率：目标值为____%。
☆汇总问题准确率：目标值为____%。</td></tr>
</table>

（续）

任务名称	执行程序、工作标准与考核指标
调整进度与制定新措施	执行程序
	1. 调整生产进度 总经理审批确定需要调整生产进度后，生产部根据实际情况调整生产计划，规划生产进度。 2. 制定新措施 生产部根据调整后的生产计划和生产进度规划情况，重新制定生产进度控制措施。 工作重点 ☆若需要调整生产进度，生产部应及时调整相关生产计划，进一步合理规划生产进度。 ☆若不需要调整生产进度，生产部应及时修订原有的生产进度控制措施。
	工作标准
	总经理确定需要调整生产计划后，生产部应在____个工作日内重新制定生产进度控制措施。
执行规范	
“销售订单”“生产进度控制措施”。	

5.4 生产成本控制与节约活动实施管理

5.4.1 生产成本控制与节约活动实施管理流程设计

5.4.1.1 流程设计的目的

企业进行生产成本控制与节约活动实施管理流程设计的目的如下。

（1）对生产过程中的进度、工时、成本和浪费现象予以控制，确保生产过程中的投入最小化。

（2）在执行生产任务的过程中，对非必要物资的投入进行控制，实施节约活动。

5.4.1.2 流程结构设计

在设计生产成本控制与节约活动实施管理流程时，企业流程设计人员应针对各个子流程设置执行程序、工作重点、工作标准与考核指标，以保障流程的有效实施。其具体结构如图 5-4 所示。

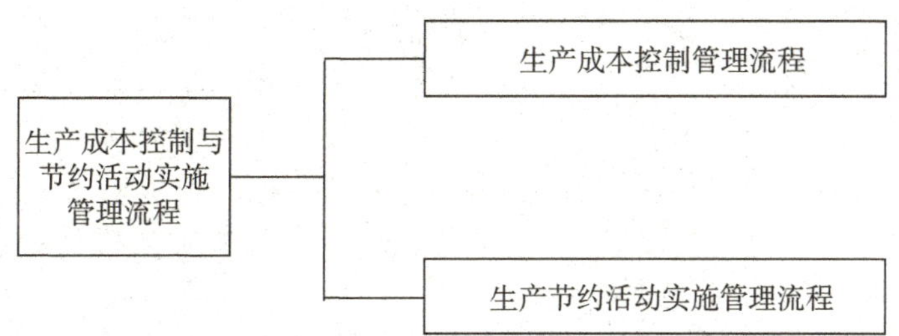

图 5-4 生产成本控制与节约活动实施管理流程结构

5.4.2 生产成本控制管理流程设计与工作执行

5.4.2.1 生产成本控制管理流程设计

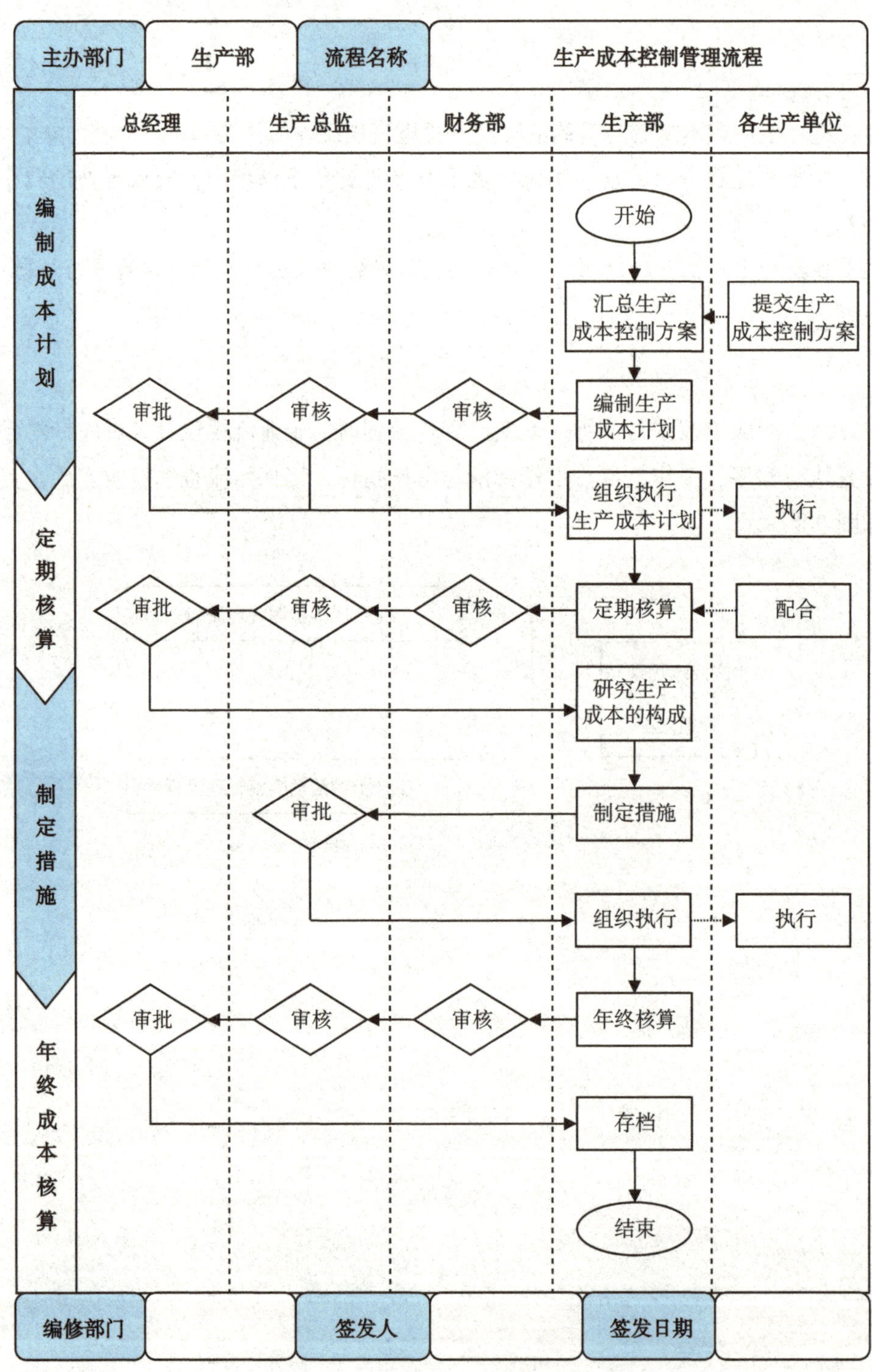

5.4.2.2 生产成本控制管理执行程序、工作标准、考核指标、执行规范

<table>
<tr><th>任务名称</th><th>执行程序、工作标准与考核指标</th></tr>
<tr><td rowspan="4">编制成本计划</td><td>执行程序</td></tr>
<tr><td>1. 汇总生产成本控制方案
☆各生产单位根据自身的实际生产情况编制生产成本控制方案，并将其提交生产部。
☆生产部汇总、整理各生产单位提交的生产成本控制方案。
2. 编制生产成本计划
生产部根据各生产单位提交的生产成本控制方案编制生产成本计划，经财务部和生产总监审核通过后，报总经理审批。
工作重点
各生产单位根据自身实际生产情况编制生产成本控制方案。</td></tr>
<tr><td>工作标准</td></tr>
<tr><td>生产成本控制方案有效、可行，能切实减少成本浪费现象，使员工养成生产节约意识。</td></tr>
<tr><td rowspan="6">定期核算</td><td>执行程序</td></tr>
<tr><td>1. 组织执行生产成本计划
生产成本计划经审批通过后，生产部按照生产成本计划管理各生产单位的生产工作，组织执行生产成本计划。
2. 定期核算
☆生产部定期对各生产单位的生产成本进行核算，并编制生产成本核算报告，经财务部、生产总监审核通过后，报总经理审批。
☆各生产单位配合生产部进行生产成本核算工作。
工作重点
生产成本核算结果需报财务部审核。</td></tr>
<tr><td>工作标准</td></tr>
<tr><td>确保生产成本计划执行及时、准确。</td></tr>
<tr><td>考核指标</td></tr>
<tr><td>☆定期核算工作按时开展率：目标值为____%。
☆生产成本核算差错率：控制在____%以内。</td></tr>
<tr><td rowspan="2">制定措施</td><td>执行程序</td></tr>
<tr><td>1. 研究生产成本的构成
生产部根据生产成本核算情况研究分析各生产单位的生产成本的构成，确定生产成本超支和浪费等情况。
2. 制定措施
生产部根据生产成本研究分析结果确定相应的控制措施，编制生产成本控制措施方案，并将其提交生产总监审批。
工作重点
☆生产部研究生产成本超支的原因或有无进一步节约生产成本的可能。
☆生产部的生产成本控制人员应深入生产第一线，调查目前存在的资源浪费等情况，查询潜在的导致生产成本增加的因素。</td></tr>
</table>

（续）

任务名称	执行程序、工作标准与考核指标
制定措施	工作标准
	生产成本控制措施有效，确保能减少不合理的生产成本浪费现象，有助于生产成本控制目标的达成；生产成本控制措施的参考信息应全面，涉及各个生产环节。
年终成本核算	执行程序
	1. 年终核算 生产部进行年终核算，调查、测定各生产单位的实际生产成本控制情况，并据此编制年度生产成本核算报告，经财务部、生产总监审核通过后，报总经理审批。 2. 存档 年度生产成本核算报告经审批通过后，生产部将相应文件归档保存。 工作重点 ☆年度生产成本核算报告由财务部负责审核，财务部对照自己核算的结果确定两者是否相符。 ☆生产部将年度生产成本核算报告存档并妥善保管。
	工作标准
	年度生产成本核算报告规范，年终生产成本核算及时、真实、准确，内容全面、有数据支撑、具有指导意义。
执行规范	
"生产成本核算文件""生产成本控制制度"。	

5.4.3 生产节约活动实施管理流程设计与工作执行

5.4.3.1 生产节约活动实施管理流程设计

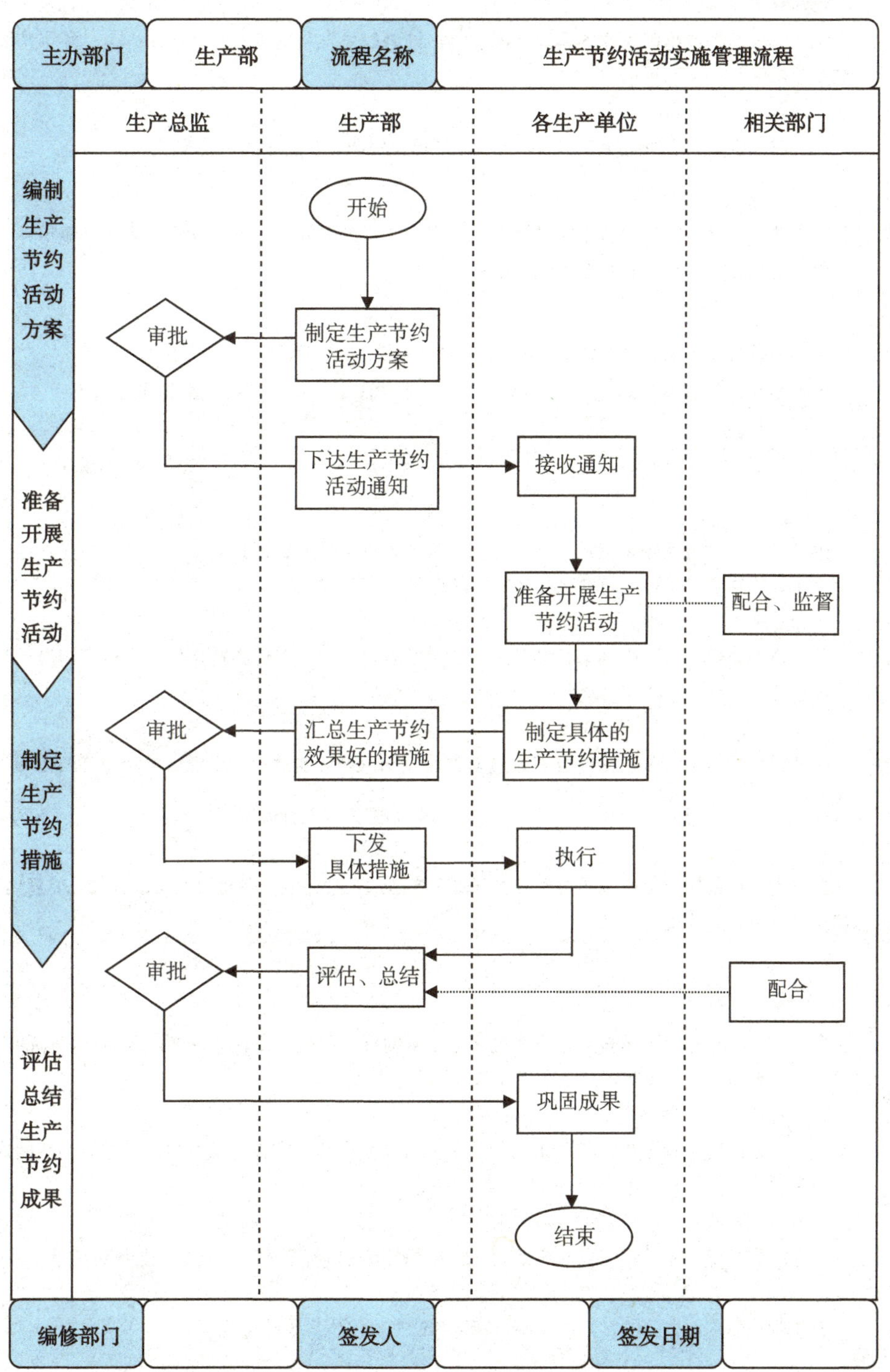

5.4.3.2 生产节约活动实施管理执行程序、工作标准、考核指标、执行规范

<table>
<tr><th>任务名称</th><th>执行程序、工作标准与考核指标</th></tr>
<tr><td rowspan="6">编制生产节约活动方案</td><td>执行程序</td></tr>
<tr><td>制定生产节约活动方案
生产部根据企业生产工作的实际情况和生产计划的要求制定生产节约活动方案，并将其提交生产总监审批。
工作重点
生产部制定生产节约活动方案，使生产人员形成生产节约的习惯和素养。</td></tr>
<tr><td>工作标准</td></tr>
<tr><td>生产节约活动方案主要包括参加活动的人员，活动的时间、地点、方式，活动经费预算，活动评价标准和要求，活动结果奖惩措施等内容。</td></tr>
<tr><td>考核指标</td></tr>
<tr><td>☆生产节约活动方案制定及时率：目标值为___%。
☆生产节约活动方案的规范性、有效性：符合生产成本计划和控制方案的指导原则，方案可行、全面、有效。</td></tr>
<tr><td rowspan="4">准备开展生产节约活动</td><td>执行程序</td></tr>
<tr><td>1. 下达生产节约活动通知
生产节约活动方案经审批通过后，生产部根据审批意见形成正式的方案文件，并向各生产单位下达生产节约活动通知，同时召开会议以说明方案详情。
2. 准备开展生产节约活动
各生产单位研究学习生产节约活动方案，并结合自身生产工作的特点做好生产节约活动开展前的准备工作。
工作重点
生产部在执行生产节约活动方案时应全程监控和记录活动过程，提倡全员参与节约活动，以形成节约氛围。</td></tr>
<tr><td>工作标准</td></tr>
<tr><td>生产部应严格按照生产节约活动方案开展生产节约活动，不可随意更改活动方式、奖惩内容等，确保活动公开、公正、公平。</td></tr>
<tr><td rowspan="2">制定生产节约措施</td><td>执行程序</td></tr>
<tr><td>1. 制定具体的生产节约措施
各生产单位根据生产节约活动方案的要求，针对详细的生产工作单元制定并执行具体的生产节约措施，然后将生产节约效果上报生产部。
2. 汇总生产节约效果好的措施
生产部汇总、整理各生产单位提交的效果显著的生产节约措施，经研究、总结后编制效果报告并将其提交生产总监审批。
3. 下发具体措施
效果报告经审批通过后，生产部将效果好的生产节约措施整理后下发至企业各生产单位。
工作重点
各生产单位根据自己的具体生产特点制定有针对性的生产节约措施。</td></tr>
</table>

（续）

<table>
<tr><th>任务名称</th><th>执行程序、工作标准与考核指标</th></tr>
<tr><td rowspan="4">制定生产节约措施</td><td>工作标准</td></tr>
<tr><td>制定可以全企业推广的生产节约措施，如节水、节电等措施。</td></tr>
<tr><td>考核指标</td></tr>
<tr><td>☆节约效果：生产成本减少____元 / 件。
☆节约措施执行率：目标值为____%。</td></tr>
<tr><td rowspan="4">评估总结生产节约成果</td><td>执行程序</td></tr>
<tr><td>1. 评估、总结
☆生产节约活动结束后，生产部对各生产单位的生产节约活动成果进行评估。
☆生产部根据生产节约活动的评估结果进行总结，编制生产节约总结报告并将其提交生产总监审批。
2. 巩固成果
各生产单位继续落实生产节约制度，巩固生产节约活动成果，实现生产节约活动的标准化、日常化。
工作重点
生产部根据生产节约活动的开展情况，对生产节约活动进行有效评估，找到活动开展的优缺点和作用。</td></tr>
<tr><td>工作标准</td></tr>
<tr><td>巩固生产节约活动主要包括活动成果标准化，活动成果跟踪，活动成果分享，活动考核、奖惩，后续活动的开展五个方面。</td></tr>
<tr><td colspan="2">执行规范</td></tr>
<tr><td colspan="2">“生产节约活动方案”“生产节约规章制度”。</td></tr>
</table>

5.5 生产检查、评估与问题处理管理

5.5.1 生产检查、评估与问题处理管理流程设计

5.5.1.1 流程设计的目的

企业进行生产检查、评估与问题处理管理流程设计的目的是确保企业按时、保质、保量地完成生产任务，具体内容如下。

（1）根据生产计划的要求，严格控制生产任务的进程和进度。

（2）对生产过程中的每一个单元予以控制，确保完成生产任务。

（3）对于生产过程中出现的问题，及时查明原因并有针对性地予以解决，以确保生产工作顺利进行。

5.5.1.2 流程结构设计

在设计生产检查、评估与问题处理管理流程时，企业流程设计人员应针对各子流程设置执行程序、工作重点、工作标准与考核指标，以保障流程的有效实施。其具体结构如图 5-5 所示。

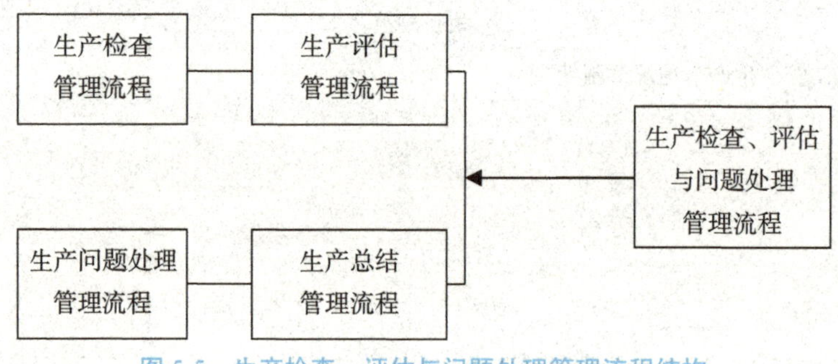

图 5-5 生产检查、评估与问题处理管理流程结构

5.5.2 生产检查管理流程设计与工作执行

5.5.2.1 生产检查管理流程设计

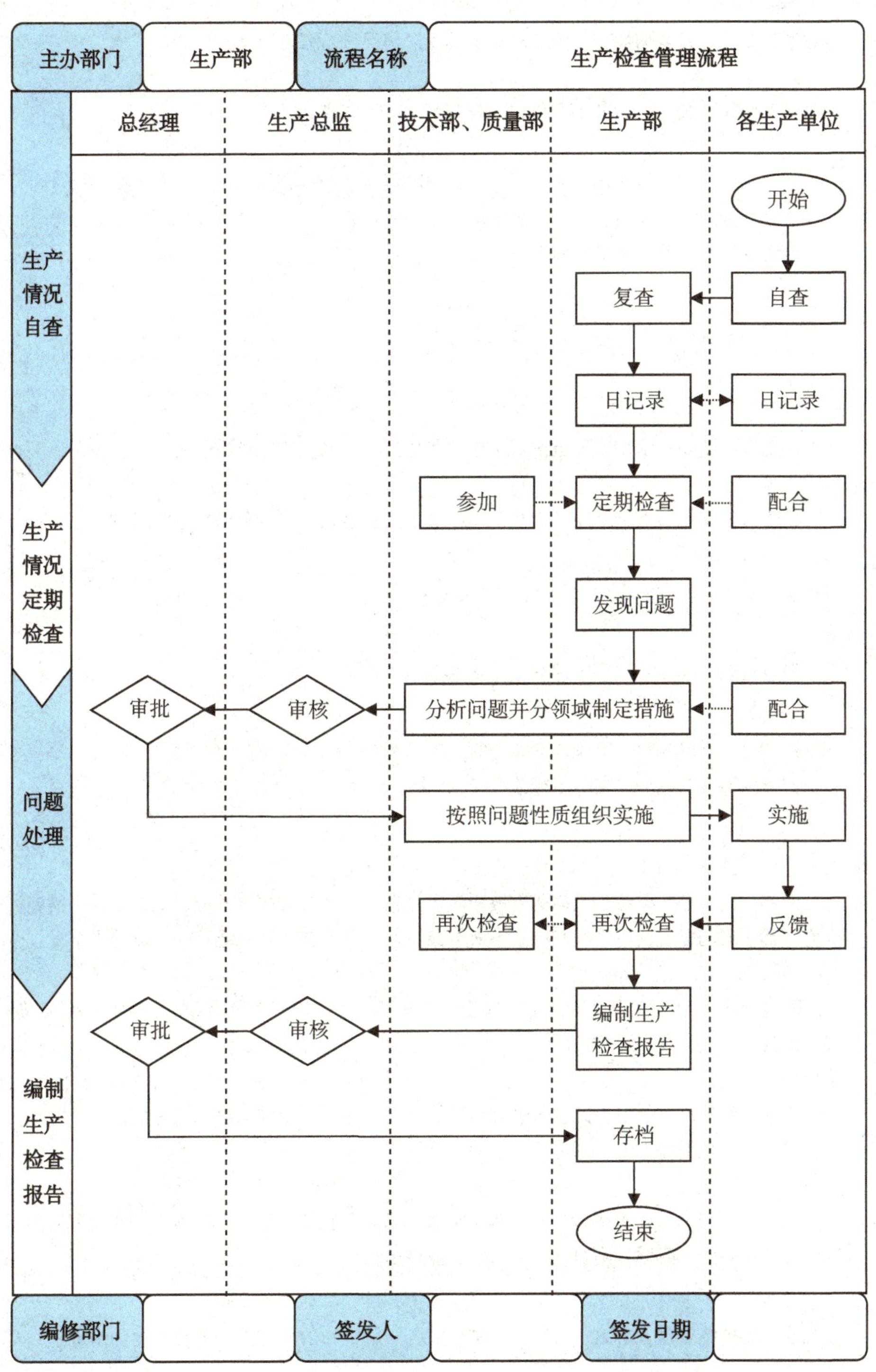

5.5.2.2 生产检查管理执行程序、工作标准、考核指标、执行规范

<table>
<tr><th>任务名称</th><th>执行程序、工作标准与考核指标</th></tr>
<tr><td rowspan="4">生产情况自查</td><td>执行程序</td></tr>
<tr><td>1. 自查
各生产单位在日常的生产过程中对自身的生产情况进行自查。
2. 复查
生产部组织相关人员对各生产单位的自查情况进行复查和核实。
3. 日记录
生产部和各生产单位将每日的复查和自查情况填入生产日记录。
工作重点
生产情况检查应有具体的时间节点。</td></tr>
<tr><td>工作标准</td></tr>
<tr><td>自查时细致入微，复查时实事求是，日记录详细、真实。</td></tr>
<tr><td rowspan="6">生产情况定期检查</td><td>执行程序</td></tr>
<tr><td>1. 定期检查
生产部定期组织技术部、质量部对各生产单位的生产情况进行检查，各生产单位予以配合。
2. 发现问题
生产部根据定期检查的结果，发现和指出各生产单位在生产过程中存在的问题。
工作重点
定期检查工作由专人负责，并纳入考核。</td></tr>
<tr><td>工作标准</td></tr>
<tr><td>按照规定的时间检查规定的项目，并如实填写检查记录。</td></tr>
<tr><td>考核指标</td></tr>
<tr><td>☆生产情况检查及时率：目标值为____%。
☆生产情况检查数据完备率：目标值为____%。</td></tr>
<tr><td rowspan="4">问题处理</td><td>执行程序</td></tr>
<tr><td>1. 分析问题并分领域制定措施
☆生产部与技术部、质量部共同研究分析生产过程中存在的问题，并分领域制定解决措施。
☆生产部根据问题解决措施编写问题解决方案，并将其提交生产总监审核、总经理审批。
2. 按照问题性质组织实施
问题解决方案经审批通过后，生产部联合技术部、质量部按照问题的具体性质，组织各生产单位实施问题解决方案。
3. 再次检查
☆生产部对各生产单位的生产情况进行再次检查，掌握生产问题的解决情况。
☆技术部、质量部协助生产部进行再次检查。
工作重点
若属于质量问题，则由质量部制定解决措施；若属于技术工艺问题，则由技术部制定解决措施；若属于新产品生产问题，则由生产部制定解决措施。</td></tr>
<tr><td>工作标准</td></tr>
<tr><td>问题解决措施合理、有效、可行，严格按照各归属清晰的问题类型进行专业化制定。</td></tr>
</table>

（续）

任务名称	执行程序、工作标准与考核指标
编制生产检查报告	执行程序 编制生产检查报告 生产部根据再次检查的结果编制生产检查报告，并将其提交生产总监审核、总经理审批。 工作重点 生产部定期编制生产检查报告。 工作标准 生产检查报告内容规范、全面、真实，数据可靠，能反映出问题发生及处理过程的真实情况。
执行规范	
“企业生产组织制度”“企业生产日记录”“质量管理制度”“技术工艺管理制度”“新产品研发管理制度”	

5.5.3 生产评估管理流程设计与工作执行

5.5.3.1 生产评估管理流程设计

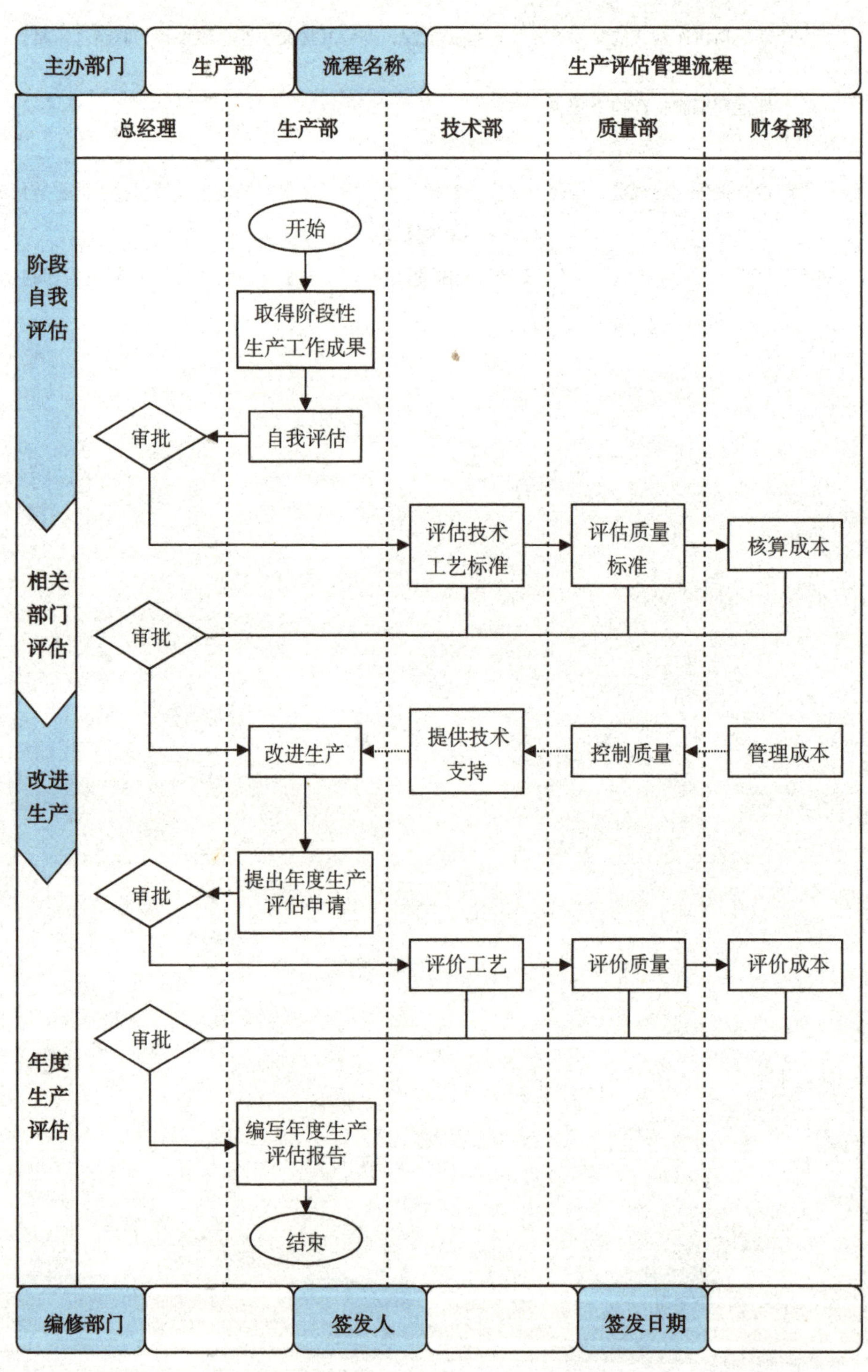

5.5.3.2 生产评估管理执行程序、工作标准、考核指标、执行规范

<table>
<tr><th>任务名称</th><th>执行程序、工作标准与考核指标</th></tr>
<tr><td rowspan="4">阶段自我评估</td><td>执行程序</td></tr>
<tr><td>1. 取得阶段性生产工作成果
生产部依据企业生产计划组织各生产单位进行生产活动，以取得阶段性生产工作成果。
2. 自我评估
生产部根据阶段性生产工作成果进行自我评估，编写自我评估报告，并将其提交总经理审批。
工作重点
生产部编写阶段成果自我评估报告。</td></tr>
<tr><td>工作标准</td></tr>
<tr><td>自我评估报告编制规范，报告及时，内容真实、全面。</td></tr>
<tr><td rowspan="6">相关部门评估</td><td>执行程序</td></tr>
<tr><td>1. 评估技术工艺标准
☆技术部对阶段性生产工作中的技术工艺标准的执行情况进行评估。
☆技术部将技术工艺标准的执行情况报总经理审批。
2. 评估质量标准
☆质量部对阶段性生产工作中的质量标准的执行情况进行评估。
☆质量部将质量标准的执行情况报总经理审批。
3. 核算成本
☆财务部对阶段性生产工作中的成本控制情况进行评估。
☆财务部将成本控制情况报总经理审批。
工作重点
评估结果需由总经理进行审批。</td></tr>
<tr><td>工作标准</td></tr>
<tr><td>评估内容客观，保证各种评估及时、真实、全面、客观。</td></tr>
<tr><td>考核指标</td></tr>
<tr><td>☆技术工艺执行情况得分：目标值为____分。
☆质量标准执行情况得分：目标值为____分。</td></tr>
<tr><td rowspan="4">改进生产</td><td>执行程序</td></tr>
<tr><td>改进生产
☆生产部根据审批通过的阶段评估结果，组织各生产单位改进生产活动。
☆技术部对生产部的改进活动提供相应的技术支持。
☆质量部对生产活动的改进进行质量控制与指导。
☆财务部对生产成本的改进与控制进行管理与指导。
工作重点
改进生产的过程要有顺序、有节奏、有效率。</td></tr>
<tr><td>工作标准</td></tr>
<tr><td>改进生产不仅包括技术改进、质量改进、成本改进，还包括生产过程改进。</td></tr>
</table>

（续）

<table>
<tr><th>任务名称</th><th>执行程序、工作标准与考核指标</th></tr>
<tr><td rowspan="4">年度生产评估</td><td>执行程序</td></tr>
<tr><td>1. 提出年度生产评估申请
☆年度生产工作完成后，生产部根据实际情况提出年度生产成果评估申请，并将其提交总经理审批。
☆技术部根据年度生产过程中的技术工艺执行情况编写技术工艺评估报告，并将其提交总经理审批。
☆质量部根据年度生产过程中的产品质量情况编写生产质量评估报告，并将其提交总经理审批。
☆财务部根据年度生产过程中的成本控制情况编写生产成本控制情况评估报告，并将其提交总经理审批。
2. 编写年度生产评估报告
技术部、质量部、财务部提交的年度评估报告经审批通过后，生产部汇总各评估报告并编写年度生产评估报告。
工作重点
各部门在进行年度生产评估时需要遵循企业相关制度和规范。</td></tr>
<tr><td>工作标准</td></tr>
<tr><td>生产部在____个工作日内将各种评估报告汇总为年度生产评估报告。</td></tr>
<tr><td colspan="2">执行规范</td></tr>
<tr><td colspan="2">“技术工艺标准”“质量标准和计划”“成本计划和成本控制方案”。</td></tr>
</table>

5.5.4 生产问题处理管理流程设计与工作执行

5.5.4.1 生产问题处理管理流程设计

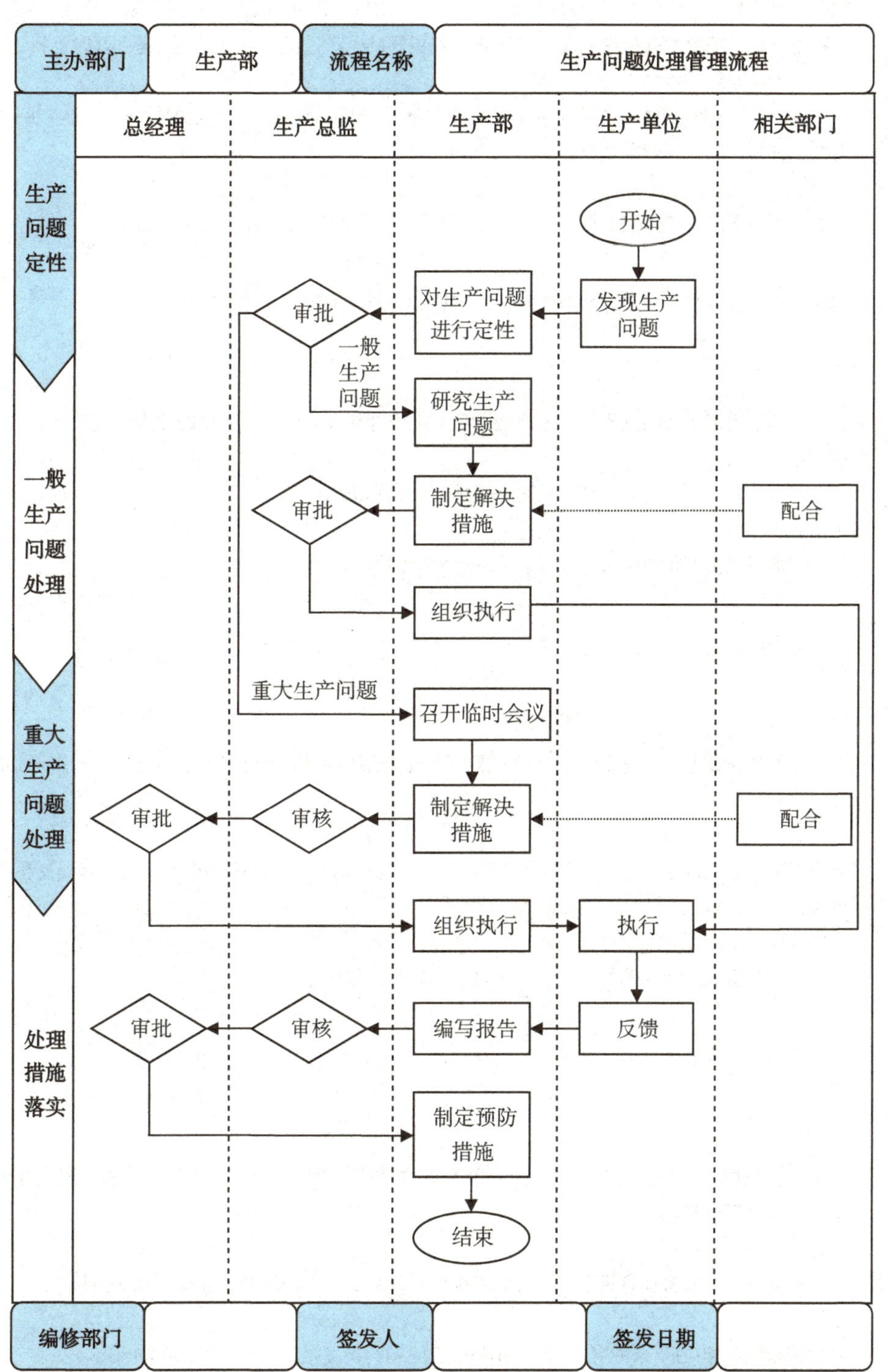

5.5.4.2 生产问题处理管理执行程序、工作标准、考核指标、执行规范

<table>
<tr><th>任务名称</th><th>执行程序、工作标准与考核指标</th></tr>
<tr><td rowspan="4">生产问题定性</td><td>执行程序</td></tr>
<tr><td>1. 发现生产问题
各生产单位按照生产计划完成生产任务，若在日常生产过程中发现生产问题，及时上报生产部。
2. 对生产问题进行定性
生产部汇总、整理各生产单位提交的生产问题，分析、研究生产问题的性质，对生产问题进行定性，并编制生产问题定性报告，随后将其提交生产总监审批。
工作重点
生产部在接到生产问题汇报后，及时分析生产问题的性质，对生产问题进行定性。</td></tr>
<tr><td>工作标准</td></tr>
<tr><td>各生产单位在日常生产过程中发现生产问题后应及时上报。</td></tr>
<tr><td rowspan="4">一般生产问题处理</td><td>执行程序</td></tr>
<tr><td>1. 研究生产问题
生产总监判定生产问题为一般生产问题后，生产部研究生产问题产生的原因及其解决办法。
2. 制定解决措施（一般生产问题）
生产部根据生产问题研究结果制定一般生产问题解决措施，并将其提交生产总监审批。
工作重点
相关部门和生产单位配合生产部制定一般生产问题解决措施。</td></tr>
<tr><td>工作标准</td></tr>
<tr><td>一般生产问题解决措施合理、有效且制定及时。</td></tr>
<tr><td rowspan="4">重大生产问题处理</td><td>执行程序</td></tr>
<tr><td>1. 召开临时会议
生产总监判定生产问题为重大生产问题后，生产部组织相关部门和生产单位召开临时性生产专题会议。
2. 制定解决措施（重大生产问题）
生产部根据临时会议上的生产问题讨论情况制定重大生产问题解决措施，并将其提交生产总监审核、总经理审批。
工作重点
生产部将重大生产问题的发生、解决过程填入生产记录单。</td></tr>
<tr><td>工作标准</td></tr>
<tr><td>临时会议召开时间合理，各项议程按计划进行，制定的解决措施合理、有效。</td></tr>
<tr><td rowspan="2">处理措施落实</td><td>执行程序</td></tr>
<tr><td>1. 编写报告
生产部根据各生产单位反馈的生产问题解决情况编制生产问题解决报告，并将其提交生产总监审核、总经理审批。
2. 制定预防措施
生产问题解决报告经审批通过后，生产部针对常见的生产问题制定相应的预防措施。
工作重点
生产部编制相应的预防措施，避免此类生产问题再次发生。</td></tr>
</table>

（续）

任务名称	执行程序、工作标准与考核指标
处理措施落实	工作标准
	生产部及时编写生产问题解决报告，报告中应详细阐述生产问题的发生原因、解决办法，以及解决的效果。
	考核指标
	☆报告编写及时率：目标值为____%。 ☆措施执行偏差率：控制在____%以内。
执行规范	
"生产组织管理制度""生产任务安排单""生产问题解决措施方案"。	

5.5.5 生产总结管理流程设计与工作执行

5.5.5.1 生产总结管理流程设计

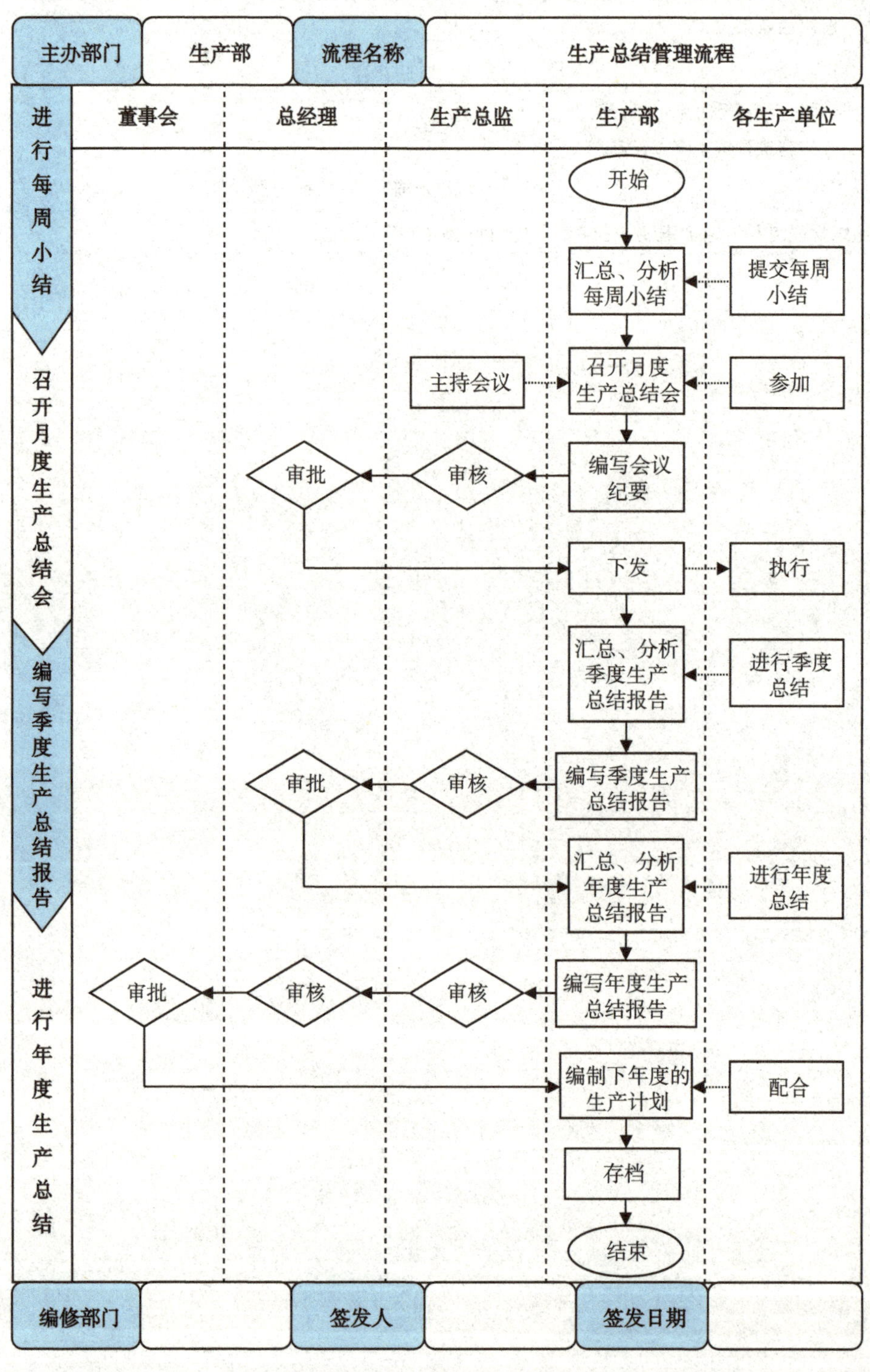

5.5.5.2 生产总结管理执行程序、工作标准、考核指标、执行规范

<table>
<tr><th>任务名称</th><th>执行程序、工作标准与考核指标</th></tr>
<tr><td rowspan="4">进行每周小结</td><td>执行程序</td></tr>
<tr><td>汇总、分析每周小结
☆各生产单位每周对自身的生产情况进行小结，并将其提交给生产部。
☆生产部汇总、整理各生产单位提交的每周小结，并对其进行综合分析。
工作重点
生产部对各生产单位提交的每周小结进行汇总、分析，以作为在调度会上提出问题的依据。</td></tr>
<tr><td>工作标准</td></tr>
<tr><td>生产部及时汇总、分析各生产单位提交的每周小结。</td></tr>
<tr><td rowspan="4">召开月度生产总结会</td><td>执行程序</td></tr>
<tr><td>1. 召开月度生产总结会
☆生产部每月组织召开月度生产总结会，讨论生产过程中出现的各种问题。
☆生产总监主持月度生产总结会，各生产单位参加。
2. 编写会议纪要
生产部记录月度生产总结会的进程，并根据会议成果编写月度生产总结会议纪要，随后将其提交生产总监审核、总经理审批。
工作重点
做会议纪要时应注意信息的完整性，信息应全面、无遗漏且记录清晰。</td></tr>
<tr><td>工作标准</td></tr>
<tr><td>月度生产总结会召开规范，会前准备充足，材料齐全，会场秩序良好，与会人员积极参与，会议效果显著。</td></tr>
<tr><td rowspan="4">编写季度生产总结报告</td><td>执行程序</td></tr>
<tr><td>1. 汇总、分析季度生产总结报告
☆各生产单位根据自身实际的生产情况编写季度生产总结报告，并将其提交给生产部。
☆生产部汇总、分析各生产单位提交的季度生产总结报告，评估企业的季度生产情况。
2. 编写季度生产总结报告
生产部根据对各生产单位的季度生产工作的分析研究情况编写季度生产总结报告，并将其提交生产总监审核、总经理审批。
工作重点
生产部每季度编写季度生产总结报告，各生产单位予以配合。</td></tr>
<tr><td>工作标准</td></tr>
<tr><td>生产部在____天内完成季度生产总结报告的编写工作。</td></tr>
<tr><td rowspan="2">进行年度生产总结</td><td>执行程序</td></tr>
<tr><td>1. 汇总、分析年度生产总结报告
☆各生产单位根据自身实际的生产情况编写年度生产总结报告，并将其提交给生产部。
☆生产部汇总、分析各生产单位提交的年度生产总结报告，评估企业的年度生产成果。
2. 编写年度生产总结报告
生产部根据对各生产单位的年度生产工作的研究分析结果编写企业年度生产总结报告，经生产总监、总经理审核通过后，报董事会审批。</td></tr>
</table>

（续）

<table>
<tr><th>任务名称</th><th>执行程序、工作标准与考核指标</th></tr>
<tr><td rowspan="5">进行年度生产总结</td><td>3. 编制下年度的生产计划
年度生产总结报告经审批通过后，生产部根据本年度的生产工作完成情况编制企业下年度的生产计划。
工作重点
生产部编写企业年度生产总结报告，各生产单位积极配合，提供相关数据、资料。</td></tr>
<tr><td>工作标准</td></tr>
<tr><td>年度生产总结报告报董事会讨论、审批。</td></tr>
<tr><td>考核指标</td></tr>
<tr><td>☆年终报告数据准确率：目标值为____%。
☆年终报告应用次数：目标值为____次。</td></tr>
<tr><th colspan="2">执行规范</th></tr>
<tr><td colspan="2">“生产调度制度”“生产计划”“调度会议纪要”。</td></tr>
</table>

5.6 外协生产管理

5.6.1 外协生产管理流程设计

5.6.1.1 流程设计的目的

企业进行外协生产管理流程设计的目的主要是控制外协生产的质量、进度，具体内容如图 5-6 所示。

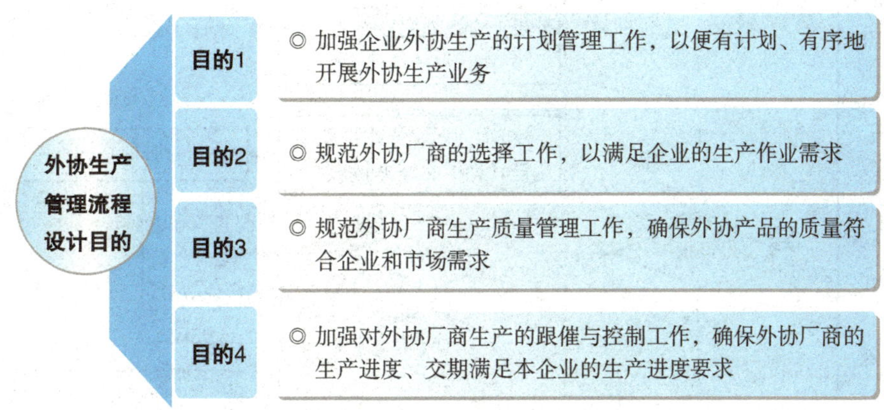

图 5-6 外协生产管理流程设计目的

5.6.1.2 流程结构设计

企业流程管理人员应按照总分式结构进行外协生产管理流程设计，其具体结构如图 5-7 所示。

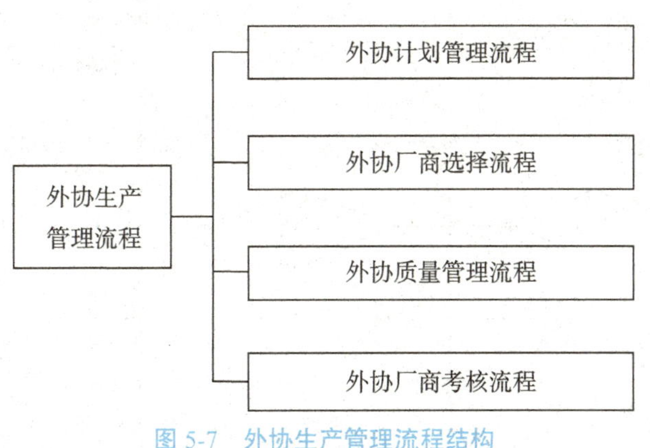

图 5-7 外协生产管理流程结构

5.6.2 外协计划管理流程设计与工作执行

5.6.2.1 外协计划管理流程设计

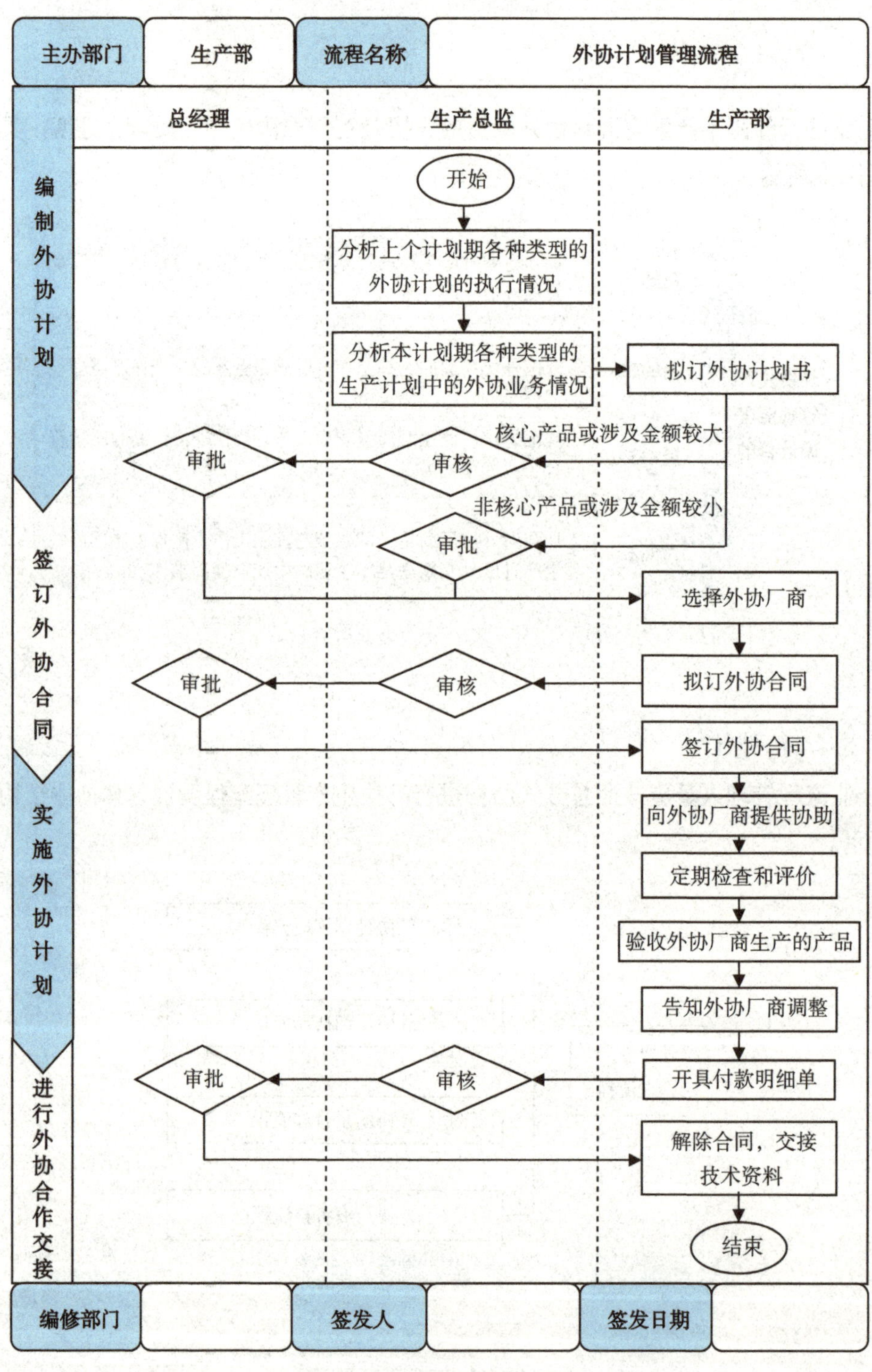

5.6.2.2 外协计划管理执行程序、工作标准、考核指标、执行规范

任务名称	执行程序、工作标准与考核指标
编制外协计划	**执行程序** 拟订外协计划书 生产部根据生产总监对上期外协计划执行结果和对本期生产计划中外协任务的分析情况，拟订企业外协计划书。 工作重点 在拟订本计划期外协计划书时，生产部应查阅关于上个计划期各种类型的外协计划的完成情况的统计资料，以为本计划期各外协计划的编制提供参照。 **工作标准** 采用统一的格式编制外协计划书，其内容包括外协背景，外协业务内容，外协产品的规格、型号、数量、预算，外协业务具体实施流程，外协的主要风险和预期收益等。
签订外协合同	**执行程序** 1. 选择外协厂商 ☆生产部向外界发布招标公告，与相应的外协厂商建立联系，筛选外协厂商。 ☆生产部对筛选出来的外协厂商进行调查，了解其资质和能力等关键信息，确定最终的外协厂商。 2. 拟订外协合同 生产部根据企业外协生产任务的标准和要求拟订外协合同，并将其提交生产总监审核、总经理审批。 3. 签订外协合同 外协合同经审批通过后，生产部与外协厂商就外协合同的主要条款进行谈判，达成共识后由双方代表签订外协合同。 工作重点 生产部对候选外协厂商的综合竞争力进行排名，并会同相关管理人员分析与候选外协厂商建立合作的风险，根据实际情况挑选出一家或几家外协厂商。 **工作标准** 外协厂商资料需要准备齐全，与规定项目数量相同。
实施外协计划	**执行程序** 1. 向外协厂商提供协助 在外协厂商执行生产任务的过程中，生产部就产品生产相关内容向外协厂商提供技术、标准、规格、培训等方面的协助。 2. 验收外协厂商生产的产品 生产部质量检验人员按照外协生产合同的相关规定验收外协厂商生产的产品。 工作重点 为了提高外协厂商的生产效率和产品质量，技术部应派技术人员和作业人员协助对外协厂商的操作人员进行技术指导。 **工作标准** 向外协厂商提供的资料主要包括产品蓝图与规格书、生产程序图、生产工艺操作标准、产品质量检验标准、材料规格及数量等。

（续）

任务名称	执行程序、工作标准与考核指标
实施外协计划	考核指标
	外协厂商满意度：确保满意度评分在____分以上。
外协合作交接	执行程序
	1. 开具付款明细单 外协厂商生产的产品经验收合格后，生产部与外协厂商就验收结果达成一致，并开具付款明细单，随后将其提交生产总监审核、总经理审批，审批通过后由财务部向外协厂商支付费用。 2. 解除合同，交接技术资料 外协合同到期并且产品经验收合格后，生产部与外协厂商解除合同，收回相应的技术资料和机密数据信息。 工作重点 双方都要遵守保密协议，不得将相关资料泄露给第三方。
	工作标准
	生产部应收回相应的技术资料，如企业所有的专利权、关键技术资料、重要工艺数据资料、产品设计图、设备机密等。
执行规范	
“外协生产管理制度”“外协计划管理办法”“外协计划书”“投标公告”“外协业务竞标邀请书”。	

5.6.3 外协厂商选择流程设计与工作执行

5.6.3.1 外协厂商选择流程设计

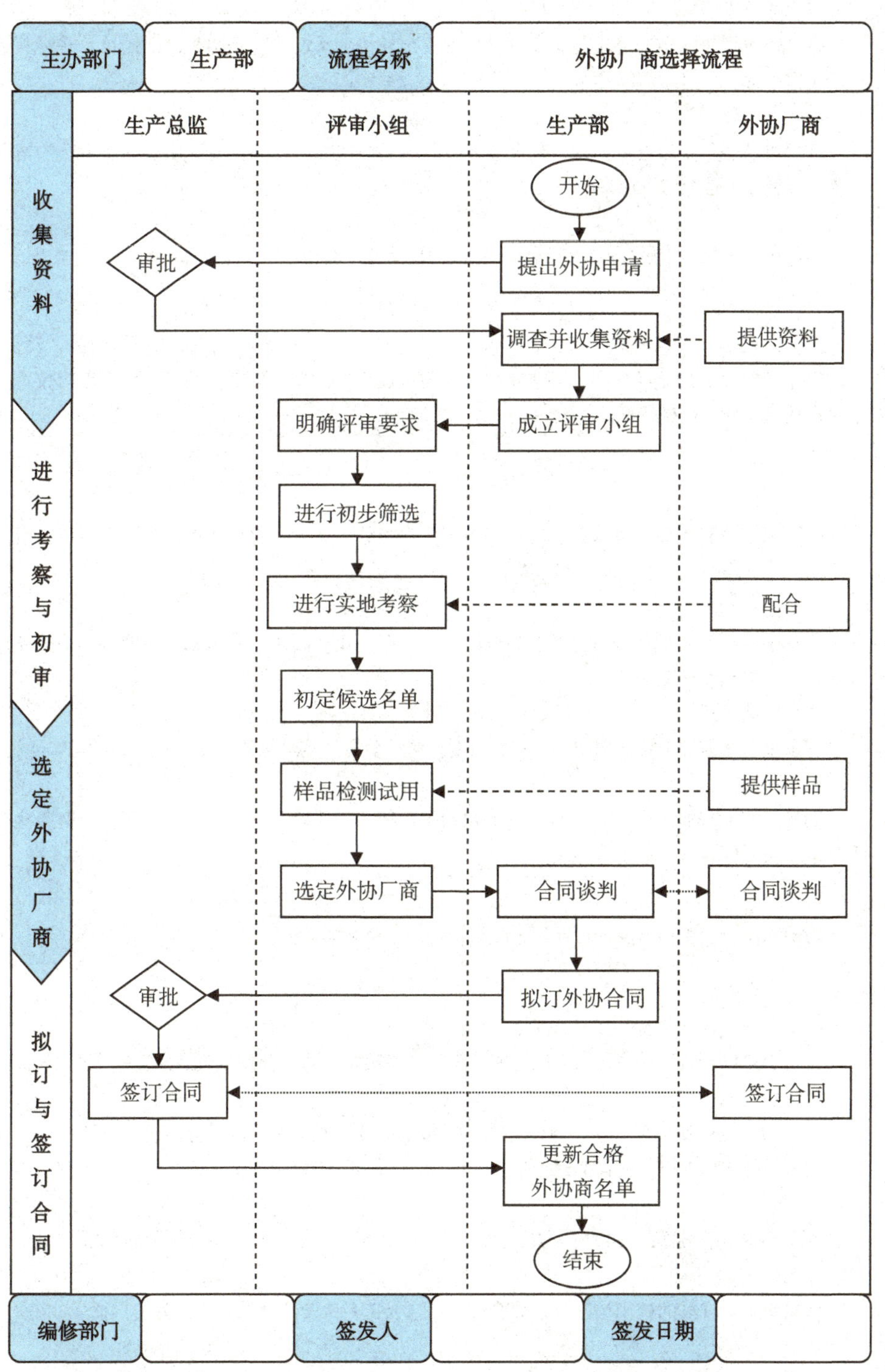

第5章 生产制造过程

5.6.3.2 外协厂商选择执行程序、工作标准、考核指标、执行规范

任务名称	执行程序、工作标准与考核指标
收集资料	执行程序 1. 提出外协申请 生产部根据企业生产需求与工作进度情况提出外协申请，填写外协生产申请单，并将其提交生产总监审批。 2. 调查并收集资料 外协申请经审批通过后，生产部调查行业、市场内的外协厂商信息，了解外协生产的情况，收集、分析相关信息和资料。 工作重点 外协生产申请单中应注明所需外协生产的产品名称、数量、外协原因等
	工作标准 生产总监对外协申请进行审批，符合以下情况之一的，可采取外协方式：因人员、设备不足，现有生产能力负荷已经饱和；特殊零件无法购得现货，也无法自制；外协厂商有专门技术，并且生产质量较佳、价格较低。
进行考察与初审	执行程序 1. 成立评审小组 生产部组织研发部、技术部、质量部等相关部门的人员成立评审小组，由评审小组开展外协厂商的确定工作。 2. 明确评审要求 评审小组研究、了解外协生产的具体情况，根据企业产品生产要求确定对外协厂商的评价条件和标准，明确评审要求。 3. 进行实地考察 评审小组根据初步筛选的结果，对相应的外协厂商进行实地考察。 工作重点 明确、统一外协厂商评审内容，具体包括生产能力、质量、价格、时间、服务、财务状况、管理水平等方面。
	工作标准 根据外协厂商实地考察结果及时剔除不符合要求的外协厂商。
选定外协厂商	执行程序 1. 初定候选名单 评审小组综合讨论外协厂商实地考察结果，初步确定外协厂商的候选名单。 2. 样品检测试用 候选的外协厂商根据评审小组的要求，以指定的技术水平在规定期限内提供外协样品，评审小组对候选外协厂商提供的样品进行检测、试用。 3. 选定外协厂商 评审小组对外协样品的检测、试用情况进行综合评议，从候选名单中选择最合适的外协厂商。 工作重点 评审小组对样品的试用情况进行综合评议，从候选名单中选择最合适的外协厂商。

（续）

<table>
<tr><th>任务名称</th><th>执行程序、工作标准与考核指标</th></tr>
<tr><td rowspan="4">选定外协厂商</td><td>工作标准</td></tr>
<tr><td>确保外协厂商能按时提交样品。</td></tr>
<tr><td>考核指标</td></tr>
<tr><td>外协厂商样品合格率：目标值为____%。</td></tr>
<tr><td rowspan="4">拟订与签订合同</td><td>执行程序</td></tr>
<tr><td>1. 拟订外协合同
生产部与外协厂商就合同条款进行谈判，并根据谈判结果拟订外协合同，然后将其提交生产总监审批。
2. 签订合同
外协合同经审批通过后，生产总监代表企业与外协厂商签订外协合同。
工作重点
生产部应统一编制已与企业签订外协合同且处在合同期限内的外协厂商名单。</td></tr>
<tr><td>工作标准</td></tr>
<tr><td>外协合同的内容符合相关法律、法规的规定，确保企业的利益不受损害。</td></tr>
<tr><td colspan="2">执行规范</td></tr>
<tr><td colspan="2">“外协生产管理制度”“外协厂商选择与管理办法”。</td></tr>
</table>

5.6.4 外协质量管理流程设计与工作执行

5.6.4.1 外协质量管理流程设计

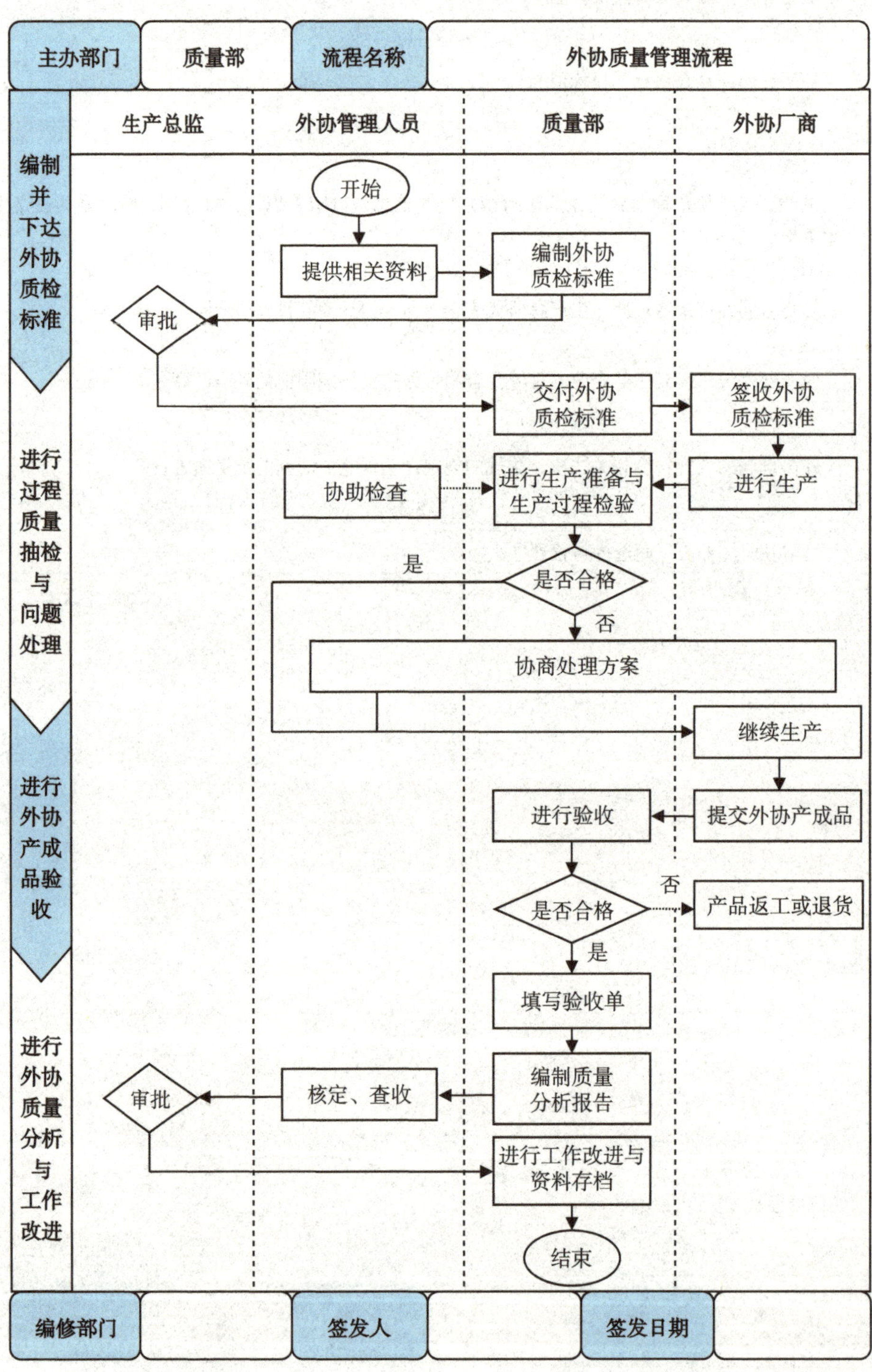

5.6.4.2 外协质量管理执行程序、工作标准、考核指标、执行规范

<table>
<tr><th>任务名称</th><th>执行程序、工作标准与考核指标</th></tr>
<tr><td rowspan="4">编制并下达外协质检标准</td><td>执行程序</td></tr>
<tr><td>编制外协质检标准
质量部对外协管理人员提供的外协生产资料和信息进行分析研究，并根据分析研究结果编制外协质检标准，然后将其提交生产总监审批。
工作重点
外协质检标准应具有严谨性、完备性和可行性。</td></tr>
<tr><td>工作标准</td></tr>
<tr><td>确保外协质检标准客观、严谨，能完整地反映产品的质量特性，能全面地反映外协质量管理的关键节点。</td></tr>
<tr><td rowspan="4">进行过程质量抽检与问题处理</td><td>执行程序</td></tr>
<tr><td>1. 交付外协质检标准
外协质检标准经审批通过后，质量部将外协质检标准等生产要求交付外协厂商，并要求其相关人员予以签收。
2. 进行生产准备与生产过程检验
☆质量部对外协厂商的生产准备工作进行监督管理，并对其采购的原材料的质量等进行监管。
☆在外协厂商执行生产任务的过程中，质量部派专人不定期地对其生产现场进行过程检验，反馈外协产品的质量信息。
3. 协商处理方案
外协产品生产过程检验不合格时，质量部联合外协管理人员与外协厂商共同协商问题的处理方案。
工作重点
在过程质量抽检中发现质量不合格时，质量检验人员应及时通知质量部，并有权要求外协厂商停止相关生产作业。</td></tr>
<tr><td>工作标准</td></tr>
<tr><td>外协产品生产过程检验不合格时，在____天内进行处理。</td></tr>
<tr><td rowspan="2">进行外协产成品验收</td><td>执行程序</td></tr>
<tr><td>1. 提交外协产成品
完成生产任务后，外协厂商按照合同要求将外协产成品运送至规定的验收地点并向质量部提交验收申请。
2. 进行验收
☆质量部按外协合同的相关规定开展验收工作，并对检验不合格的产成品进行返工或退货处理。
☆外协产成品检验合格的，质量部据实填写外协产品验收单。
工作重点
质量部接到外协产成品验收申请后，按外协合同规定的验收方式和验收地点开展验收工作，并据实填写外协产成品验收单。</td></tr>
</table>

（续）

任务名称	执行程序、工作标准与考核指标
进行外协产成品验收	**工作标准** 外协产成品经验收合格的，交生产部直接投入使用或交仓储部入库；外协产成品经验收不合格的，须立即交外协厂商进行返工或作退货处理。 **考核指标** 外协产品验收及时率：目标值为____%。
进行外协质量分析与工作改进	**执行程序** 1. 编制质量分析报告 质量部根据验收结果和外协产成品使用情况编写外协产成品质量分析报告，并将其提交外协管理人员核定、查收，随后报生产总监审批。 2. 进行工作改进与资料存档 质量分析报告经审批通过后，质量部总结外协生产质量管理工作经验，改进、完善自身工作，并将相应的资料文件进行归档保存。 工作重点 对于外协产成品使用过程中出现的质量问题，质量部应持续跟进，协助外协厂商解决产成品的质量问题，并编制质量分析报告。 **工作标准** 外协质量分析报告具有参考价值，可通过报告中提案的采用条数来评价。
执行规范	
“外协质量管控办法”“外协产品工艺图纸等资料”“外协质检标准”。	

5.6.5 外协厂商考核流程设计与工作执行

5.6.5.1 外协厂商考核流程设计

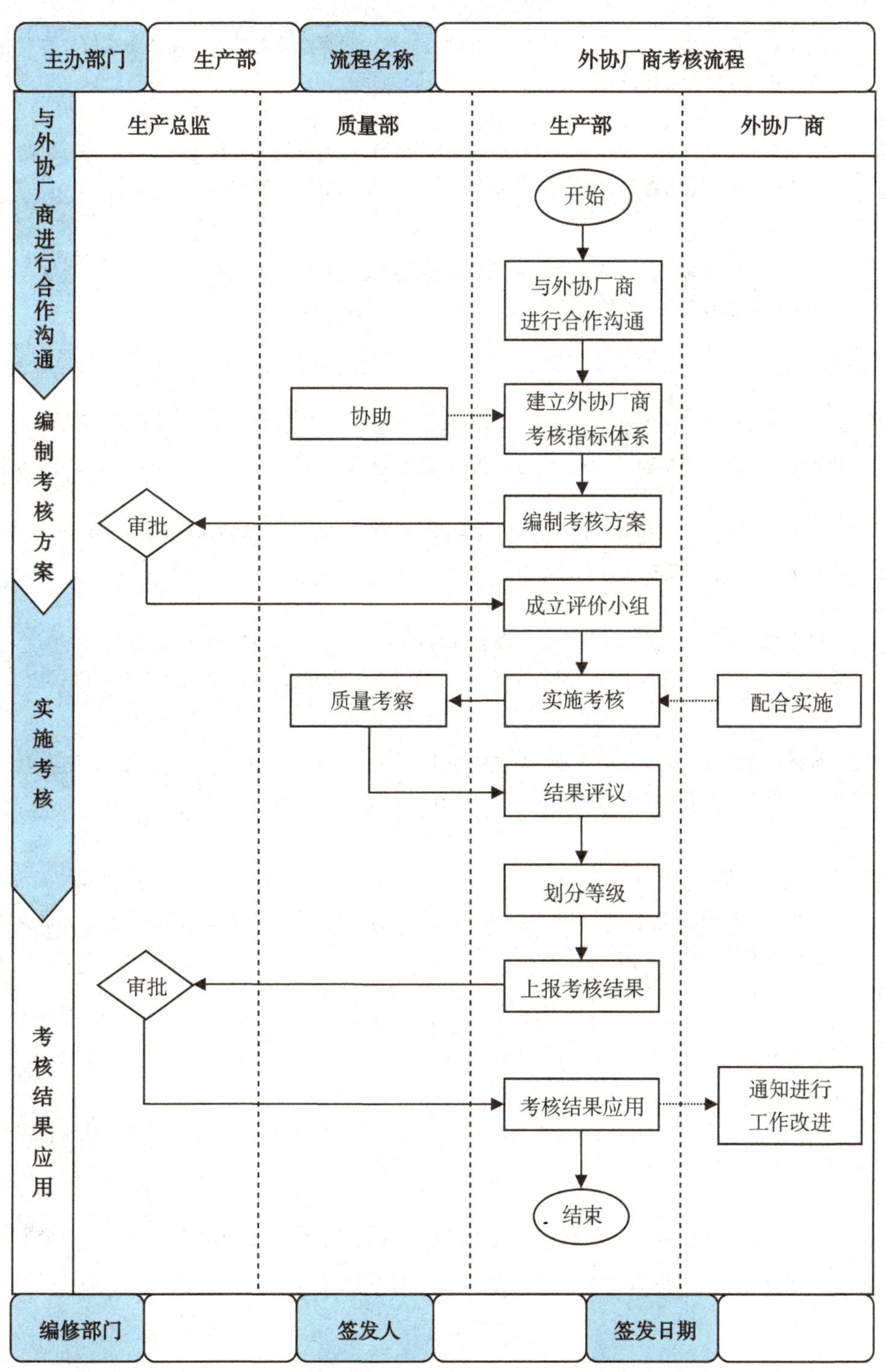

5.6.5.2 外协厂商考核执行程序、工作标准、考核指标、执行规范

<table>
<tr><th>任务名称</th><th>执行程序、工作标准与考核指标</th></tr>
<tr><td rowspan="4">与外协厂商进行合作沟通</td><td>执行程序</td></tr>
<tr><td>与外协厂商进行合作沟通
生产部按照外协合同的规定与外协厂商进行合作，根据企业对外协产品的要求与外协厂商进行沟通，并对其生产过程进行监督控制。
工作重点
在合作过程中，生产部、质量部按照企业对外协产品的交期、质量等要求，对外协厂商的生产过程进行严格的监督控制，确保外协厂商能准时交出合格的外协产品。</td></tr>
<tr><td>工作标准</td></tr>
<tr><td>生产部外协管理人员、质量部外协质量检验人员均要做好相关记录，如外协厂商进度异常、质量异常及其处理记录、因外协厂商分批发运造成的超额费用等。</td></tr>
<tr><td rowspan="4">编制考核方案</td><td>执行程序</td></tr>
<tr><td>1. 建立外协厂商考核指标体系
☆生产部根据外协合同建立外协厂商考核指标体系。
☆质量部配合生产部建立外协厂商考核指标体系，提供质量控制与检验方面的专业意见、支持。
2. 编制考核方案
生产部按照外协厂商考核指标体系，对所有合格的外协厂商进行监督和考核并编制外协厂商考核方案，然后将其提交生产总监审批。
工作重点
☆确定考核对象：凡列入合格外协厂商名单的外协厂商，均为监督与考核的对象。
☆确定考核项目：就质量、交期、价格、服务等项目对合格的外协厂商做出客观评价。</td></tr>
<tr><td>工作标准</td></tr>
<tr><td>外协厂商考核方案的编制质量以考核指标体系是否健全、客观来评价，如指标体系应包括品质、交期、价格和服务四个方面的内容，以及指标权重的设计应合理。</td></tr>
<tr><td rowspan="2">实施考核</td><td>执行程序</td></tr>
<tr><td>1. 成立评价小组
考核方案经审批通过后，由生产部、质量部、技术部、采购部等部门的相关专业人员成立评价小组，由其执行外协厂商考核工作。
2. 实施考核
☆生产部组织评价小组对外协厂商的生产情况实施考核评估。
☆质量部对外协厂商的产成品进行质量考察。
3. 上报考核结果
生产部根据考核数据整理、分析考核结果，将外协厂商的考核过程及成绩编写成考核报告并提交生产总监审批。
工作重点
生产总监审查外协厂商考核过程及考核结果，并就考核结果的具体应用、对外协厂商的奖惩情况给出批复。</td></tr>
</table>

（续）

<table>
<tr><th>任务名称</th><th>执行程序、工作标准与考核指标</th></tr>
<tr><td rowspan="4">实施考核</td><td>工作标准</td></tr>
<tr><td>在考核周期内，外协管理人员需组织相关人员对外协厂商进行公平、公开、公正的考核。</td></tr>
<tr><td>考核指标</td></tr>
<tr><td>☆外协厂商考核工作按计划完成率：目标值为____%。
☆外协厂商考核数据统计差错率：力争控制在____% 以内。</td></tr>
<tr><td rowspan="4">考核结果应用</td><td>执行程序</td></tr>
<tr><td>考核结果应用
外协厂商考核报告经审批通过后，生产部根据考核结果执行外协厂商奖惩工作。
工作重点
生产部以书面形式及时将奖惩结果通知外协厂商。</td></tr>
<tr><td>工作标准</td></tr>
<tr><td>外协厂商奖惩通知需在外协厂商考核报告经审批通过后____天内完成。</td></tr>
<tr><td colspan="2">执行规范</td></tr>
<tr><td colspan="2">“外协厂商考核工作汇报表”。</td></tr>
</table>

第6章 智能化与定制化生产过程

6.1 智能化生产管理

6.1.1 智能化生产管理流程设计

6.1.1.1 流程设计的目的

企业进行智能化生产管理流程设计的目的如下。

（1）明确企业智能生产决策、智能生产系统构建的相关内容。

（2）加强生产决策的科学性、合理性，使其符合企业发展战略规划的相关要求。

（3）使智能生产系统管理人员明确智能生产系统规划设计的关键事项，以保证智能生产系统实施的质量，并提高智能生产系统的实施效率。

6.1.1.2 流程结构设计

企业可采取并列式结构设计智能化生产管理流程，将智能化生产管理工作细分为两个事项，并就每个事项设计流程，即大数据辅助生产决策流程、机器人协同工作系统实施流程。其具体结构如图 6-1 所示。

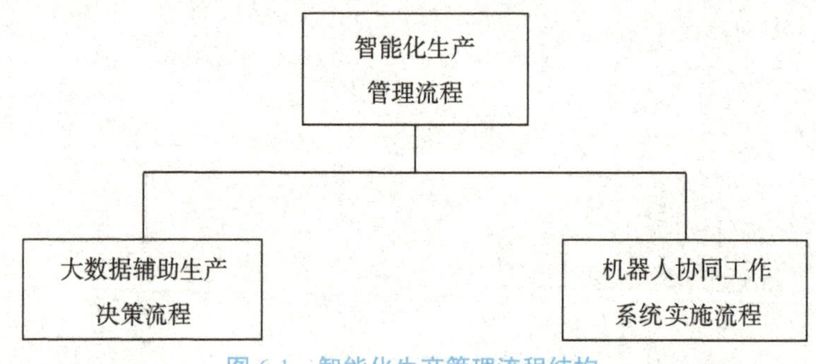

图 6-1　智能化生产管理流程结构

6.1.2 大数据辅助生产决策流程设计与工作执行

6.1.2.1 大数据辅助生产决策流程设计

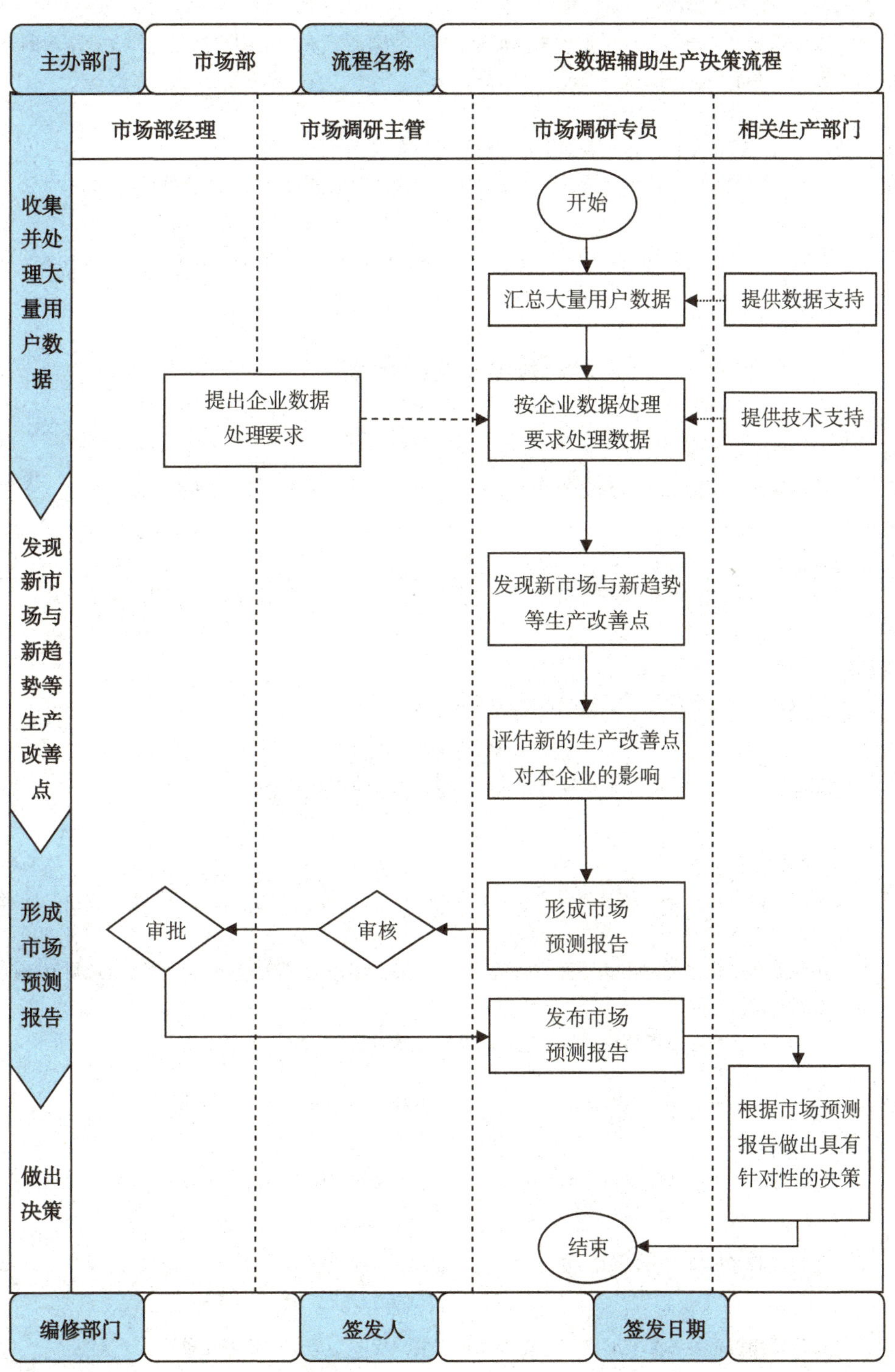

6.1.2.2 大数据辅助生产决策执行程序、工作标准、考核指标、执行规范

<table>
<tr><th>任务名称</th><th>执行程序、工作标准与考核指标</th></tr>
<tr><td rowspan="4">收集并处理大量用户数据</td><td>执行程序</td></tr>
<tr><td>1. 汇总大量用户数据
市场调研专员通过各种渠道收集并汇总大量与企业经营相关的用户数据，如大量用户的资金流水数据、大量用户的购物习惯及生活喜好数据等。
2. 按企业数据处理要求处理数据
☆市场部经理、市场调研主管提出企业数据处理要求。
☆在相关技术部门的技术支持下，市场调研专员及时对大量用户数据进行处理。
工作重点
在分析大量用户数据时，市场调研专员要准确地向技术人员传递相关要求，对技术人员的算法设计情况，要及时向市场部经理汇报。</td></tr>
<tr><td>工作标准</td></tr>
<tr><td>大量用户数据经过处理后能清晰地显示市场的各种趋势。</td></tr>
<tr><td rowspan="4">发现新市场与新趋势等生产改善点</td><td>执行程序</td></tr>
<tr><td>1. 发现新市场与新趋势等生产改善点
市场调研专员通过大数据分析和预测，发现新市场与新趋势，以及其他可以提升企业竞争力的生产改善点。
2. 评估新的生产改善点对本企业的影响
市场调研专员结合企业的经营战略和产品、服务现状，评估新市场、新产品等生产改善点对本企业的影响。
工作重点
发现新市场与新趋势后还要深入思考其实现的可能性。</td></tr>
<tr><td>工作标准</td></tr>
<tr><td>通过发现新市场与新趋势，指引企业的未来发展与生产战略方向。</td></tr>
<tr><td rowspan="6">形成市场预测报告</td><td>执行程序</td></tr>
<tr><td>1. 形成市场预测报告
☆市场调研专员依据市场分析结果撰写市场预测报告，报告要简洁、准确、主题突出、针对性强且逻辑合理。
☆市场调研专员在编写市场预测报告的同时应对大数据分析情况进行再次检查，如果发现问题应及时更正。
☆市场调研专员将市场预测报告上报市场调研主管审核、市场部经理审批。
2. 发布市场预测报告
市场调研专员按相关规定发布审批通过的市场预测报告。
工作重点
市场预测报告应按照规定的内容框架、格式要求编写，重点突出，无重大纰漏。</td></tr>
<tr><td>工作标准</td></tr>
<tr><td>市场调研专员撰写市场预测报告并通过审批。</td></tr>
<tr><td>考核指标</td></tr>
<tr><td>市场预测报告发布的及时性：应在预测报告获批后____个工作日内发布。</td></tr>
</table>

（续）

<table>
<tr><th>任务名称</th><th>执行程序、工作标准与考核指标</th></tr>
<tr><td rowspan="4">做出决策</td><td>执行程序</td></tr>
<tr><td>根据市场预测报告做出具有针对性的决策
发布市场预测报告后，相关生产部门根据报告制定有针对性的工作战略、目标、方法和重点，在使用数据的过程中若发现预测有误，要及时报与市场调研专员。
工作重点
针对新的市场变化，企业的市场推广策略、品牌策略通常都会有一定程度的变化，总经理要及时主导应对这一过程。</td></tr>
<tr><td>工作标准</td></tr>
<tr><td>根据市场预测报告做出具有针对性的决策，提升企业的效益和竞争力。</td></tr>
<tr><td colspan="2">执行规范</td></tr>
<tr><td colspan="2">“大数据市场预测报告”“大数据使用监测报告”“企业生产决策管理办法”。</td></tr>
</table>

6.1.3　机器人协同工作系统实施流程设计与工作执行

6.1.3.1　机器人协同工作系统实施流程设计

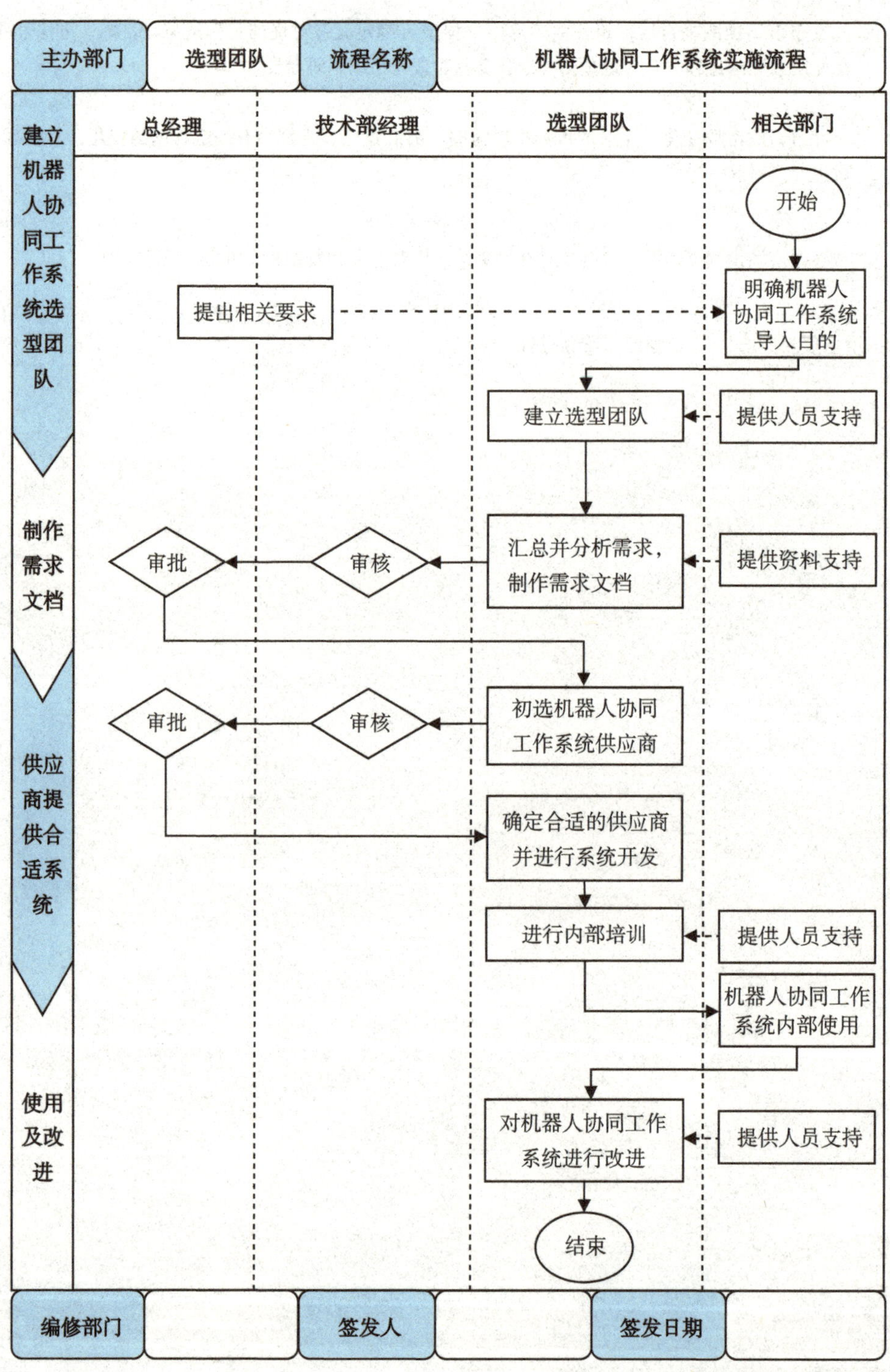

6.1.3.2 机器人协同工作系统实施执行程序、工作标准、考核指标、执行规范

<table>
<tr><th>任务名称</th><th>执行程序、工作标准与考核指标</th></tr>
<tr><td rowspan="4">建立机器人协同工作系统选型团队</td><td>执行程序</td></tr>
<tr><td>1. 明确机器人协同工作系统导入目的
技术部在总经理、技术部经理的要求下，明确机器人协同工作系统导入的目的、意义，以及该系统的使用背景和未来目标。
2. 建立选型团队
☆企业从每个即将使用机器人协同工作系统的部门中抽调代表与技术部工作人员一起，组成选型团队。
☆机器人协同工作系统选型团队可以在企业中进行机器人协同工作系统概念的推广、培训等活动。
工作重点
选型团队要让相关部门和工作人员清楚地认识到自己的工作对机器人协同工作系统的需求，以及机器人协同工作系统将如何深刻地影响企业的商业活动。</td></tr>
<tr><td>工作标准</td></tr>
<tr><td>参照同行业其他企业的机器人协同工作系统的使用资料。</td></tr>
<tr><td rowspan="6">制作需求文档</td><td>执行程序</td></tr>
<tr><td>汇总并分析需求，制作需求文档
选型团队汇总各相关部门对机器人协同工作系统的需求，分析部门之间的交互作用有哪些。在此基础上，选型团队制作机器人协同工作系统需求文档，并将其报技术部经理审核、总经理审批。
工作重点
选型团队按照相关规范制作需求文档，文档内容全面、结构清晰、无重大纰漏。</td></tr>
<tr><td>工作标准</td></tr>
<tr><td>需求文档经过反复审定、修改后通过总经理的审批。</td></tr>
<tr><td>考核指标</td></tr>
<tr><td>需求文档的科学性：符合机器人协同工作系统的功能定位、技术水平，以及企业的各类生产资源管理要求。</td></tr>
<tr><td rowspan="2">供应商提供合适系统</td><td>执行程序</td></tr>
<tr><td>1. 初选机器人协同工作系统供应商
在了解企业自身需求的情况下，选型团队寻找待选机器人协同工作系统供应商并对机器人协同工作系统供应商进行初步筛选，分析它们的方案，看是否符合企业的相关需求，同时倾听各方面的意见，然后确定最优的几家供应商并报技术部经理审核、总经理审批。
2. 确定合适的供应商并进行系统开发
总经理确定合适的供应商，技术部、生产部及相关部门协助该供应商进行系统开发。
3. 进行内部培训
选型团队在机器人协同工作系统供应商的配合下，就机器人协同工作系统的使用对企业相关人员进行内部培训，包括系统的使用方法及各种注意事项等。
工作重点
在初步筛选和最终确定供应商时，企业要制定相关规范，保证整个过程公平、公正、公开。</td></tr>
</table>

（续）

任务名称	执行程序、工作标准与考核指标
供应商提供合适系统	**工作标准** 机器人协同工作系统供应商按照企业要求开发机器人协同工作系统，并协助选型团队对企业内部相关人员进行机器人协同工作系统使用培训。
使用及改进	**执行程序** 1. 在工作中使用机器人协同工作系统 企业各相关部门经过内部培训后开始在工作中使用机器人协同工作系统。 2. 对机器人协同工作系统进行改进 在机器人协同工作系统的使用过程中，如果出现问题，相关人员应及时与供应商协商，对系统进行改进，并对改进过程进行记录、总结。 工作重点 机器人协同工作系统的改进是一个持续的过程，技术人员要注意学习并总结相关经验。 **工作标准** 注意机器人协同工作系统的使用和持续改进，以有效提升生产效能。
执行规范	
“企业机器人协同工作系统需求文档”“企业机器人协同工作系统使用效果监测报告”。	

6.2 定制化生产管理

6.2.1 定制化生产管理流程设计

6.2.1.1 流程设计的目的

企业进行定制化生产管理流程设计的目的如下。

（1）明确企业生产的真实目标，加强生产决策的科学性。定制化生产是一种市场导向型生产方法，它要求企业与消费者进行互动式的信息交换，根据消费者的特定要求进行生产，消除企业生产的不确定性，从而降低生产成本，提升经济效益。

（2）使定制化生产管理人员明确定制化生产的关键事项，以保证定制化生产实施的质量，并提高定制化生产的工作效率。

（3）促使企业进行组织变革，从而适应定制化生产的需要。

6.2.1.2 流程结构设计

企业应采取并列式结构设计定制化生产管理流程，将定制化生产管理工作细分为两个事项，并就每个事项设计流程，即 C2B 生产实施流程、定制化生产组织管理流程，其具体结构如图 6-2 所示。

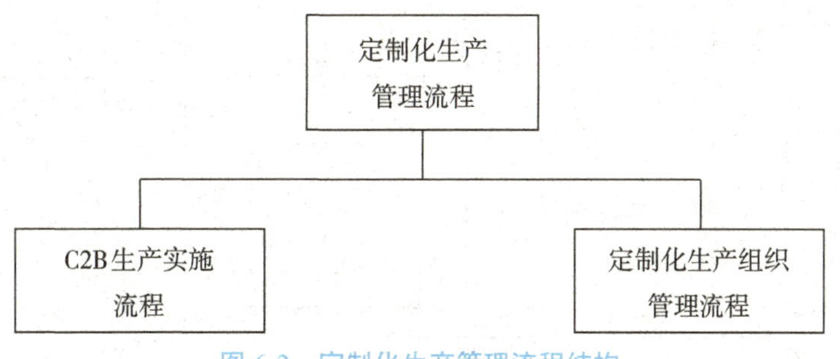

图 6-2 定制化生产管理流程结构

6.2.2 C2B 生产实施流程设计与工作执行

6.2.2.1 C2B 生产实施流程设计

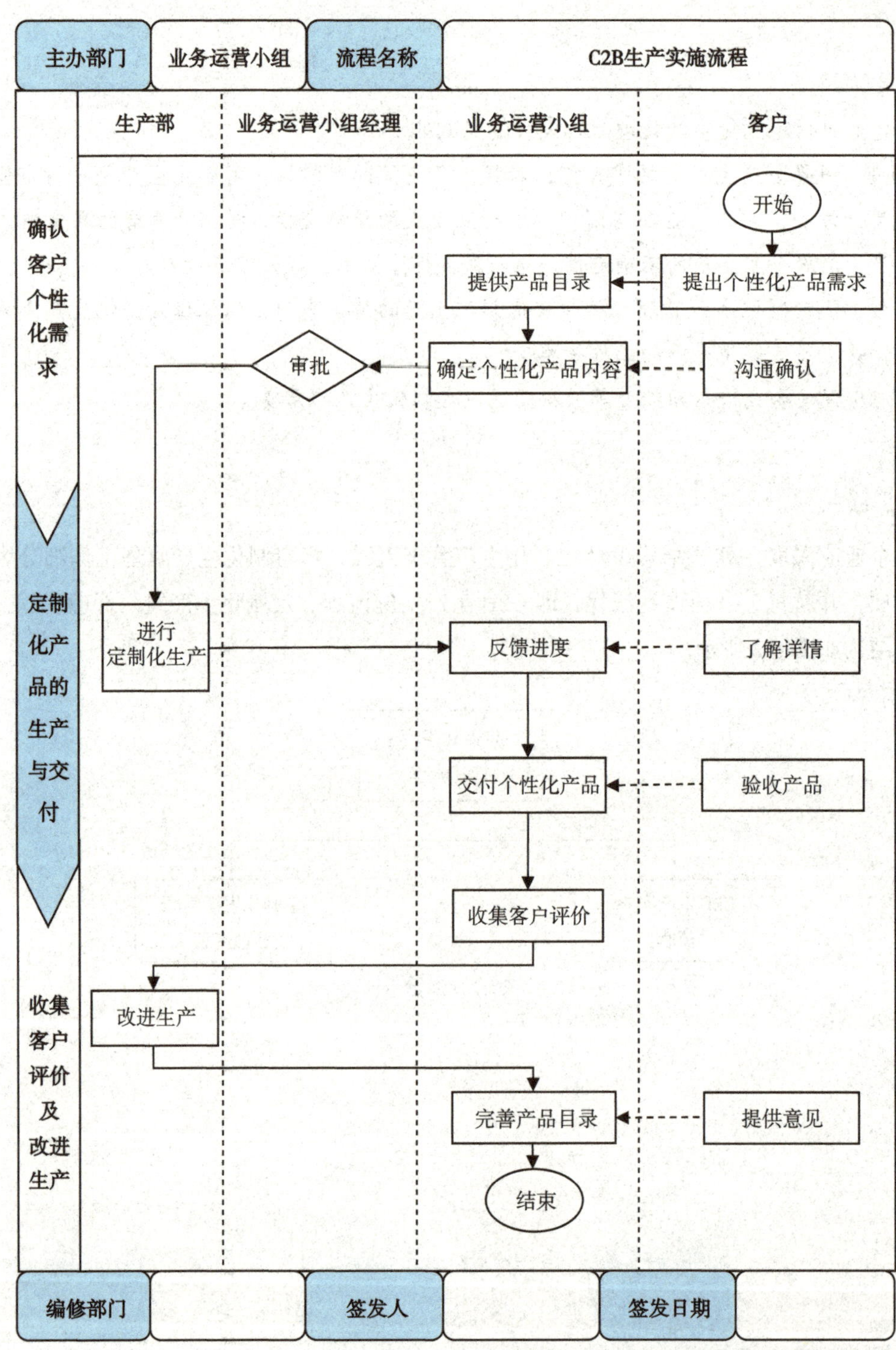

6.2.2.2　C2B 生产实施执行程序、工作标准、考核指标、执行规范

任务名称	执行程序、工作标准与考核指标
确认客户个性化需求	**执行程序**
	1. 提供产品目录 ☆客户根据自身需求提出个性化产品需求。 ☆业务运营小组通过智能客服系统的电子目录向客户提供产品分类和搜索引擎工具，协助客户快速查询其所需要的产品类型。 2. 确定个性化产品内容 ☆客户查看产品目录，确定产品类型并与客户服务人员针对产品的具体要求进行确认。 ☆业务运营小组通过智能客服系统确定个性化产品的数量、要求等信息。 工作重点 ☆业务运营小组应根据市场中各类产品的销售情况，及时了解客户需求的变化情况，并据此更新产品目录，尽可能贴近客户的需求目标。 ☆业务运营小组需要不断地对产品目录进行更新。
	工作标准
	☆产品目录需要采用动态网页和静态网页相结合的文本、图片等形式，向客户直观地、全方位地展示产品的基本信息和特点。 ☆在客户提出产品需求后的____小时内，客户服务人员及时与客户进行沟通反馈。
定制化产品的生产与交付	**执行程序**
	1. 进行定制化生产 ☆小批量、个性化产品订单经业务运营小组经理确认后，生产部将相关信息录入企业柔性自动化生产系统。 ☆将订单信息录入企业柔性自动化生产系统后，生产部组织相关人员利用现有资源进行定制化生产。 2. 反馈进度 ☆业务运营小组定时反馈个性化生产的各项进度。 ☆业务运营小组收集客户的反馈信息，并将反馈信息传递给生产部。 3. 交付个性化产品 业务运营小组在物流部的帮助下按时交付个性化产品，并协助客户进行验收。 工作重点 业务运营小组可设置通用服务模块和特殊服务模块，按照不同的元素将服务产品划分成不同的模块，再以此来配置客户所需要的服务。
	工作标准
	☆在服务过程中，企业应时刻站在客户的角度，针对不同客户的不同需求采取灵活的服务技巧，同时需要在提升客户满意度和控制经营成本之间寻求平衡点。 ☆订单信息包括客户资料、订单预交付日期、产品信息等。
	考核指标
	☆交付完成率。$\text{交付完成率}=\dfrac{\text{如期交付完成的服务产品数}}{\text{服务产品交付总数}}\times 100\%$ ☆客户满意度：以接受随机调研的客户对客服人员解决客户问题水平的满意度评分的算术平均值为标准来衡量。

（续）

任务名称	执行程序、工作标准与考核指标
收集客户评价及改进生产	执行程序 1. 收集客户评价 业务运营小组跟踪、回访客户，收集、整理客户对产品的评价，并及时将评价信息反馈给生产部。 2. 改进生产 生产部根据客户评价对生产工艺、产品设计、供应链等进行改进。 3. 完善产品目录 业务运营小组根据客户动态管理结果分析客户的喜好，主动为客户提供更有针对性的产品目录，以满足客户的个性化需求。 工作重点 根据客户过去的购买习惯，判断客户属于哪类人群，进而分析这类人群喜欢哪一类产品和赠品，然后对其进行标签化。
	工作标准 高效地解决售后问题，及时收集客户评价并据此进行生产改进，快速了解客户需求并完善产品目录。
执行规范	
“产品与服务目录”“个性化产品合同”“个性化产品需求表单”。	

6.2.3 定制化生产组织管理流程设计与工作执行

6.2.3.1 定制化生产组织管理流程设计

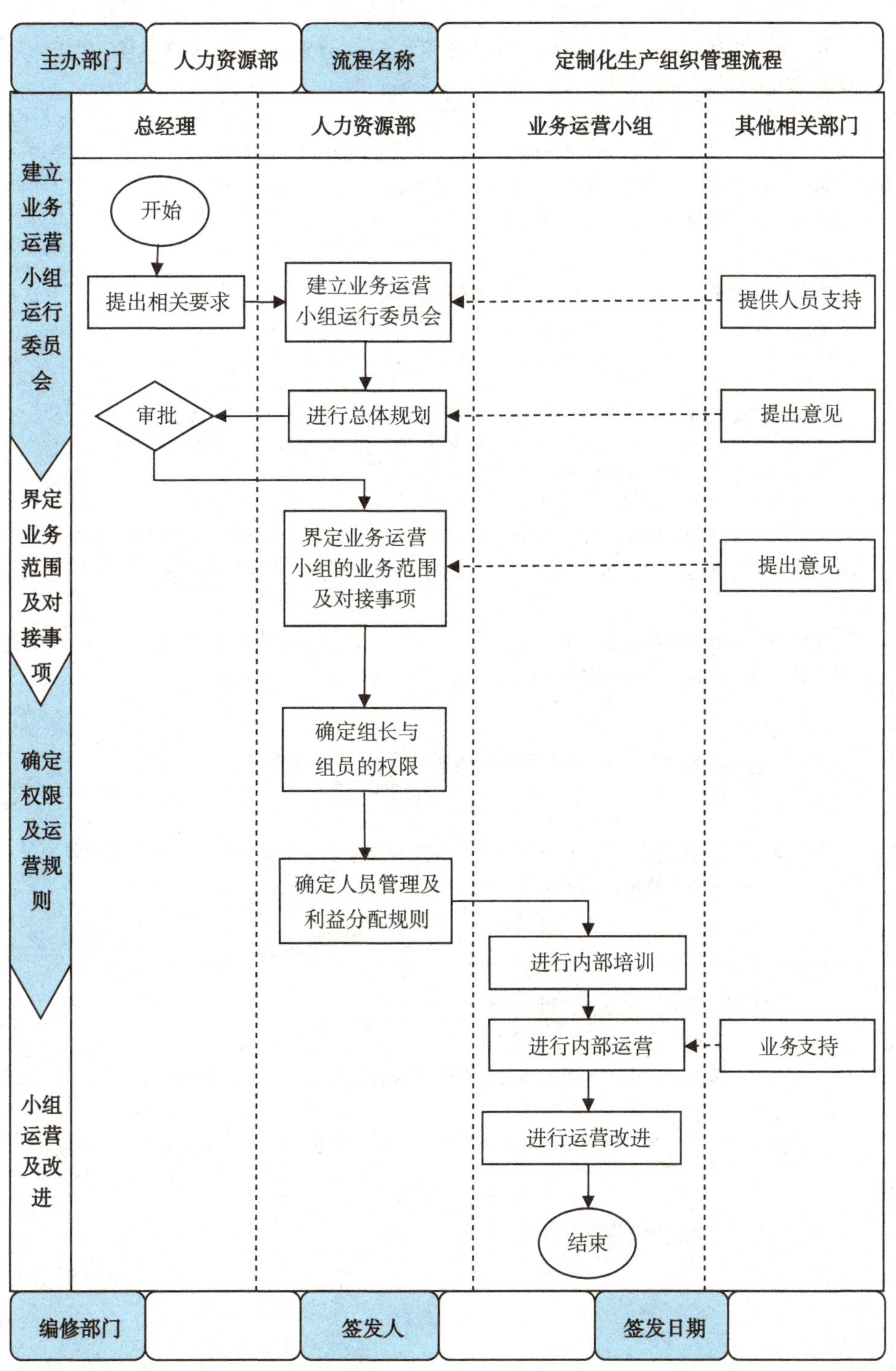

6.2.3.2　定制化生产组织管理执行程序、工作标准、考核指标、执行规范

<table>
<tr><th>任务名称</th><th>执行程序、工作标准与考核指标</th></tr>
<tr><td rowspan="4">建立业务运营小组运行委员会</td><td>执行程序</td></tr>
<tr><td>1. 建立业务运营小组运行委员会
在总经理的要求下，人力资源部会同企业相关部门，抽调人员建立业务运营小组运行委员会，由其统筹安排企业定制化生产组织建立的相关事项。
2. 进行总体规划
☆人力资源部负责调研企业生产现状，对企业定制化生产组织进行总体规划，包括目标、小组数量、小组领导者、小组沟通等，并编制规划方案。
☆人力资源部将规划方案报总经理审批。
工作重点
运行委员会要让相关部门和工作人员清楚地认识到建立业务运营小组的必要性，以及这种组织形式是如何深刻影响企业的商业活动的。</td></tr>
<tr><td>工作标准</td></tr>
<tr><td>参照同行业其他企业的生产组织变革情况。</td></tr>
<tr><td rowspan="6">界定业务范围及对接事项</td><td>执行程序</td></tr>
<tr><td>界定业务运营小组的业务范围及对接事项
☆运行委员会明确界定业务运营小组的业务范围，以及与企业各职能、保障部门之间的对接事项。
☆如果多个业务运营小组都可以完成某一项工作，就需要事先界定好由谁来负责。
工作重点
在划分业务运营小组之前，运行委员会应制定详细的对接事项处理流程及注意事项，以避免业务运营小组在运行过程中因权责模糊而产生纠纷。</td></tr>
<tr><td>工作标准</td></tr>
<tr><td>通过界定业务运营小组的业务范围及对接事项，初步形成业务运营小组。</td></tr>
<tr><td>考核指标</td></tr>
<tr><td>界定业务运营小组的业务范围及对接事项的科学性：业务运营小组的业务范围符合小组人员的特长，对接事项细节清楚，职责明确。</td></tr>
<tr><td rowspan="4">确定权限及运营规则</td><td>执行程序</td></tr>
<tr><td>1. 确定组长与组员的权限
人力资源部确定组长与组员的相关权限。
2. 确定人员管理及利益分配规则
人力资源部确定业务运营小组的内部人员管理及利益分配规则，利益分配规则要尽可能清晰。
工作重点
为了保持活力，业务运营小组需要保持开放性，组员要具有自由组合权和服务监督权。</td></tr>
<tr><td>工作标准</td></tr>
<tr><td>参照同行业其他优秀企业的业务运营小组管理规则。</td></tr>
</table>

（续）

<table>
<tr><th>任务名称</th><th>执行程序、工作标准与考核指标</th></tr>
<tr><td rowspan="4">小组运营及改进</td><td>执行程序</td></tr>
<tr><td>1. 进行内部培训
运行委员会对业务运营小组成员进行内部培训。
2. 进行内部运营
培训结束后，业务运营小组在企业内部进行正式运营，开展相关业务。
3. 进行运营改进
业务运营小组在运营过程中及时解决出现的各种问题并积极改进，企业各职能部门要做好监督工作。
工作重点
以业务运营小组的形式开展业务，其核心是通过这种模式调动小组成员的工作积极性，因此在评价这种生产组织形式时，要特别留意员工的工作态度的变化。</td></tr>
<tr><td>工作标准</td></tr>
<tr><td>建立并持续改进新的生产组织形式，有效提升生产效能。</td></tr>
<tr><td colspan="2">执行规范</td></tr>
<tr><td colspan="2">“业务运营小组运营细则”“业务运营小组运营效果监测报告”。</td></tr>
</table>

第7章 质量检验与改进过程

7.1 质量标准制定及质量体系认证管理

7.1.1 质量标准制定及质量体系认证管理流程设计

7.1.1.1 流程设计的目的

企业进行质量标准制定及质量体系认证管理流程设计的目的如下。

（1）建立严谨、规范、适用的质量管理体系与质量管理工作规范，并建立相应的企业文件，以保证严格执行相关体系、规范。

（2）规范生产质量管理工作，建立质量控制关键节点，系统性地建立生产质量管控体系。

（3）理清质量体系认证工作流程，为企业质量体系认证工作提供必要的参考。

7.1.1.2 流程结构设计

质量标准制定及质量体系认证管理流程可分为三个流程，其中，生产质量管理流程是主流程，质量标准制定管理流程与质量体系认证管理流程是两个并列的子流程。其具体结构如图 7-1 所示。

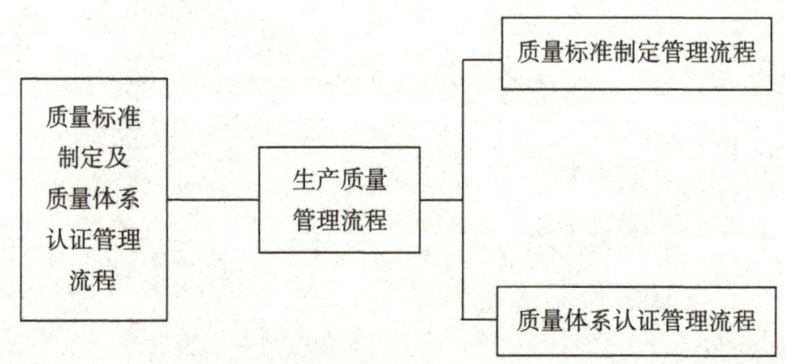

图 7-1 质量标准制定及质量体系认证管理流程结构

7.1.2 生产质量管理流程设计与工作执行

7.1.2.1 生产质量管理流程设计

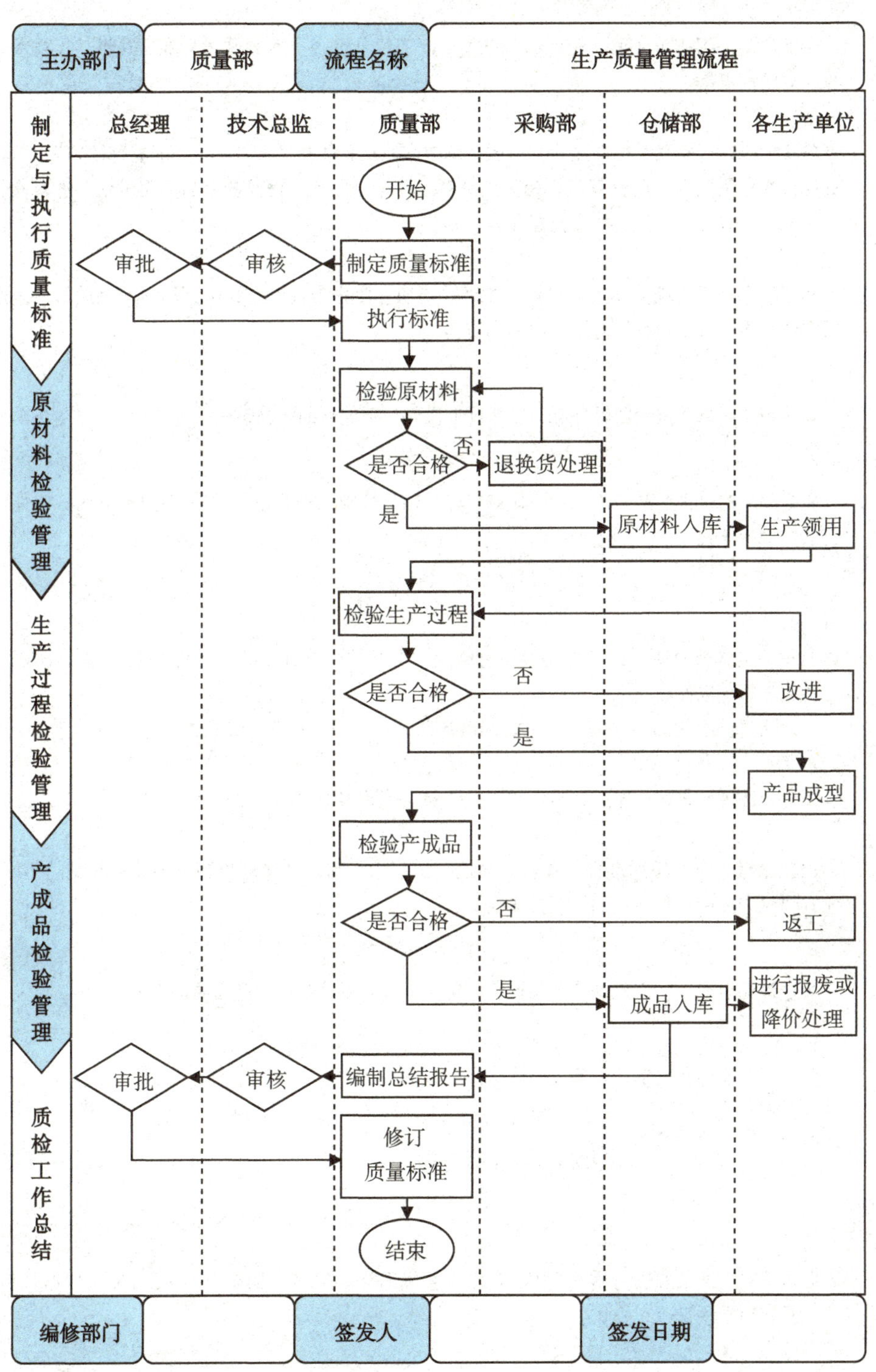

7.1.2.2 生产质量管理执行程序、工作标准、考核指标、执行规范

<table>
<tr><th>任务名称</th><th>执行程序、工作标准与考核指标</th></tr>
<tr><td rowspan="6">制定与执行质量标准</td><td>执行程序</td></tr>
<tr><td>1. 制定质量标准
企业质量部组织市场部、生产部和技术部等部门制定企业各类质量标准，并将其报技术总监审核、总经理审批。
2. 执行标准
☆质量标准经过备案、批准之后，由质量部制作标准文件并将其下发给各职能部门和生产单位。
☆标准文件下发后，质量部组织相关人员对原材料、生产过程及产成品的质量水平进行检验，督促各相关部门、单位执行质量标准。
工作重点
制定质量标准之前，相关人员要从生产、流通、使用等各个方面考察影响产品质量的因素，然后根据这些因素制定有针对性的检测项目。</td></tr>
<tr><td>工作标准</td></tr>
<tr><td>参照相关产品质量的国际标准、行业标准及其他类似产品的质量标准。</td></tr>
<tr><td>考核指标</td></tr>
<tr><td>质量标准的合理性与先进性：要做到目标明确、合理，相关数据准确率达到100%，整体水平在行业内处于领先地位。</td></tr>
<tr><td rowspan="6">原材料检验管理</td><td>执行程序</td></tr>
<tr><td>检验原材料
☆质量部检验员对所采购的原材料进行检验，看其是否符合企业的质量标准，包括外观、尺寸、性能参数等方面。
☆对于质量不合格的原材料，交采购部执行退换货处理；对于质量合格的原材料，交仓储部办理入库手续。
☆质量合格的原材料入库后，各生产单位依照生产计划领用。
工作重点
检验原材料时要遵循准确、灵敏、简便、快速的原则，质量部检验员要注意总结适用的方法，尤其要注意运用一些最新的检测技术和工具。</td></tr>
<tr><td>工作标准</td></tr>
<tr><td>通过检验为产品生产提供符合要求的原材料，从而提升企业的产品质量水平。</td></tr>
<tr><td>考核指标</td></tr>
<tr><td>质检工作及时完成率：力争达到____%。其计算公式如下。
$$质检工作及时完成率=\frac{及时完成的质检次数}{应完成的检验总次数}\times 100\%$$</td></tr>
<tr><td rowspan="2">生产过程检验管理</td><td>执行程序</td></tr>
<tr><td>检验生产过程
☆质量部对生产过程进行质量监控，包括工艺规程是否合理、生产材料是否合格、操作是否规范、质量检验方法是否正确、生产环境是否达标等。</td></tr>
</table>

（续）

<table>
<tr><th>任务名称</th><th>执行程序、工作标准与考核指标</th></tr>
<tr><td rowspan="5">生产过程检验管理</td><td>☆若生产过程检验合格，则继续生产；若检验不合格，则进行改进处理。
工作重点
☆生产过程检验重在精细化，质量部要详细描述各生产工序的检验内容和频次，以利于相关人员学习、掌握。
☆生产过程检验的取样要有代表性和随机性。</td></tr>
<tr><td>工作标准</td></tr>
<tr><td>☆参照同行业其他优秀企业的生产过程检验资料。
☆生产过程科学、及时，操作性强，能有效提升产品的质量水平。</td></tr>
<tr><td>考核指标</td></tr>
<tr><td>☆质检工作及时完成率：力争达到____%。其计算公式如下。
$$质检工作及时完成率=\frac{及时完成的质检次数}{应完成的质检总次数}\times 100\%$$
☆质量事故及时处理率：目标值为____%。其计算公式如下。
$$质量事故及时处理率=\frac{及时处理的质量事故数}{质量事故总数}\times 100\%$$</td></tr>
<tr><td rowspan="6">产成品检验管理</td><td>执行程序</td></tr>
<tr><td>检验产成品
☆质量部相关人员对产成品进行质量检验，包括产成品是否存在安全隐患，其尺寸、外观、性能是否达标等。
☆对于质检不合格的产成品，进行返工处理，若返工也无法使其达到合格水平，则进行报废处理；对于质检合格的产品，进行入库管理。
工作重点
对于在特殊情况下生产的产成品（如设备故障等），可以适当加大取样频率。</td></tr>
<tr><td>工作标准</td></tr>
<tr><td>通过检验产成品，保证入库产品的质量处于一个较高的水准之上，同时及时处理不合格产品。</td></tr>
<tr><td>考核指标</td></tr>
<tr><td>☆批次产品质量投诉率：目标值为____%。其计算公式如下。
$$批次产品质量投诉率=\frac{客户投诉次数}{产品出货总批次}\times 100\%$$
☆产品质量原因退货率：控制在____%以内。其计算公式如下。
$$产品质量原因退货率=\frac{质量原因产品退货数量}{交付的产品总数量}\times 100\%$$</td></tr>
</table>

（续）

<table>
<tr><th>任务名称</th><th>执行程序、工作标准与考核指标</th></tr>
<tr><td rowspan="4">质检工作总结</td><td>执行程序</td></tr>
<tr><td>1. 编制总结报告
☆质量部编制本企业的年度质检总结报告，具体包括质检标准、执行过程出现的问题及处理结果、预防改进措施等内容。
☆技术总监负责审核年度质检总结报告，并提出补充意见和建议，随后将其报总经理审批。
2. 修订质量标准
质量部按照质量检验的执行情况及总经理的审批意见修订、完善企业质量标准。
工作重点
年度质检总结报告要按照企业的相关规范编制，要做到重点突出、逻辑清晰、实事求是。</td></tr>
<tr><td>工作标准</td></tr>
<tr><td>参照企业过去年度的年度质检总结情况。</td></tr>
<tr><td colspan="2">执行规范</td></tr>
<tr><td colspan="2">“企业质量标准”“原材料质检标准”“生产过程管理规定”“产成品质检标准”“产品返工处理流程及相关制度”“产品报废处理流程及相关规定”。</td></tr>
</table>

7.1.3 质量标准制定管理流程设计与工作执行

7.1.3.2 质量标准制定管理流程设计

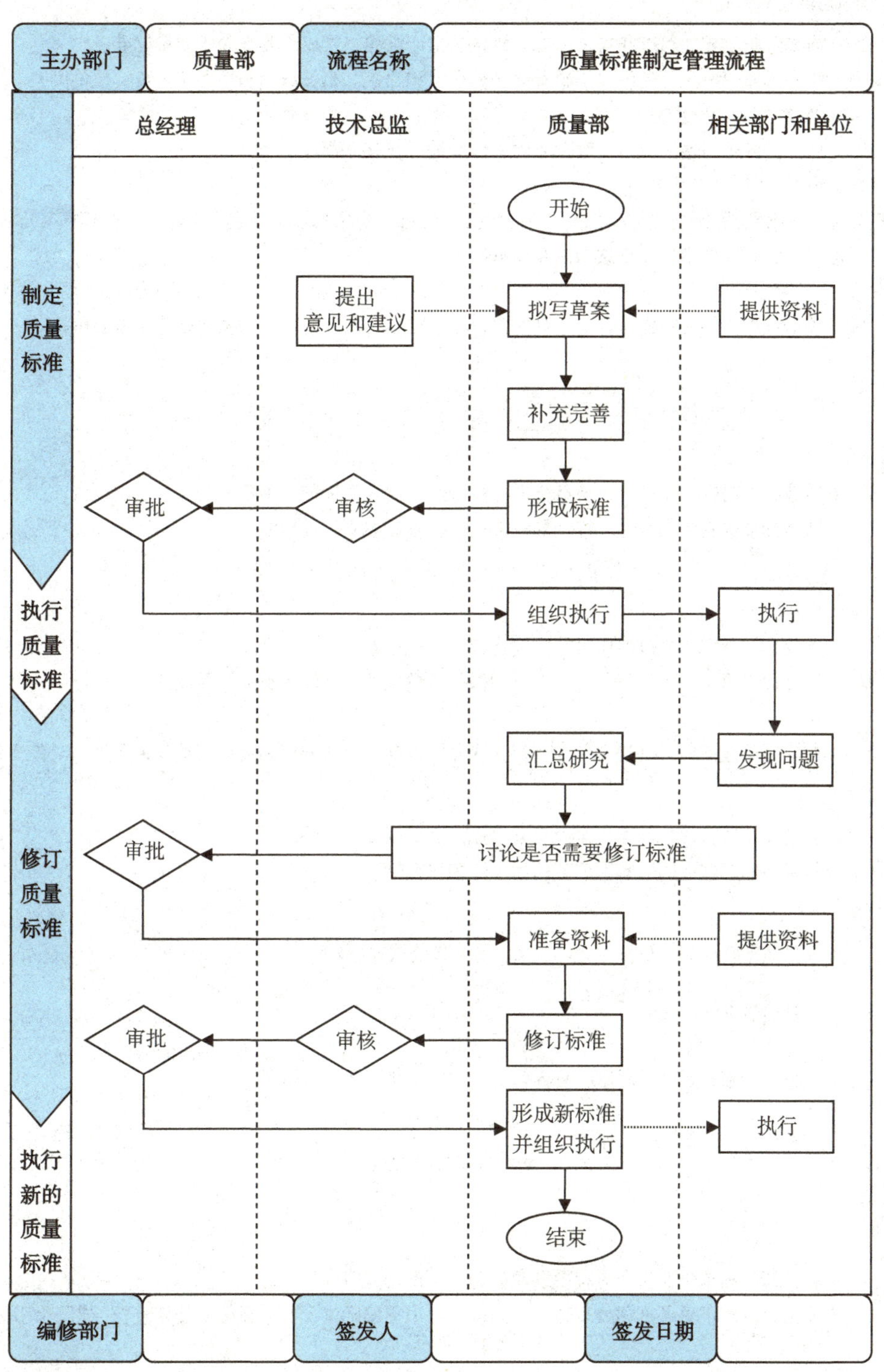

7.1.3.2 质量标准制定管理执行程序、工作标准、考核指标、执行规范

<table>
<tr><th>任务名称</th><th>执行程序、工作标准与考核指标</th></tr>
<tr><td rowspan="6">制定质量标准</td><td>执行程序</td></tr>
<tr><td>1. 拟写草案
☆质量部根据相关标准和规定拟写原材料、生产过程、产成品等方面的质量标准。
☆技术总监向质量部提出关于质量标准的意见和建议，相关部门和生产单位负责提供资料。
2. 补充完善
质量部经理根据生产情况对企业质量标准进行补充完善。
3. 形成标准
质量部形成正式的质量标准文件，包括原材料、产品、设备、生产工序、质检程序等方面的标准，并将其报技术总监审核、总经理审批。
工作重点
质量标准文件要符合企业的相关规范，重点突出、内容全面、结构清晰且无重大纰漏。</td></tr>
<tr><td>工作标准</td></tr>
<tr><td>参照各类产品的相关标准和规定。</td></tr>
<tr><td>考核指标</td></tr>
<tr><td>☆质量标准内容的质量：以质量标准的修订次数为衡量标准，力争控制在____次以内。
☆质量标准编制的及时性：按计划时限提交，不影响生产计划的执行。</td></tr>
<tr><td rowspan="6">执行质量标准</td><td>执行程序</td></tr>
<tr><td>组织执行
☆质量部根据审批通过的质量标准制定相应的执行办法。
☆质量部组织相关部门和单位认真贯彻执行质量标准，确保无重大错漏。
工作重点
在执行质量标准的过程中，如有特殊或异常情况，相关部门和单位需填写记录并及时报质量部。</td></tr>
<tr><td>工作标准</td></tr>
<tr><td>☆通过组织执行质量标准，全面提升企业产品或服务的质量水平。
☆所发现的异常或问题具有较高的代表性和典型性。</td></tr>
<tr><td>考核指标</td></tr>
<tr><td>☆产品质量合格率：目标值为____%。其计算公式如下。
$$产品质量合格率=\frac{质量合格的产品数量}{产品总数量}\times 100\%$$
☆质量检验报告提交及时率：目标值为____%。其计算公式如下。
$$质量检验报告提交及时率=\frac{按时提交的检验报告份数}{检验报告的总份数}\times 100\%$$</td></tr>
<tr><td rowspan="2">修订质量标准</td><td>执行程序</td></tr>
<tr><td>1. 汇总研究
☆相关部门和单位在生产过程中发现质量问题后，及时向质量部汇报。
☆质量部及时汇总各部门发现的质量问题，并根据实际情况与质量标准做好分析，得出解决办法。</td></tr>
</table>

（续）

任务名称	执行程序、工作标准与考核指标
修订质量标准	2. 讨论是否需要修订标准 技术总监、质量部、相关部门和单位的相关人员根据问题分析结论，讨论是否需要修订质量标准，若需要修改，则报总经理审批。 3. 准备资料 质量标准修改要求经审批通过后，质量部相关人员准备相关资料，包括质量控制参数、问题处理过程资料等，相关部门和单位给予配合。 4. 修订标准 质量部根据实际情况修订质量标准并报技术总监审核、总经理审批。 工作重点 ☆无论如何修订质量标准，都要注意质量标准的可操作性，要立足于实际，便于后期的实施和操作。 ☆质量标准经制定后，在一段时间内最好不要随便加以修订，如果需要修订，一定要经过充分论证，并严格按照相关程序进行。
	工作标准
	☆参照同行业其他企业的质量标准的现状与修订情况。 ☆质量标准修订过程讨论充分，严格按相关程序进行，修订后的质量标准具有较高的可操作性，对一些预期出现的质量问题有相应的应对策略。
	考核指标
	☆质量体系不合格项整改质量：通过修订质量标准推进质量体系的完善。 ☆产品质量客户满意度评分：达到____分，确保质量标准的指导作用能满足产品的市场需求。
执行新的质量标准	执行程序
	形成新标准并组织执行 ☆修订后的质量标准经总经理审批通过后，质量部及时组织相关部门和单位执行。相关部门和单位应结合自己的实际情况认真执行新的质量标准。 ☆针对新的质量标准，质量部根据实际情况组织相关人员进行相应的教育、培训。 工作重点 相关部门和单位在执行过程中一旦发现特殊或异常情况需填写记录，并及时与质量部沟通。
	工作标准
	通过执行新的质量标准，使前期相关部门和单位所反映的问题得到妥善解决，有效提升企业产品或服务的质量水平。
	考核指标
	形成新的质量标准的时间：应在____个工作日之内完成。
执行规范	
“质量标准执行办法”“质量问题报告”“质量标准执行方案”“质量标准培训方案”。	

7.1.4 质量体系认证管理流程设计与工作执行

7.1.4.1 质量体系认证管理流程设计

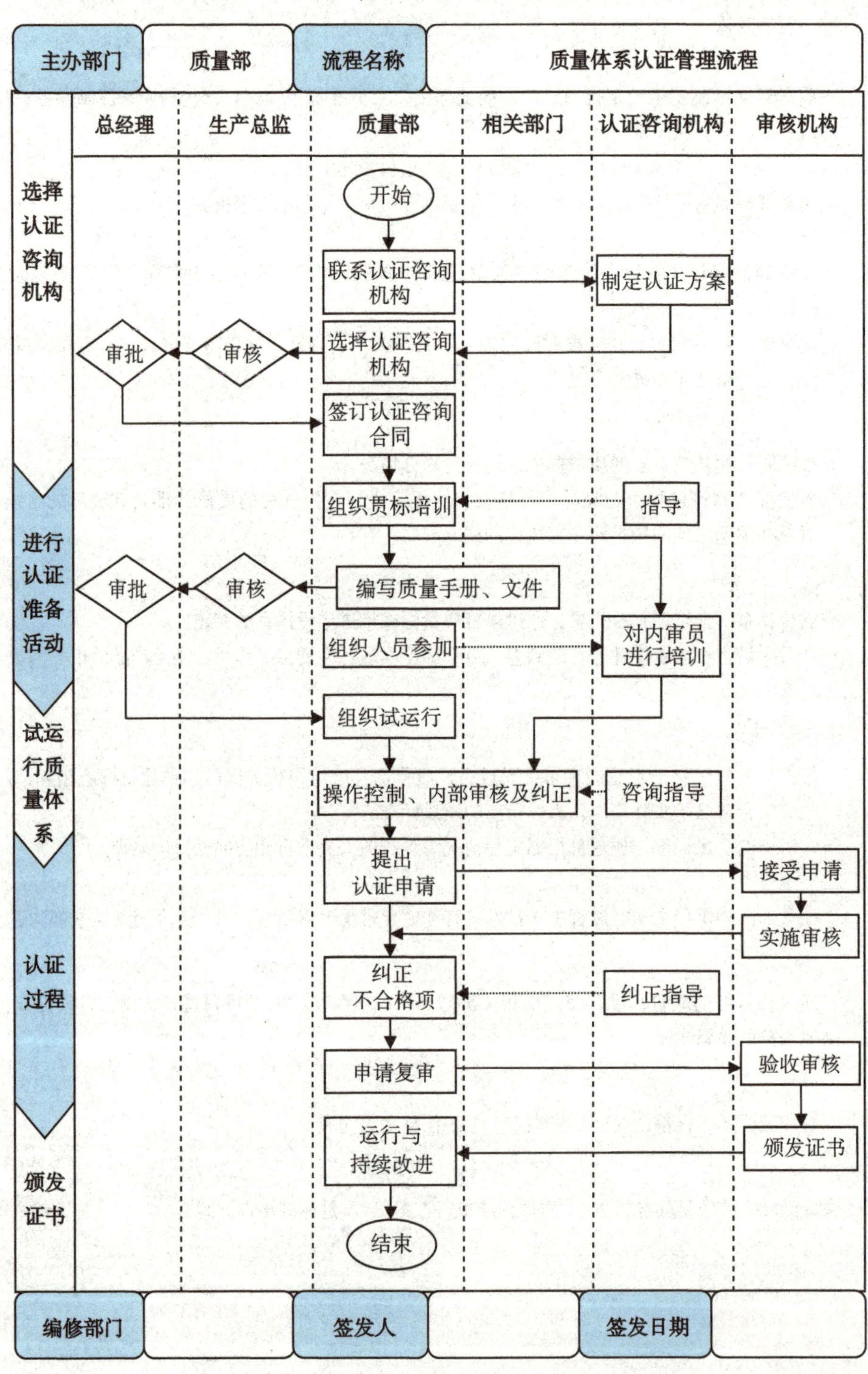

7.1.4.2 质量体系认证管理执行程序、工作标准、考核指标、执行规范

<table>
<tr><th>任务名称</th><th>执行程序、工作标准与考核指标</th></tr>
<tr><td rowspan="6">选择认证咨询机构</td><td>执行程序</td></tr>
<tr><td>1. 联系认证咨询机构
☆质量部组织相关人员联系认证咨询机构，取得认证咨询机构的业绩及资质，并要求对方提供咨询项目方案。
☆审查认证咨询机构的项目方案，包括是否符合企业的实际情况、是否具有可操作性、方案预算是否超支等。
2. 选择认证咨询机构
质量部选择一个最符合企业要求的认证咨询机构，并报生产总监审核、总经理审批。
3. 签订认证咨询合同
经总经理审批通过后，质量部就具体问题与最终确认的认证咨询机构签订认证咨询合同。
工作重点
选择认证咨询机构时，可以根据评级、过往咨询案例、业内风评等要素对认证咨询机构进行综合考量。</td></tr>
<tr><td>工作标准</td></tr>
<tr><td>☆参照同行业其他企业的认证咨询机构选择情况。
☆选定一个最合适的认证咨询机构，并且经生产总监审核、总经理审批通过。</td></tr>
<tr><td>考核指标</td></tr>
<tr><td>认证咨询机构选择的科学性：决策的产生应建立在对认证咨询机构的资信水平、咨询经验、员工素质等方面的全面了解之上。</td></tr>
<tr><td rowspan="4">进行认证准备活动</td><td>执行程序</td></tr>
<tr><td>1. 组织贯标培训
在认证咨询机构的指导下，质量部组织企业各相关部门参加 ISO9001 的贯彻标准培训。贯彻标准是选择某种标准的依据，是建立适用的质量体系并使之有效运行的基础；能够使员工对 ISO9001 标准有一定的了解和认识，明确自己的岗位职责。
2. 编写质量手册、文件
☆各相关部门依据自己的职责和认证要求编写质量手册、文件。
☆各相关部门将质量手册、文件报生产总监审核、总经理审批。
3. 对内审员进行培训
质量部组织相关内审员参加相关培训，使其对 ISO9001 的认证标准的要求、审查项目、审查流程等有全面、深入的了解，并具备实际操作能力。
工作重点
贯彻标准培训要与员工的实际工作相结合，不能照本宣科。</td></tr>
<tr><td>工作标准</td></tr>
<tr><td>☆参照同行业其他企业的质量手册、文件等。
☆贯彻标准培训与内审员培训富有成效，质量手册、文件等格式规范，并且通过生产总监的审核与总经理的审批。</td></tr>
</table>

（续）

<table>
<tr><th>任务名称</th><th>执行程序、工作标准与考核指标</th></tr>
<tr><td rowspan="6">试运行质量体系</td><td>执行程序</td></tr>
<tr><td>1. 组织试运行
质量部组织各相关部门进行质量管理体系的试运行。
2. 操作控制、内部审核及纠正
各相关部门及企业内审员在认证咨询机构的配合下，对企业质量管理体系的运行情况进行审核：若符合质量管理体系要求，则记录后结案；若不符合质量管理体系要求，则及时向认证咨询机构发出纠错通知单，要求其改善。
工作重点
总经理、生产总监与内审员等是推动质量体系试运行及审核的关键因素，要起到领导、推动作用。</td></tr>
<tr><td>工作标准</td></tr>
<tr><td>参考同行业其他企业在质量体系试运行过程中出现的问题及其解决措施。</td></tr>
<tr><td>考核指标</td></tr>
<tr><td>质量体系试运行的规范性：企业各相关部门均严格按照 ISO9001 标准文件执行。</td></tr>
<tr><td rowspan="6">认证过程</td><td>执行程序</td></tr>
<tr><td>1. 提出认证申请
☆质量管理体系经内审确认合格后，质量部向审核机构提出认证申请。
☆审核机构接受认证申请，并对企业的质量管理体系实施初步审查。
2. 纠正不合格项
质量部要按照审查意见及要求认真、及时地纠正不合格项。
3. 申请复审
质量部向审核机构提出质量管理体系复审申请，审核机构对企业的质量管理体系进行复审。
工作重点
在规定时间内纠正不合格项。</td></tr>
<tr><td>工作标准</td></tr>
<tr><td>通过认证过程纠正、整治企业不符合 ISO9001 质量体系标准的内容，提升企业的质量管理水平。</td></tr>
<tr><td>考核指标</td></tr>
<tr><td>整改结果合格率：目标值为____%，对于所有不符合 ISO9001 质量体系标准的内容进行全面、彻底的整改，并确保整改后的项目全部合格。其计算公式如下。
$$整改结果合格率 = \frac{整改结果合格项目数}{整改项目总数} \times 100\%$$</td></tr>
<tr><td rowspan="2">颁发证书</td><td>执行程序</td></tr>
<tr><td>运行与持续改进
☆复审合格后，审核机构向企业颁发认证证书。
☆质量部按质量手册的要求每年组织进行内部审核和管理评审，发现不合格项后及时改进，不断提升企业质量管理的效率和有效性，以实现其质量方针和目标。</td></tr>
</table>

（续）

<table>
<tr><th>任务名称</th><th>执行程序、工作标准与考核指标</th></tr>
<tr><td rowspan="5">颁发证书</td><td>工作重点
质量体系的持续改进是企业竞争力的重要表现，质量部可以结合同行业其他企业的相关做法和本企业的新问题进行综合筹划。</td></tr>
<tr><td>工作标准</td></tr>
<tr><td>参照同行业其他企业最新的质量体系。</td></tr>
<tr><td>考核指标</td></tr>
<tr><td>质量体系的稳定性：随着时间的推移、市场环境的改变，质量体系也应得到不断的改善和提高，以维持、改进企业的质量管理水平。</td></tr>
<tr><td colspan="2">执行规范</td></tr>
<tr><td colspan="2">“ISO 质量管理体系标准”“认证咨询项目方案”“贯彻标准培训计划”“内审员培训计划”“质量手册”“试运行工作计划”“质量程序文件”。</td></tr>
</table>

7.2 采购物资及库存物资检验管理

7.2.1 采购物资及库存物资检验管理流程设计

7.2.1.1 流程设计的目的

企业进行采购物资及库存物资检验管理流程设计的目的如下。

（1）规范采购物资的管理工作，使物资采购人员明确采购物资的关键事项，以保证采购物资的质量，并提高物资采购的工作效率。

（2）规范企业库存物资的管理工作，减少存货损失，提高存货质量。

7.2.1.2 流程结构设计

企业应采取并列式结构将采购物资及库存物资检验管理工作细分为两个事项，并就每个事项设计流程，即采购质量问题仲裁流程和库存物资定期检验流程，其具体结构如图 7-2 所示。

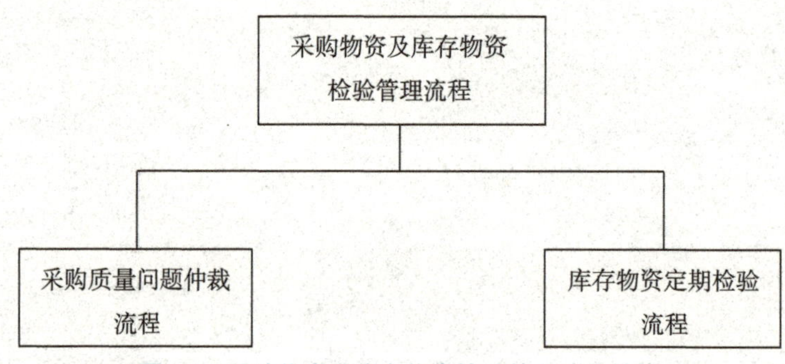

图 7-2　采购物资及库存物资检验管理流程结构

7.2.2 采购质量问题仲裁流程设计与工作执行

7.2.2.1 采购质量问题仲裁流程设计

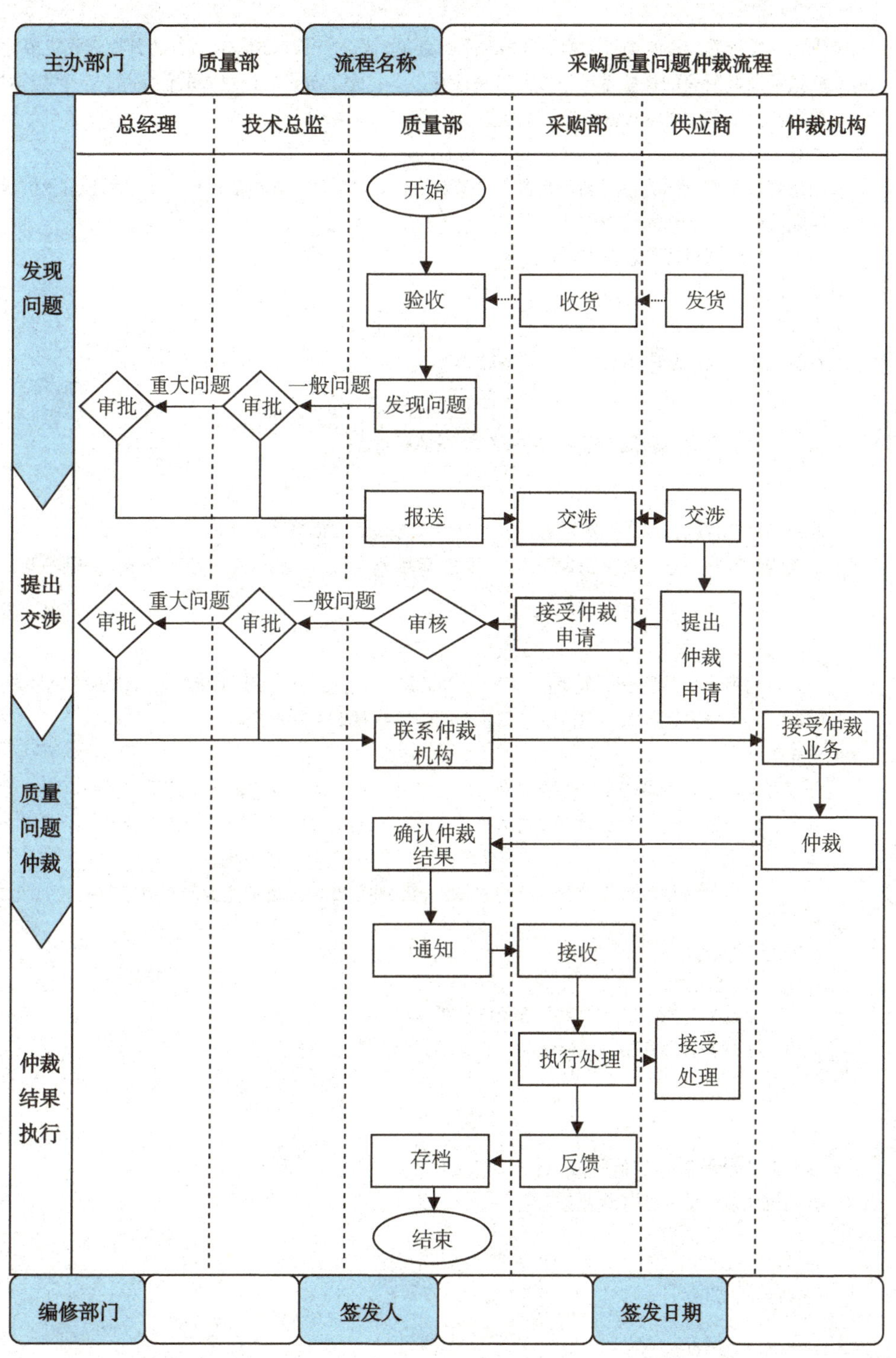

7.2.2.2 采购质量问题仲裁执行程序、工作标准、考核指标、执行规范

任务名称	执行程序、工作标准与考核指标
发现问题	执行程序
	1. 验收 ☆供应商发货后，采购部接收物资并核对采购订单，核对无误后预收物资并将其放入收货待检区。 ☆质量部及其所属的检验室严格按照进料检查方案，先了解供应商过去的供货情况，确定抽样方法和检查工具，随后对物资进行检验。 2. 发现问题 ☆质量部发现物资的质量问题，如物资规格未达到质量标准、在运输过程中产生无法修复的破损、功能特性值未达标等。 ☆一般质量问题报技术总监审批。 ☆重大质量问题报总经理审批。 工作重点 及时记录验收过程中的特殊或异常情况。
	工作标准
	通过验收、发现问题保证企业所采购的物资的质量。
	考核指标
	☆验收的规范程度：按合同规定进行验收，验收方法运用得当。 ☆采购物资验收质量：确保验收工作无遗漏、验收方法得当、验收结果合理公允、差错率低。
提出交涉	执行程序
	1. 报送 质量部将所采购的物资的质量问题报送采购部，由采购部与供应商交涉，商议相关质量责任划分问题，若供应商无异议，则由供应商按合同规定执行退换货处理。 2. 审核 ☆若存有异议，则由供应商向采购部提出仲裁申请，采购部接受仲裁申请并报质量部审核。 ☆若是一般问题，则将仲裁请求报技术总监审批；若是重大问题，则将仲裁申请报总经理审批。 工作重点 企业在确定是否仲裁时要考虑仲裁的成本，包括仲裁费用（通常比诉讼费用还高一点）、时间成本等。
	工作标准
	☆参照企业过去类似问题的处理办法及注意事项。 ☆提出交涉时要有理有据，既能解决问题又不影响与供应商的关系。
质量问题仲裁	执行程序
	1. 联系仲裁机构 ☆质量部负责联系相关质量仲裁机构，与其商量仲裁事宜。 ☆仲裁机构接受双方的仲裁业务。

（续）

<table>
<tr><th>任务名称</th><th>执行程序、工作标准与考核指标</th></tr>
<tr><td rowspan="5">质量问题仲裁</td><td>2. 确认仲裁结果
☆仲裁机构对采购物资进行化验、检验，确认质量问题的程度、问题产生的原因等，并下发仲裁通知书。
☆质量部对仲裁机构的检验结果进行确认。
工作重点
处理仲裁质量问题时，企业应选择专门的人员负责，如有必要，还要从企业法务部、质量部、采购部抽调专人组成团队。</td></tr>
<tr><td>工作标准</td></tr>
<tr><td>通过质量问题仲裁明确相关责任，挽回企业的损失。</td></tr>
<tr><td>考核指标</td></tr>
<tr><td>问题仲裁的及时性：将有争议的物资在第一时间送至仲裁机构进行处理，加快企业的回款率。</td></tr>
<tr><td rowspan="6">仲裁结果执行</td><td>执行程序</td></tr>
<tr><td>1. 通知
☆质量部下发通知，传达仲裁机构的仲裁结果。
☆采购部接收质量部传达的仲裁结果通知。
2. 执行处理
☆按质量部的要求及采购合同的要求，采购部与供应商协商并确定质量问题的处理办法。
☆供应商接受企业关于质量问题的处理决定。
3. 存档
采购部将质量问题处理结果反馈给质量部，质量部将有关资料存档并妥善保管。
工作重点
要注意归档文件的规范性，最好都以固定的模板来编写，以有效提升文档的编制效率。</td></tr>
<tr><td>工作标准</td></tr>
<tr><td>☆通过执行仲裁结果，一方面挽回企业的损失，另一方面总结经验，从而为以后的采购工作提供借鉴。
☆存档文件按照规范编写，文件存放分类明确，拿取方便，具有较高的借鉴价值。</td></tr>
<tr><td>考核指标</td></tr>
<tr><td>☆采购合同履约率：按照仲裁结果及采购合同的规定处理不合格的物资，并办理相关结算手续。其计算公式如下。
$$采购合同履约率=\frac{按规定履行的合同项目数}{合同规定的全部项目数}\times 100\%$$
☆采购文件资料归档完备性：要求相关人员妥善保管好所有与采购相关的文件，如采购合同、订单、验收单等。</td></tr>
<tr><td colspan="2">执行规范</td></tr>
<tr><td colspan="2">“进料检查质量异常报告”“质量问题仲裁结果报告单”“质量问题处理报告”。</td></tr>
</table>

7.2.3 库存物资定期检验流程设计与工作执行

7.2.3.1 库存物资定期检验流程设计

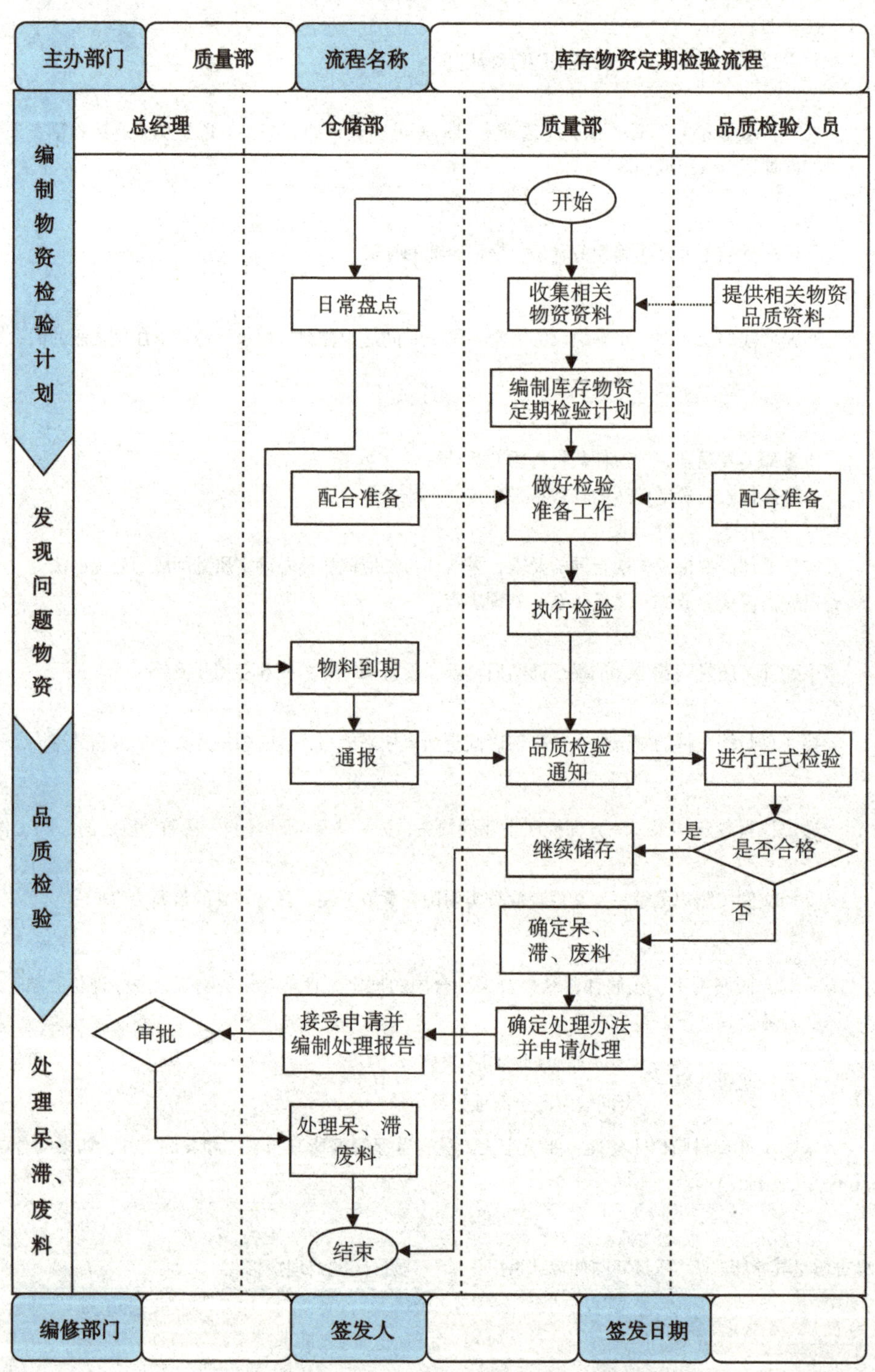

7.2.3.2 库存物资定期检验执行程序、工作标准、考核指标、执行规范

<table>
<tr><th>任务名称</th><th>执行程序、工作标准与考核指标</th></tr>
<tr><td rowspan="6">编制物资检验计划</td><td>执行程序</td></tr>
<tr><td>1. 收集相关物资资料
☆质量部负责库存物资定期检验的人员应注意收集相关物资资料，如物资的种类、数量、使用周期、性能指标、入库日期、存放须知、养护要求等。
☆品质检验人员配合其工作，提供与物资的品质相关的各项参数、指标等资料。
2. 编制库存物资定期检验计划
质量部相关人员根据物资资料编制库存物资定期检验计划，包括检验项目、检验流程、操作须知、检验周期等内容。
工作重点
库存物资定期检验计划要符合企业相关规范，重点突出，内容全面，可操作性强。</td></tr>
<tr><td>工作标准</td></tr>
<tr><td>☆参照同行业其他企业的物资定期检验计划资料。
☆通过编制库存物资定期检验计划指引后续的物资检验工作。</td></tr>
<tr><td>考核指标</td></tr>
<tr><td>☆检验对象的全面性：质量检查的对象应涵盖与生产密切相关的所有物资，防止因物资的质量问题而阻碍生产。
☆检验计划的可操作性：确保检验计划的所有内容均有实现的条件，即人力、物力与之相匹配。</td></tr>
<tr><td rowspan="4">发现问题物资</td><td>执行程序</td></tr>
<tr><td>1. 做好检验准备工作
☆质量部组织相关人员进行检验准备工作。
☆仓库管理员整理好需要检验的物资，并将其放置在相应区域。
☆品质检验人员准备好检验所需要的器具。
2. 执行检验
☆质量部主管组织相关人员进行物资检验，协调相关部门负责人的工作时间，说明工作中需要注意的相关事项，确认检验工作的目标和考核项目等。
☆质量部相关人员在检验执行过程中发现质量可疑物资。
☆仓库管理员在日常盘点中发现过期物资，并通告质量部相关人员。
工作重点
在检验过程中，如有特殊或异常情况需及时记录。</td></tr>
<tr><td>工作标准</td></tr>
<tr><td>通过检验发现库存过期物资并及时对其进行处理。</td></tr>
<tr><td rowspan="2">品质检验</td><td>执行程序</td></tr>
<tr><td>1. 品质检验通知
质量部相关人员汇总质量问题物资清单，并标明相关注意事项，通知品质检验人员对其进行正式检验。
2. 进行正式检验
品质检验人员根据不同物资的检验程序及操作要求对问题物资进行正式检验，确保检验结果准确无误。</td></tr>
</table>

（续）

任务名称	执行程序、工作标准与考核指标
品质检验	**3. 继续储存** 若问题物资的品质检验结果合格，则由质量部标明质量有效期限，将其放回仓库，并通知相关部门尽快领用。 **4. 确定呆、滞、废料** 对于产品质检验不合格的物资，质量部根据实际情况将其分为呆、滞、废料物资，在物资表面进行标注，并将其放置在存放区域以待处理。 **工作重点** 品质检验包括外观品质检验和内在品质检验。外观品质检验的内容包括但不限于商品的外观尺寸、造型、结构、款式、表面色彩、表面精度、软硬度、光泽度、新鲜度、成熟度、气味等。内在品质检验的内容包括但不限于商品的化学组成、性质和等级等技术指标。
	工作标准
	☆参照同行业其他企业的品质检验标准。 ☆通过品质检验了解库存物资的外观品质和内在品质，并在此基础上对库存物资进行分类管理。
	考核指标
	☆检验完成及时性：按照检验计划时间表，在规定时间内完成物资的检验工作，目标值为____天。 ☆检验出错次数：在规定期限内，将物资检验出错的次数控制在____次以内，以保证检验质量。
处理呆、滞、废料	**执行程序**
	1. 确定处理办法并申请处理 ☆质量部根据呆、滞、废料的实际情况及企业的处理制度确定具体的处理办法，并向仓储部申请处理。 ☆仓储部经理接收质量部提出的呆、滞、废料处理申请后，核对实际情况，并根据质量部提出的处理意见编制详细的处理报告，随后将其报总经理审批。报告内容包括物资的具体问题、问题产生的原因、检验结果、入库时间、质量部的处理意见等。 **2. 处理呆、滞、废料** 处理报告经总经理审批通过后，仓储部仓库管理员负责执行呆、滞、废料的处理工作。 **工作重点** 要注意处理报告的规范性，最好以固定的模板来编制，以有效提升处理报告的编制效率。
	工作标准
	仓储部仓库管理员根据总经理批准的呆、滞、废料处理报告，及时处理仓库中的呆、滞、废料，以尽可能节省企业的库存成本，扩大库存空间，提升企业产品的整体质量水平。
	考核指标
	☆呆、滞、废料处理的规范性：严格按照企业的呆、滞、废料的处理制度及处理流程对呆、滞、废料进行处理，无重大环境污染等情况出现。 ☆呆、滞、废料处理的及时性：在获得批准后的____个工作日内处理完毕，保证呆、滞、废料不过多地占用企业的库存空间、成本预算等。
执行规范	
“物资检验计划”“物资检验制度”“呆、滞、废料处理办法”“呆、滞、废料处理报告”。	

7.3 生产过程及成品抽样检验管理

7.3.1 生产过程及成品抽样检验管理流程设计

7.3.1.1 流程设计的目的

企业进行生产过程及成品抽样检验管理流程设计的目的如下。

（1）明确生产过程质量检验作业程序，改善生产过程的质量，确保生产过程质量稳定，提高生产效率。

（2）规范企业成品抽样检验管理工作，减少不合格品，提高存货质量。

7.3.1.2 流程结构设计

企业可采取并列式结构设计生产过程及成品抽样检验管理流程，将其细分为三个事项，并就每个事项设计流程，即生产过程质量检验流程、制程三检作业实施流程和成品抽样检验流程，其具体结构如图 7-3 所示。

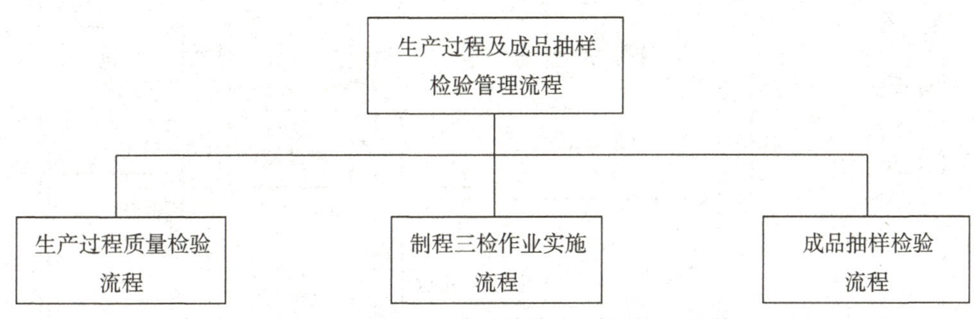

图 7-3 生产过程及成品抽样检验管理流程结构

7.3.2 生产过程质量检验流程设计与工作执行

7.3.2.1 生产过程质量检验流程设计

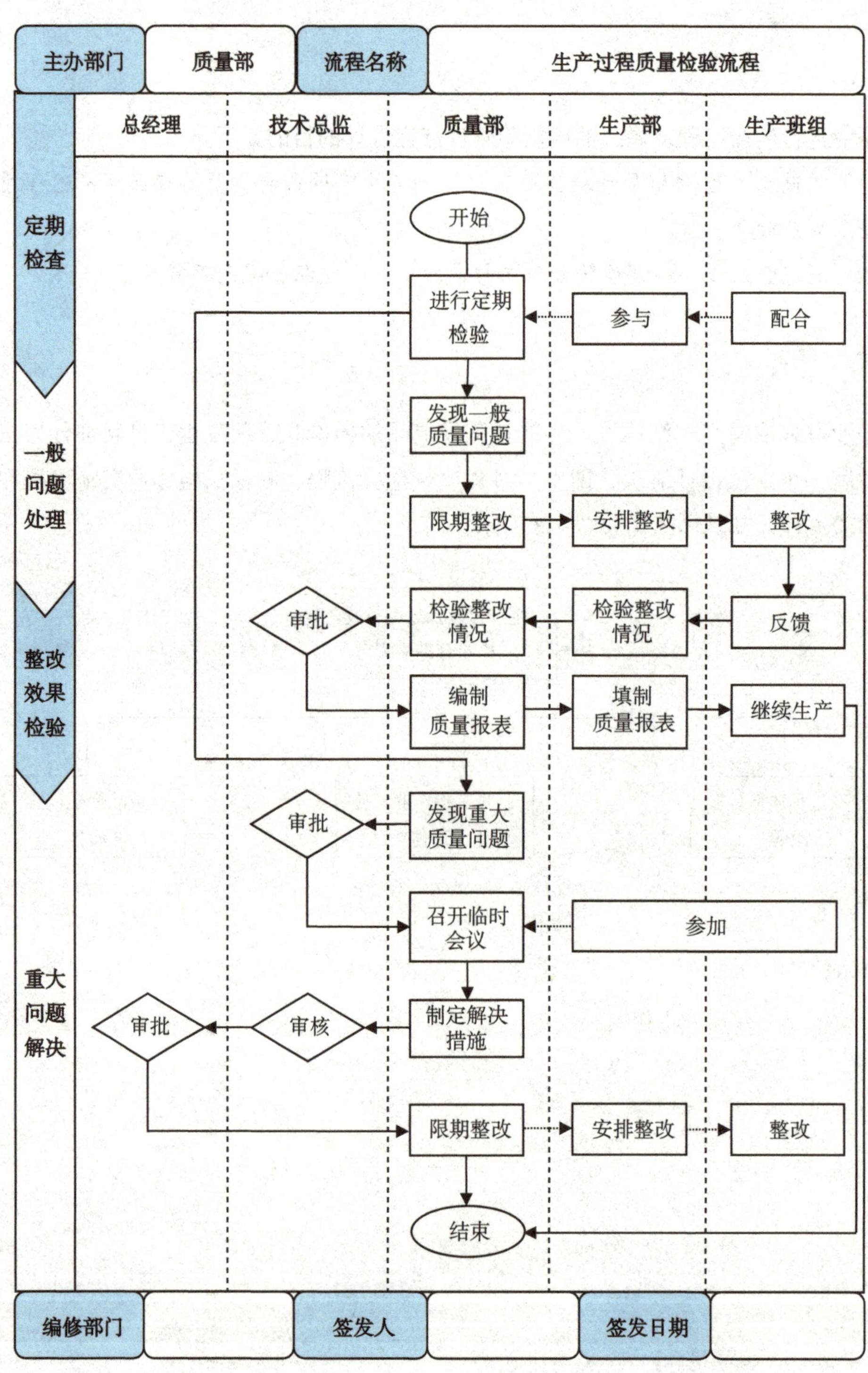

7.3.2.2 生产过程质量检验执行程序、工作标准、考核指标、执行规范

<table>
<tr><th>任务名称</th><th>执行程序、工作标准与考核指标</th></tr>
<tr><td rowspan="6">定期检查</td><td>执行程序</td></tr>
<tr><td>进行定期检验
☆在生产过程中，质量部定期对生产过程的质量进行检验，检验其工序是否合理、设备运行情况是否良好、生产环境是否合格、工人操作是否规范等。
☆生产部参与质量部组织的产品生产过程定期检验工作。
☆各生产班组配合质量部组织的产品生产过程定期检验工作。
工作重点
进行定期检验之前，相关部门和单位要做好检验准备，包括各种产品的书面材料，材料提供者应对其真实性负责，并承担材料不真实所产生的后果。</td></tr>
<tr><td>工作标准</td></tr>
<tr><td>参照企业之前的定期检查程序、内容及注意事项。</td></tr>
<tr><td>考核指标</td></tr>
<tr><td>☆检验完成的及时性：按照检验计划时间表，在规定时间内完成生产过程质量检验，目标值为____天。
☆检验统计数据的科学性：应用合理的工序质量指标，及时按标准记录统计数据。</td></tr>
<tr><td rowspan="4">一般问题处理</td><td>执行程序</td></tr>
<tr><td>1. 发现一般质量问题
☆质量部在定期检验中发现质量问题后，应对其进行定性，看其是属于一般质量问题，还是属于重大质量问题。
☆一般质量问题是指那些对生产目标的达成和操作员的人身安全无重大影响的质量问题。
2. 限期整改
☆质量部针对检验过程中发现的质量问题下达通知，限期进行整改。
☆生产部组织进行相关整改工作，如制定具体的整改流程、安排人员配备、编制日程计划等。
☆出现质量问题的单位严格按生产部提出的整改计划进行整改。
工作重点
☆整改工作要做精、做细，生产部要明确整改的内容、措施、时限和责任人，督促执行。
☆整改方案应具有可操作性，要立足于实际，便于后期实施和操作。</td></tr>
<tr><td>工作标准</td></tr>
<tr><td>发现一般性问题后及时进行有针对性的整改，解决生产过程中的各种质量问题。</td></tr>
<tr><td rowspan="2">整改效果检验</td><td>执行程序</td></tr>
<tr><td>1. 检验整改情况
☆生产班组将质量问题整改情况反馈给生产部和质量部。
☆生产部和质量部对质量问题整改情况进行检验，检验其是否严格按照整改计划进行、是否达成整改目标、成本控制是否合格等；技术总监对整改效果进行审批。
2. 编制质量报表
☆质量部编制质量报表。
☆生产部将质量问题填入质量报表。
☆生产班组继续进行日常的生产活动。</td></tr>
</table>

（续）

<table>
<tr><th>任务名称</th><th>执行程序、工作标准与考核指标</th></tr>
<tr><td rowspan="5">整改效果检验</td><td>工作重点
质量部应及时编写整改总结报告，总结报告要符合企业的相关规范，重点突出、内容全面、结构清晰且无重大纰漏。</td></tr>
<tr><td>工作标准</td></tr>
<tr><td>参照质量部过去的质量问题整改效果检验报告。</td></tr>
<tr><td>考核指标</td></tr>
<tr><td>☆检验完成及时率：按照检验计划时间表，在规定时间内完成所有的物资检验工作。
☆检验出错次数：在规定期限内，将物资检验出错的次数控制在____次以内，以保证检验质量。</td></tr>
<tr><td rowspan="6">重大问题解决</td><td>执行程序</td></tr>
<tr><td>1. 发现重大质量问题
质量部在定期检验中发现重大质量问题，即对生产目标的达成造成重大影响、生产流程出现重大纰漏、设备出现重大故障、操作人员的人身安全无法得到保障等问题。
2. 召开临时会议
☆重大质量问题经技术总监审批通过后，质量部组织召开质量委员会临时会议，安排好会议的时间及地点、确定参加人员、配备会议所需用品、制定会议议程等。
☆生产部、生产单位中的质量委员会成员参加质量委员会临时会议，原则上上述所有人员必须参加会议，也可在不影响正常生产的情况下做适当调整。
3. 制定解决措施
☆质量部根据质量问题的实际情况制定相应的解决措施。
☆质量部将解决措施报技术总监审核、总经理审批。
4. 限期整改
☆质量部下达整改通知和解决措施。
☆生产部安排相关人员进行整改，并制订具体的整改执行计划。
☆发生质量问题的生产班组严格按照生产部提出的整改执行计划进行整改。
工作重点
质量部要及时总结相关问题产生的原因及其解决措施，总结相关经验，以作为以后开展相关工作的参考。</td></tr>
<tr><td>工作标准</td></tr>
<tr><td>参照企业过去面对类似重大问题的解决办法、程序和注意事项等。</td></tr>
<tr><td>考核指标</td></tr>
<tr><td>临时会议召开及时性：在发现问题后的____天内召开临时会议，确保及时讨论出重大质量问题的解决方案。</td></tr>
<tr><th colspan="2">执行规范</th></tr>
<tr><td colspan="2">“一般质量问题报告”“质量问题整改计划”“质量问题整改报告”“重大质量问题报告”“临时会议通知”“整改情况检验报告”。</td></tr>
</table>

7.3.3 制程三检作业实施流程设计与工作执行

7.3.3.1 制程三检作业实施流程设计

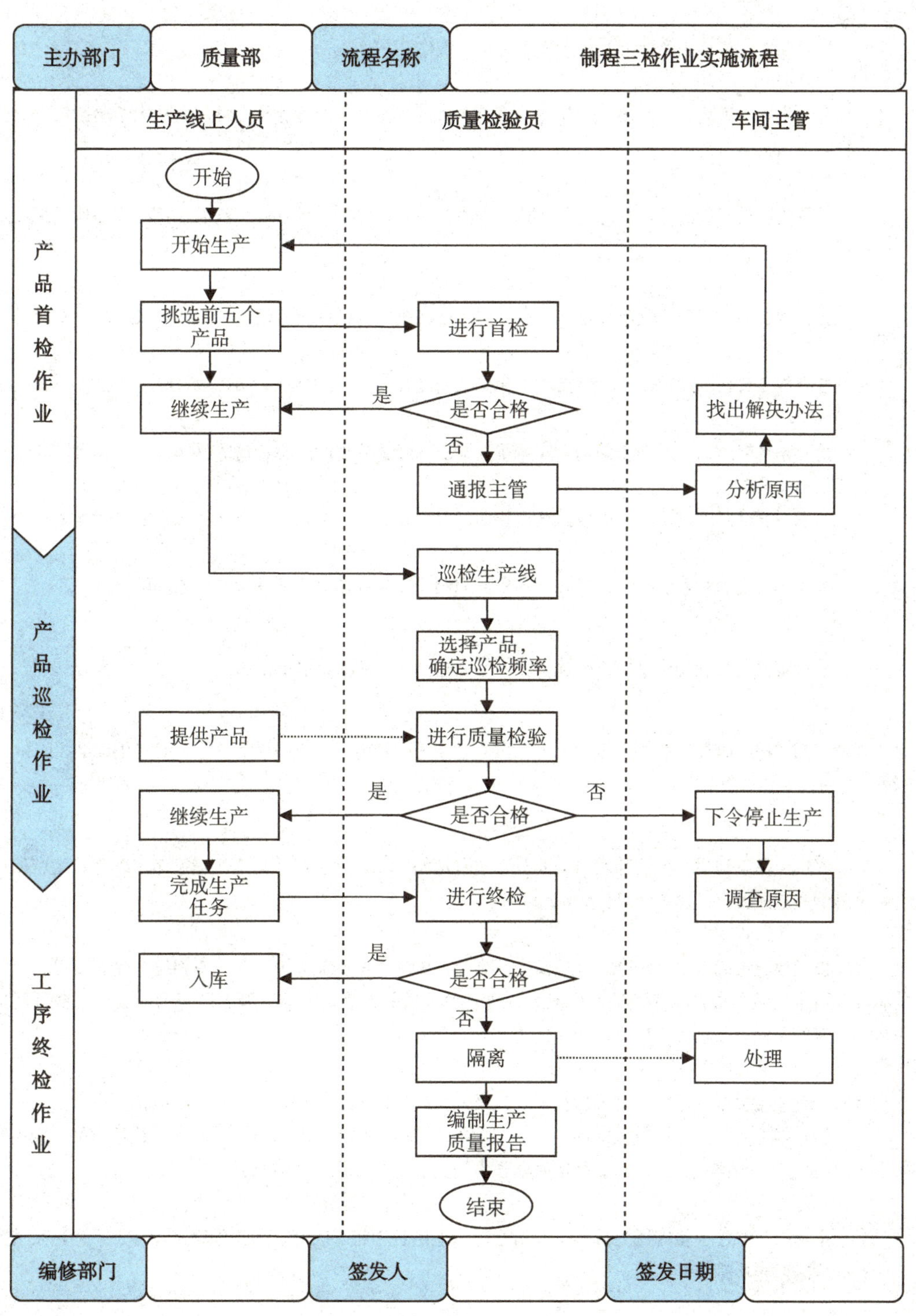

7.3.3.2 制程三检作业实施执行程序、工作标准、考核指标、执行规范

<table>
<tr><th>任务名称</th><th>执行程序、工作标准与考核指标</th></tr>
<tr><td rowspan="5">产品首检作业</td><td>执行程序</td></tr>
<tr><td>1. 开始生产
生产线上人员按生产计划及生产要求进行首次生产。
2. 挑选前五个产品
首次生产结束后，生产线人员挑选前五件产成品，对其进行编号标注并将其放入检验区，以准备检验。
3. 进行首检
质量检验员对这五件产成品进行首检，检查其材料、尺寸、外观、结构、比例、产品性能指数是否合格。
4. 继续生产
若首检合格，则安排生产线继续生产，将合格品放入合格区流入下一生产环节或进行入库管理。
5. 通报主管
若首检不合格，则由质量检验员对不合格产品进行标识，并将检验结果通报给车间主管。
6. 分析原因
针对不合格产品，车间主管结合实际情况及以往经验分析产品不合格的原因。
7. 找出解决办法
车间主管针对产品不合格的原因给出相应的解决办法，并通知生产车间执行，重新开始生产。
工作重点
首检不一定能规避所有生产过程中的质量问题，质量部还要不断采取其他方法配合首检。</td></tr>
<tr><td>工作标准</td></tr>
<tr><td>通过首检尽快发现产品生产过程中的一些质量问题，防止产品成批报废。</td></tr>
<tr><td>考核指标
产品首检及时性：在第一批次生产结束后____天内对前五个产品进行首检，确保生产继续进行。</td></tr>
<tr><td rowspan="2">产品巡检作业</td><td>执行程序</td></tr>
<tr><td>1. 巡检生产线
完成产品首检后，质量检验员需要进行过程巡检，依据周生产计划表、派工单了解当日生产的产品的品质关键点等相关信息。
2. 选择产品，确定巡检频率
☆质量检验员确定巡检的产品类型及产品个数，将其做好相关标识，并配备相应的检验说明。
☆质量检验员根据生产线的生产能力、质量检验员的数量确定巡检频率及每天的巡检次数及间隔时间。
3. 进行质量检验
☆质量检验员按照检验要求及检验制度，使用相应的检验工具对产品进行质量检验。
☆生产线上人员负责提供相应的产品，若质检合格，则令生产线继续生产；若质检不合格，则由车间主管下令停止生产，并在规定的期限内调查清楚产品不合格的原因。
工作重点
巡检除了关注质量问题之外，还要对生产线上的各种跑冒、滴、漏等问题进行排查，一旦发现问题应及时采取措施并上报。</td></tr>
</table>

（续）

<table>
<tr><th>任务名称</th><th>执行程序、工作标准与考核指标</th></tr>
<tr><td rowspan="4">产品巡检作业</td><td>工作标准</td></tr>
<tr><td>参照同行业其他企业的产品巡检办法。</td></tr>
<tr><td>考核指标</td></tr>
<tr><td>☆巡检频率的合理性：检验频率适中，在保证检验效果的同时不影响生产计划的执行。
☆品质检验结果的规范性：检验的流程、频次与考核的参数指标均严格按相关标准执行。</td></tr>
<tr><td rowspan="6">工序终检作业</td><td>执行程序</td></tr>
<tr><td>1. 进行终检
在加工活动全部结束后，质量检验员对产出的成品、半成品、零件进行终检，核对加工工件的全部加工工序是否全部完成，有无漏序、跳序的现象存在。
2. 入库
☆产品终检结束后，生产线上人员将合格产品与不合格产品标示清楚，并将其分别放在相应的存放区域以等待后续处理。
☆对合格产品要及时办理入库。
3. 隔离
若终检不合格，质量检验员则按照规定要求将不合格产品隔离，车间主管根据检验结论做出相应的处理并找出原因所在。
4. 编制生产质量报告
制程检验结束后，质量检验员需编制制程异常报告、产品不良情况统计与生产质量报告。
工作重点
☆对于批量的完工件，需要仔细检查其中有无尚未完成或不同规格的零件混入。
☆要注意生产质量报告的规范性，严格按照编写要求进行，内容全面、结构清晰、无重大纰漏，并且最好以固定的模板来编制，以有效提升报告的编制效率。</td></tr>
<tr><td>工作标准</td></tr>
<tr><td>☆参照企业过去类似产品的产成品质量检验管理规范及生产质量报告。
☆产成品质量检验严格按照规范进行，检验结果标识正确、清晰，合格产品与不合格产品分开存放。</td></tr>
<tr><td>考核指标</td></tr>
<tr><td>☆品质检验结果的准确性：检验的流程与考核的参数指标均严格按相关标准执行，终检后的结果与之前检验的结果完全相同。
☆不合格产品隔离的及时性：一旦发现不合格产品，应在____天内采取相应措施，防止不合格产品进入下一道工序或进入市场，影响企业生产或企业形象。</td></tr>
<tr><td colspan="2">执行规范</td></tr>
<tr><td colspan="2">“车间生产计划”“生产质量报告”。</td></tr>
</table>

7.3.4 成品抽样检验流程设计与工作执行

7.3.4.1 成品抽样检验流程设计

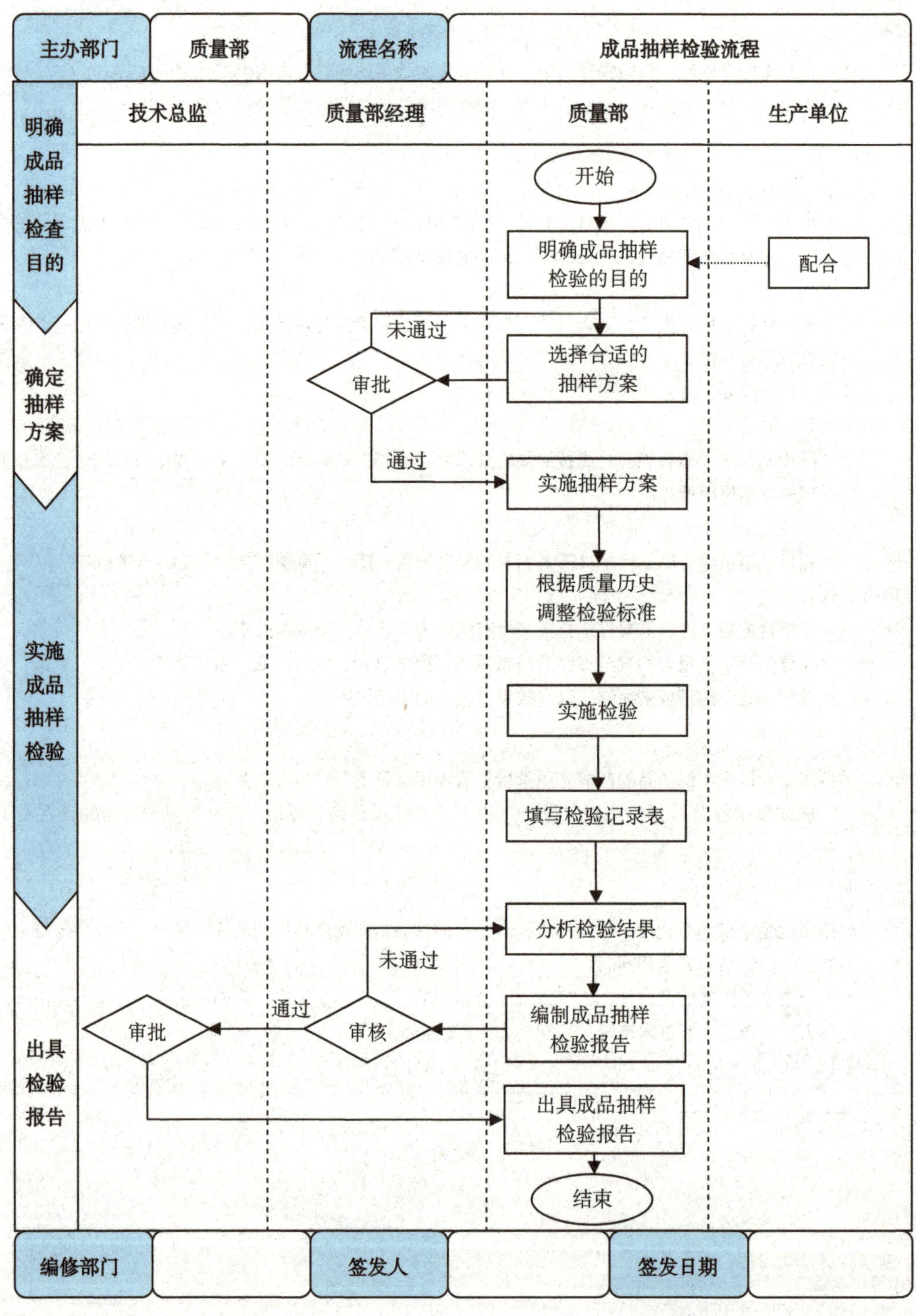

7.3.4.1 成品抽样检验执行程序、工作标准、考核指标、执行规范

任务名称	执行程序、工作标准与考核指标
明确成品抽样检查目的	执行程序 明确成品抽样检验的目的 ☆质量部明确成品检验的目的，以及时发现、纠正产品质量隐患，保证成品质量符合企业产品质量标准，并达到客户要求。 ☆各生产单位配合提供客户要求、供应批量等相关资料。 工作重点 要透过现象洞察客户的真实需求。 工作标准 明确成品抽样检验目的，并在此基础上设计成品检验的程序、方法等。
确定抽样方案	执行程序 选择合适的抽样方案 ☆重量部质检专员根据成品检验的目的和要求选择合适的抽样方案，规定每批应检验的单位产品数（样本量或系列样本量）。 ☆质检专员将选定的抽样方案上报质量部经理审批。 ☆质量部经理对质检专员确定的抽样方案及确定该抽样方案所遵循的依据是否正确进行审批，若不正确，质量部经理应提出修改意见。 ☆质检专员依据质量部经理的意见对抽样方案进行修改，直到确定最终方案。 工作重点 ☆抽样方案要根据产品的特性等因素综合确定，质检专员在上报质量部经理时要对自己选定的方案进行说明。 ☆抽样方案要具有可操作性，要立足于实际，便于后期实施和操作。 工作标准 参照同行业其他企业的成品抽样方案资料。
实施成品抽样检验	执行程序 1. 实施抽样方案 ☆确定抽样方案后，质量部质检专员依据抽样方案做好成品抽样检验的准备工作，对待检验的成品进行抽样。 ☆抽取样本时，必须从批次中无偏倚地随机抽样，若批次中各成品无法编号，则必须从批次中的任一部位平均抽取样本。 2. 根据质量历史调整检验标准 在进行成品抽样检查前，质量部需要根据本企业的质量历史与产品要求调整检验的严格度，若可适当降低检验标准，则需在检验规程中标注出来。 3. 实施检验 ☆质量部质检专员依据相应的质量标准、程序要求对成品样本进行检验。 ☆检验项目包括产品卫生指标、感官指标、重量或容量指标、外观指标等。 4. 填写检验记录表 ☆在成品质量检验过程中，质量部要及时填写成品抽样检验记录表。

（续）

<table>
<tr><th>任务名称</th><th>执行程序、工作标准与考核指标</th></tr>
<tr><td rowspan="5">实施成品抽样检验</td><td>☆表单项目包括产品名称、产品规格、制造批号、抽样数量、检验项目、严重不良品的数量、轻微不良品的数量等。
工作重点
检验过程要严格按照相关程序、标准进行，如果需要更改原来的程序和标准，那么要及时进行记录、标注。</td></tr>
<tr><td>工作标准</td></tr>
<tr><td>☆对成品实施抽样检验，并填写检验记录。
☆抽样方案具有较强的可操作性，抽样方法科学、合理，检验过程严格按照规定的程序、标准进行，检验记录填写规范。</td></tr>
<tr><td>考核指标</td></tr>
<tr><td>☆抽样方法的合理性：根据成品的数量、产品特性选择合适的抽样方法，保证代表性。
☆批次产品质量投诉率：力争控制在____%以内。其计算公式如下。
$$批次产品质量投诉率=\frac{客户投诉次数}{产品出货总批次}\times 100\%$$</td></tr>
<tr><td rowspan="6">出具检验报告</td><td>执行程序</td></tr>
<tr><td>1. 分析检验结果
质量部质检专员对检验结果进行分析，根据成品质量管理规范等相关文件、成品检验状态等情况分析不合格成品产生的原因。
2. 编制成品抽样检验报告
☆质量部质检专员依据相关要求编制成品抽样检验报告，并上报质量部经理审核。
☆质量部经理审阅报告后，对检验结果分析不准确的部分提出修正意见，质检专员依据质量部经理的意见对成品抽样检验报告进行修正。
☆成品抽样检验报告经质量部经理审核通过后，报技术总监审批。
3. 出具成品抽样检验报告
质量部将经审批通过的成品抽样检验报告发送至各相关部门。
工作重点
成品抽样检验报告的关键内容包括产品名称、产品规格、制造批号、目标产量、生产日程、检验项目、检验过程、检验器具、检验人员、检验结果等。</td></tr>
<tr><td>工作标准</td></tr>
<tr><td>☆出具成品抽样检验报告，并将其发送至各相关部门。
☆通过编制成品抽样检验报告，对企业的生产过程进行回顾分析，找出问题，总结经验，为以后的工作提供有价值的借鉴。</td></tr>
<tr><td>考核指标</td></tr>
<tr><td>成品抽样检验报告内容的规范性：严格按照编写要求编写，内容全面，结构清晰，无重大纰漏。</td></tr>
<tr><th colspan="2">执行规范</th></tr>
<tr><td colspan="2">“成品抽样方案”“成品抽样方案补充意见书”“成品抽样检验报告”。</td></tr>
</table>

7.4 不合格品及废品管理

7.4.1 不合格品及废品管理流程设计

7.4.1.1 流程设计的目的

企业进行不合格品及废品管理流程设计的目的如下。

（1）规范不合格品及废品处理工作的程序。

（2）及时、妥善地处理采购检验过程中发现的不合格品，以减少企业的损失，满足企业的生产要求。

（3）规范企业的产品报废管理工作，尽量减少废品，提升废品的利用质量和利用效率。

7.4.1.2 流程结构设计

企业应采取并列式结构设计不合格品及废品管理流程，将其管理过程细分为两个事项，并就每个事项设计流程，即不合格品管理流程和产品报废管理流程，其具体结构如图 7-4 所示。

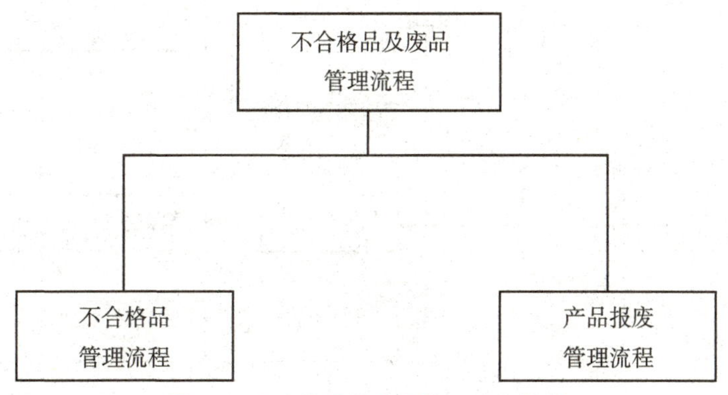

图 7-4 不合格品及废品管理流程结构

7.4.2　不合格品管理流程设计与工作执行

7.4.2.1　不合格品管理流程设计

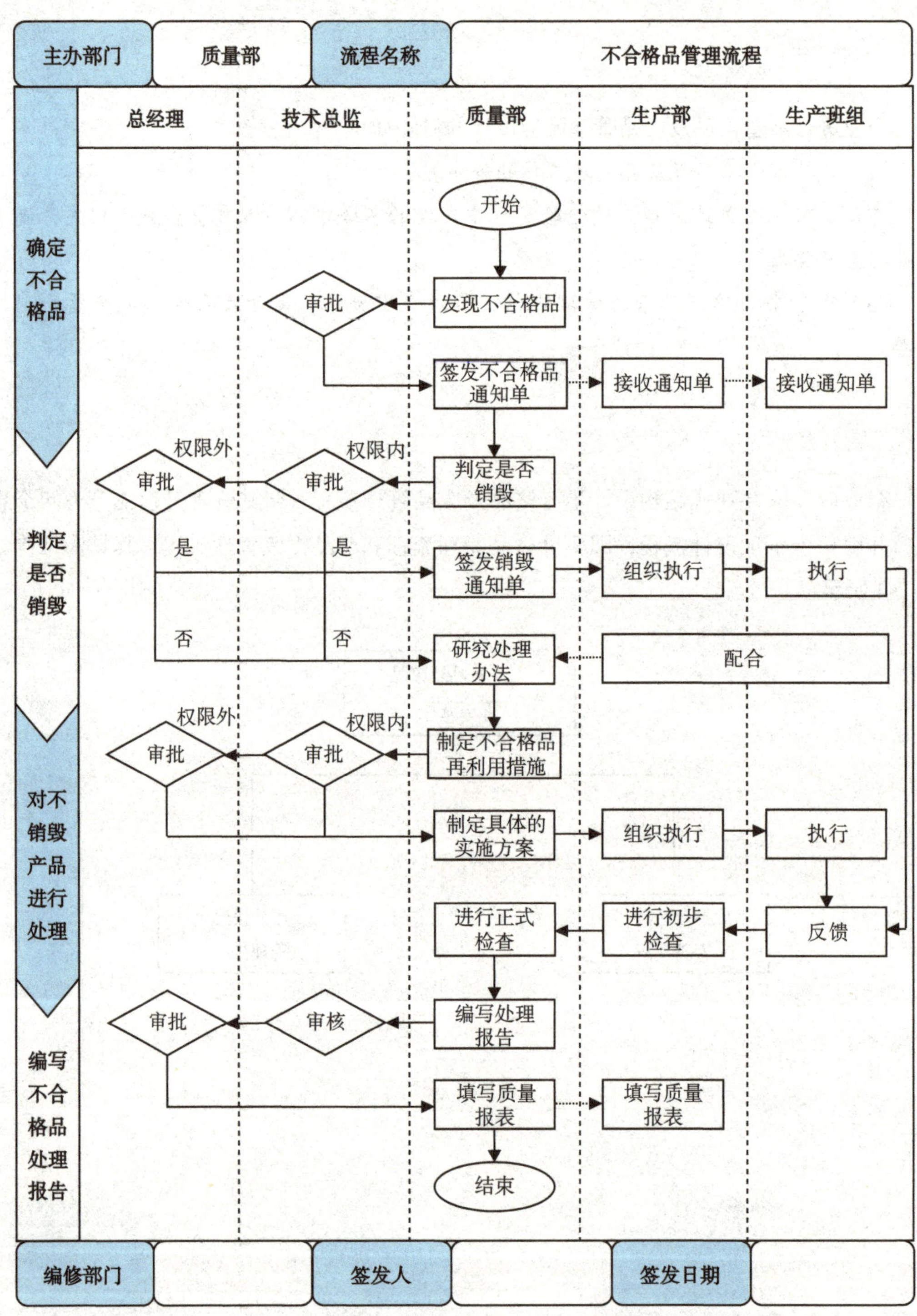

7.4.2.2 不合格品管理执行程序、工作标准、考核指标、执行规范

<table>
<tr><th>任务名称</th><th>执行程序、工作标准与考核指标</th></tr>
<tr><td rowspan="4">确定不合格品</td><td>执行程序</td></tr>
<tr><td>1. 发现不合格品
☆质量部按照成品质量检验规范进行质检，在质检的过程中发现不合格品，并将相关情况记录在不合格品登记单上。
☆质量部将不合格品登记单报技术总监审批。
2. 签发不合格品通知单
☆质量部按技术总监的审批意见签发不合格品通知单。
☆生产部和相关生产班组接收不合格品通知单，暂停生产同种产品，等待质量部的下一步计划。
工作重点
成品质量检验要规范，保证检验参考的指标准确无误，检验流程无漏序、跳序情况发生。</td></tr>
<tr><td>工作标准</td></tr>
<tr><td>严格按照相关规范进行检验，经技术总监审批通过后及时向生产部和相关生产班组签发不合格品通知单。</td></tr>
<tr><td rowspan="6">判定是否销毁</td><td>执行程序</td></tr>
<tr><td>1. 判定是否销毁
☆质量部根据产品不合格的程度、原因及性能标准等判定不合格品是否必须销毁。
☆按企业规定的权限由技术总监或总经理审批是否销毁。
☆质量部根据领导的审批意见下发相关文件。
2. 签发销毁通知单
☆若需要销毁，则由质量部签发不合格品销毁通知单。
☆生产部组织执行不合格品销毁工作，安排好时间、地点、人员等具体操作计划。
☆相关生产班组按照不合格品销毁管理办法销毁不合格品。
☆相关生产班组将销毁情况报告生产部和质量部。
☆不合格品被销毁后，质量部和生产部填写质量报表。
3. 研究处理办法
☆如果不合格品尚有利用价值，经领导审批通过后，质量部组织研究处理办法。
☆生产部和相关生产班组配合质量部研究处理办法。
工作重点
在不合格品销毁过程中，生产部应做好相关环保准备工作。</td></tr>
<tr><td>工作标准</td></tr>
<tr><td>☆参照同行业其他企业的不合格品处理办法。
☆不合格品的销毁对环境的影响要严格控制在国家相关环保部门规定的范围之内。</td></tr>
<tr><td>考核指标</td></tr>
<tr><td>判定结果的准确性：确保将误差降低到规定范围之内，在保证生产质量的前提下，最大限度地为企业节约成本，尽量发挥产品的价值。</td></tr>
</table>

（续）

任务名称	执行程序、工作标准与考核指标
对不销毁产品进行处理	**执行程序** 1. 制定不合格品再利用措施 ☆质量部根据研究结果及实际生产情况制定不合格品再利用措施。 ☆按企业规定的权限，由技术总监或总经理对不合格品再利用措施进行审批。 2. 制定具体的实施方案 ☆不合格品再利用措施经领导审批通过后，质量部编制具体的实施方案，具体包括不合格品再利用的途径、方法、负责人等内容。 ☆生产部组织相关生产班组执行实施方案。 ☆相关生产班组执行实施方案。 3. 进行正式检查 ☆相关生产班组将实施方案的执行情况反馈给生产部和质量部。 ☆生产部对处理结果进行初步检验，看是否达成相关目标。 ☆质量部对处理结果进行正式检验，即采取相应的检验方法和抽样方法，根据国家标准、行业标准或经备案的企业标准对再利用的不合格品进行严格的检查。 工作重点 实施方案要具有可操作性，要立足于实际，便于后期实施和操作。 **工作标准** ☆参照国家、行业关于不合格品再利用的相关标准。 ☆对不销毁产品的处理方案具有较高的可操作性，处理方法科学、合理，正式检查过程严格按照规定的程序、标准进行，检验记录填写规范。
编写不合格品处理报告	**执行程序** 1. 编写处理报告 ☆质量部编写不合格品处理报告，具体内容包括不合格品的各项参数指标、数量、产生原因、处理结果等。 ☆质量部将不合格品处理报告报技术总监审核、总经理审批。 2. 填写质量报表 质量部与生产部填写质量报表，对不合格品及其处理情况进行详细备案。 工作重点 不合格品处理报告的关键内容包括产品名称、产品规格、制造批号、目标产量、生产日程、检验项目、检验过程、检验器具、检验人员、检验结果等。 **工作标准** ☆质量部出具不合格品处理报告，并将其报技术总监审核、总经理审批。 ☆通过编制不合格品处理报告，对企业的不合格品处理过程进行回顾、分析，找出问题，总结经验，为以后的相关工作提供有价值的借鉴。 **考核指标** 不合格品处理报告内容的规范性：严格按照编写要求编写，内容全面，结构清晰，无重大纰漏。
执行规范	
“成品质量检验规范”“不合格品销毁管理办法”“不合格品再利用实施方案”“不合格品处理报告”。	

7.4.3 产品报废管理流程设计与工作执行

7.4.3.1 产品报废管理流程设计

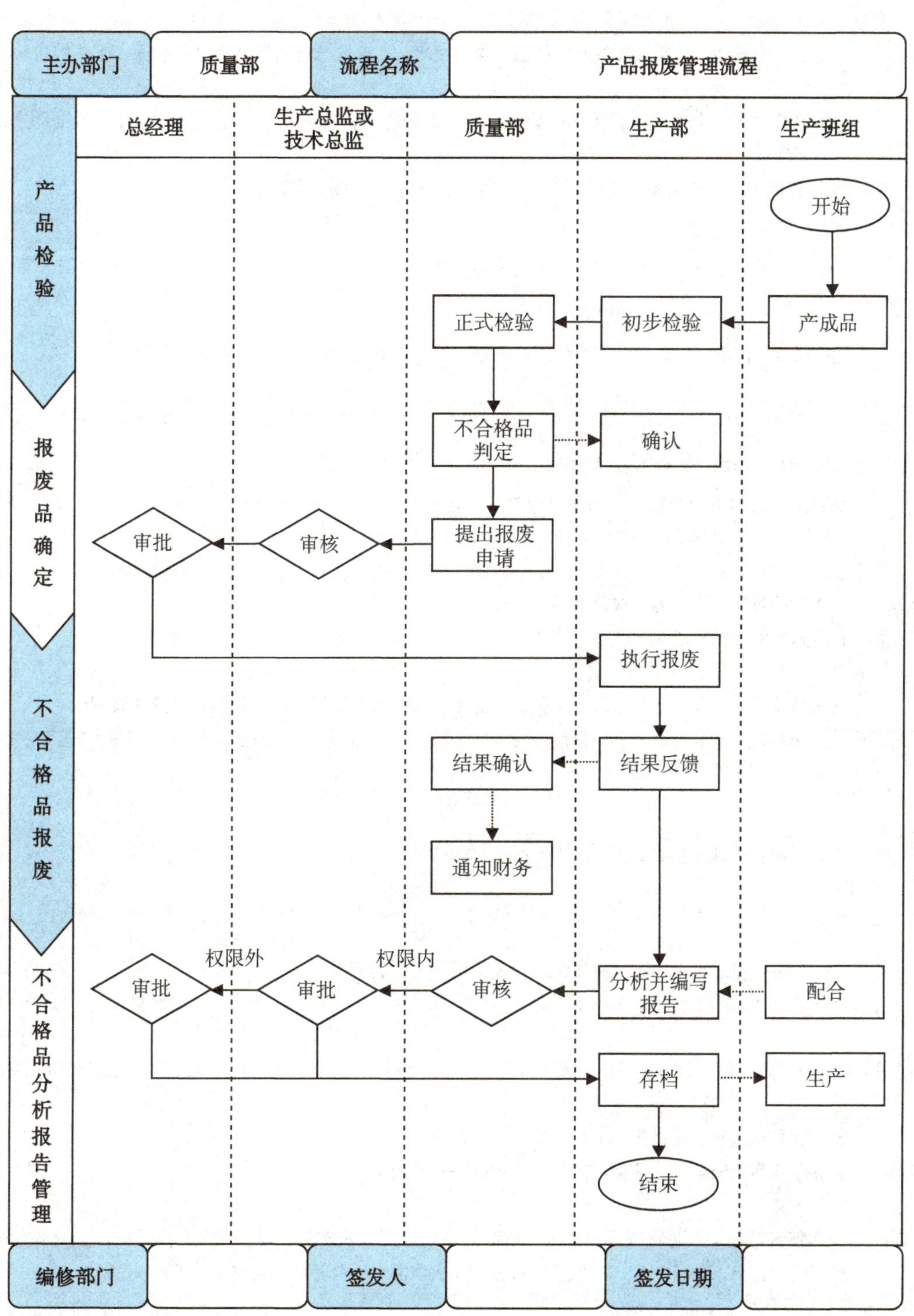

7.4.3.2 产品报废管理执行程序、工作标准、考核指标、执行规范

<table>
<tr><th>任务名称</th><th>执行程序、工作标准与考核指标</th></tr>
<tr><td rowspan="6">产品检验</td><td>执行程序</td></tr>
<tr><td>正式检验
生产出产成品后，质量部按照产品的质量、技术、工艺要求等对产成品进行全面、正式的检验。
工作重点
☆质量部进行的全面、正式检验必须与企业的生产能力相适应，并满足检验工作及产品质量控制的实际需要。
☆质量部应保持检验场地的环境卫生与安全，避免检验结果出现偏差。</td></tr>
<tr><td>工作标准</td></tr>
<tr><td>通过产品检验对生产进行把关，剔除不合格品，从而提升产品质量。</td></tr>
<tr><td>考核指标</td></tr>
<tr><td>产品检验的规范性：检验内容全面、完整，严格按照规定的程序、方法进行检验。</td></tr>
<tr><td rowspan="4">报废品确定</td><td>执行程序</td></tr>
<tr><td>1. 不合格品判定
☆质量部在检验过程中发现不合格品。
☆质量部会同生产部对不合格品进行判定，确认其是否满足产品外观、各项工艺参数、性能指数等要求，并填写不合格品确认单。
2. 提出报废申请
☆质量部对不合格品提出报废申请。
☆质量部将报废申请报生产总监或技术总监审核、总经理审批。
工作重点
☆在检验过程中发现不合格品后，质量部应根据需要对不合格品的标识牌进行分类管理。
☆标识牌的具体分类通常有“待检”“暂收”“合格”“不合格”“待处理”“冻结”“退货”“返工”“重检”“不合格”等。</td></tr>
<tr><td>工作标准</td></tr>
<tr><td>参照同行业其他企业的报废品确定程序与标准。</td></tr>
<tr><td rowspan="2">不合格品报废</td><td>执行程序</td></tr>
<tr><td>1. 执行报废
☆生产部根据总经理的审批意见组织相关单位报废不合格品。
☆对重点产品的不合格品进行报废时，需质量部及生产总监监督，严格按照标准执行。
2. 结果反馈
☆生产部及时将不合格品报废的执行情况（即不合格品的名称、数量、所属批次、报废使用方法、收尾处理等情况）向质量部汇报。
☆质量部检查不合格品报废的执行情况是否符合相关要求。
☆质量部通知财务部做账面处理，要求做到账实相符。
工作重点
在报废过程中，要特别注意易燃、易爆、易腐蚀等危险产品，对于这些产品，需在政府相关管理部门的监督下执行报废，确保报废过程无重大纰漏、无超标或影响环境等情况。</td></tr>
</table>

（续）

<table>
<tr><th>任务名称</th><th>执行程序、工作标准与考核指标</th></tr>
<tr><td rowspan="2">不合格品报废</td><td>工作标准</td></tr>
<tr><td>生产部严格按照相关规定对不合格品进行报废处理，质量部、财务部进行确认。</td></tr>
<tr><td rowspan="4">不合格品分析报告管理</td><td>执行程序</td></tr>
<tr><td>1. 分析并编写报告
☆生产部仔细分析不合格品产生的原因，包括原料、产品设计、生产工序、操作失误等，并及时编写分析报告。
☆各相关生产班组配合生产部核实生产环节，分析不合格品产生的原因。
☆分析报告由质量部审核，并按企业规定的管理权限分别由生产总监、总经理审批。
2. 存档
☆生产部将领导审批通过的分析报告存档，确保其分类准确、拿取方便。
☆生产部继续组织各生产班组开展生产活动，避免再次出现此类不合格品。
工作重点
注意分析报告的规范性，最好以固定的模板来编写，以有效提升分析报告的编写效率。</td></tr>
<tr><td>工作标准</td></tr>
<tr><td>方便以后的品质追溯，并为产品质量改进提供原始资料。</td></tr>
<tr><td colspan="2">执行规范</td></tr>
<tr><td colspan="2">“产品正式检验报告”“报废情况反馈表”“不合格品报废分析报告”。</td></tr>
</table>

7.5 质量信息统计及检测设备管理

7.5.1 质量信息统计及检测设备管理流程设计

7.5.1.1 流程设计的目的

企业进行质量信息统计及检测设备管理流程设计的目的如下。

（1）规范企业质量信息统计工作，通过分析、控制质量数据，确定企业质量管理体系的适用性和有效性，不断完善质量体系，有效提升质量体系运作的有效性和客户满意度。

（2）规范企业检测设备管理工作，确保检测设备性能良好，防止因检测设备有误差而产生不合格品。

7.5.1.2 流程结构设计

企业应采取并列式结构设计质量信息统计及检测设备管理流程，将其管理过程细分为两个事项，并就每个事项设计流程，即质量信息统计流程和质量检测设备管理流程，其具体结构如图 7-5 所示。

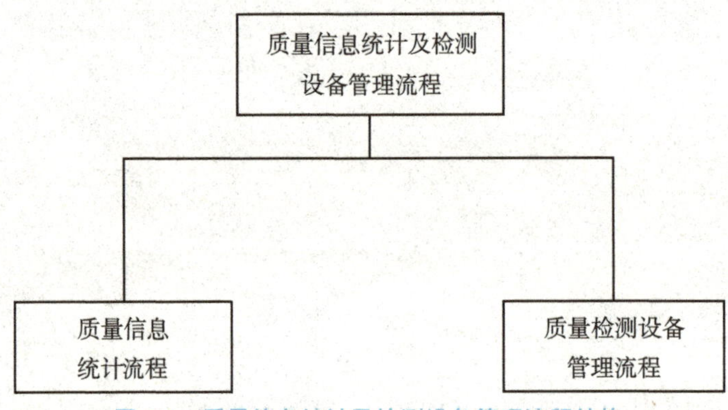

图 7-5 质量信息统计及检测设备管理流程结构

7.5.2 质量信息统计流程设计与工作执行

7.5.2.1 质量信息统计流程设计

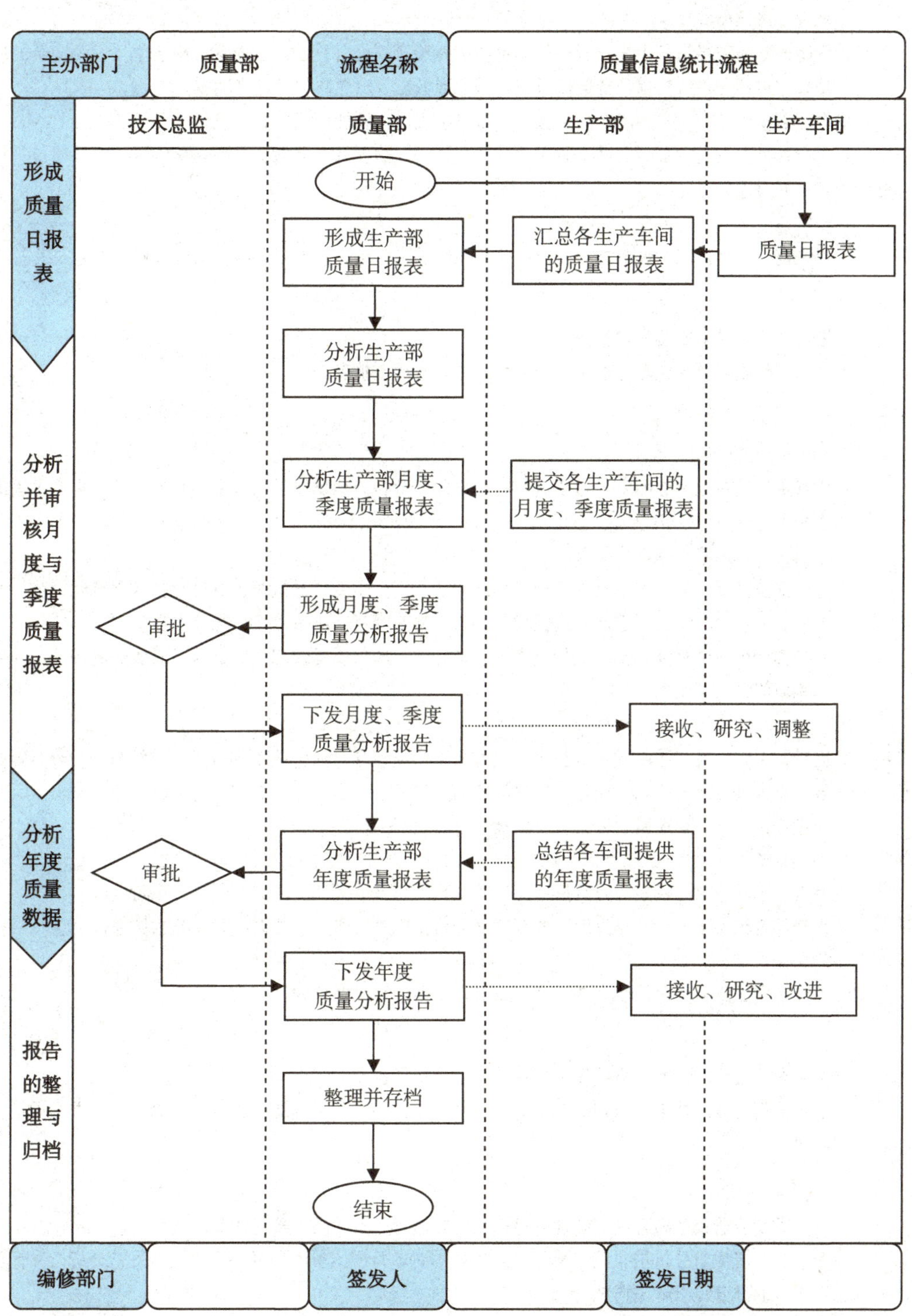

7.5.2.2 质量信息统计执行程序、工作标准、考核指标、执行规范

<table>
<tr><th>任务名称</th><th>执行程序、工作标准与考核指标</th></tr>
<tr><td rowspan="6">形成质量日报表</td><td>执行程序</td></tr>
<tr><td>形成生产部质量日报表
☆各生产车间记录当日生产过程中的质量数据并编制质量日报表。在质量日报表中，主要记录的质量数据包括计量值数据、计数值数据、顺序值数据、点数数据、优劣数据。
☆生产部安排专人对各生产车间上报的质量日报表进行整理、汇总。
☆生产部将整理、汇总后的质量日报表报给质量部，由质量部质检专员重新编制成生产部质量日报表，并对报表进行编号。</td></tr>
<tr><td>工作重点
要注意质量日报表的规范性，严格按照相关要求进行编制，内容全面，结构清晰，无重大纰漏。</td></tr>
<tr><td>工作标准</td></tr>
<tr><td>☆按照相关要求形成质量日报表。
☆严格按照规定的流程和方法统计、汇总、整理质量日报表。</td></tr>
<tr><td></td></tr>
<tr><td rowspan="6">分析并审核月度与季度质量报表</td><td>执行程序</td></tr>
<tr><td>1. 分析生产部质量日报表
质量部经理对生产部质量日报表进行初步分类、分析，根据质量情况做出总结，并向生产班组提出意见和建议。
2. 分析生产部月度、季度质量报表
☆生产部按月度、季度向质量部提交各生产间的月度、季度质量报表，具体包括各生产间月度、季度的原材料检验情况、零部件检验情况、制程检验情况、成品检验情况等内容。
☆质量部分析研究月度、季度质量报表，总结月度、季度质量表现中的优势、需改进的部分，并给出相应的建议及意见。
3. 形成月度、季度质量分析报告
☆质量部编制月度、季度质量分析报告，分析报告应包含对质量成本的分析、质量数据的分析等内容，以为进行质量控制、质量改进提供依据。
☆质量部将月度、季度质量分析报告上报技术总监审批。
4. 下发月度、季度质量分析报告
☆月度、季度质量分析报告经审批通过后，质量部将其下发到生产部及各生产车间。
☆生产部组织各生产车间对月度、季度质量分析报告进行研究，并据此对现有工作进行调整。
工作重点
质量数据如果有波动，要判断波动是属于偶然性还是系统性的。</td></tr>
<tr><td>工作标准</td></tr>
<tr><td>☆参考企业之前的月度、季度质量报表及质量分析报告。
☆通过分析月度、季度质量报表，研究生产过程中出现的各种问题，并及时编制月度、季度质量分析报告。</td></tr>
<tr><td>考核指标</td></tr>
<tr><td>☆月度质量分析报告内容的完整性：报告内容要包含整月的质量管理的各种情况。
☆月度、季度质量分析报告的指导性：在报告中对本月度、季度出现的质量问题进行分析，并针对需改进的部分提出解决措施。</td></tr>
</table>

（续）

<table>
<tr><th>任务名称</th><th>执行程序、工作标准与考核指标</th></tr>
<tr><td rowspan="6">分析年度质量数据</td><td>执行程序</td></tr>
<tr><td>分析生产部年度质量报表
☆生产部对各生产车间提供的质量报表进行总结，并将其上报至质量部进行年度质量分析。
☆质量部质检专员对各生产车间提供的年度质量报表进行整理、汇总，除要阐述汇总月度、季度质量分析报告中说明的问题外，还要对工序质量及产成品质量进行分析研究，总结针对本年质量数据所得出的质量指标评价分析结果，并据此编制年度质量分析报告，提出下一年度的相关工作建议。年度质量分析报告应包括月度及季度质量报表、质量分析报告、质量趋势图、质量成本分析报告等相关文件。
☆年度质量分析报告编制完成后交由技术总监审批。
工作重点
年度质量分析报告的编制要按相关规范进行，重点突出。</td></tr>
<tr><td>工作标准</td></tr>
<tr><td>对年度质量数据进行分析并形成完整的年度质量报表。</td></tr>
<tr><td>考核指标</td></tr>
<tr><td>年度质量分析报告数据的准确率：力争达到____%，确保相关质量问题的统计数据全面、准确、客观、有效。</td></tr>
<tr><td rowspan="6">报告的整理与归档</td><td>执行程序</td></tr>
<tr><td>1. 下发年度质量分析报告
☆质量部将经审批通过后的年度质量分析报告发至生产部。
☆生产部组织各生产车间研究年度质量分析报告中所发现的问题及工作建议，经过讨论后对下一年度的工作进行改进。
2. 整理并存档
质量部质检专员对本年度各质量报表、质量分析报告等相关图表信息进行整理、分类、编号、存档。
工作重点
整理、存档相关图表信息时，要注意后续使用的方便性。</td></tr>
<tr><td>工作标准</td></tr>
<tr><td>完成质量改进，将相关资料存档。</td></tr>
<tr><td>考核指标</td></tr>
<tr><td>文件、技术资料及时归档率：目标值为____%。其计算公式如下。
$$文件、技术资料及时归档率=\frac{及时归档的文件、技术资料数量}{文件、技术资料总数量}\times 100\%$$</td></tr>
<tr><th colspan="2">执行规范</th></tr>
<tr><td colspan="2">“月度质量分析报告”“季度质量分析报告”“年度质量分析报告”“质量趋势图”“质量成本分析报告”。</td></tr>
</table>

7.5.3 质量检测设备管理流程设计与工作执行

7.5.3.1 质量检测设备管理流程设计

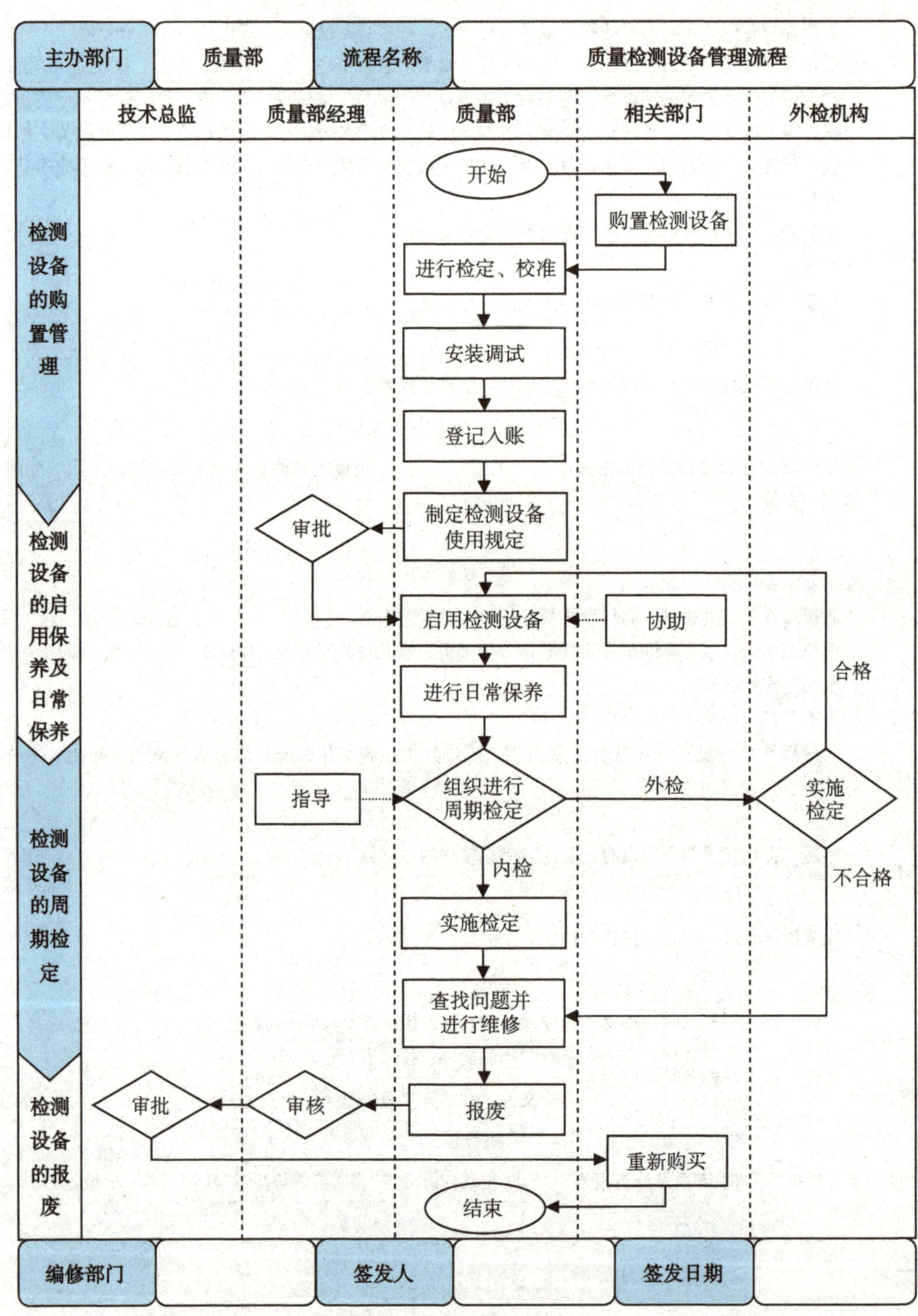

7.5.3.2 质量检测设备管理执行程序、工作标准、考核指标、执行规范

<table>
<tr><th>任务名称</th><th>执行程序、工作标准与考核指标</th></tr>
<tr><td rowspan="4">检测设备的购置管理</td><td>执行程序</td></tr>
<tr><td>1. 进行检定、校准
☆采购部根据年度采购计划，以及实际生产检测和财物控制要求购置检测设备。
☆质量部严格按照国家相关规定和企业的内部标准对采购部送来的检测设备进行检定、校准。
2. 安装调试
☆质量部相关人员安装调试经检定、校准合格的检测设备，以检验设备性能。
☆采购部配合质量部相关人员进行检测设备的安装调试工作。
3. 登记入账
质量部相关人员对安装调试合格的检测设备进行登记入账，登记内容包括设备的名称、型号、使用部门等。
工作重点
检定和校准过程要严格按照相关检验流程进行，不能跳序、漏序。</td></tr>
<tr><td>工作标准</td></tr>
<tr><td>检测设备符合国家、行业和企业的相关标准，性能符合要求，并顺利通过安装调试。</td></tr>
<tr><td rowspan="6">检测设备的启用保养及日常保养</td><td>执行程序</td></tr>
<tr><td>1. 制定检测设备使用规定
☆质量部相关人员根据设备使用要求制定检测设备使用规定，并将其报质管部经理审批。
☆质量部经理从质量管理的角度分析检测设备使用规定，若合格则保存，若尚待完善则进行修改。
2. 启用检测设备
根据生产检测要求，质量部相关人员在采购部和生产车间的协助下适时启用检测设备。检测设备的启用要符合检测设备操作要求。
3. 进行日常保养
在启用检测设备后，质量部要注意对其进行日常保养，保养范围包括清洁、减少磨损，在不使用时要及时按照规定对其进行封存处理。
工作重点
☆检测设备使用规定要科学，符合企业质量管理水平、产品定位及资源配备的要求。
☆质量部要协助设备部编制检测设备维护保养计划，并将检测设备的保养工作落实到具体的设备管理人员，同时要求非设备管理人员不得擅自动用检测设备。
☆质量部要注意对设备操作人员进行设备保养等方面的知识培训，并督导设备操作人员对检测设备进行日常保养。</td></tr>
<tr><td>工作标准</td></tr>
<tr><td>质量部按规定制定检测设备使用规定，设备保养得法，故障率较低。</td></tr>
<tr><td>考核指标</td></tr>
<tr><td>设备故障停机率：力争控制在____%以内，用以判断检测设备维护、保养的水平。其计算公式如下。
$$\text{设备故障停机率}=\frac{\text{设备故障停机台时}}{\text{设备开动总台时}}\times 100\%$$</td></tr>
</table>

（续）

<table>
<tr><th>任务名称</th><th>执行程序、工作标准与考核指标</th></tr>
<tr><td rowspan="6">检测设备的周期检定</td><td>执行程序</td></tr>
<tr><td>1. 组织进行周期检定
在质量部经理的指导下，质量部相关人员根据周期检定计划，在检测设备周期末期做好周期检定准备工作，主要包括准备相关文字资料，并根据国家相关规定将检测设备分为外检设备和内检设备。
2. 实施检定（外检机构）
同外检机构协调好后，质量部将需要外检的设备送至外检机构进行检定，若外检合格，则由外检机构出具合格证明，质量部继续使用该检测设备；若外检不合格，则返回给质量部查找原因。
3. 实施检定（质量部）
根据企业内检标准，由具有资格证书的质量部相关人员实施检测设备的检定工作。
4. 查找问题进行维修
在内检过程中，质量部相关人员查找检测设备存在的问题，并对其进行维修，经维修仍无法解决问题的则要实施检测设备的报废。
工作重点
有效利用检测设备，一旦检测设备利用不足，企业就要对其进行检定而不必等周期检定。</td></tr>
<tr><td>工作标准</td></tr>
<tr><td>参照国家关于检验周期或频率的相关规定等。</td></tr>
<tr><td>考核指标</td></tr>
<tr><td>设备维修及时率：目标值为____%。其计算公式如下。
$$设备维修及时率=\frac{及时维修的设备数}{需要维修的设备总数}\times 100\%$$</td></tr>
<tr><td rowspan="4">检测设备的报废</td><td>执行程序</td></tr>
<tr><td>1. 报废
☆对于未通过外检或内检的检测设备，经维修仍无法恢复其工作性能，不能达到检定要求的，由质量部相关人员制作报废建议书，并将其报质量部经理审核。
☆质量部经理从设备管理的角度对报废建议书进行审核，对于符合报废条件的，质量部经理同意报废并报技术总监审批；对于尚未达到报废条件的，由质量部相关人员重新分析并做出判断。
2. 重新购买
技术总监从总体战略的角度对报废建议书进行审批，对于符合报废要求的，由采购部重新购买检测设备；对于不符合报废要求的，则返回质量部由相关人员重新分析。
工作重点
报废建议书要详细阐述检测设备的报废理由。</td></tr>
<tr><td>工作标准</td></tr>
<tr><td>检测设备的报废和重新购买按规定执行，使企业检测设备的性能在整体上保持一个良好的水平。</td></tr>
<tr><td colspan="2">执行规范</td></tr>
<tr><td colspan="2">“检测试设备检定标准”“检测设备安装调试规程”“检测设备使用规定”“检测设备报废建议书”。</td></tr>
</table>

7.6 质量改进管理

7.6.1 质量改进管理流程设计

7.6.1.1 流程设计的目的

企业进行质量改进管理流程设计的目的如下。

（1）通过调动企业资源，消除质量管理方面的系统性问题，提高企业的质量管理水平。

（2）改进现有产品的性能，延长产品的生命周期，同时促进新产品的开发，提升企业的创新能力。

（3）改进企业现有的产品设计和生产工艺，提高产品整体的制造质量，降低不合格品的出现概率，实现增产提质的目标。

（4）进行持续的质量改进，有效提升产品的适应性，从而提高产品的整体市场竞争力，提升企业的投资收益率。

7.6.1.2 流程结构设计

企业应采取总分式结构设计质量改进管理流程，即给出总的质量改进管理流程，再设计质量纠正 / 预防流程、质量改善提案管理流程两个子流程，其具体结构如图 7-6 所示。

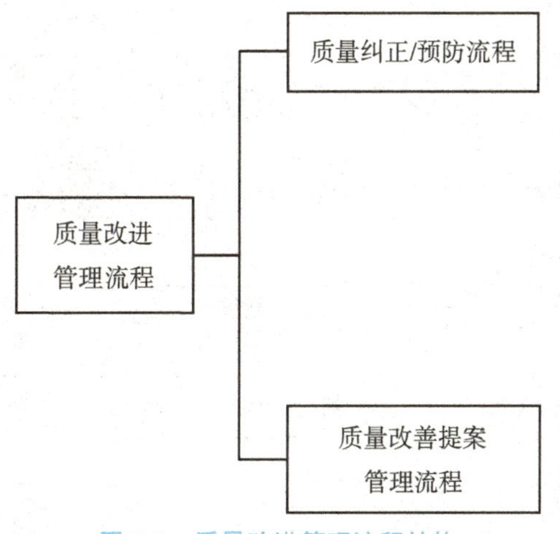

图 7-6　质量改进管理流程结构

7.6.2 质量改进管理流程设计与工作执行

7.6.2.1 质量改进管理流程设计

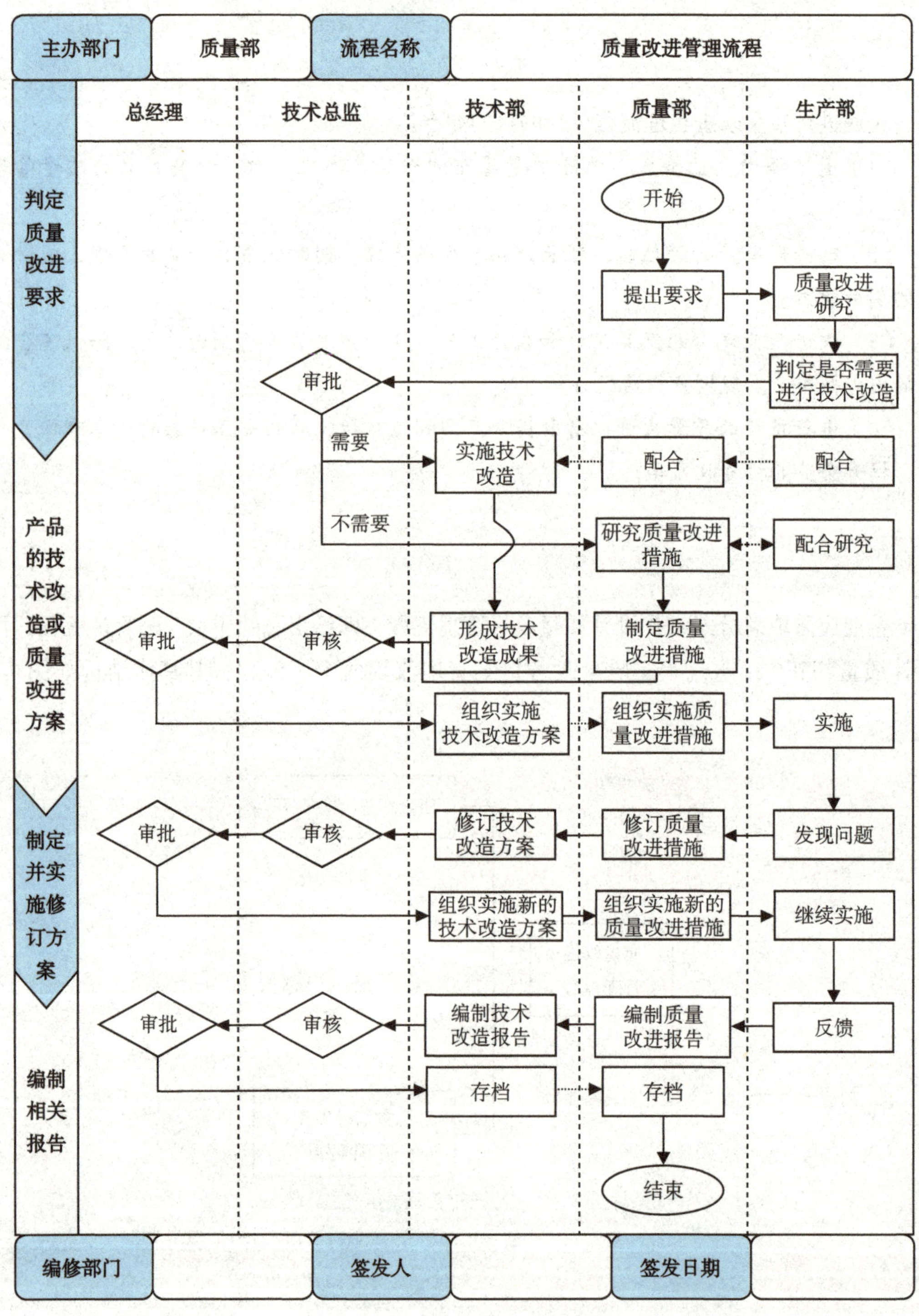

7.6.2.2 质量改进管理执行程序、工作标准、考核指标、执行规范

<table>
<tr><th>任务名称</th><th>执行程序、工作标准与考核指标</th></tr>
<tr><td rowspan="4">判定质量改进要求</td><td>执行程序</td></tr>
<tr><td>1. 提出要求
☆质量部基于改善质量、降低能耗、提高效率的目标，提出质量改进要求。
☆生产部以质量成本报告、质量管理体系的运行记录、内外部质量审核报告为依据对质量改进要求进行分析研究。
2. 判定是否需要进行技术改造
☆生产部根据质量管理体系的运行记录、内外部质量审核报告、员工建议和意见等判定是否需要进行技术改造，并拟写相关报告。
☆生产部将相关报告报技术总监审批。
工作重点
全方位地进行质量改进，企业全体人员都需要参与到质量改进工作中来。</td></tr>
<tr><td>工作标准</td></tr>
<tr><td>参照同行业其他企业的质量与技术管理现状。</td></tr>
<tr><td rowspan="4">产品的技术改造或质量改进方案</td><td>执行程序</td></tr>
<tr><td>1. 实施技术改造
☆经技术总监审批同意实施技术改造后，由技术部负责严格按照审批意见进行技术改造，包括重新设计工艺图纸、调整生产设备、调整操作方法等，以达成技术改造的目标。
☆质量部、生产部及相关单位配合技术部的技术改造工作。
2. 形成技术改造成果
技术部经过研究形成技术改造成果，并将其报技术总监审核、总经理审批。
3. 研究质量改进措施
☆经技术总监审批确认无需进行技术改造后，由质量部研究质量改进措施。
☆生产部配合质量部的质量改进措施研究工作。
4. 制定质量改进措施
☆质量部负责制定质量改进措施，包括提高产品性能、简化工作流程、优化作业方法、优化人力资源配置、提高员工素质、调整生产周期、调整搬运和储存方案等。
☆质量部将质量改进措施报技术总监审核、总经理审批。
5. 组织实施质量改进措施
☆质量改进措施经总经理审批通过后，由质量部组织生产部和相关生产班组实施质量改进措施，并制订具体的实施计划，如人员配备、时间安排等。
☆生产部和相关生产班组按照实施计划和要求实施质量改进，并在实施过程中严把质量关。
工作重点
☆技术改造方案或质量改进措施要具有可操作性、立足于实际，便于后期实施和操作。
☆质量改进措施不仅要对质量问题进行事后检查与补救，还要对各项质量问题进行预防，防止同一质量问题重复发生。</td></tr>
<tr><td>工作标准</td></tr>
<tr><td>参照同行业其他企业的技术改造或质量改进方案、措施等。</td></tr>
</table>

（续）

任务名称	执行程序、工作标准与考核指标
产品的技术改造或质量改进方案	**考核指标** ☆技术改造实施的规范性：按照企业艺技术管理制度及相关流程进行，严格执行相关行业指标及企业指标。 ☆质量改进措施的可操作性：保证质量改进内容有相应的人力、物力基础，有具体执行的可能性。
制定并实施修订方案	**执行程序** 1. 修订质量改进措施 ☆生产部和相关生产班组在实施过程中发现问题，并向质量部或技术部汇报。 ☆技术部修订技术改造方案，质量部修订质量改进措施。 ☆修订后的技术改造方案或质量改进措施报技术总监审核、总经理审批。 2. 组织实施新的质量改进措施 质量部组织生产部和相关生产班组实施新的质量改进措施，并制订相应的执行计划，包括项目进行的日程安排、人员配备、考核指标等。 工作重点 在实施质量改进的过程中，质量部应避免出现以下问题：①对质量改进的认识不足，难以调动员工对质量改进的积极性；②对计划的传达和理解有误；③没有对涉及质量改进的员工做必要的教育培训；④实施过程中的领导、组织、协调力度不够；⑤质量改进需要的资金、人力资源不足。 **工作标准** 通过实施质量改进计划，质量问题得到有效解决。 **考核指标** 安全隐患整改率：力争达到____%。其计算公式如下。 $安全隐患整改率=\frac{整改完成的安全隐患数}{应该整改的安全隐患数}\times 100\%$
编制相关报告	**执行程序** 编制质量改进报告 ☆生产部将质量改进的相关执行情况反馈给质量部和技术部。 ☆技术部编制技术改造实施总结报告，包括技术改造的原因、技术改造的过程、技术改造的结果及相关意见和建议等。 ☆质量部编制质量改进实施总结报告，包括进行质量改进的原因、质量改进的过程、质量改进的结果及相关意见和建议等 ☆技术改造实施总结报告、质量改进实施总结报告经技术总监审核通过后，报总经理审批。 工作重点 要注意及时进行质量改进评价，方法一般包括客户评价法、专家评价法、产品性能评价法等。 **工作标准** 通过编制相关报告，总结经验教训，进一步提升企业的产品质量。
执行规范	
“质量管理制度”“质量改进计划”“质量改进实施总结报告”“技术改造实施总结报告”。	

7.6.3 质量纠正 / 预防流程设计与工作执行

7.6.3.1 质量纠正 / 预防流程设计

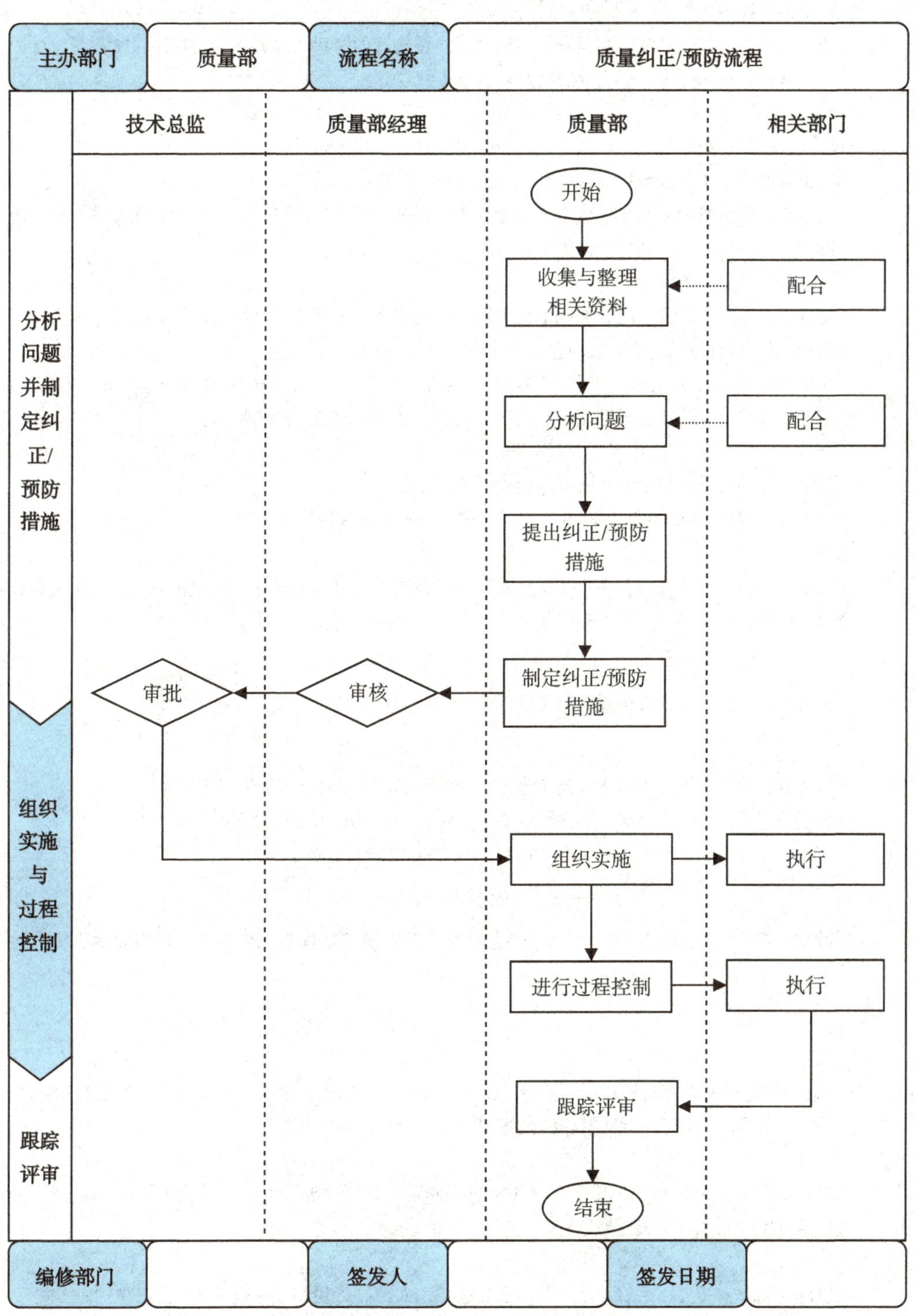

7.6.3.2 质量纠正 / 预防执行程序、工作标准、考核指标、执行规范

<table>
<tr><th>任务名称</th><th>执行程序、工作标准与考核指标</th></tr>
<tr><td rowspan="6">分析问题并制定纠正 / 预防措施</td><td>执行程序</td></tr>
<tr><td>1. 收集与整理相关资料
质量部相关工作人员收集与整理各部门关于质量管理的资料，内容包括供应商供货质量统计、产品质量统计、市场分析、顾客满意度及环境质量统计等。
2. 分析问题
☆质量部根据收集到的资料识别潜在的不合格项目，以便及时了解质量体系运行的有效性。
☆质量部调查分析已查明的质量问题发生的原因（包括各种潜在原因）。
☆质量部根据质量问题对加工成本、质量成本、性能、可信度、安全性和顾客满意度等方面的潜在影响程度评价其对产品质量的影响程度。
3. 提出纠正 / 预防措施
☆发现潜在的不合格项目时，根据潜在问题的影响程度确定解决这些问题的轻重缓急，由质量部召集相关部门讨论原因，提出纠正 / 预防措施并确定责任部门。
☆质量部组织相关部门提出并讨论质量问题的纠正 / 预防措施。讨论时需考虑企业宗旨、市场形象、信誉、成本、经济效益等因素，要处理好风险、利益和成本之间的关系。
4. 制定纠正 / 预防措施
☆讨论结果一致后，质量部正式制定纠正 / 预防措施。
☆质量部将纠正 / 预防措施报质量部经理审核、技术总监审批。
工作重点
分析问题时，需要仔细分析产品的质量规范及所有相关过程、操作、质量记录、服务报告和顾客意见，可考虑建立一个文件，列出不合格项目与异常现象对比表。</td></tr>
<tr><td>工作标准</td></tr>
<tr><td>通过分析问题，识别各种潜在隐患并制定相应的纠正 / 预防措施。</td></tr>
<tr><td>考核指标</td></tr>
<tr><td>☆分析方法的科学性：应多方面地考虑相关因素的影响，选择合理而严谨的分析方法。
☆质量问题原因判定出错率：力争控制在____% 以内。其计算公式如下。
$$质量问题原因判定出错率=\frac{质量问题原因判定出错次数}{质量问题原因判定总次数}\times 100\%$$
☆措施内容的可执行性：纠正 / 预防措施的内容无错误，且具备实现该措施所需要的人力、物力条件。</td></tr>
<tr><td rowspan="2">组织实施与过程控制</td><td>执行程序</td></tr>
<tr><td>1. 组织实施
☆纠正 / 预防措施经审批通过后，质量部组织相关责任部门按照审批意见实施纠正 / 预防措施。
☆质量部应及时将纠正 / 预防措施的实施情况记入纠正 / 预防措施表。
2. 进行过程控制
为了避免问题重复出现，质量部对相关过程和程序进行必要的控制，在实施纠正 / 预防措施时，应监视其实施效果以达成预期目标。
工作重点
过程控制非常重要，最好派专人与相关责任部门对接，以更好地推进纠正 / 预防措施的实施。</td></tr>
</table>

（续）

<table>
<tr><th>任务名称</th><th>执行程序、工作标准与考核指标</th></tr>
<tr><td rowspan="4">组织实施与过程控制</td><td>工作标准</td></tr>
<tr><td>通过实施纠正 / 预防措施，使质量问题得到解决。</td></tr>
<tr><td>考核指标</td></tr>
<tr><td>客户投诉改善率：目标值为____%。其计算公式如下。
$$客户投诉改善率=\frac{客户投诉按时改善的件数}{客户投诉总件数}\times 100\%$$</td></tr>
<tr><td rowspan="4">跟踪评审</td><td>执行程序</td></tr>
<tr><td>跟踪评审
☆在纠正 / 预防措施实施结束后，质量部、相关责任部门的主管应对其实施效果进行跟踪，并记录纠正 / 预防措施实施的结果，评审措施实施的有效性。
☆纠正 / 预防措施的验证情况应及时记入纠正 / 预防措施验证登记表。
☆对逾期未完成的责任部门，要报告企业相关领导，并组织责任部门分析原因。
☆对达成预期目标的措施，质量部应对其成果进行巩固，并纳入质量管理体系文件。
工作重点
评审指标设定要合理，要符合企业的质量管理水平、产品定位。</td></tr>
<tr><td>工作标准</td></tr>
<tr><td>通过跟踪评审进一步巩固质量改进成果。</td></tr>
<tr><td colspan="2">执行规范</td></tr>
<tr><td colspan="2">“市场分析报告”“客户满意度报告”“纠正 / 预防措施处理单”“纠正 / 预防措施跟踪评审报告”。</td></tr>
</table>

7.6.4 质量改善提案管理流程设计与工作执行

7.6.4.1 质量改善提案管理流程设计

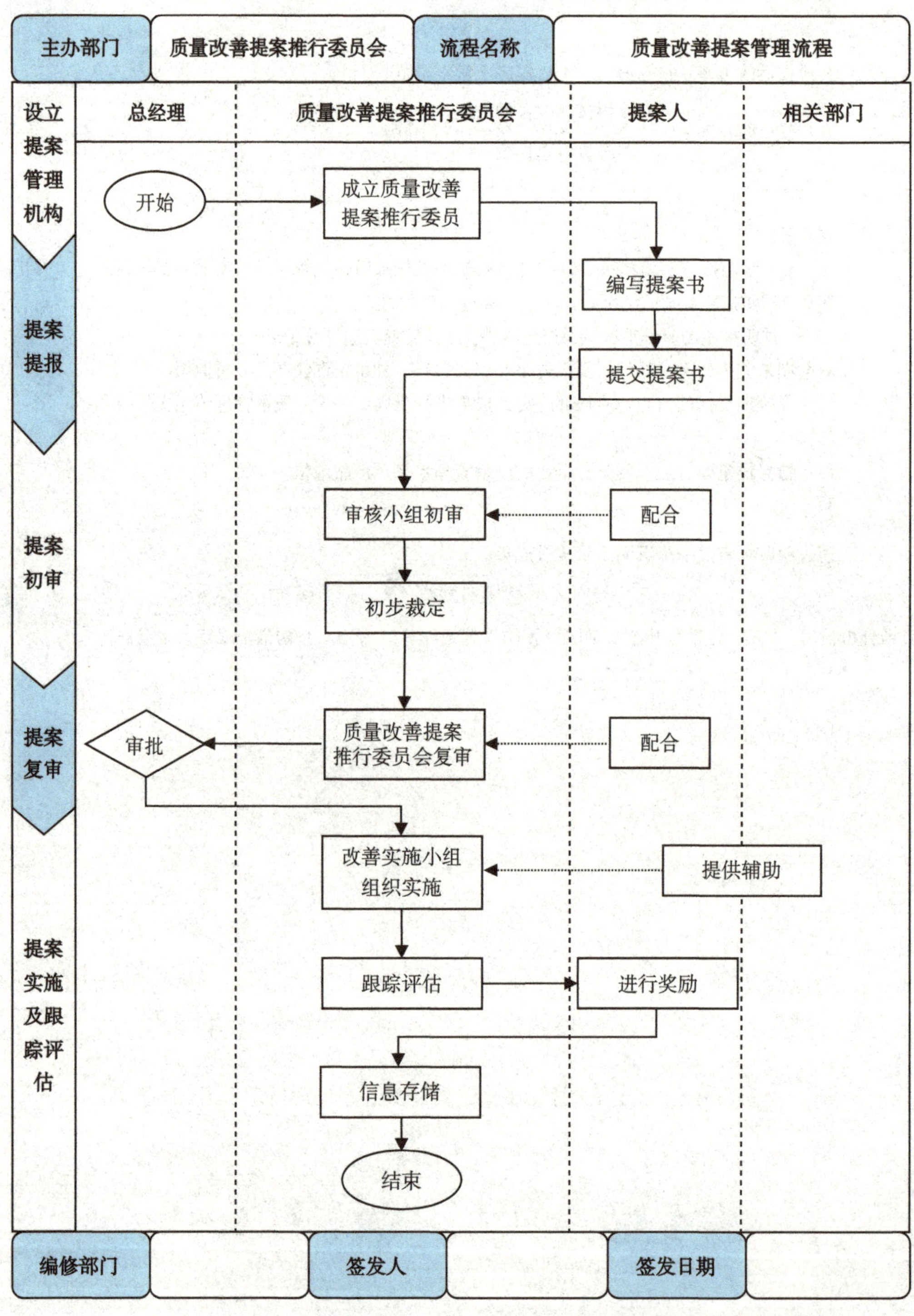

7.6.4.2 质量改善提案管理执行程序、工作标准、考核指标、执行规范

<table>
<tr><th>任务名称</th><th>执行程序、工作标准与考核指标</th></tr>
<tr><td rowspan="4">设立提案管理机构</td><td>执行程序</td></tr>
<tr><td>成立质量改善提案推行委员会
☆在总经理的推动下，成立质量改善提案推行委员会，由总经理全面负责，设主任委员一名，委员会下设审核小组、改善实施小组。
☆审核小组由各部门经理组成，主要负责提案的初审、提案履行成果的检查与确认工作。
☆改善实施小组由质量部、工艺技术部、生产部相关人员组成，主要负责提案实施的策划与督导工作。
工作重点
质量改善提案推行委员会要制定出企业质量改善提案管理方面的制度规定，以规范质量改善提案管理工作。</td></tr>
<tr><td>工作标准</td></tr>
<tr><td>参照同行业其他企业的质量改善提案管理规定。</td></tr>
<tr><td rowspan="6">提案提报</td><td>执行程序</td></tr>
<tr><td>1. 编写提案书
提案人编写提案书，必要时另附书面文字或图表说明。
2. 提交提案书
提案人应将提案书提交给审核小组，也可以投入企业“改善提案信箱”中。
工作重点
☆编制提案书时要遵循相关规范，按照规定的框架、格式要求编写，重点突出，审核小组可以编制相应的模板供提案人使用。
☆为了增强提案书的质量，通常对提案书的内容有下列要求：①详细描述现行方法及现状，必要时配以图表、样品或文字说明；②改进方案应具体、可行，必要时配以图表、样品或文字说明；③预期效果应尽量明确；④现行方法、改进方案、预期效果如不够填写，可另附纸说明。
☆引导员工提出建议，凡有下列内容之一者，均属于质量改进提案：①管理方法、制度的改进；②生产技术、操作方法、作业流程的改进；③产品质量和设计的改善；④原材料的节省、废料的利用及其他有利于降低成本的改进；⑤产品开发、设计的新创意；⑥产品的技术更新；⑦有关机器设备、维护保养的改善；⑧设备和设计的更新、功能的改进、操作的改进。
☆明确非提案范畴，如攻击团体和个人的提案，诉苦或无理要求改善待遇的提案，以及已被采用过和已有他人先提出的提案。</td></tr>
<tr><td>工作标准</td></tr>
<tr><td>☆提案书符合相关规范，顺利提报。
☆提案书内容具有较强的针对性和可操作性。</td></tr>
<tr><td>考核指标</td></tr>
<tr><td>提案书编制的规范性：严格按照相关规定进行编制，内容全面、结构清晰、无重大纰漏。</td></tr>
</table>

（续）

任务名称	执行程序、工作标准与考核指标
提案初审	**执行程序** 1. 审核小组初审 ☆审核小组对提案进行编号、登记。 ☆审核小组初审提案，必要时应与提案人联络，了解提案内容。 2. 初步裁定 审核小组初审提案后做出初步裁定，其结果分为可行、参考和不可行三种。 工作重点 一些复杂、重要的提案要请提案人现场做出说明，审核小组要进行记录。 **工作标准** 提案经初审后形成较为明确的意见。 **考核指标** ☆意见形成过程的科学性：意见形成的依据具有较高的可靠性，并且经过充分讨论。 ☆提案初审的及时性：提案初审时间不得超过____天。
提案复审	**执行程序** 质量改善提案推行委员会复审 ☆审核小组将初审结果为可行的提案交至质量改善提案推行委员会，由质量改善提案推行委员会做出最终裁定。 ☆质量改善提案推行委员会必要时与提案人联络，了解提案内容，最终裁定采用、保留或不采用提案。 ☆质量改善提案推行委员会将提案报总经理审批，若裁定不采用或保留，则将提案退回审核小组，由审核小组进行备份。 工作重点 无论提案的最终裁定结果如何，都要给提案人一个明确的回复并表示感谢。 **工作标准** 完成提案复审并经总经理审批通过。 **考核指标** ☆提案的可操作性：提案内容切实可行。 ☆提案终审的及时性：提案终审时间不得超过初审之后____天。
提案实施及跟踪评估	**执行程序** 1. 改善实施小组组织实施 改善实施小组、提案内容所涉及的责任部门负责提案的实施工作，相关部门和提案人应尽力给予协助。 2. 跟踪评估 ☆改善实施小组应全力支持、配合提案的实施工作，并跟踪评估提案的实施情况。 ☆质量改善提案推行委员对提案的实施与追踪负最终责任，并出具报告。

（续）

<table>
<tr><th>任务名称</th><th>执行程序、工作标准与考核指标</th></tr>
<tr><td rowspan="3">提案实施及跟踪评估</td><td>☆跟踪评估结束后，如果提案确实发挥了积极作用，就要对提案人进行奖励。
工作重点
在提案实施过程中，提案人应提供相关指导。</td></tr>
<tr><td>工作标准</td></tr>
<tr><td>提案在实施过程中发挥预期作用，形成企业、提案人和消费者多赢的局面。</td></tr>
<tr><td colspan="2">执行规范</td></tr>
<tr><td colspan="2">“质量改善提案管理制度”“质量改善提案实施成果报告”。</td></tr>
</table>

第8章 安全生产与环境保护管控过程

8.1 生产安全管理

8.1.1 生产安全管理流程设计

8.1.1.1 流程设计的目的

生产安全管理主要包括安全教育培训、安全检查与考核、安全隐患与事故处理等各项工作，对其进行流程设计的目的如下。

（1）规范企业生产安全管理工作流程，保证企业的生产作业活动得以安全、顺利开展。

（2）加强生产安全教育培训工作，使安全操作规程、安全法律法规深入人心，进一步加强员工的安全生产意识。

8.1.1.2 流程结构设计

生产安全管理流程设计工作主要侧重于生产安全培训、生产安全全面检查等。其具体结构如图 8-1 所示。

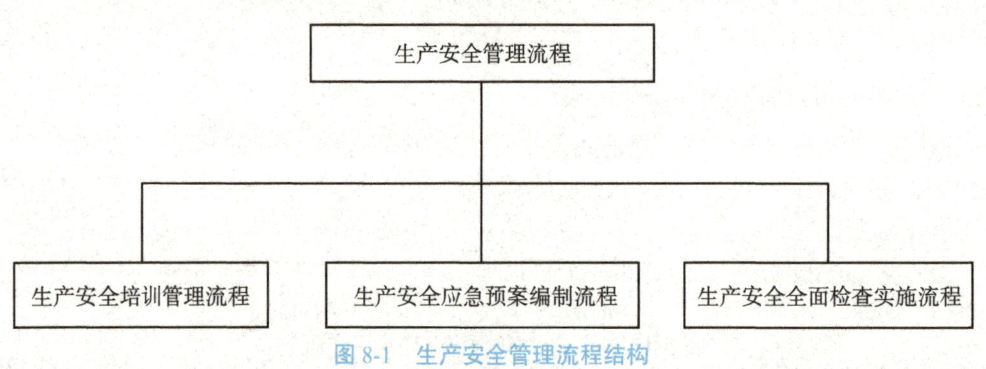

图 8-1 生产安全管理流程结构

8.1.2 生产安全培训管理流程设计与工作执行

8.1.2.1 生产安全培训管理流程设计

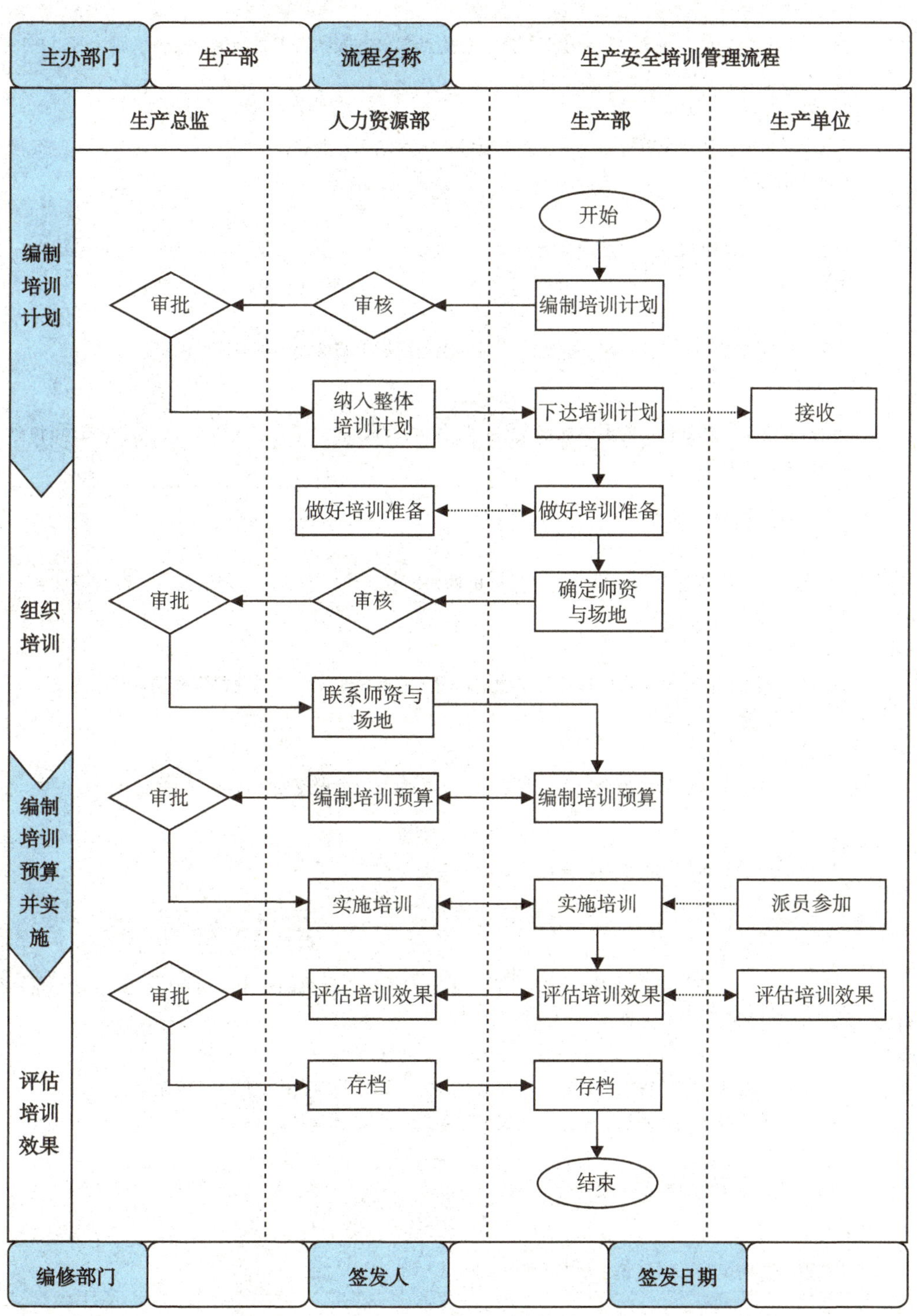

8.1.2.2 生产安全培训管理执行程序、工作标准、考核指标、执行规范

<table>
<tr><th>任务名称</th><th>执行程序、工作标准与考核指标</th></tr>
<tr><td rowspan="4">培训计划</td><td>执行程序</td></tr>
<tr><td>1. 编制培训计划
生产部安全主管根据企业安全生产制度与各生产单位的实际需求编制生产安全培训计划，并将其提交人力资源部审核、生产总监审批。
2. 纳入整体培训计划
生产安全培训计划经审批通过后，人力资源部将其纳入企业整体培训计划，规划协调生产安全培训的时间安排。
3. 下达培训计划
生产部根据审批通过的生产安全培训计划，向各生产单位下达培训计划，通知各生产单位参加生产安全培训。
工作重点
各生产单位接收生产安全培训通知，并根据培训计划协调参加人员的工作时间。</td></tr>
<tr><td>工作标准</td></tr>
<tr><td>生产安全培训计划包括需要参加培训的人员名单、培训的内容、培训的方式、培训的时间和地点及培训所需工具等内容。</td></tr>
<tr><td rowspan="4">组织培训</td><td>执行程序</td></tr>
<tr><td>1. 做好培训准备
生产部和人力资源部共同进行生产安全培训的准备工作，包括确定培训执行方案、培训课程内容、负责人、参训人员等。
2. 确定师资与场地
生产部根据生产安全培训的课程要求确定授课师资和培训场地，并将师资和场地需求提交人力资源部审核、生产总监审批。
工作重点
培训准备工作需要考虑齐全，避免因考虑不到位而造成培训现场混乱。</td></tr>
<tr><td>工作标准</td></tr>
<tr><td>在培训正式开始前____小时，完成所有培训准备工作。</td></tr>
<tr><td rowspan="4">编制培训预算并实施</td><td>执行程序</td></tr>
<tr><td>1. 编制培训预算
生产部和人力资源部根据培训所需工具、师资、场地等项目的费用，编制生产安全培训费用预算，并将其提交生产总监审批。
2. 实施培训
☆生产安全培训预算经审批通过后，生产部与人力资源部共同组织实施生产安全培训。
☆各生产单位按培训计划的要求指派相关员工参加生产安全培训。
工作重点
培训预算经技术总监审批通过后方可执行 。</td></tr>
<tr><td>工作标准</td></tr>
<tr><td>根据企业费用预算控制相关制度编制培训预算。</td></tr>
</table>

（续）

<table>
<tr><th>任务名称</th><th>执行程序、工作标准与考核指标</th></tr>
<tr><td rowspan="7">评估培训效果</td><td>执行程序</td></tr>
<tr><td>评估培训效果
人力资源部、生产部、各生产单位根据参训人员的考核成绩、日常工作表现等共同对培训效果进行评估，形成培训效果评估报告，并将其提交生产总监审批。
工作重点
培训效果评估结果需要形成文字性档案，以为未来的工作提供依据。</td></tr>
<tr><td>工作标准</td></tr>
<tr><td>培训效果评估需要由两个以上的部门给出综合评定意见。</td></tr>
<tr><td>考核指标</td></tr>
<tr><td>☆培训计划完成率：培训计划的完成情况。
☆培训课程满意度：参与培训的员工对培训课程的满意程度。</td></tr>
<tr><td></td></tr>
<tr><td colspan="2">执行规范</td></tr>
<tr><td colspan="2">“生产安全培训管理制度”“生产安全培训预算表”。</td></tr>
</table>

8.1.3 生产安全应急预案编制流程设计与工作执行

8.1.3.1 生产安全应急预案编制流程设计

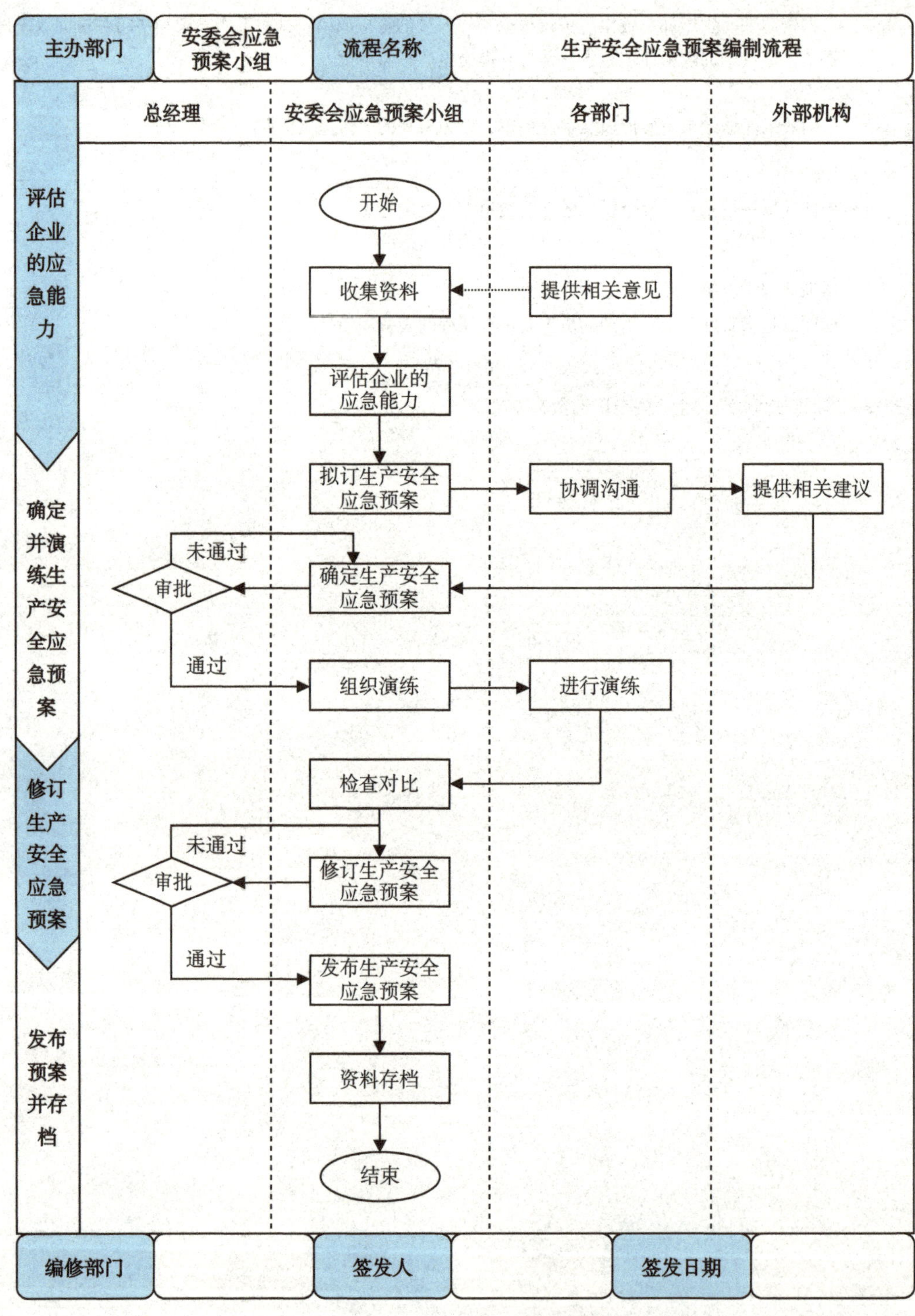

8.1.3.2 生产安全应急预案编制执行程序、工作标准、考核指标、执行规范

任务名称	执行程序、工作标准与考核指标
评估企业的应急能力	执行程序
	1. 收集资料 ☆安委会应急预案小组收集关于生产安全的内外部资料。 ☆各部门根据自身的实际情况，提供生产安全应急预案的资料及意见、建议。 2. 评估企业的应急能力 安委会应急预案小组依据对生产安全的分析研究成果，结合企业的实际情况评估企业的实际应急能力。 工作重点 安委会应急预案小组结合企业的实际情况与分析结果评估企业的实际应急能力，并形成报告。
	工作标准
	企业实际应急能力报告的内容主要包括企业的应急队伍、应急装备、应急经验等，以为制定生产安全应急预案提供信息。
	考核指标
	☆能力评估的可信度：保证应急预案适合企业的实际应急能力。 ☆评估方法的科学性：要求评估方法经过专家论证或实际检验。
确定并演练安全应急预案	执行程序
	1. 拟订生产安全应急预案 安委会应急预案小组根据相关法律法规和企业实际情况拟订生产安全应急预案。 2. 确定生产安全应急预案 安委会应急预案小组根据企业相关部门和相关外部机构提供的建议修改、完善生产安全应急预案，确定生产安全应急预案后将其提交总经理审批。若生产安全应急预案经审批不通过，安委会应急预案小组重新修改预案并再次提交审批。 3. 组织演练 若生产安全应急预案经审批通过，安委会应急预案小组组织企业各部门进行演练，明确各部门的职责，理清预案执行程序。
	工作标准
	生产安全应急预案包括事故分析标准、企业应急响应的通道、其他注意事项等内容。
修订生产安全应急预案	执行程序
	1. 检查对比 安委会应急预案小组对预案的演练情况进行检查对比，了解、评估预案的实际效果并发现问题。 2. 修订生产安全应急预案 ☆安委会应急预案小组根据对预案演练结果的检查对比情况，针对问题和缺陷修订安全应急预案，并将修订后的生产安全应急预案提交总经理审批。 ☆若修订后的生产安全应急预案经审批不合格，则由安委会应急预案小组重新修订预案，并再次提交审批直至审批通过。

（续）

<table>
<tr><th>任务名称</th><th>执行程序、工作标准与考核指标</th></tr>
<tr><td rowspan="3">修订生产安全应急预案</td><td>工作重点
安委会应急预案小组对生产安全应急预案进行修订，主要修订那些指代不清、重复及演练结果中需改进的内容。</td></tr>
<tr><td>工作标准</td></tr>
<tr><td>检查内容包括通信系统是否畅通无阻、事故现场人员是否安全撤离、参与演习预案的部门与人员是否能及时参加事故抢险、相关抢险设备能否及时到位等。</td></tr>
<tr><td rowspan="4">发布预案并存档</td><td>执行程序</td></tr>
<tr><td>1. 发布生产安全应急预案
生产安全应急预案修订结果经审批通过后，安委会应急预案小组形成正式的生产安全应急预案，并向企业各部门发布。
2. 资料存档
安全应急预案正式发布生效后，安委会应急预案小组对此次预案编制中所用的全部资料进行存档。
工作重点
安委会应急预案小组发布修订后的生产安全应急预案，发布前应对预案进行装订并逐一编号。</td></tr>
<tr><td>工作标准</td></tr>
<tr><td>生产安全应急预案应具有可操作，相关内容不能相互矛盾或重叠，不能有遗漏环节或有错误程序出现，所有项目都要将办法落到实处。</td></tr>
<tr><th colspan="2">执行规范</th></tr>
<tr><td colspan="2">“生产安全应急预案演练报告”“生产安全预案演练计划书”。</td></tr>
</table>

8.1.4 生产安全全面检查实施流程设计与工作执行

8.1.4.1 生产安全全面检查实施流程设计

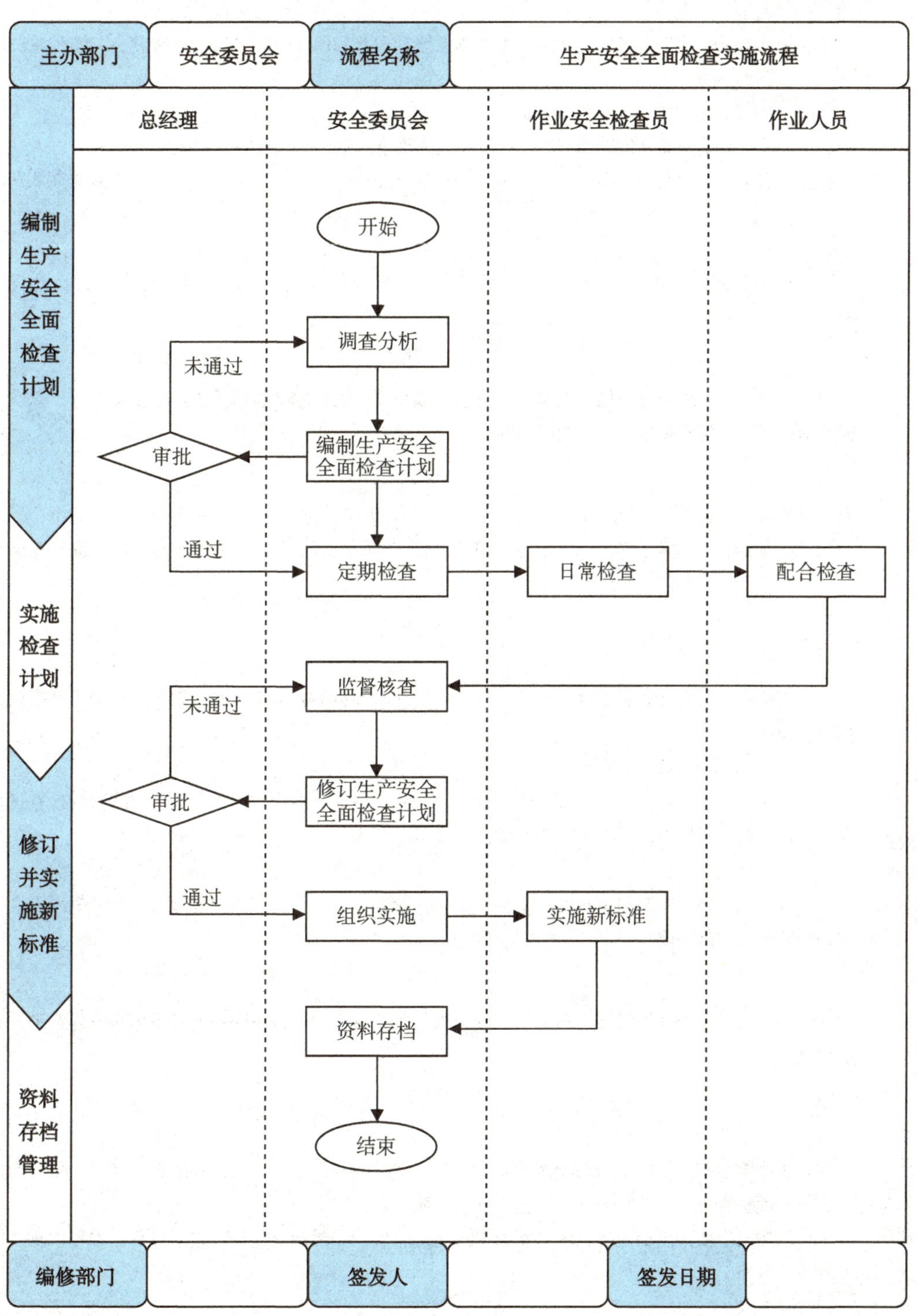

8.1.4.2 生产安全全面检查实施执行程序、工作标准、考核指标、执行规范

<table>
<tr><th>任务名称</th><th>执行程序、工作标准与考核指标</th></tr>
<tr><td rowspan="6">编制生产安全全面检查计划</td><td>执行程序</td></tr>
<tr><td>1. 调查分析
安全委员会对企业生产结构、功能、工艺等系统的现状和历史情况进行调查研究，了解相关法律法规。
2. 编制生产安全全面检查计划
☆安全委员会根据调查分析结果编制生产安全全面检查计划，并将其提交总经理审批。
☆若生产安全全面检查计划经审批未通过，则由安全委员会修改、完善计划，并再次提交审批直至合格。
工作重点
生产安全全面检查计划系统、完整，尽量不要遗漏任何安全隐患，内容要重点突出且具有实操性。</td></tr>
<tr><td>工作标准</td></tr>
<tr><td>安全委员会根据调查分析结果编制生产安全全面检查计划，主要包括是否存在安全隐患、标准的安全指标内容、消除隐患的具体措施等内容。</td></tr>
<tr><td>考核指标</td></tr>
<tr><td>☆调查及时率：目标值为____%。
☆调查结果的分析质量：应全面反映企业的安全生产状况，能为企业安全检查计划的编制提供支持，其中，数据准确率达到____%。</td></tr>
<tr><td rowspan="4">实施检查计划</td><td>执行程序</td></tr>
<tr><td>1. 定期检查
生产安全全面检查计划经审批通过后，安全委员会组织相关人员定期对各生产单位和生产作业人员进行检查。
2. 监督核查
安全委员会对生产安全全面检查工作的实施情况和取得的效果进行监督核查，解决实际检查过程中出现的问题，奖励做出安全生产成绩的作业班组。
工作重点
作业人员配合作业安全检查员的日常检查工作，及时改正生产过程中的违规行为，并根据上级下发的整改通知做好整改工作。</td></tr>
<tr><td>工作标准</td></tr>
<tr><td>安全委员会可采用实地考察、召开座谈会、查阅相关资料、个别访问等方式组织相关人员进行定期检查。</td></tr>
<tr><td rowspan="2">修订并实施新标准</td><td>执行程序</td></tr>
<tr><td>1. 修订生产安全全面检查计划
☆安全委员会根据生产安全全面检查的实际效果，改进检查计划中不合理和缺失的部分，修订生产安全全面检查计划，并将修订后的生产安全全面检查计划提交总经理审批。
☆修订后的安全生产全面检查计划经审批未通过后，安全委员会对其进行重新修订，并再次提交审批直至合格。</td></tr>
</table>

（续）

任务名称	执行程序、工作标准与考核指标
修订并实施新标准	2. 组织实施 修订后的生产安全全面检查计划经审批通过后，安全委员会组织相关人员实施修订后的生产安全命案检查计划。 工作重点 作业安全检查员根据修订后的生产安全全面检查计划进行检查，认真填写相关项目。
	工作标准
	生产安全全面检查计划的内容全面、准确、便于执行。
执行规范	
“生产安全全面检查计划”“生产安全定期检查表”“生产安全日常检查表”。	

8.2 劳动保护管理

8.2.1 劳动保护管理流程设计

8.2.1.1 流程设计的目的

企业进行劳动保护管理流程设计的目的如下。

（1）规范员工职业病防范与职业健康管理工作，切实保护员工的安全。

（2）规范企业作业环境管理工作的开展程序，为员工创造一个良好的工作环境。

8.2.1.2 流程结构设计

企业流程管理人员可采取并列式结构设计劳动保护管理流程，其具体结构如图 8-2 所示。

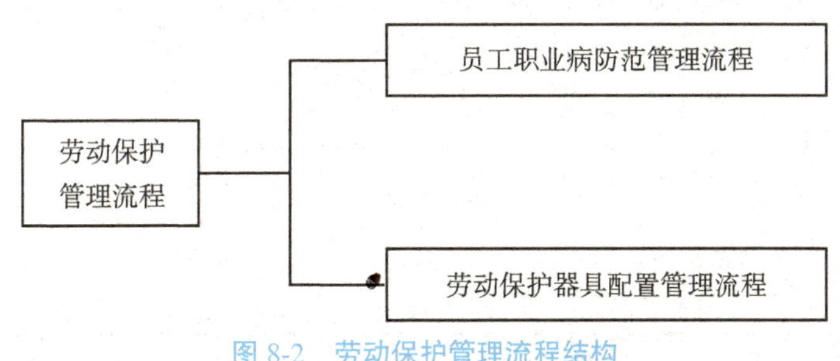

图 8-2 劳动保护管理流程结构

8.2.2　员工职业病防范管理流程设计与工作执行

8.2.2.1　员工职业病防范管理流程设计

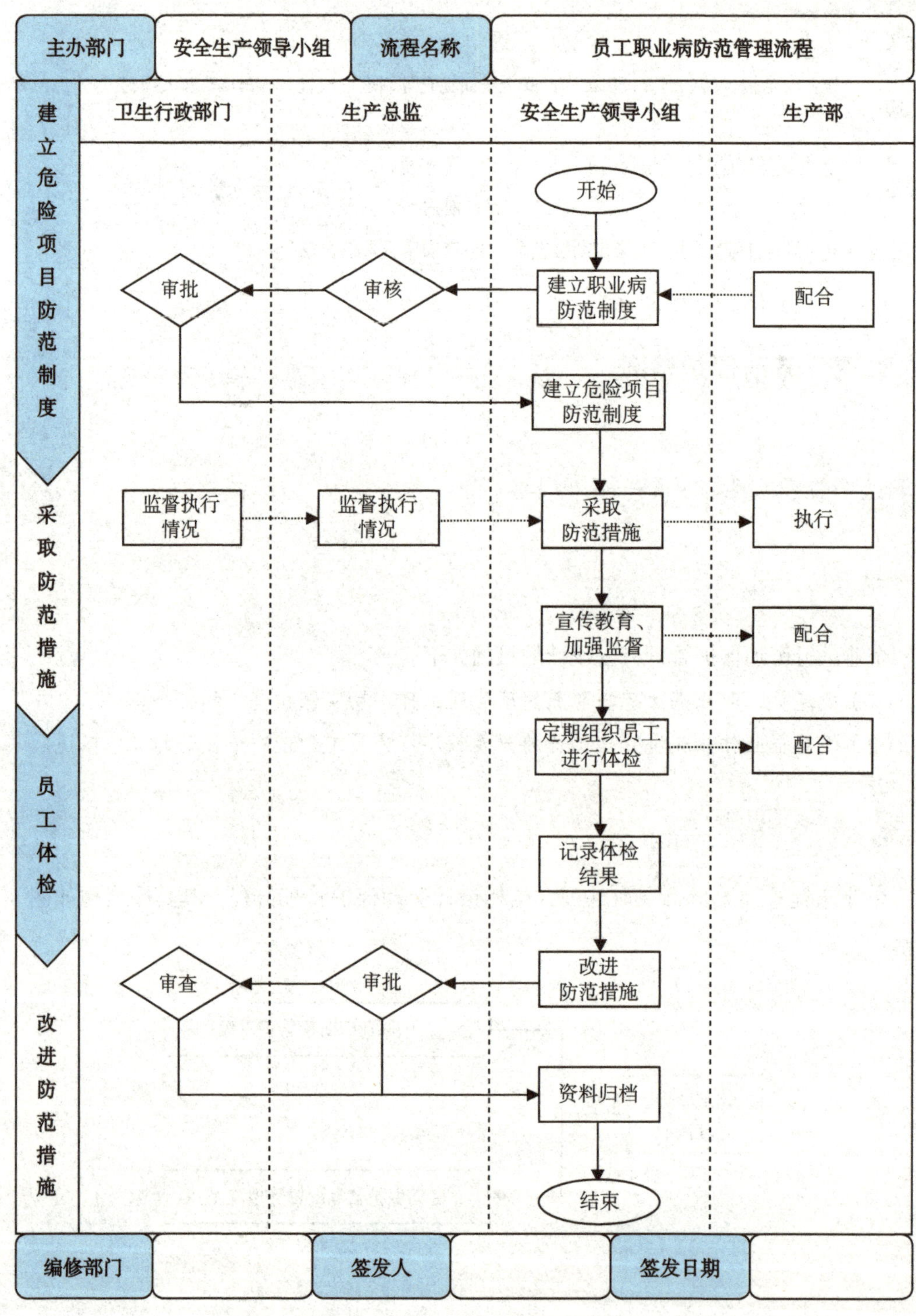

8.2.2.2 员工职业病防范管理执行程序、工作标准、考核指标、执行规范

<table>
<tr><th>任务名称</th><th>执行程序、工作标准与考核指标</th></tr>
<tr><td rowspan="4">建立危险项目防范制度</td><td>执行程序</td></tr>
<tr><td>1. 建立职业病防范制度
安全生产领导小组由人力资源部、生产部、行政部等部门的专业人士组成，负责根据相关法律法规及资料建立职业病防范制度，并将其提交生产总监审核、卫生行政部门审批。
2. 建立危险项目防范制度
安全生产领导小组识别、确认有可能产生职业病的项目，针对危险项目制定职业病防范措施，建立危险项目防范制度。
工作重点
建立危险项目防范制度，并针对可能产生职业病的项目制定详细的职业病防范措施。</td></tr>
<tr><td>工作标准</td></tr>
<tr><td>需要注意防范的职业病包括尘肺病、职业性放射性疾病、物理因素所致的职业病、生物因素所致的职业病、职业性皮肤病、职业性耳鼻喉口腔疾病。</td></tr>
<tr><td rowspan="4">采取防范措施</td><td>执行程序</td></tr>
<tr><td>1. 采取防范措施
☆安全生产领导小组按照职业病防范制度的要求采取相应的防范措施，生产总监和卫生行政部门进行监督。
☆生产部执行安全生产领导小组制定的防范措施。
2. 宣传教育、加强监督
☆安全生产领导小组定期对员工进行宣传教育，增强员工的防范意识，加强对生产部的防范措施执行工作的监督。
☆生产部配合安全生产领导小组的监督。
工作重点
安全生产领导小组定期对员工进行培训，使员工对安全生产、自身身体健康有充分的认识。</td></tr>
<tr><td>工作标准</td></tr>
<tr><td>生产部发放的防护工具包括防尘帽、防尘口罩、防护服、橡胶长手套等。</td></tr>
<tr><td rowspan="4">员工体检</td><td>执行程序</td></tr>
<tr><td>1. 定期组织员工进行体检
安全生产领导小组定期组织各生产班组员工进行体检。
2. 记录体检结果
安全生产领导小组对生产班组员工体检的结果进行记录，建立职业卫生档案和劳动者个人健康监护档案。
工作重点
在安排员工体检时，安全生产领导小组一定要考虑生产进度，妥善解决生产班组员工的排班问题，避免耽误生产进度；另外，尽量不要将体检事项安排在生产旺季。</td></tr>
<tr><td>工作标准</td></tr>
<tr><td>劳动者个人健康档案主要包括职业危害接触史，职业健康检查的结果，职业病的诊断、处理、治疗和疗养，职业危害事故的抢救情况等。</td></tr>
</table>

（续）

任务名称	执行程序、工作标准与考核指标
员工体检	考核指标
	☆记录检查结果差错率：控制在____%以内。 ☆记录检查结果的规范性：条理清晰、分类准确、重点突出。
改进防范措施	执行程序
	1. 改进防范措施 安全生产领导小组根据员工体检结果及日常防范措施中存在的问题改进防范措施，编制防范措施改进报告，并将其提交生产总监审批，审批通过后报卫生行政部门审查。 2. 资料归档 安全生产领导小组整理员工体检记录、职业卫生档案、劳动者个人健康档案及相关制度措施文件资料，并对其进行归档保存。 工作重点 改进防范措施应结合企业实际情况。
	工作标准
	资料归档规范，符合档案管理制度，存档位置规划合理，利于快速查找档案。
执行规范	
"职业病防范措施""危险项目防范制度"。	

8.2.3 劳动保护器具配置管理流程设计与工作执行

8.2.3.1 劳动保护器具配置管理流程设计

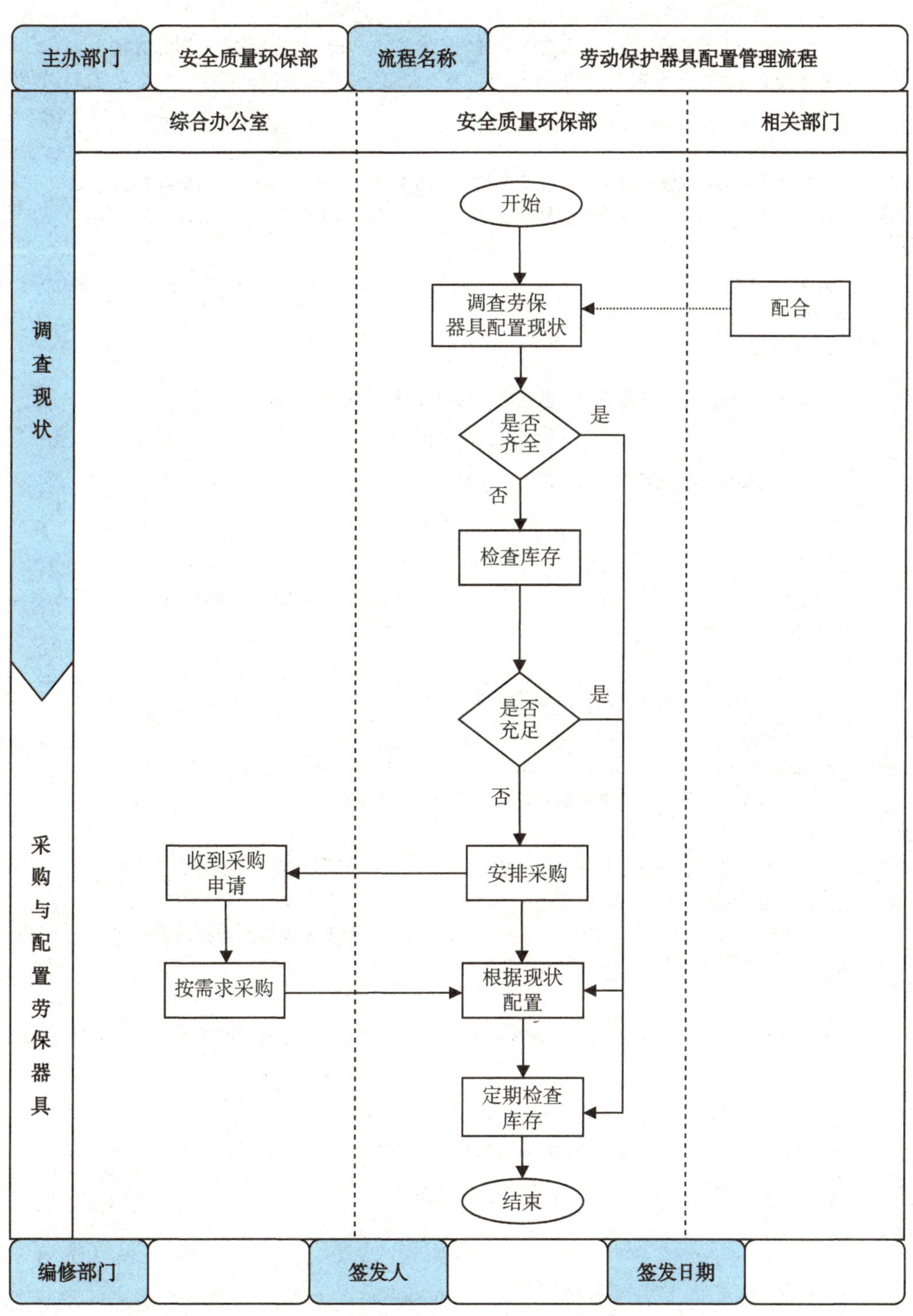

8.2.3.2 劳动保护器具配置管理执行程序、工作标准、考核指标、执行规范

<table>
<tr><th>任务名称</th><th>执行程序、工作标准与考核指标</th></tr>
<tr><td rowspan="6">调查现状</td><td>执行程序</td></tr>
<tr><td>1. 调查劳保器具配置现状
☆安全质量环保部要定期调查企业劳保器具的配置情况，防止出现无防护上岗的情况。
☆若企业劳保器具配置齐全，则继续保持；若存在配置不齐全情况，则检查企业劳保器具的库存情况。
2. 检查库存
☆当企业劳保器具配置不齐全时，安全质量环保部先检查库存，判断是否需要补充。
☆若库存充足，则立即根据劳保器具配置现状进行配置；若库存不足，则立即安排采购。
工作重点
劳保器具的配置情况关系到劳动保护与安全生产的问题，是企业生产的“高压线”，企业需要特别重视。</td></tr>
<tr><td>工作标准</td></tr>
<tr><td>及时统计企业劳动保护器具的配置情况，对劳保器具的库存做到心中有数。</td></tr>
<tr><td>考核指标</td></tr>
<tr><td>企业员工劳保器具配置率：目标值为____%。</td></tr>
<tr><td rowspan="4">采购与配置劳保器具</td><td>执行程序</td></tr>
<tr><td>1. 安排采购
当企业劳保器具库存不足时，安全质量环保部要迅速统计需求数量，填写采购清单，并报综合办公室安排采购事宜。
2. 收到采购申请
综合办公室收到采购申请后，核查采购清单，准备实施采购。
3. 按需求采购
☆综合办公室确认采购清单后，安排采购人员按清单内容及时采购。
☆综合办公室在采购过程中要按照企业采购管理相关规定操作。
4. 根据现状配置
采购工作完成后，安全质量环保部立即为未配置劳动保护器具的员工配置劳保器具。
5. 定期检查库存
为确保企业劳动保护器具能按需供给，安全质量环保部要定期检查劳保器具的库存，以免供不应求。
工作重点
安全质量环保部填写采购清单时需要估算恰当，既要保障劳保器具的供给，又要避免库存堆积过多。</td></tr>
<tr><td>工作标准</td></tr>
<tr><td>通过采购使企业所有员工都配置到劳保器具。</td></tr>
<tr><td colspan="2">执行规范</td></tr>
<tr><td colspan="2">“采购申请表”。</td></tr>
</table>

8.3 环境保护管理

8.3.1 环境保护管理流程设计

8.3.1.1 流程设计的目的

企业进行环境保护管理流程设计的目的如下。

（1）加强环境保护工作，确保环保工作的有序开展，有效促进ISO14001的建立与推行。

（2）规范企业作业环境管理工作的开展流程，为员工创造一个良好的工作环境。

8.3.1.2 流程结构设计

企业在设计环境保护管理流程时，在各个子流程中设置了执行程序、工作重点、工作标准等内容，以保障流程的有效实施。其具体结构如图8-3所示。

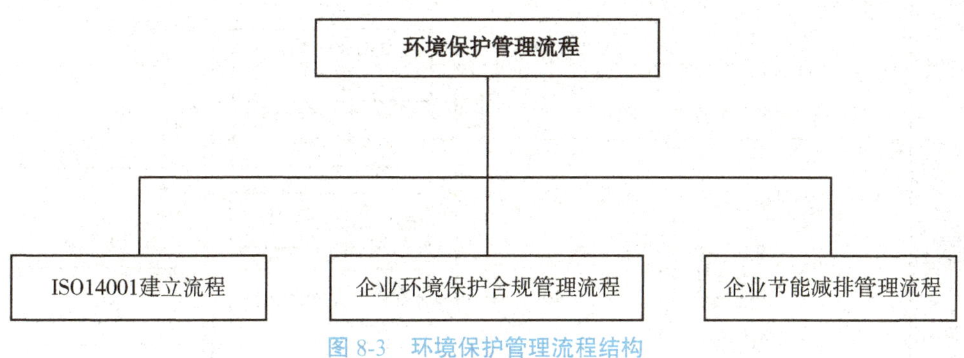

图8-3 环境保护管理流程结构

8.3.2 ISO14001 建立流程设计与工作执行

8.3.2.1 ISO14001 建立流程设计

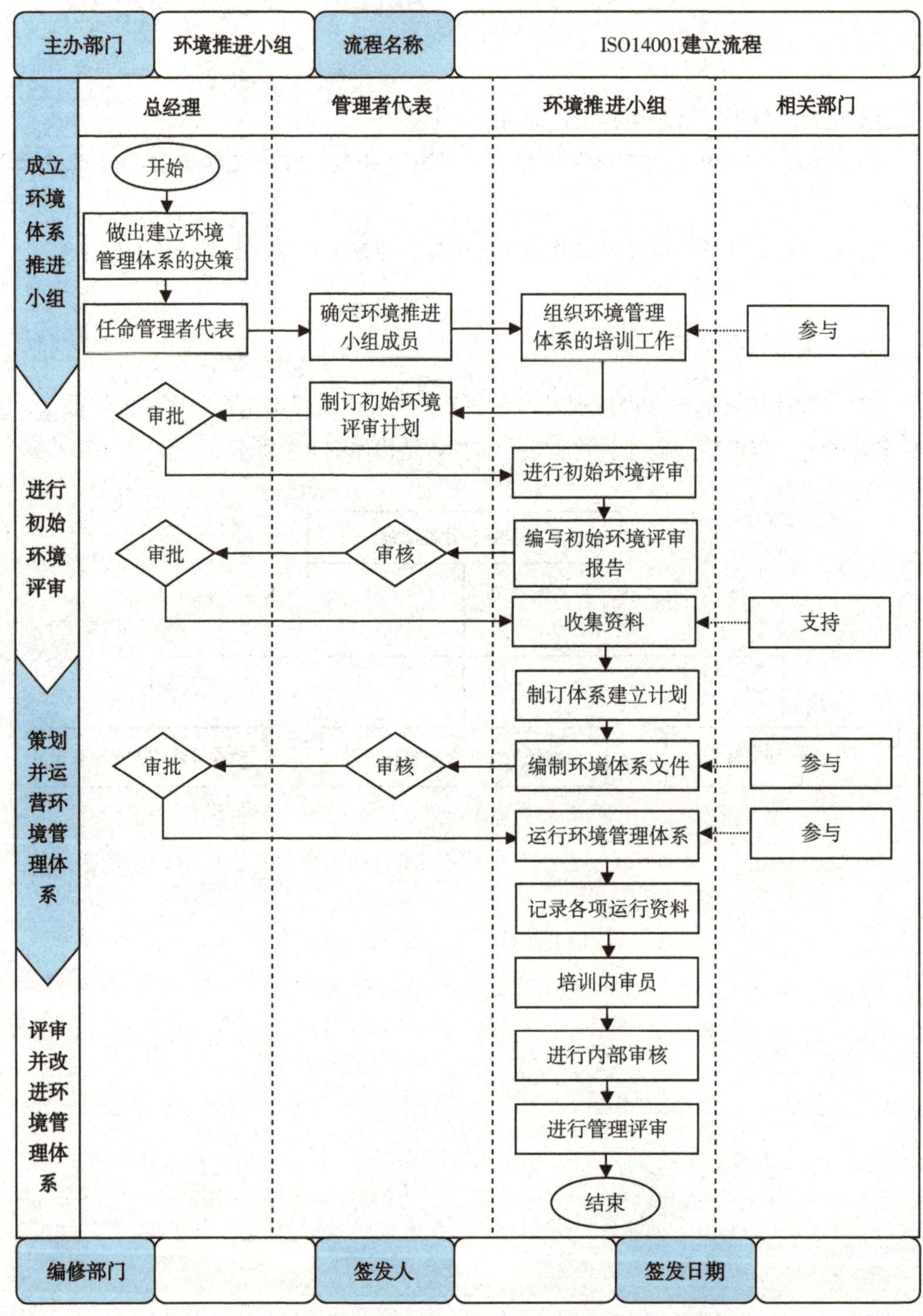

8.3.2.2 ISO14001 建立执行程序、工作标准、考核指标、执行规范

<table>
<tr><th>任务名称</th><th>执行程序、工作标准与考核指标</th></tr>
<tr><td rowspan="6">成立环境体系推动小组</td><td>执行程序</td></tr>
<tr><td>1. 做出建立环境管理体系的决策
总经理等企业高层管理者做出建立环境管理体系的决策，提供资源保障，包括人、财、物等方面的支持。
2. 任命管理者代表
总经理任命管理者代表。
3. 确定环境推进小组成员
☆管理者代表组织成立环境推进小组，确定环境推进小组成员。
☆管理者代表组织制订环境管理体系的建立与实施计划。
4. 组织环境管理体系的培训工作
☆管理者代表对相关人员进行宣传与培训，使员工能够认识到企业建立环境管理体系的目的与意义，统一员工的思想。
☆相关部门安排人员参与培训。
工作重点
管理者代表应具备相关专业素质、具有一定的领导权限、具有先进的管理经验，以保证环境体系项目的顺利进行。</td></tr>
<tr><td>工作标准</td></tr>
<tr><td>环境推进小组成员应具有足够的执行力、具备相关专业素质，尤其是对环境体系有一定的知识储备。</td></tr>
<tr><td>考核指标</td></tr>
<tr><td>☆确定环境推进小组成员的及时率：目标值为____%。
☆确定小组成员的规范性：公开、公正、透明。</td></tr>
<tr><td rowspan="4">进行初始环境评审</td><td>执行程序</td></tr>
<tr><td>1. 制订初始环境评审计划
☆管理者代表制订初始环境评审计划。
☆管理者代表将初始环境评审计划报总经理审批。
2. 进行初始环境评审
环境推进小组根据初始环境评审计划进行初始环境评审。
3. 编写初始环境评审报告
☆管理者代表组织环境推进小组编写初始环境评审报告。
☆环境推进小组将初始环境评审报告报管理者代表审核、总经理审批。
4. 收集资料
环境推进小组收集相关资料，包括企业内外部的环境管理体系资料、法律法规，相关部门给予推进小组相关支持。
工作重点
识别组织活动、产品、服务中的环境因素，评价出重要环境因素。</td></tr>
<tr><td>工作标准</td></tr>
<tr><td>初始环境评审计划包括初始环境评审的范围、内容、参与人员的任务分工及完成期限等内容。</td></tr>
</table>

（续）

任务名称	执行程序、工作标准与考核指标
策划并运营环境管理体系	**执行程序** 1. 制订体系建立计划 环境推进小组根据所掌握的内外部环境资料制订体系建立计划。 2. 运行环境管理体系 ☆管理者代表召开企业环境管理体系运行说明会，宣布环境管理体系正式运行，强调任何人不得干扰或阻挠环境管理体系的运行。 ☆环境推进小组开始运行环境管理体系。 工作重点 组织生产人员学习环境管理体系文件的相关规定。 **工作标准** 体系建立计划包括环境管理方针、环境管理目标、环境管理方案的制定，环境管理体系构架、组织机构与职责的确定等内容。
评审并改进环境管理体系	**执行程序** 1. 培训内审员 环境推进小组在企业内部挑选合适的人员作为内审员，由其负责环境管理体系的监督、落实工作，同时要对其进行培训。 2. 进行内部审核 ☆管理者代表编制环境管理体系的内审工作计划，由环境推进小组负责具体的执行工作。 ☆环境推进小组要对环境管理体系的运行情况进行评审。 ☆若在评审过程中发现问题，环境推进小组应及时责令相关部门限期整改。 3. 进行管理评审 内部审核工作完成后，由总经理（或管理者代表）组织进行管理评审。 工作重点 环境推进小组要从可行性、有效性和充分性三个方面对环境管理体系的运行情况进行评审。 **工作标准** 评审内容包括环境方针的执行情况、环境指标的完成情况、环境管理体系的实施效果、纠正与预防措施的实施效果、内部审核结果、其他方面的环境变化。
执行规范	
“环境管理体系文件”“企业体系文件管理办法”。	

8.3.3 企业环境保护合规管理流程设计与工作执行

8.3.3.1 企业环境保护合规管理流程设计

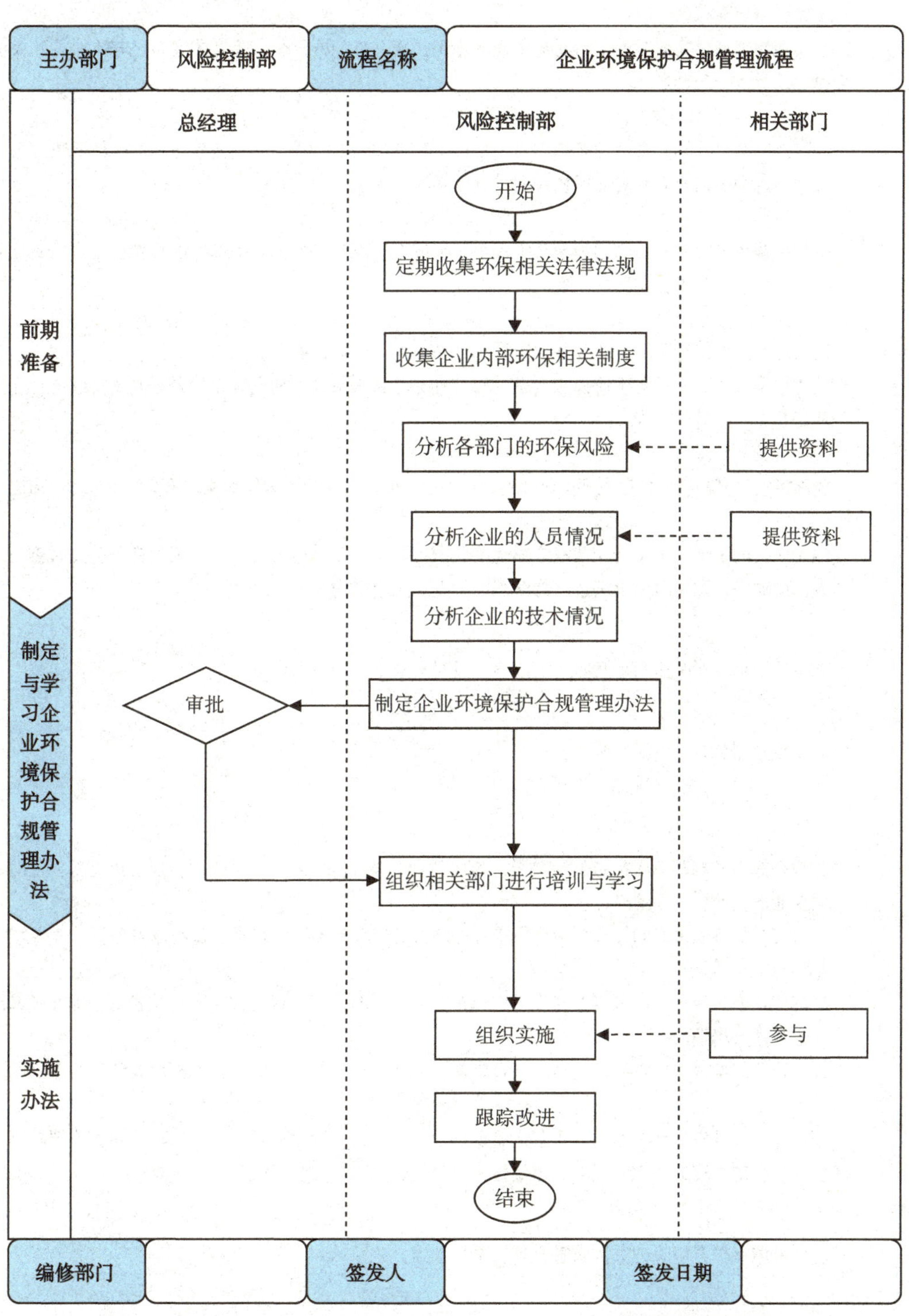

8.3.3.2 企业环境保护合规管理执行程序、工作标准、考核指标、执行规范

任务名称	执行程序、工作标准与考核指标
前期准备	**执行程序** 1. 定期收集环保相关法律法规 风险控制部通过官方对外窗口时刻关注环境保护相关部门的情况，注意收集各类与本企业相关的法律法规及政策的动态。 2. 收集企业内部环保相关制度 风险控制部要定期收集企业各部门与环境保护相关的制度文件，并根据各部门的具体职责和日常运行情况，判断是否需要对环保相关制度进行修改或优化。 3. 分析各部门的环保风险 风险控制部要对企业各部门涉及环境保护的情况与国家相关环境保护部门的最新规定进行对比研究，分析各部门是否存在环保风险。 4. 分析企业的人员情况 ☆风险控制部要统计分析企业各部门涉及环保内容的人员的相关信息。 ☆关注这类人员主要是为了明确企业是否需要补充相关人员，判断现有人员是否具备持续进行企业环保相关工作的能力等。 5. 分析企业的技术情况 风险控制部要与有可能存在环保风险的部门沟通，明确是否会因为技术原因给企业带来环保风险。 工作重点 随着时代的发展，生态文明建设愈发重要，国家环保政策随时可能调整，风险控制部要时刻注意这方面的动态，以免因政策信息获取滞后而给企业造成损失。
	工作标准 风险控制部及时关注国家相关政策信息，及时排查企业的环保风险。
	考核指标 环境保护相关政策更新及时率：目标值为____%。
制定与学习企业环境保护合规管理办法	**执行程序** 1. 制定企业环境保护合规管理办法 ☆收集企业内外部环境保护各类情况后，为加强对企业环境保护的科学管理，风险控制部要及时制定企业环境保护合规管理办法。 ☆风险控制部将制定好的环境保护合规管理办法报总经理审批，经审批通过后方可进行后续事宜。 2. 组织相关部门进行培训与学习 ☆环境保护合规管理办法经审批通过后，风险控制部要联合人力资源部对环境保护管理的相关部门与人员进行培训。 ☆人力资源部考核培训效果，提高培训合格率，加强各部门与人员对环境保护合规管理的理解。 工作重点 环境保护合规管理是企业合规管理的重要内容，不仅是风险控制部，企业所有人员都需要提高对环境保护合规管理的认识，理解其重要性。
	工作标准 企业环境保护合规管理办法内容合理，可行性强。

（续）

任务名称	执行程序、工作标准与考核指标
实施办法	执行程序
	1. 组织实施 企业环境保护合规管理办法经审核通过并组织培训后，风险控制部联合安全质量环保部组织相关人员实施企业环境保护合规管理办法，排除企业环保风险，使企业的相关环保工作符合国家相关规定。 2. 跟踪改进 组织实施企业环境保护合规管理办法后，风险控制部要安排相关人员全程跟进，并重复企业内外部环保政策、制度的收集与研究工作，不断改进环境保护合规管理办法。 工作重点 企业环境保护合规管理是一个长期过程，企业需要随时留意国家相关政策，规避环保风险。
	工作标准
	通过实施环境保护合规管理办法，企业环境保护相关工作得到合规管理。
执行规范	
“企业环境保护合规管理制度”。	

8.3.4 企业节能减排管理流程设计与工作执行

8.3.4.1 企业节能减排管理流程设计

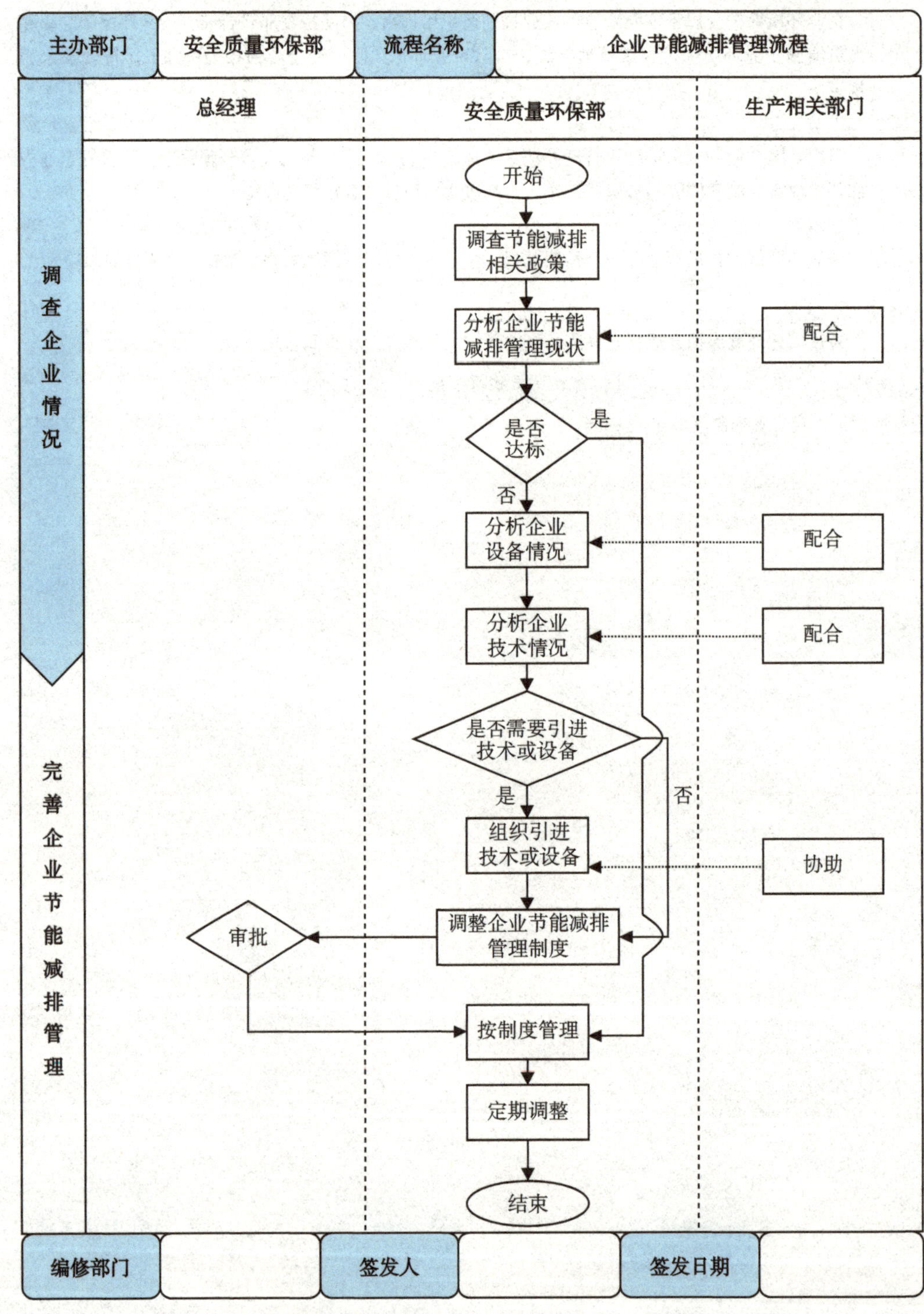

8.3.4.2 企业节能减排管理执行程序、工作标准、考核指标、执行规范

<table>
<tr><th>任务名称</th><th>执行程序、工作标准与考核指标</th></tr>
<tr><td rowspan="4">调查企业情况</td><td>执行程序</td></tr>
<tr><td>1. 调查节能减排相关政策
安全质量环保部通过官方对外窗口调查各类与节能减排相关的法律法规及政策的动态。
2. 分析企业节能减排管理现状
☆安全质量环保部根据国家相关规定判断企业节能减排管理是否达标。
☆若企业节能减排管理达到国家规定标准，则继续保持；若企业节能减排管理未达标，则需要做进一步调查。
3. 分析企业设备情况
若企业节能减排管理未达标，安全质量环保部则需要对企业各类节能减排相关设备进行调查，判断是否由于设备原因导致未达标。
4. 分析企业技术情况
若企业节能减排管理未达标，安全质量环保部则需要对企业与节能减排相关的技术进行调查，判断是否由于技术原因导致未达标。
工作重点
节能减排是环境保护、绿色生产中的重要一环，国家将责令节能减排未达标的企业进行整改或者对其减少各种政策支持，因此企业需要特别重视节能减排相关问题。</td></tr>
<tr><td>工作标准</td></tr>
<tr><td>通过调查相关政策与企业内部情况，弄清企业节能减排管理现状。</td></tr>
<tr><td rowspan="2">完善企业节能减排管理</td><td>执行程序</td></tr>
<tr><td>1. 是否需要引进技术或设备
☆若企业节能减排管理未达标，安全质量环保部则需要根据企业未达标的原因，判断是否需要引进相关技术或设备。
☆若未达标原因并非技术或设备原因，则需要对企业节能减排相关制度进行调整；若确实是因技术或设备原因导致未达标，则需要组织相关部门或人员引进相关技术或设备。
2. 调整企业节能减排管理制度
☆无论是不是技术或设备原因导致企业节能减排管理未达标，安全质量环保部都需要对现有节能减排管理制度进行调整。
☆若不需要引进新技术或设备，则说明现有制度有重大缺陷，需要对其进行调整；若引进了新技术或设备，则需要根据新技术或设备的特点调整节能减排管理制度。
☆安全质量环保部将调整后的节能减排管理制度报总经理审批。
3. 按制度管理
☆调整后的节能减排管理制度经审批通过后，安全质量环保部将制度落实到具体工作中，尽快将企业节能减排工作控制在国家标准之内。
☆安全质量环保部要继续注意国家相关政策，当政策标准变化时，要及时、灵活地调整制度。
工作重点
节能减排管理是一个长期循环的过程，也是企业合规管理的重要组成部分，需要企业高度重视。</td></tr>
</table>

（续）

任务名称	执行程序、工作标准与考核指标
完善企业节能减排管理	工作标准
	☆节能减排管理制度内容合理，切实可行。 ☆通过引进技术或设备调整政策，使企业节能减排管理达到国家相关标准。
	考核指标
	☆节能减排管理制度的一次性通过率：目标值为____%。 ☆节能减排管理制度调整的完成时间：应在____个工作日内完成调整。
执行规范	
“企业节能减排管理制度”。	

8.4 HSE 管理

8.4.1 HSE 管理流程设计

8.4.1.1 流程设计的目的

企业进行健康、安全和环境（简称 HSE）管理流程设计的目的如下。

（1）规范企业作业环境管理工作的开展程序，为员工营造一个良好的工作环境。

（2）加强环境保护工作，规范环保工作的开展流程。

8.4.1.2 流程结构设计

企业流程管理人员可采取并列式结构设计 HSE 管理流程，其具体结构如图 8-4 所示。

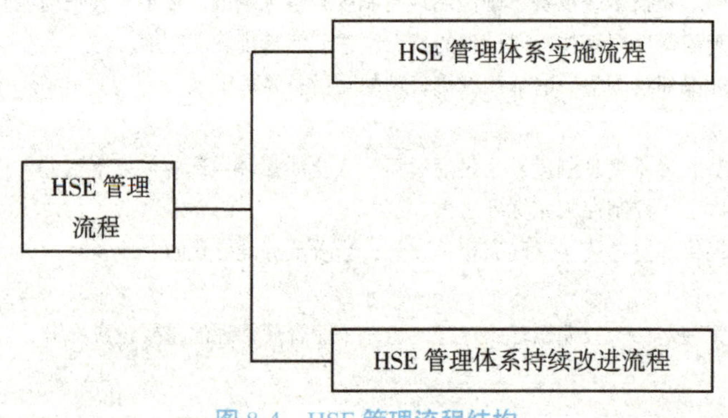

图 8-4　HSE 管理流程结构

8.4.2 HSE 管理体系实施流程设计与工作执行

8.4.2.1 HSE 管理体系实施流程设计

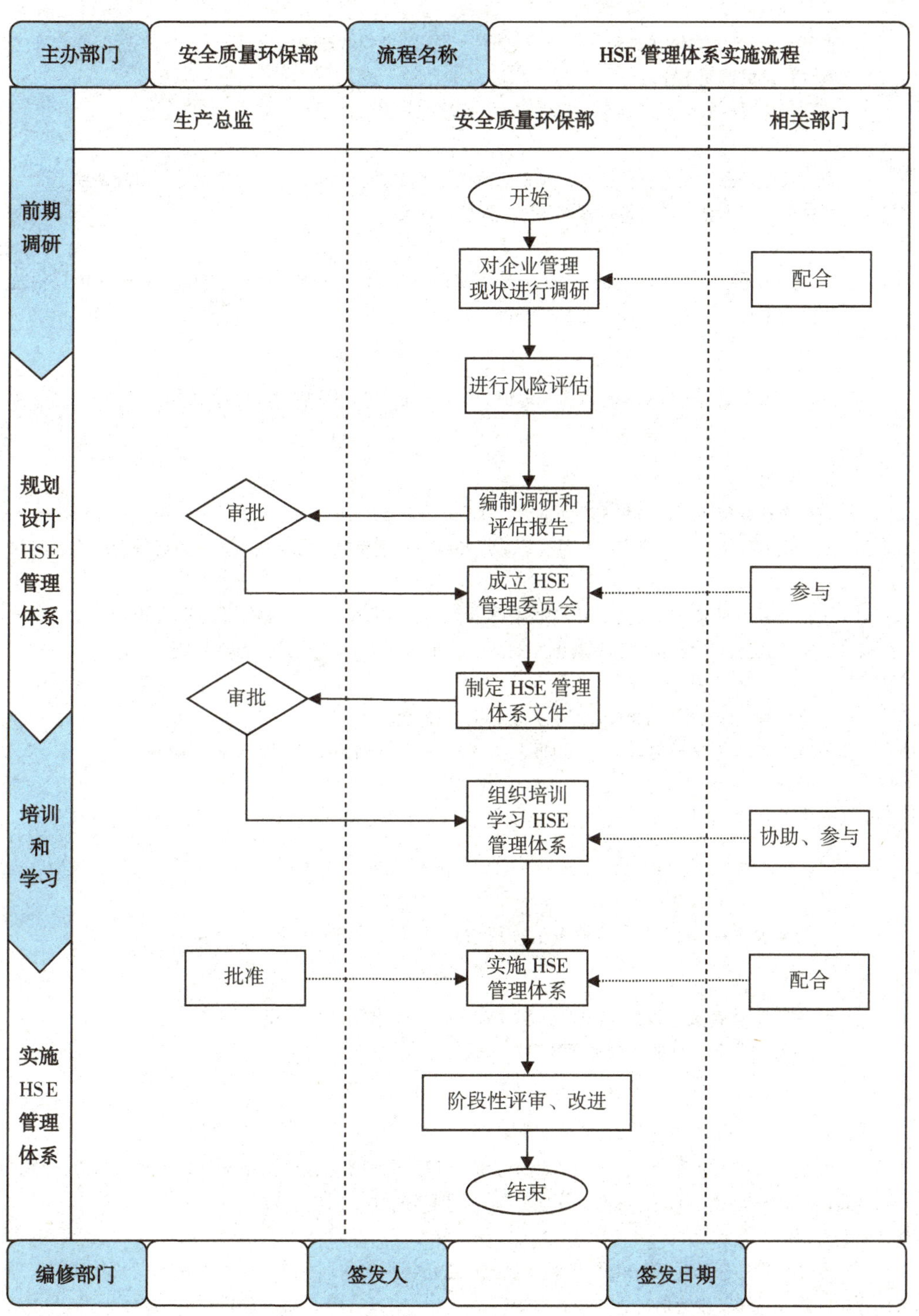

8.4.2.2 HSE管理体系实施执行程序、工作标准、考核指标、执行规范

任务名称	执行程序、工作标准与考核指标
前期调研	**执行程序**
	1. 对企业管理现状进行调研 ☆在建立HSE管理体系之前，安全质量环保部要对企业管理现状进行调研，相关部门配合安全质量环保部的调研工作。 ☆调研的主要内容包括影响企业安全生产、环境保护及健康卫生的各方面情况。 2. 进行风险评估 ☆安全质量环保部根据调研结果，对企业存在的事故隐患、职业危害等情况进行风险评估。 ☆相关部门要配合安全质量环保部的风险评估工作。 工作重点 风险评估是建立和实施HSE管理体系的基础，但这不是在体系建立之初进行一次风险评估就一劳永逸的事情，而是一个动态的管理过程。
	工作标准
	通过进行企业管理现状调研和风险评估，做好建立HSE管理体系的准备工作。
规划设计HSE管理体系	**执行程序**
	1. 编制调研和评估报告 ☆完成企业管理现状调研和风险评估后，安全质量环保部应及时编制调研报告和风险评估报告。 ☆安全质量环保部将调研报告和风险评估报告报总经理审批，经审批通过后方可进行后续工作。 2. 成立HSE管理委员会 ☆安全质量环保部组织成立HSE管理委员会，以便后期对HSE管理体系的实施进行管理。 ☆ HSE管理委员会成员要尽量囊括相关部门的专业人才，同时可聘请外部专家参与。 3. 制定HSE管理体系文件 ☆安全质量环保部配合HSE管理委员会制定HSE管理体系文件。 ☆ HSE管理体系文件包括HSE管理制度、HSE管理计划、HSE管理实施方案等。 工作重点 制定HSE管理体系文件时，要充分考虑企业的人员、设备、财务等状况，使制度内容合理、计划切实可行。
	工作标准
	HSE管理体系文件的制定参照企业关于制度、计划等文案的编写标准。
	考核指标
	☆ HSE管理体系文件编制的完成时间：应在____个工作日之内完成。 ☆ HSE管理体系文件的一次性通过率：目标值为____%。
培训和学习	**执行程序**
	组织培训学习HSE管理体系 安全质量环保部配合人力资源部组织相关管理人员和相关岗位员工学习HSE管理体系文件，使其认识和明确相关制度、标准、管理流程，培训结束后要组织考核。 工作重点 安全质量环保部要对HSE管理委员会成员进行特别培训，主要培训其对HSE管理体系的管理认识，确保后续管理流程畅通。

（续）

任务名称	执行程序、工作标准与考核指标
培训和学习	工作标准
	培训内容合理，强度控制得当，培训效果达成预期目标。
实施HSE管理体系	执行程序
	1. 实施 HSE 管理体系 ☆培训工作完成后，安全质量环保部配合 HSE 管理委员会发布实施程序。 ☆安全质量环保部和相关部门按实施程序，组织开展日常的 HSE 管理活动。 2. 阶段性评审、改进 安全质量环保部与 HSE 管理委员会组织各相关部门建立 HSE 管理体系运行保障机制，定期开展评审、改进工作，保证 HSE 管理体系按计划运行。 工作重点 在 HSE 管理体系运行一段时期后，安全质量环保部需对 HSE 管理体系进行评审，及时调整现实与目标不相符、不适应的部分，以达到持续改进、不断提高的目的。
	工作标准
	通过阶段性的评审、改进，调整 HSE 管理体系实施过程中不合理的地方。
执行规范	
“HSE 管理体系构建方案”。	

8.4.3 HSE 管理体系持续改进流程设计与工作执行

8.4.3.1 HSE 管理体系持续改进流程设计

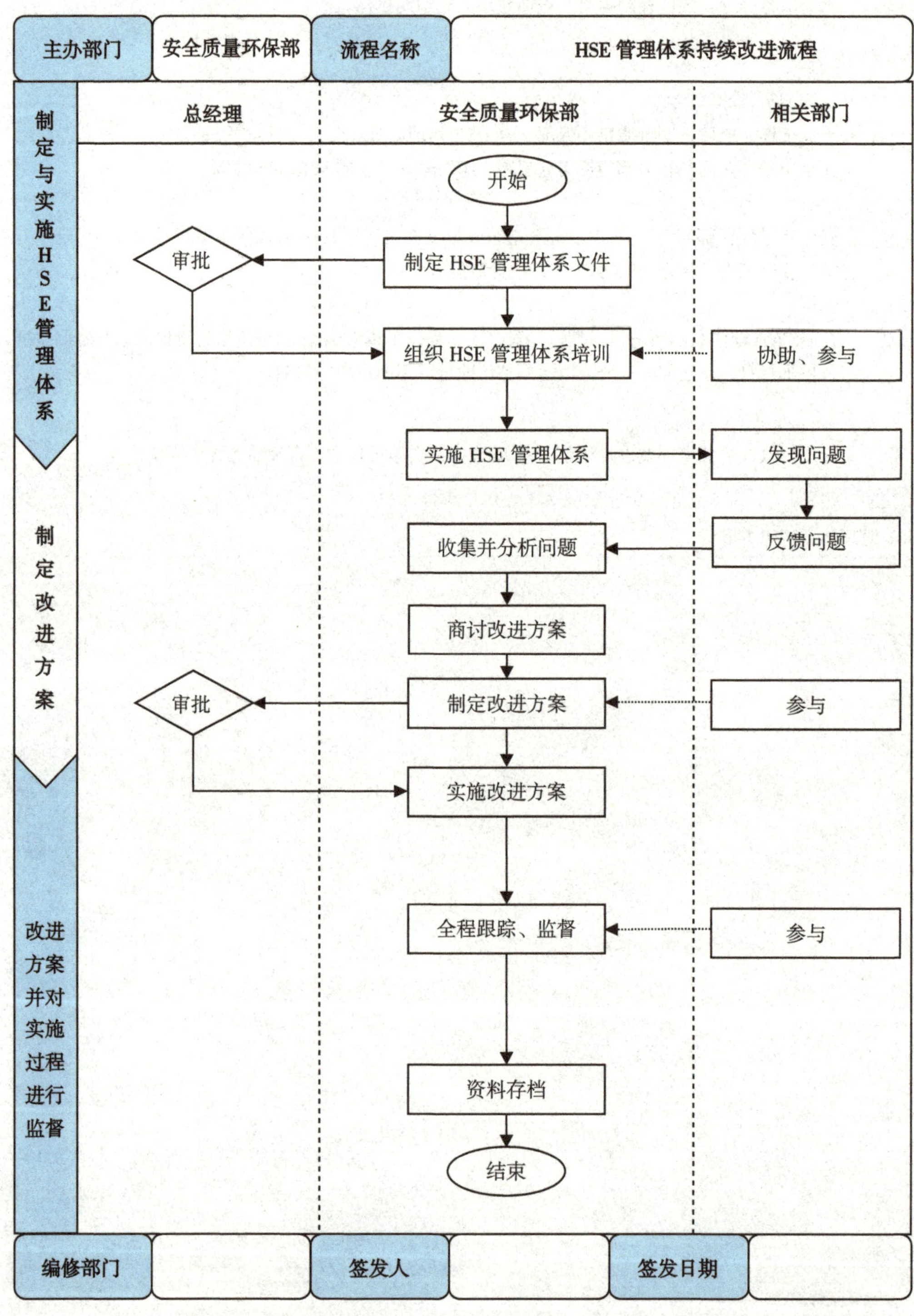

8.4.3.2 HSE 管理体系持续改进执行程序、工作标准、考核指标、执行规范

<table>
<tr><th>任务名称</th><th>执行程序、工作标准与考核指标</th></tr>
<tr><td rowspan="6">制定与实施HSE管理体系</td><td>执行程序</td></tr>
<tr><td>1. 制定 HSE 管理体系文件
☆安全质量环保部配合 HSE 管理委员会制定 HSE 管理体系文件。
☆ HSE 管理体系文件的内容包括 HSE 管理制度、HSE 管理计划、HSE 管理实施方案等。
☆安全质量环保部相关人员将 HSE 管理体系文件报总经理审批，直至通过。
2. 组织 HSE 管理体系培训
☆安全质量环保部配合人力资源部组织相关管理人员和相关岗位员工进行 HSE 管理体系培训，使其明确相关制度、标准、管理流程。
☆培训结束后要组织考核，确保参与培训的人员切实掌握 HSE 管理体系的相关内容。
3. 实施 HSE 管理体系
☆培训结束后，安全质量环保部配合 HSE 管理委员会发布实施程序。
☆安全质量环保部和相关部门按照实施程序，组织开展日常的 HSE 管理活动。
工作重点
HSE 管理体系正式实施后，HSE 管理委员会要全程跟进，与 HSE 管理体系涉及的相关人员密切沟通，及时发现并排除问题。</td></tr>
<tr><td>工作标准</td></tr>
<tr><td>HSE 管理体系得以建立并正式运行。</td></tr>
<tr><td>考核指标</td></tr>
<tr><td>☆ HSE 管理体系文件编制的完成时间：应在____个工作日内完成。
☆ HSE 管理体系文件的一次性通过率：目标值为____%。</td></tr>
<tr><td rowspan="2">制定改进方案</td><td>执行程序</td></tr>
<tr><td>1. 发现问题
☆在 HSE 管理体系的具体实施过程中，各相关部门发现一些与实际情况不相符合或特殊的情况。
☆相关人员收集、整理发现的问题，并及时将问题反馈给安全质量环保部。
2. 收集并分析问题
☆安全质量环保部收到各相关部门反馈的问题后，着手展开调查，寻求解决对策。
☆安全质量环保部与遇到问题的具体部门或人员深入交流，尽量调查清楚问题发生的原因。
3. 商讨改进方案
将问题发生的原因调查清楚后，安全质量环保部召集相关人员寻找解决方法，准备对 HSE 管理体系进行改进。
4. 制定改进方案
☆安全质量环保部将改进措施撰写成文，制定 HSE 管理体系运行改进方案。
☆安全质量环保部将 HSB 管理体系运行改进方案报总经理审批，并根据其指导意见进行修改，直至通过审批。
工作重点
制定 HSB 管理体系运行改进方案时，安全质量环保部要对企业内部情况进行深入调查，确保体系运行符合企业实际情况，以免后期再次出现类似问题。</td></tr>
</table>

（续）

<table>
<tr><th>任务名称</th><th>执行程序、工作标准与考核指标</th></tr>
<tr><td rowspan="2">制定改进方案</td><td>工作标准</td></tr>
<tr><td>HSB 管理体系运行改进方案内容合理，改进措施切实可行。</td></tr>
<tr><td rowspan="4">实施改进方案并对实施过程进行监督</td><td>执行程序</td></tr>
<tr><td>1. 实施改进方案
HSE 管理体系运行改进方案经审批通过后，安全质量环保部组织相关人员实施改进方案。
2. 全程跟踪、监督
在改进方案的实施过程中，安全质量环保部继续进行全程跟进，及时发现问题、解决问题。
工作重点
安全质量环保部密切注意 HSE 管理体系的具体运行情况，即使没有出现问题，也要时刻根据形势判断有无改进需要。</td></tr>
<tr><td>工作标准</td></tr>
<tr><td>通过实施改进方案，有效解决 HSE 管理体系运行过程中出现的各种问题。</td></tr>
<tr><td colspan="2">执行规范</td></tr>
<tr><td colspan="2">“HSE 管理体系培训方案”。</td></tr>
</table>

8.5 生产安全及环保事故处理

8.5.1 生产安全及环保事故处理流程设计

8.5.1.1 流程设计的目的

企业进行生产安全及环保事故处理流程设计的目的如下。

（1）规范生产安全事故的报告和调查处理工作，进一步落实生产安全事故责任制度，防止或减少生产安全事故的发生。

（2）规范环保事故调查和处理程序，确保将事故的影响和危害程度降到最低。

8.5.1.2 流程结构设计

企业流程管理人员可采取并列式结构设计生产安全及环保事故处理流程，其具体结构如图 8-5 所示。

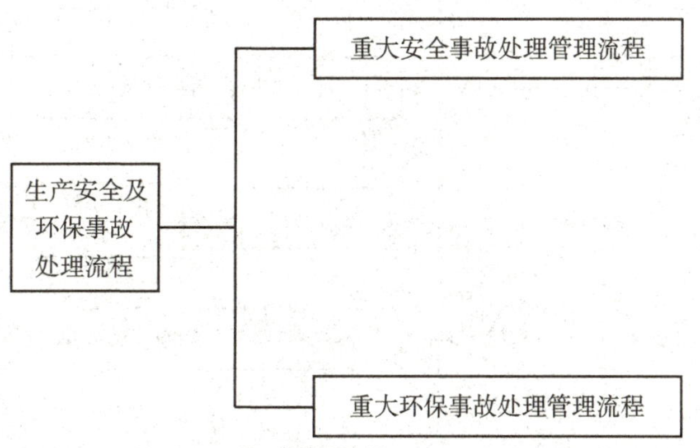

图 8-5 生产安全及环保事故处理流程结构

8.5.2 重大安全事故处理管理流程设计与工作执行

8.5.2.1 重大安全事故处理管理流程设计

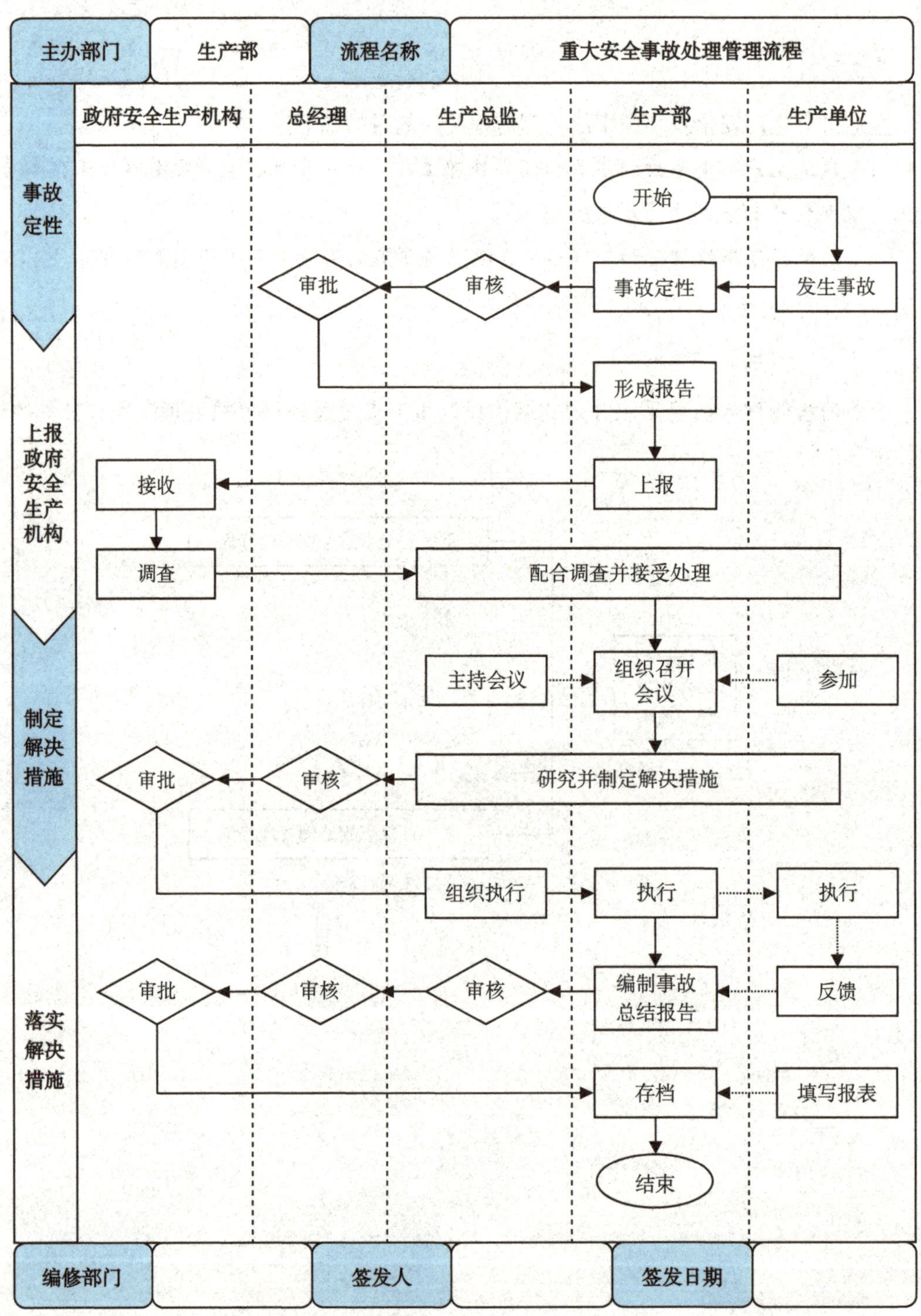

8.5.2.2 重大安全事故处理管理执行程序、工作标准、考核指标、执行规范

<table>
<tr><th>任务名称</th><th>执行程序、工作标准与考核指标</th></tr>
<tr><td rowspan="4">事故定性</td><td>执行程序</td></tr>
<tr><td>事故定性
生产部安全主管调查安全事故，根据实际情况对事故进行定性，并将事故定性结果提交生产总监审核、总经理审批。
工作重点
生产单位发生安全事故时，生产单位的安全员应保护好现场并在第一时间向生产部汇报。</td></tr>
<tr><td>工作标准</td></tr>
<tr><td>事故定性及时，相关负责人要在第一时间判定事故性质，以为事故的处理争取时间。</td></tr>
<tr><td rowspan="4">上报政府安全生产机构</td><td>执行程序</td></tr>
<tr><td>1. 形成报告
事故定性结果经审批通过后，生产部整理事故的起因、经过、结果，并编写事故报告。
2. 上报
生产部将事故报告上报政府安全生产机构，做好接受事故调查的准备。
3. 配合调查并接受处理
生产总监、生产部、发生事故的生产单位配合政府安全生产机构的调查，为其提供事故相关资料。
工作重点
生产总监、生产部、发生事故的生产单位配合政府安全生产机构的调查，必要时总经理也应配合调查，提供相关资料。</td></tr>
<tr><td>工作标准</td></tr>
<tr><td>对事故发生前设备的性能和保养维修情况、工作环境、员工防护措施等进行全面、真实的汇报。</td></tr>
<tr><td rowspan="6">制定解决措施</td><td>执行程序</td></tr>
<tr><td>1. 组织召开会议
☆生产部组织召开安委会临时会议，与政府安全生产机构同步研究事故情况。
☆生产总监主持会议，发生事故的生产单位派相关人员参加。
2. 研究并制定解决措施
生产部、生产总监、发生事故的生产单位共同商讨确定安全事故处理结果，对事故责任者做出处理，研究并制定整改防范措施，然后将其提交总经理审核、政府安全生产机构审批。
工作重点
生产总监在临时会议上通报政府安全生产机构关于事故的调查结果及处理报告。</td></tr>
<tr><td>工作标准</td></tr>
<tr><td>根据企业相关安全生产管理制度商讨安全事故处理结果，对事故责任者做出适当的处理，并制定整改防范措施。</td></tr>
<tr><td>考核指标</td></tr>
<tr><td>安全隐患整改率：目标值为____%。其计算公式如下。
$$\text{安全隐患整改率}=\frac{\text{企业整改完成的隐患数}}{\text{应该整改完成的隐患数}}\times 100\%$$</td></tr>
</table>

（续）

<table>
<tr><th>任务名称</th><th>执行程序、工作标准与考核指标</th></tr>
<tr><td rowspan="4">落实解决措施</td><td>执行程序</td></tr>
<tr><td>1. 执行
事故解决措施经审批通过后，生产总监组织生产部和发生事故的生产单位执行事故解决措施。
2. 编制事故总结报告
生产部根据发生事故的生产单位提交的执行反馈情况编制事故总结报告，经生产总监、总经理审核通过后，报政府安全生产机构审批。
工作重点
及时编写并提交事故总结报告。</td></tr>
<tr><td>工作标准</td></tr>
<tr><td>事故总结报告规范，内容结构清晰，无重大纰漏。</td></tr>
<tr><td colspan="2">执行规范</td></tr>
<tr><td colspan="2">“事故总结报告”“事故处理办法”。</td></tr>
</table>

8.5.3 重大环保事故处理管理流程设计与工作执行

8.5.3.1 重大环保事故处理管理流程设计

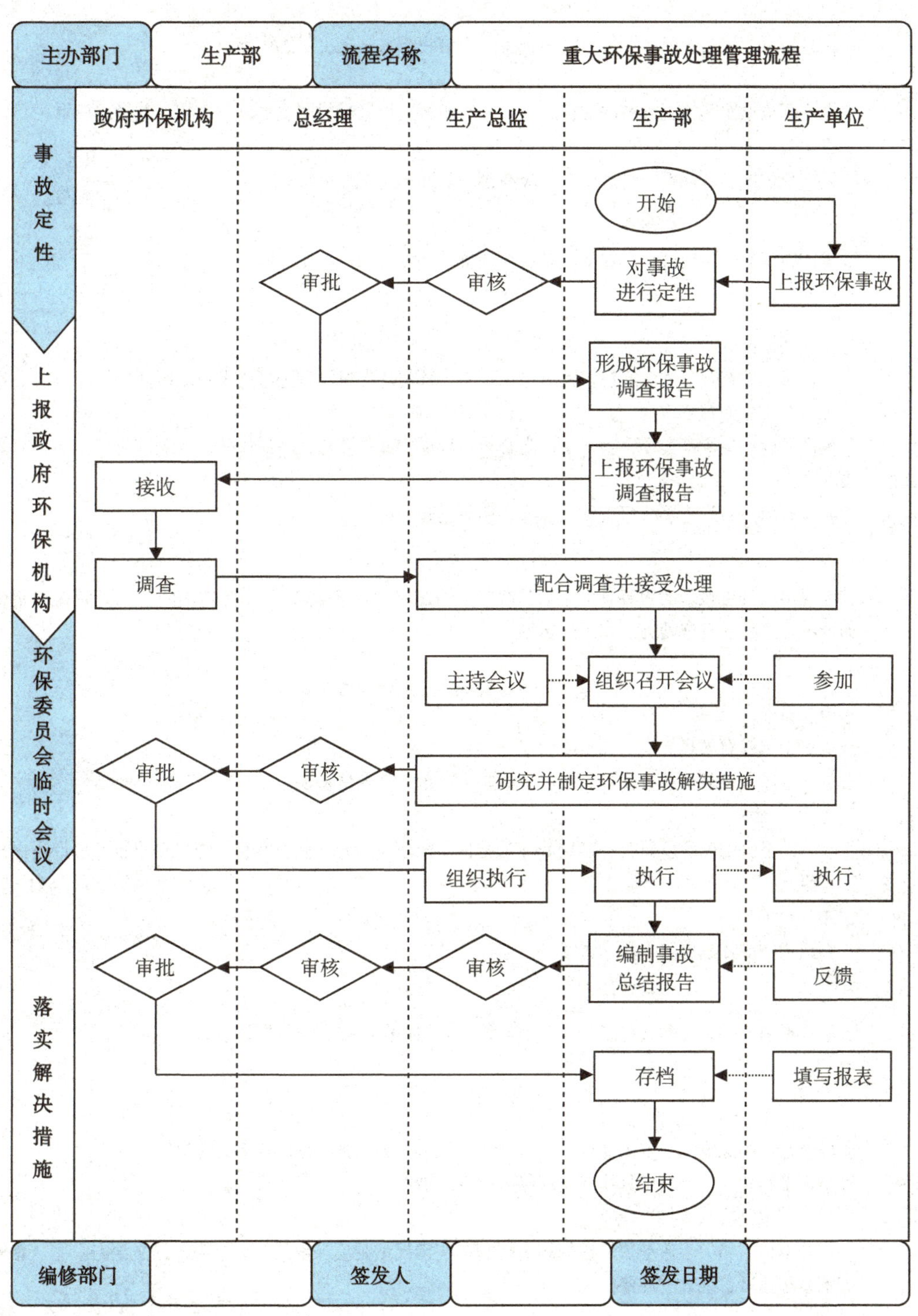

8.5.3.2 重大环保事故处理管理执行程序、工作标准、考核指标、执行规范

<table>
<tr><th>任务名称</th><th>执行程序、工作标准与考核指标</th></tr>
<tr><td rowspan="4">事故定性</td><td>执行程序</td></tr>
<tr><td>1. 上报环保事故
在日常生产过程中发生环保事故后，生产单位将事故情况上报生产部。
2. 对事故进行定性
生产部根据实际情况对事故进行定性，并将事故定性结果提交生产总监审核、总经理审批。
工作重点
生产单位发生环保事故时，安全员应在第一时间向生产部汇报。</td></tr>
<tr><td>工作标准</td></tr>
<tr><td>生产单位及时采取措施，尽力控制事故的进一步发展。</td></tr>
<tr><td rowspan="4">上报政府环保机构</td><td>执行程序</td></tr>
<tr><td>1. 上报环保事故调查报告
环保事故调查报告经总经理审批通过后，生产部将环保事故调查报告上报政府环保机构。
2. 配合调查并接受处理
生产总监、生产部、相关生产单位配合政府环保机构的调查，并提供事故相关资料。
工作重点
确保在第一时间将事故报告相关领导，不得隐瞒或拖延。</td></tr>
<tr><td>工作标准</td></tr>
<tr><td>环保事故调查报告的内容具体包括事故发生的过程、现场状况、人员伤亡情况、厂房设施设备受损情况、事故的发展动态、原因分析等。</td></tr>
<tr><td rowspan="4">环保委员会临时会议</td><td>执行程序</td></tr>
<tr><td>1. 组织召开会议
☆生产部组织召开环保委员会临时会议。
☆生产总监主持环保委员会临时会议，相关生产单位派人员参加。
2. 研究并制定环保事故解决措施
环保委员会临时会议研究并制定具体的环保事故解决措施，并将其提交总经理审批、政府环保机构审批。
工作重点
会议通知应议题突出、要求清晰。</td></tr>
<tr><td>工作标准</td></tr>
<tr><td>会议组织规范，会前做好准备、会中做好记录与纪律维持、会后做好总结。</td></tr>
<tr><td rowspan="2">落实解决措施</td><td>执行程序</td></tr>
<tr><td>1. 执行
☆环保事故解决措施经审批通过后，生产总监组织相关人员执行环保事故解决措施。
☆生产部和相关生产单位具体落实环保事故解决措施。
2. 编制事故总结报告
生产部根据相关生产单位反馈的解决措施落实情况编制环保事故总结报告，提交生产总监、总经理审核通过后，报政府环保机构审批。</td></tr>
</table>

（续）

任务名称	执行程序、工作标准与考核指标
落实解决措施	工作重点 事故发生单位和生产部如实填写环保生产月报表。
	工作标准
	总结报告规范，内容完整、清晰，总结深刻，具有指导意义。
	考核指标
	☆事故解决措施的执行率：目标值为____%。 ☆报告总结的及时率：目标值为____%。
执行规范	
“企业环保生产管理制度”“环保事故调查报告”。	

第9章 生产服务过程

9.1 仓储管理

9.1.1 仓储管理流程设计

9.1.1.1 流程设计的目的

企业进行仓储管理流程设计的目的如下。

（1）规范生产物资出入库和在库保管工作，保证既不产生呆滞物资，也无需囤料。

（2）加强物资库存量控制工作，减少库存物资占用的资金。

9.1.1.2 流程结构设计

企业管理流程设计人员可采取“进—领—用（出）—管”的结构设计仓储管理流程，其具体结构如图9-1所示。

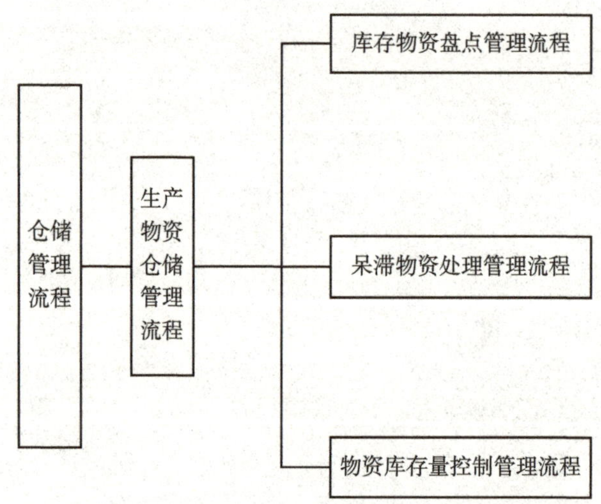

图9-1 仓储管理流程结构

9.1.2 生产物资仓储管理流程设计与工作执行

9.1.2.1 生产物资仓储管理流程设计

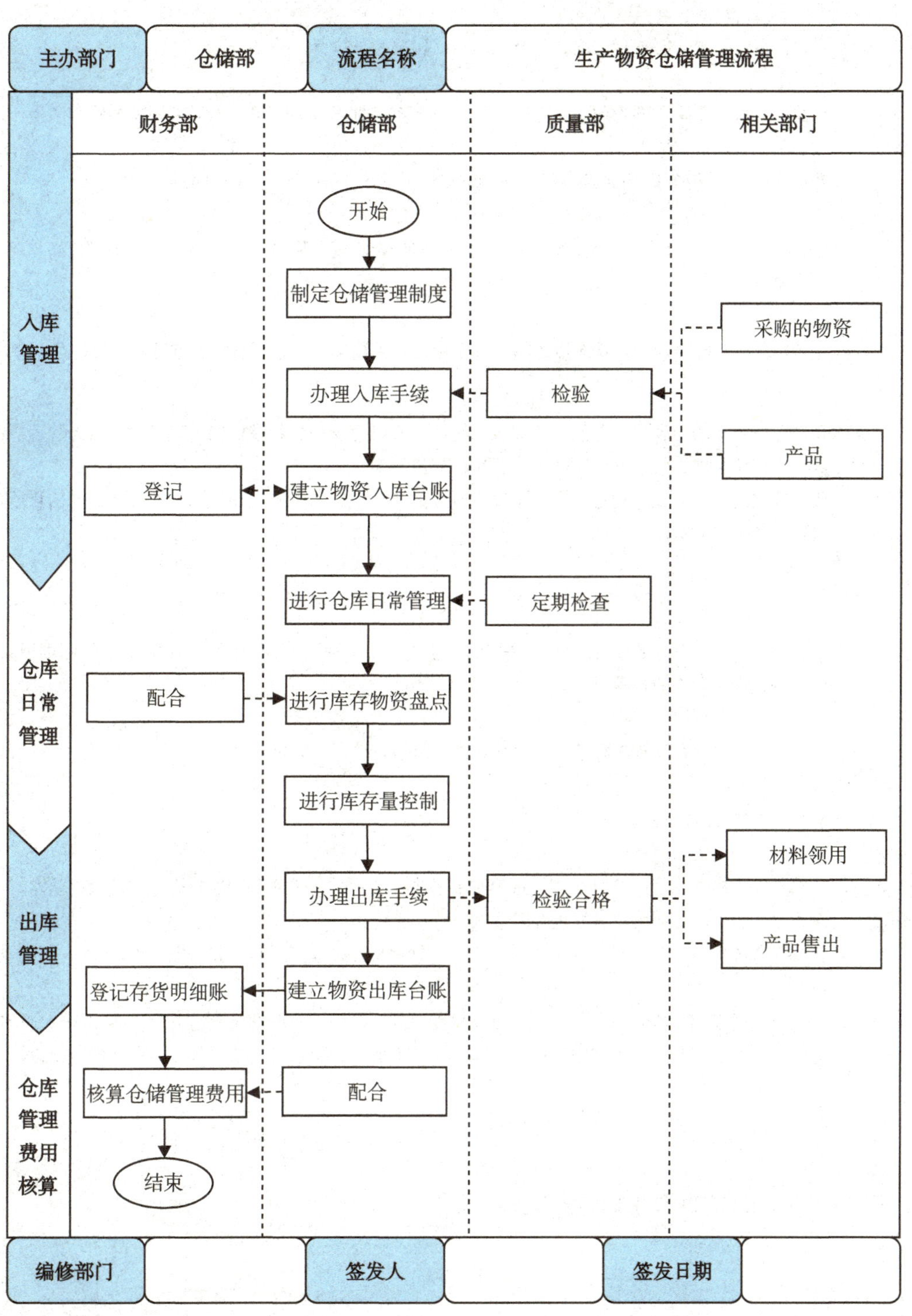

第9章 生产服务过程

9.1.2.2 生产物资仓储管理执行程序、工作标准、考核指标、执行规范

<table>
<tr><th>任务名称</th><th>执行程序、工作标准与考核指标</th></tr>
<tr><td rowspan="4">入库管理</td><td>执行程序</td></tr>
<tr><td>1. 制定仓储管理制度
仓储部负责制定仓储管理制度，并组织本部门相关人员执行。
2. 办理入库手续
☆仓储部为采购部采购的物料、各生产单位生产的产品办理入库手续，然后将采购的物资和生产成品安排在合适的位置。
☆质量部负责对采购部采购的物料和各单位生产的产品进行检验，检验合格后出具检验单。
3. 建立物资入库台账
仓储部对所有入库的物资建立物资入库台账，然后将物资入库台账报给财务部，由财务部登记入库物资明细账。
工作重点
仓储部应严格按照仓储管理制度办理入库手续，对手续不齐全或不合格的产品，一律拒绝入库。</td></tr>
<tr><td>工作标准</td></tr>
<tr><td>☆仓储管理制度的内容主要包括物资验收管理、物资入库管理、物资储存管理、物资盘点管理、物资库存控制管理、物资出库管理和物资运输配送管理。
☆入库管理的目标是入库操作符合物资管理制度的相关规定，物资入库快速、准确，入库信息处理快速、准确、完整。</td></tr>
<tr><td rowspan="4">仓库日常管理</td><td>执行程序</td></tr>
<tr><td>1. 进行仓库日常管理
☆仓储部负责安排专人做好仓库的5S管理工作，针对各物资实行定点、定位存放，并标明标识。
☆质量部负责对仓库的日常管理状况进行定期检查。
2. 进行库存物资盘点
仓储部定期对库存物资进行盘点，并对盘点结果进行分析、处理。
3. 进行库存量控制
仓储部负责做好库存量控制工作。
工作重点
☆仓储部应严格按照仓库管理的相关规定和要求进行仓库的日常管理，做好仓库的防火、防水、防潮、防盗等工作，避免物资发生存贮损失。
☆仓储部对物资进行盘点时，务必做到账、卡、物相符，在盘点过程中发现问题时须及时采取补救措施。
☆进行库存量控制工作时，仓储部须时刻注意库存的库存量，当库存量超过安全库存水平时，应向有关部门发出预警；当生产用物料低于安全库存水平时，须及时通知采购部补充生产用物料。</td></tr>
<tr><td>工作标准</td></tr>
<tr><td>☆库存量控制工作的目标是使库存保持在合理范围内，既能保障生产，又能最大限度地降低库存水平。
☆定期对仓库的日常管理工作进行检查。</td></tr>
</table>

（续）

任务名称	执行程序、工作标准与考核指标
仓库日常管理	考核指标
	☆仓库盘点准确率。其计算公式如下。 $$仓库盘点准确率=\frac{仓库盘点准确次数}{仓库盘点总次数}\times 100\%$$ ☆仓库盘点处理及时率：在规定时间内完成仓库盘点工作，目标值为____%。
出库管理	执行程序
	1. 办理出库手续 ☆领用生产用物资：首先由各生产单位报相关管理人员签署领料单，然后将领料单交给仓储部，最后由仓储部对照物资定额标准审核领料单，确定无问题后办理物资出库手续。 ☆产品出库：首先由销售部经理在产品出库单上签字，然后由仓储部审核产品出库单，确定无误后，迅速查找产品并办理产品出库手续。 2. 建立物资出库台账 仓储部将物资出库手续报给财务部，由财务部建立物资出库台账。 工作重点 仓储部须严格按照仓储管理制度办理物资出库手续，同时，对于在出库检验中出现问题的材料与产品，严格禁止出库。
	工作标准
	出库管理工作以仓储管理制度为依据。
仓库管理费用核算	执行程序
	核算仓储管理费用 财务部核算仓储管理费用，然后将其反馈给仓储部。 工作重点 财务部须仔细核算仓储管理费用，避免因出现错误而影响仓储部仓储管理费用指标的完成。
	工作标准
	降低仓库管理成本，提高仓库的利用率。
执行规范	
“仓储管理制度”“物资入库台账”“企业盘点制度”“财务管理制度”“仓库操作规范与实施细则”“仓储储位规划”。	

9.1.3 库存物资盘点管理流程设计与工作执行

9.1.3.1 库存物资盘点管理流程设计

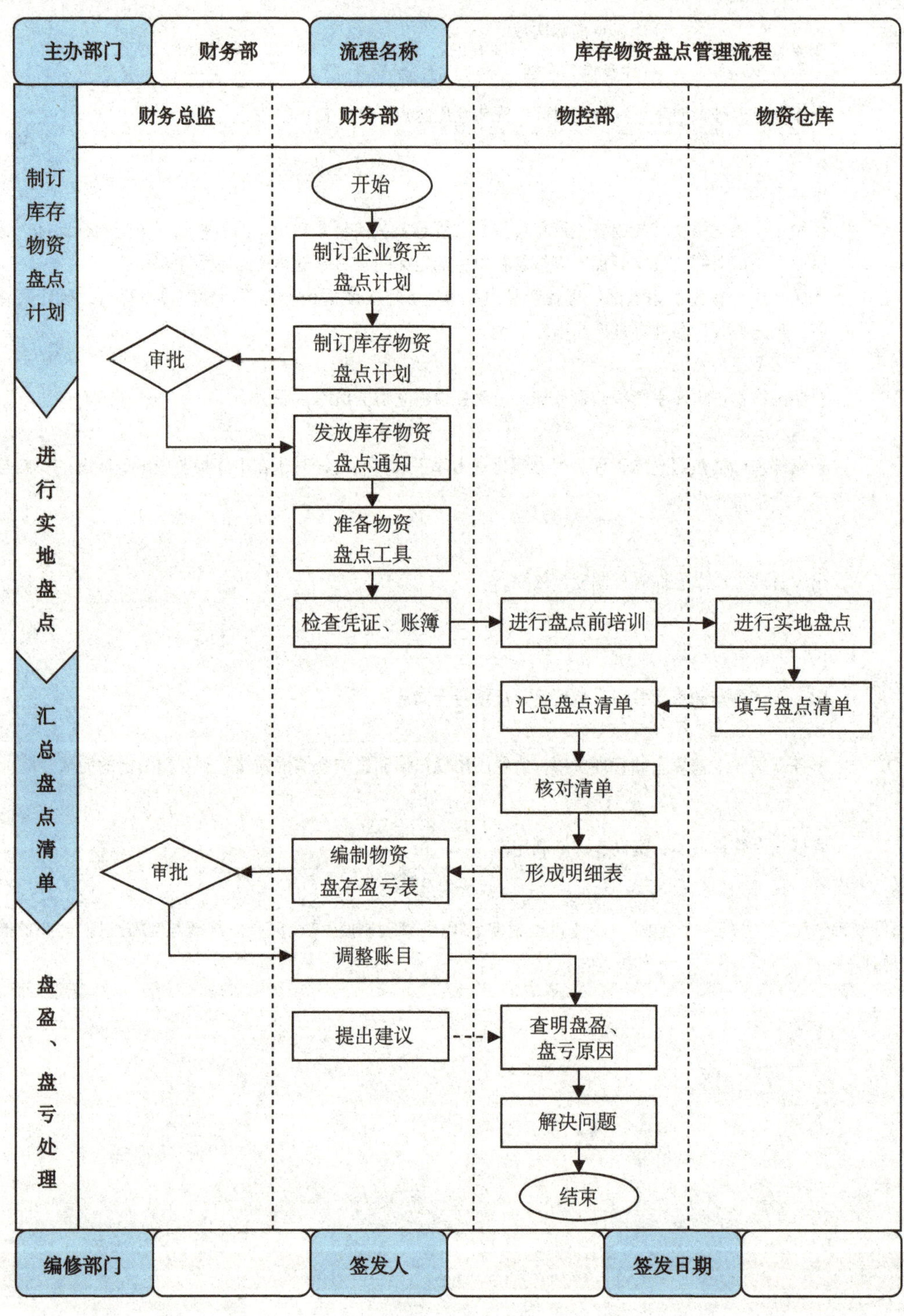

9.1.3.2 库存物资盘点管理执行程序、工作标准、考核指标、执行规范

任务名称	执行程序、工作标准与考核指标
制订库存物资盘点计划	**执行程序** 制订库存物资盘点计划 财务部首先根据本部门的工作安排制订企业资产盘点计划，然后根据企业资产盘点计划制订库存物资盘点计划，最后将库存物资盘点计划上报财务总监审批。 工作重点 财务部制订的库存物资盘点计划应具有可操作性，要立足于实际，便于后期实施和操作。 **工作标准** 库存物资盘点计划须全面、清晰、便于执行、无重大遗漏。 **考核指标** 仓库物资盘点计划制订及时率：在规定时间内完成库存物资盘点计划的制订，目标值为____%。
进行实地盘点	**执行程序** 1. 准备物资盘点工具 财务部撰写库存物资盘点通知并将其交行政部张贴公布，然后准备物资盘点工具。 2. 进行实地盘点 物控部组织盘点人员进行盘点前的培训，然后由盘点人员进行实地盘点。 工作重点 ☆仓储部在实地盘点时要细致、耐心，严格遵守盘点操作规范，如实填写盘点卡。 ☆进行实地盘点时，仓储部须正确运用物料盘点工具，确定物料的库存数量，纠正账物不符现象，避免因账面错误而影响正常生产。 **工作标准** ☆实地盘点工作主要以仓库物资盘点计划为依据。 ☆库存物资的盘点工作应在____个工作日内完成。 **考核指标** ☆库存物资盘点准确率。其计算公式如下。 $库存物资盘点准确率=\frac{库存物资盘点准确次数}{库存物资盘点总次数}\times 100\%$ ☆库存物资盘点完成及时率：在规定时间内完成库存物资盘点工作，目标值为____%。
汇总盘点清单	**执行程序** 汇总盘点清单 ☆物控部盘点人员负责填写盘点清单，按顺序核对库存物资的储位、品名、规格、数量，并将本卡第三联贴在受盘物资上，将第一、二联交给录入人员，由其将相关信息输入计算机。 ☆物控部负责收集并核对盘点清单与物资台账，核对无误后，进行盘点清单汇总，形成明细表，然后将其上报财务部。 工作重点 汇总盘点清单时须细心，对缺失和不符的地方务必予以记录，以便为后期的考核提供依据。

（续）

<table>
<tr><th>任务名称</th><th>执行程序、工作标准与考核指标</th></tr>
<tr><td rowspan="4">汇总盘点清单</td><td>工作标准</td></tr>
<tr><td>盘点清单汇总准确无误。</td></tr>
<tr><td>考核指标</td></tr>
<tr><td>☆盘点清单汇总的准确率。其计算公式如下。
$$盘点清单汇总的准确率=\frac{盘点清单汇总的准确数}{盘点清单汇总的总数}\times 100\%$$
☆汇总盘点清单及时率：在规定时间内完成盘点清单的汇总工作，目标值为____%。</td></tr>
<tr><td rowspan="4">盘盈、盘亏处理</td><td>执行程序</td></tr>
<tr><td>1. 查明盘盈、盘亏原因
财务部依据盘点结果调整账务，然后由物控部通过分析查明盘盈、盘亏的原因。
2. 解决问题
物控部根据盘盈、盘亏的原因解决相关问题。
工作重点
物控部须及时查明盘盈、盘亏的原因，以确保问题得以及时解决，减少企业的生产损失。</td></tr>
<tr><td>工作标准</td></tr>
<tr><td>迅速、有方向性地找出盘盈、盘亏的原因。</td></tr>
<tr><td colspan="2">执行规范</td></tr>
<tr><td colspan="2">“企业财务管理制度”“库存物资盘点计划”“盘点通知”“库存物资台账”“库存物资管理制度”。</td></tr>
</table>

9.1.4 呆滞物资处理管理流程设计与工作执行

9.1.4.1 呆滞物资处理管理流程设计

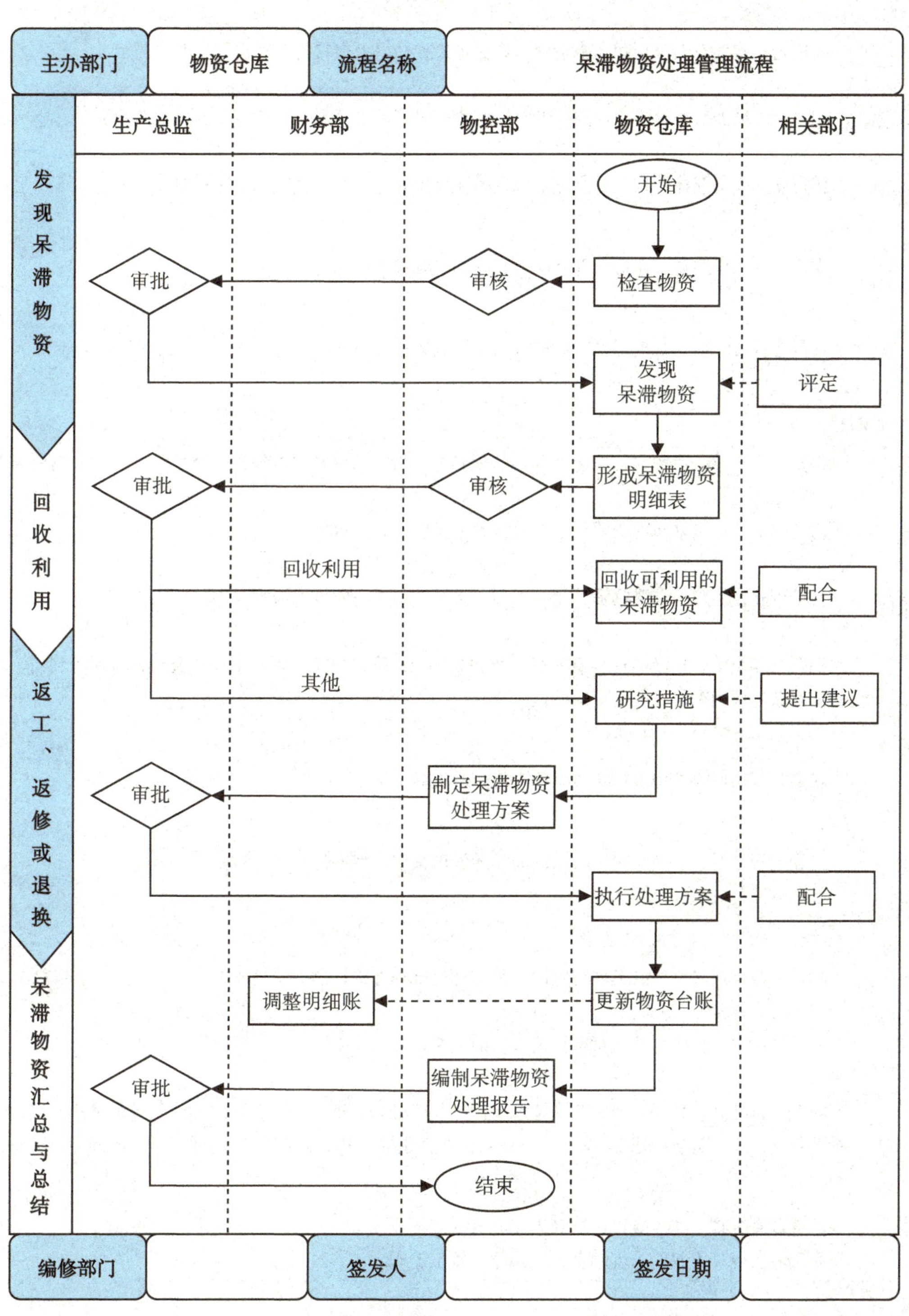

9.1.4.2 呆滞物资处理管理执行程序、工作标准、考核指标、执行规范

任务名称	执行程序、工作标准与考核指标
发现呆滞物资	**执行程序** 1. 检查物资 物资仓库安排专人对仓库实施检查，然后将检查结果上交物控部审核、生产总监审批。 2. 发现呆滞物资 相关部门根据呆滞物资的评定标准对仓库物资进行评定，配合物资仓库发现呆滞物资。 工作重点 物资仓库须定期检查物资，及时发现现呆滞物资并尽早处理，以减少库存造成的资金积压。 **工作标准** 物资检查工作主要以物资管理制度、仓库保管制度为依据。 **考核指标** 物资检查及时率：在规定时间内进行物资检查工作，目标值为____%。
回收利用	**执行程序** 1. 形成呆滞物资明细表 ☆物资仓库汇总呆滞物资的数量、种类、规格等，形成呆滞物资明细表，然后将呆滞物资明细表上报物控部审核。 ☆物控部负责审核呆滞物资明细表，并将其上报生产总监审批。 2. 回收可利用的呆滞物资 对于可回收利用的呆滞物资，相关部门负责配合物资仓库进行回收利用。 工作重点 物资仓库须结合呆滞物资本身的特征及相关部门的需求，正确判断呆滞物资是否可回收利用，避免因判断失误而影响呆滞物资的处理。 **工作标准** 呆滞物资的回收利用工作主要以物资管理制度为依据。 **考核指标** 提请报告及时率：须在规定时间内向领导提请报告，目标值为____%。
返工、返修或退换	**执行程序** 1. 制定呆滞物资处理方案 物控部根据呆滞物资的具体情况制定呆滞物资处理方案，然后将处理方案上报生产总监审批。 2. 执行处理方案 相关部门协助物资仓库执行审批通过后的呆滞物资处理方案，清理需返工、返修的物资。 工作重点 在制定呆滞物资处理方案前，应注意不同的物资处理方法，对于委外加工所产生的呆滞物资，物控部负责返工、返修、退换等联系工作；对于本企业生产出的呆滞物资，应联系生产部返工、返修。 **工作标准** ☆呆滞物资处理工作主要以物资管理制度为依据。 ☆呆滞物资处理方案的内容须全面、具体、便于操作。

（续）

<table>
<tr><th>任务名称</th><th>执行程序、工作标准与考核指标</th></tr>
<tr><td rowspan="4">呆滞物资汇总与总结</td><td>执行程序</td></tr>
<tr><td>1. 更新物资台账
物资仓库根据呆滞物资处理结果及时更新物资台账，并上报物控部，然后由财务部根据更新的物资台账调整明细账。
2. 编制呆滞物资处理报告
☆物控部对呆滞物资的处理情况进行总结，并编制呆滞物资处理报告。
☆物控部将呆滞物资处理报告上报生产总监审批，经审批通过后进行文件归档。
工作重点
呆滞物资处理报告不仅要总结此次处理过程，还要强调仓库的日常管理，以减少呆滞物资的产生。</td></tr>
<tr><td>工作标准</td></tr>
<tr><td>呆滞物资处理报告的内容须全面、真实、客观。</td></tr>
<tr><td colspan="2">执行规范</td></tr>
<tr><td colspan="2">“物资管理制度”“物资入库台账”“物资盘点制度”“财务管理制度”“仓库操作规范与实施细则”。</td></tr>
</table>

9.1.5 物资库存量控制管理流程设计与工作执行

9.1.5.1 物资库存量控制管理流程设计

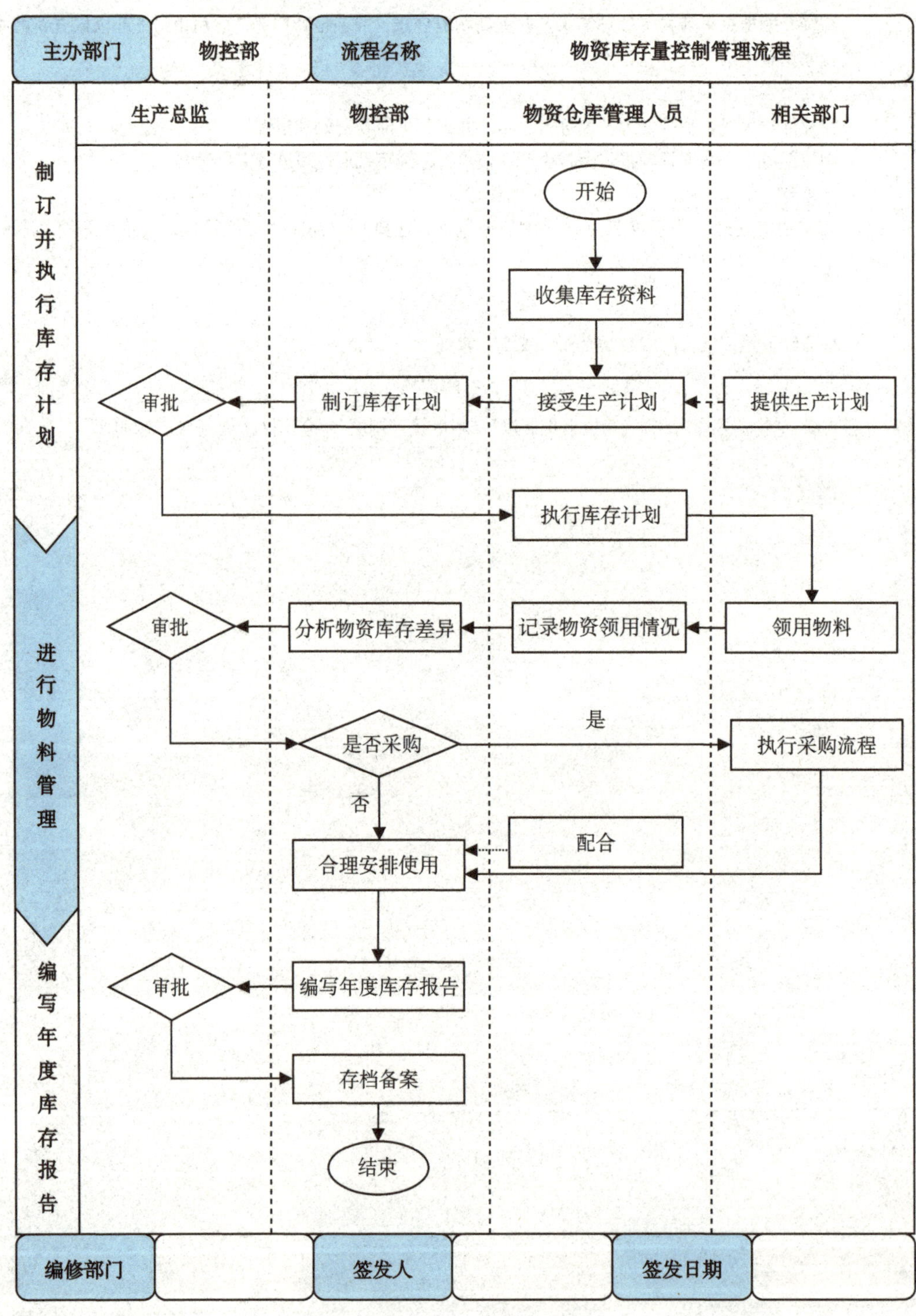

9.1.5.2 物资库存量控制管理执行程序、工作标准、考核指标、执行规范

任务名称	执行程序、工作标准与考核指标
制订并执行库存计划	**执行程序**
	1. 收集库存资料 物资仓库管理人员负责收集并整理企业库存资料。 2. 制订库存计划 ☆物资仓库管理人员收到生产部及各生产单位提供的生产计划后，对其进行整理并上报物控部。 ☆物控部根据企业的实际情况、生产计划、历年库存情况等信息制订库存计划。 ☆物控部将库存计划上报生产总监审批。 3. 执行库存计划 库存计划经生产总监审批通过后，物资仓库管理人员负责执行库存计划。 工作重点 库存计划应具有可操作性，应立足于实际，便于后期实施和操作。
	工作标准
	库存计划的制订须符合计划制订制度，计划内容须完整、正确、符合实际、能够执行。
	考核指标
	库存计划制订及时率：在规定时间内完成库存计划的制订工作，目标值为____%。
进行物料管理	**执行程序**
	1. 记录物资领用情况 生产部各生产单位根据实际生产需要领用物资，然后由物资仓库管理人员记录物资领用情况。 2. 分析物资库存差异 物控部根据物资仓库管理人员上报的情况对库存差异及当前库存水平进行分析，并制定相应的解决措施，然后将其上报生产总监审批。 工作重点 物资领用记录应清晰、准确，同时应保存完整，以便查验。
	工作标准
	☆物资库存管理工作须以物资管理制度、企业财务管理制度为依据。 ☆控制物资库存，减少物资的误用、错用情况，降低成本。
	考核指标
	☆库存记录准确率：目标值为____%。 ☆库存记录登记及时率：在规定时间内完成库存记录登记工作，目标值为____%。 ☆物资库存差异分析及时率：在规定时间内完成物资库存差异分析工作，目标值为____%。
编写年度库存报告	**执行程序**
	编写年度库存报告 物控部首先根据企业的物资存储和使用情况编写年度库存报告，然后将其上交生产总监审批，最后将审批通过后的年度库存报告存档备案。 工作重点 物控部应及时编写年度库存报告，以免影响后期物资库存管理工作的开展。

（续）

任务名称	执行程序、工作标准与考核指标
编写年度库存报告	工作标准
	年度库存报告的内容需全面、真实、客观。
执行规范	
“物资库存量管控办法”“库存物资登记表”“库存计划”“盘点明细表”“物资领用单”“物资台账”“物资领用登记表”“年度库存报告”。	

9.2 生产物流管理

9.2.1 生产物流管理流程设计

9.2.1.1 流程设计的目的

企业进行生产物流管理流程设计的目的如下。

（1）优化生产物流环境，达成控制生产物流费用的目标。

（2）加强生产物流浪费控制工作，最大限度地减少物流活动过程中的浪费。

9.2.1.2 流程结构设计

生产物流管理流程结构的设计思路如图 9-2 所示。

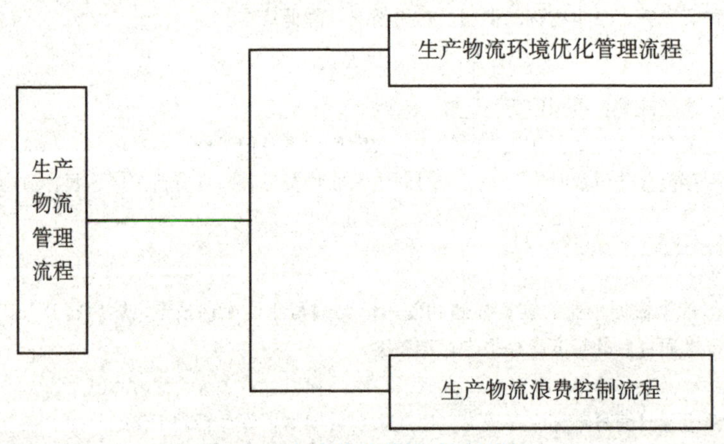

图 9-2 生产物流管理流程结构

9.2.2 生产物流环境优化管理流程设计与工作执行

9.2.2.1 生产物流环境优化管理流程设计

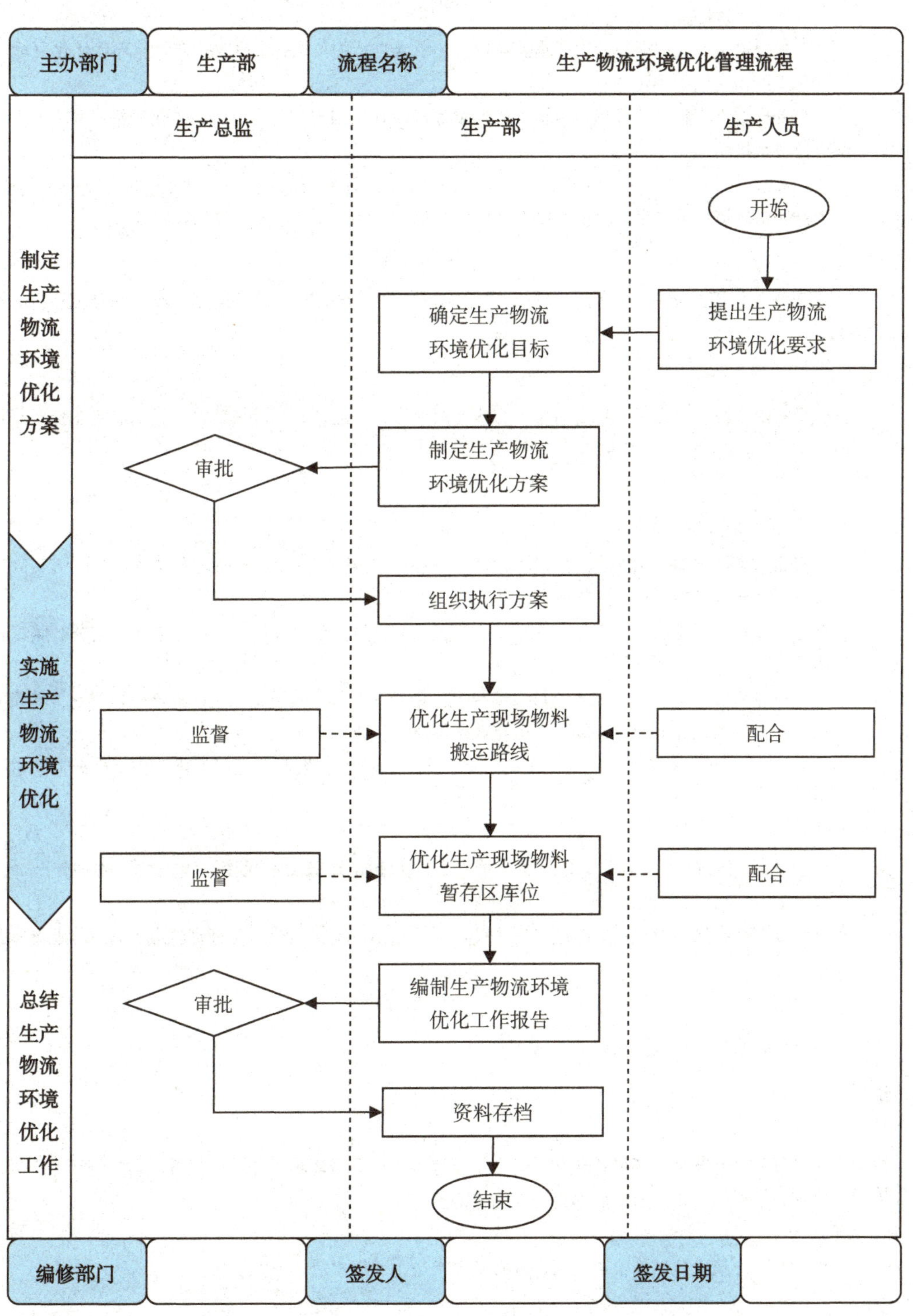

9.2.2.2　生产物流环境优化管理执行程序、工作标准、考核指标、执行规范

<table>
<tr><th>任务名称</th><th>执行程序、工作标准与考核指标</th></tr>
<tr><td rowspan="6">制定生产物流环境优化方案</td><td>执行程序</td></tr>
<tr><td>1. 确定生产物流环境优化目标
生产部根据生产人员提出的生产物流环境优化要求进行相关调查，确定生产物流环境优化目标。
2. 制定生产物流环境优化方案
生产部根据生产物流环境优化目标及生产物流环境现状制定生产物流环境优化方案，并将其上交生产总监审批。
工作重点
生产物流环境优化方案应具有可操作性，要立足于实际，便于后期实施和操作。</td></tr>
<tr><td>工作标准</td></tr>
<tr><td>生产物流环境优化方案的制定须符合方案编写制度，方案内容须完整、正确、符合实际、能够执行。</td></tr>
<tr><td>考核指标</td></tr>
<tr><td>生产物流环境优化方案制定及时率：在规定时间内完成生产物流环境优化方案的制定工作，目标值为____%。</td></tr>
<tr><td rowspan="4">实施生产物流环境优化</td><td>执行程序</td></tr>
<tr><td>1. 优化生产现场物料搬运路线
☆生产部收集生产现场物料搬运路线的现状，然后根据生产物流环境优化方案及生产物流实际需求，对生产现场物料搬运路线进行优化。
☆在生产现场物料搬运路线优化过程中，生产人员配合生产部完成优化工作，生产总监进行监督。
2. 优化生产现场物料暂存区库位
☆生产部首先收集关于生产现场物料暂存区库位现状的资料，然后根据生产物流环境优化方案及生产物流实际需求，对生产现场物料暂存区库位进行优化。
☆在生产现场物料暂存区库位的优化过程中，生产人员配合生产部完成优化工作，生产总监进行监督。
工作重点
☆物料搬运路线优化必须采取最短距离原则，缩短搬运距离，避免因路线无效而增加作业时间成本。
☆进行物料暂存区库位优化时必须考虑区位与运输通道的衔接情况，应符合搬运工具对作业场地的要求。</td></tr>
<tr><td>工作标准</td></tr>
<tr><td>提升工作效率，控制现场物流费用。</td></tr>
<tr><td rowspan="2">总结生产物流环境优化工作</td><td>执行程序</td></tr>
<tr><td>编制生产物流环境优化工作报告
生产部根据生产物流环境优化前后对比情况编制生产物流环境优化工作报告，然后将其上交生产总监审批，最后将审批通过后的报告存档备案。
工作重点
生产物流环境优化工作报告的内容务必实事求是，不得虚造、夸大事实。</td></tr>
</table>

（续）

任务名称	执行程序、工作标准与考核指标
总结生产物流环境优化工作	工作标准
	生产物流环境优化工作报告必须全面、真实、客观。
	考核指标
	生产物流环境优化工作报告编制及时率：在规定时间内完成生产物流环境优化工作报告的编制工作，目标值为____%。
执行规范	
“生产物流环境优化方案”“生产物流环境优化工作报告”	

9.2.3 生产物流浪费控制流程设计与工作执行

9.2.3.1 生产物流浪费控制流程设计

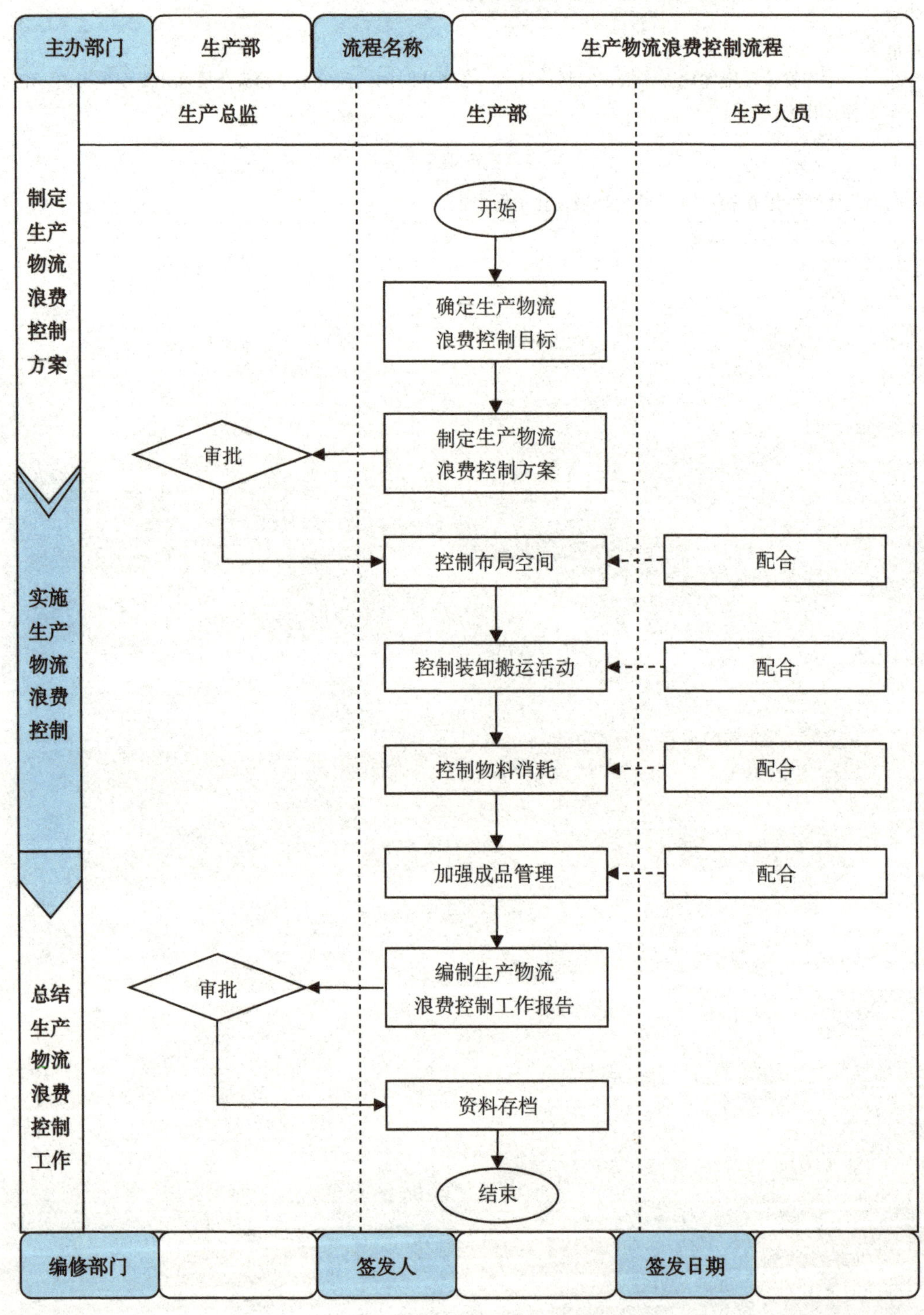

9.2.3.2 生产物流浪费控制执行程序、工作标准、考核指标、执行规范

<table>
<tr><th>任务名称</th><th>执行程序、工作标准与考核指标</th></tr>
<tr><td rowspan="6">制定生产物流浪费控制方案</td><td>执行程序</td></tr>
<tr><td>制定生产物流浪费控制方案
生产部确定生产物流浪费控制目标，并结合生产物流浪费的现状制定生产物流浪费控制方案，然后将其上交生产总监审批。
工作重点
生产物流浪费控制方案应具有可操作性，要立足于实际，便于后期实施和操作。</td></tr>
<tr><td>工作标准</td></tr>
<tr><td>生产物流浪费控制方案的制定须符合方案编写制度，方案内容须完整、正确、符合实际、能够执行。</td></tr>
<tr><td>考核指标</td></tr>
<tr><td>生产物流浪费控制方案制定的及时率：在规定时间内完成生产物流浪费控制方案的制定工作，目标值为____%。</td></tr>
<tr><td rowspan="4">实施生产物流浪费控制</td><td>执行程序</td></tr>
<tr><td>1. 控制布局空间
生产部根据生产流程、物料特性、搬运工具等因素进行生产现场物流环境设计，控制布局空间，通过降低空间占用率、缩短搬运距离、增大储存量达成控制物流成本的目标。
2. 控制装卸搬运活动
生产部通过减少装卸作业次数、缩短搬运路线距离、充分利用机械工具控制装卸搬运活动。
3. 控制物料消耗
生产部制定物料消耗量标准，并根据不同的物料特征确定物料消耗的合理界限，控制物料消耗。
4. 加强成品管理
生产部负责制定成品管理制度，并安排专人负责管理。
工作重点
☆生产部须严格执行企业领料控制办法，以确保物料的使用在可控范围内。
☆在成品管理过程中，生产部必须严格按“库存周转及时、先进先出、不滞留、不积压”的原则执行。</td></tr>
<tr><td>工作标准</td></tr>
<tr><td>控制和减少物流活动过程中的浪费。</td></tr>
<tr><td rowspan="4">总结生产物流浪费控制工作</td><td>执行程序</td></tr>
<tr><td>编制生产物流浪费控制工作报告
生产部首先根据生产物流浪费控制前后对比情况编制生产物流浪费控制工作报告，然后将报告上交生产总监审批，最后将审批通过后的报告存档备案。
工作重点
生产物流浪费控制工作报告的内容务必实事求是，不得虚造、夸大事实。</td></tr>
<tr><td>工作标准</td></tr>
<tr><td>生产物流浪费控制工作报告的内容须全面、真实、客观。</td></tr>
</table>

（续）

任务名称	执行程序、工作标准与考核指标
总结生产物流浪费控制工作	考核指标 生产物流浪费控制工作报告编制及时率：在规定时间内完成生产物流浪费控制工作报告的编制工作，目标值为____%。
执行规范	
“生产物流浪费控制方案”“生产物流浪费控制工作报告”。	

9.3 售后服务管理

9.3.1 售后服务管理流程设计

9.3.1.1 流程设计的目的

企业进行售后服务管理流程设计的目的如下。

（1）保证售后服务质量管理的各项工作安排妥当，职责分工明确，各项售后服务工作有序开展。

（2）不断提高售后服务水平，提升客户满意度，从而为企业的发展提供保障。

（3）收集产品及客户的相关信息，为企业生产部、研发部、设计部等部门的相关决策提供依据。

9.3.1.2 流程结构设计

企业应采取并列式结构设计售后服务管理流程，将其管理过程细分为两个事项，并就每个事项设计流程，即售后维修服务管理流程和客户信息管理流程，其具体结构如图9-3所示。

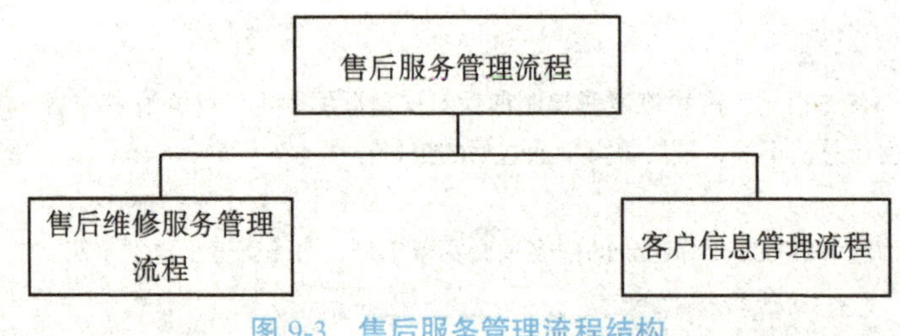

图 9-3　售后服务管理流程结构

9.3.2 售后维修服务管理流程设计与工作执行

9.3.2.1 售后维修服务管理流程设计

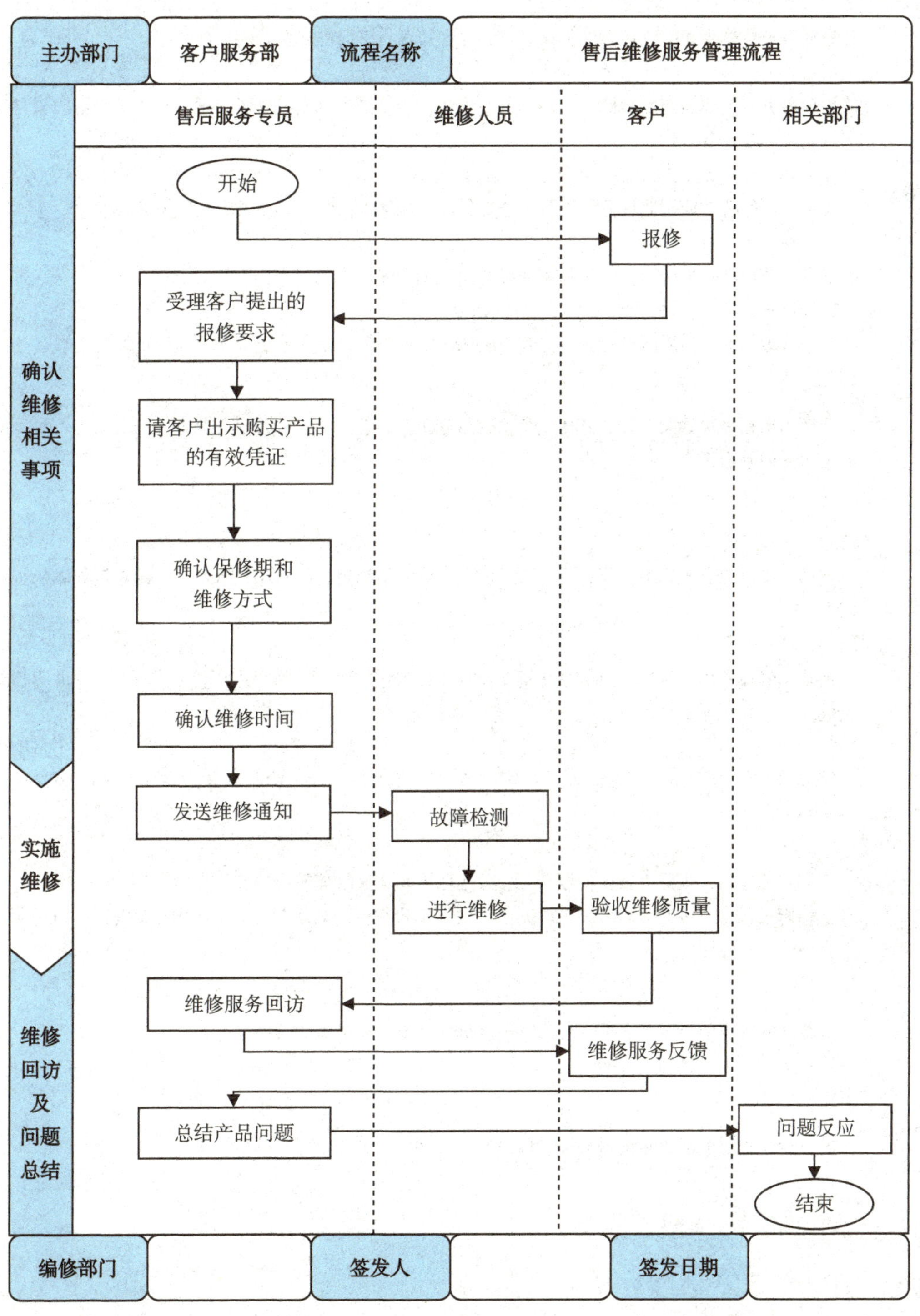

9.3.2.2 售后维修服务管理执行程序、工作标准、考核指标、执行规范

<table>
<tr><th>任务名称</th><th>执行程序、工作标准与考核指标</th></tr>
<tr><td rowspan="4">确认维修相关事项</td><td>执行程序</td></tr>
<tr><td>1. 受理客户提出的报修要求
售后服务专员受理客户提出的报修要求，并告知客户售后维修服务的受理情况。
2. 请客户出示购买产品的有效凭证
售后服务专员请客户出示购买产品的有效凭证，确认产品的真假和渠道的正规性等关键因素是否符合企业的维修要求。
3. 确认保修期和维修方式
确认客户的有效购买凭证后，售后服务专员进一步确认保修期、维修方式等关键因素。
工作重点
☆在受理客户的报修要求时，售后服务专员要详细记录客户的报修内容和要求，并将其记录在客户报修记录单上。
☆在正式维修前，售后服务专员应与客户确认好维修时间，以免不能为客户提供正常的维修服务。</td></tr>
<tr><td>工作标准</td></tr>
<tr><td>若产品未超过保修期，则为其提供免费的维修服务；若产品已经超过保修期，售后服务专员则应向客户说明维修工作的收费标准。</td></tr>
<tr><td rowspan="6">维修实施</td><td>执行程序</td></tr>
<tr><td>1. 发送维修通知
与客户确认维修时间后，售后服务专员将具体的维修任务发送给维修人员，通知其具体的工作信息。
2. 进行维修
接收维修任务后，维修人员前往指定维修地点，根据故障检查情况进行售后维修工作，并自检维修成果。
3. 验收维修质量
完成售后维修工作后，维修人员请客户验收维修质量，客户验收确认后在售后服务维修单上签字。
工作重点
☆在开始维修前，维修人员要根据产品相关指标检验产品故障的位置和属性。
☆在维修过程中，维修人员要注意时间限制，一定要在客户规定的时间范围内维修完毕，以免影响客户的正常使用。</td></tr>
<tr><td>工作标准</td></tr>
<tr><td>☆维修通知主要包括客户名称、维修产品名称及维修时间和地点等内容。
☆维修通知内容表述简洁、明了。</td></tr>
<tr><td>考核指标</td></tr>
<tr><td>客户对维修服务的满意度得分：目标值为____分。</td></tr>
</table>

（续）

<table>
<tr><th>任务名称</th><th>执行程序、工作标准与考核指标</th></tr>
<tr><td rowspan="4">维修回访及问题总结</td><td>执行程序</td></tr>
<tr><td>1. 维修服务回访
售后维修服务完成后，售后服务专员对客户进行回访，了解售后维修情况，调查客户的满意度并收集客户的反馈信息。
2. 总结产品问题
售后服务专员对产品维修过程中出现的各种问题进行分类、分析及总结，提炼出带有普遍性的、规律性的产品问题，并及时将产品问题提交给生产部、研发部等相关部门。
3. 问题反应
相关部门对售后服务专员提交的信息进行研究，并及时做出反应，不断改进设计、工艺技术，从而进一步提升产品的性能与质量。
工作重点
在回访过程中，售后服务专员请客户对维修人员的服务质量给出评分，并将客户评分记录到客户维修服务评分表上。</td></tr>
<tr><td>工作标准</td></tr>
<tr><td>在回访过程中需要问清客户对维修工作的满意情况，以及维修后的产品使用状况等。</td></tr>
<tr><td colspan="2">执行规范</td></tr>
<tr><td colspan="2">“维修方案”“维修申请表”“维修登记表”“维修确认单”“产品问题总结报告”“产品问题解决措施”。</td></tr>
</table>

9.3.3 客户信息管理流程设计与工作执行

9.3.3.1 客户信息管理流程设计

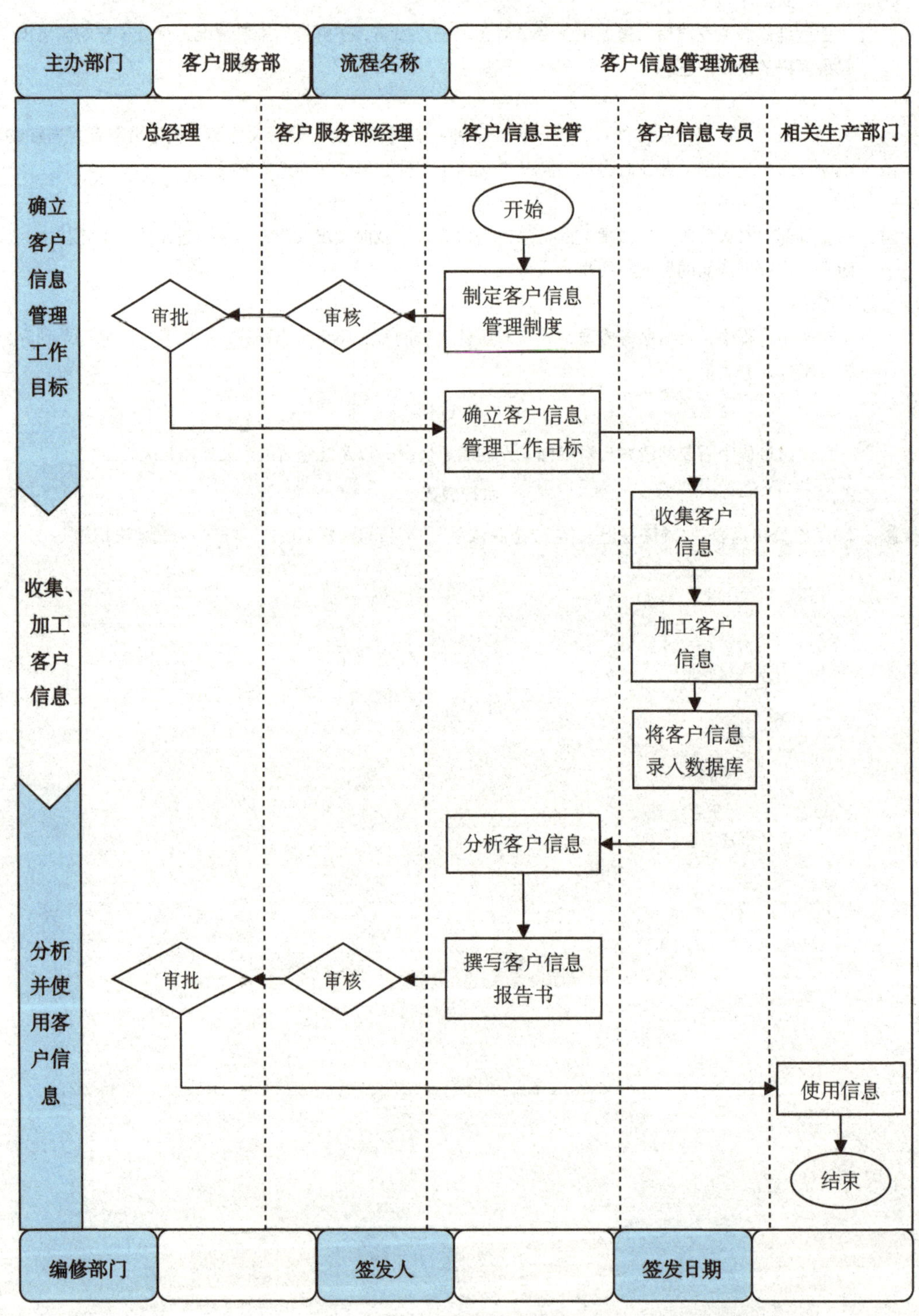

9.3.3.2 客户信息管理执行程序、工作标准、考核指标、执行规范

任务名称	执行程序、工作标准与考核指标
确立客户信息管理工作目标	执行程序
	1. 制定客户信息管理制度 客户信息主管根据企业的实际情况和相关法律法规编写客户信息管理制度，并将其提交客户服务部经理审核、总经理审批。 2. 确立客户信息管理工作目标 客户信息管理制度经审批通过后，客户信息主管根据企业的客户信息管理情况确立企业的客户信息管理工作目标。 工作重点 在制定客户信息管理制度的过程中，客户信息主管需要对于市场上的同类信息进行广泛调研。
	工作标准
	☆客户信息管理制度符合企业相关规范，有利于客户情报管理工作的进行。 ☆依据国家相关法律法规、同行业其他企业的相关管理制度，以及企业内部管理规定制定客户信息管理制度。
收集、加工客户信息	执行程序
	1. 收集客户信息 客户信息专员根据客户信息管理制度中所列举的项目要求，通过各种渠道收集客户信息。 2. 加工客户信息 客户信息专员对收集到的客户信息进行整理，并按照相关要求对其进行分类、加工。 3. 将客户信息录入数据库 客户信息专员将整理、分类、加工后的客户信息录入客户信息数据库。 工作重点 ☆客户信息专员在录入客户信息时，要确保客户信息准确无误，以避免出现录入信息错误的情况发生。 ☆客户信息专员对收集到的客户信息进行分类、加工，区分出重要信息和一般信息。
	工作标准
	客户信息收集渠道包括直接渠道和间接渠道。直接渠道包括实地问卷调查、网络问卷调查等；间接渠道包括文案或案头调查。
	考核指标
	☆客户信息收集及时率：用来衡量客户信息收集的效率，目标值为____%。其计算公式如下。 $客户信息收集及时率=\frac{期限内完成客户信息收集的次数}{客户信息收集总次数}\times 100\%$ ☆客户信息收集错误次数：目标值为0。
分析并使用客户信息	执行程序
	1. 分析客户信息 客户信息主管及时对收集到的客户信息进行整合分析，提取出对企业经营决策有用的客户信息。 2. 撰写客户信息报告书 ☆客户信息主管根据客户信息分析结果撰写客户信息报告书。

（续）

<table>
<tr><th>任务名称</th><th>执行程序、工作标准与考核指标</th></tr>
<tr><td rowspan="3">分析并使用客户信息</td><td>☆客户信息主管将客户信息报告书提交客户服务部经理审核、总经理审批。
3. 使用信息
相关生产部门根据审批通过后的客户信息报告书使用相关信息。</td></tr>
<tr><td>工作标准</td></tr>
<tr><td>☆客户信息分析的主要内容包括四个方面，即客户分布现状分析及各区域客户的情况分析；各类客户的需求状况分析；潜在客户与客户增加变动分析；各类客户的信用状况分析等。
☆ A 等级“业界的一流企业”及 B 等级“大多数的优良客户”由客户信息主管和客户信息管理专员判定；除此以外的客户均应被列为 C 等级。</td></tr>
<tr><td colspan="2">执行规范</td></tr>
<tr><td colspan="2">“客户信息管理制度”“客户信息报告书”。</td></tr>
</table>